新商科“互联网+教育”经济管理系列规划教材

U0803697

管理学基础

第3版

刘　磊　曾红武　孙跻珂 | 主编

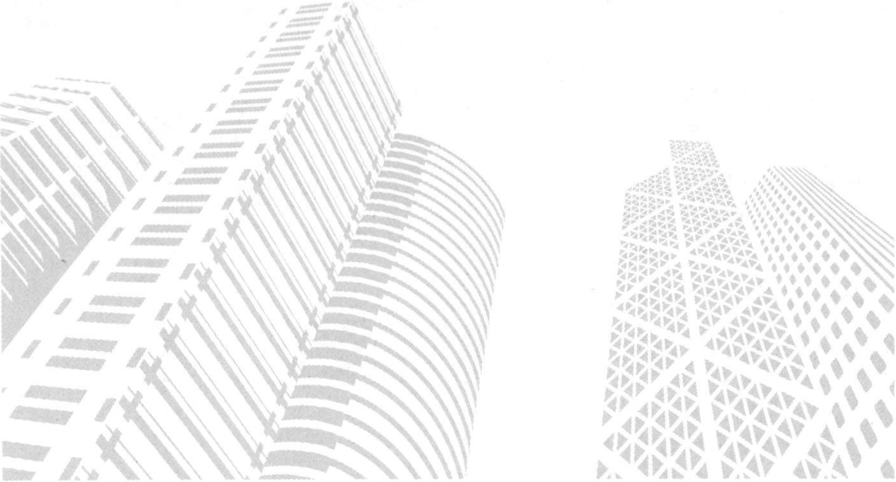

電子工業出版社
Publishing House of Electronics Industry
北京 • BEIJING

未经许可，不得以任何方式复制或抄袭本书之部分或全部内容。
版权所有，侵权必究。

图书在版编目（CIP）数据

管理学基础 / 刘磊，曾红武，孙跻珂主编. —3 版. —北京：电子工业出版社，2021.1
ISBN 978-7-121-40404-7

Ⅰ. ①管… Ⅱ. ①刘… ②曾… ③孙… Ⅲ. ①管理学－高等学校－教材 Ⅳ. ①C93

中国版本图书馆 CIP 数据核字(2021)第 007701 号

责任编辑：刘淑敏
印　　刷：涿州市京南印刷厂
装　　订：涿州市京南印刷厂
出版发行：电子工业出版社
　　　　　北京市海淀区万寿路 173 信箱　邮编 100036
开　　本：787×1092　1/16　印张：18.75　　字数：468 千字
版　　次：2012 年 8 月第 1 版
　　　　　2021 年 1 月第 3 版
印　　次：2021 年 8 月第 2 次印刷
定　　价：55.00 元

凡所购买电子工业出版社图书有缺损问题，请向购买书店调换。若书店售缺，请与本社发行部联系，联系及邮购电话：（010）88254888，88258888。
质量投诉请发邮件至 zlts@phei.com.cn，盗版侵权举报请发邮件至 dbqq@phei.com.cn。
本书咨询联系方式：（010）88254199，sjb@phei.com.cn。

前言

本书前两版被多所院校选用，得到了广大教师和读者的认可。随着时间的推移，新的管理思想出现，我们在原书结构的基础上，保留本书图文结合的特点，更新了案例，使之更加切合新时代的要求，同时补充了新内容。

管理活动自古有之，管理学则是系统研究管理活动的基本规律和一般方法的科学。它是人类近代史上发展最迅速、对经济发展影响最大的一门科学，其应用范围非常广泛。随着中国经济的飞速发展，管理的重要性越来越被人们所认识。

全球化向传统管理方法提出了挑战，通过各种现代管理手段，管理者可以在千里之外运筹帷幄。如何做好计划、用好员工、协调企业运作、满足客户的需求，是管理者不断探索的问题；管理者在企业的发展过程中如何突破自我，同样是广泛探讨的内容之一；同时，管理方法的形成与发展与一个国家的国民经济息息相关，管理者要建立适应经济发展阶段的管理体系，使企业适应现代商务的需求。

管理方法和效果受不同政治、经济、个人因素的影响。本书首先介绍管理学的基础知识和管理经典理论，在分析各影响因素的基础上，紧扣管理实际，使读者尽可能全面而快速地学会各种管理知识，同时，强调各管理方法之间的一体性和协调性，在内容的取舍与安排上，力争做到体系完整而又以突出管理技巧为重点。本书在每个章节的前面设置了管理格言，利用管理故事引出本章内容，引起学生的学习兴趣，并将主要内容进行图表化，使学生易读、易懂；同时每章后面都提供了适量的思考与练习、实践与实训，既让学生学到基本理论知识，又使其掌握实际的工作内容。

本书作为经济管理基础课程教材，可广泛应用于经管与非经管专业，也可供相关读者作为参考书。

本书由广东职业技术学院刘磊、曾红武、孙跻珂担任主编，书中参考或引用了许多专家、学者的资料，已在参考文献中列出，在此对他们表示衷心的感谢。

本书配有电子课件，教师在使用过程中如有意见和建议，请同作者联系，电子邮箱是lioulei@163.com。由于时间仓促和水平所限，书中难免有错漏之处，敬请读者批评指正。

编　者

2021 年 1 月

目录

第 1 章

管理概述

管理的艺术在于真诚和沟通的技巧。

学习目标

- 懂得管理存在的基本矛盾；
- 懂得管理的定义和管理者的能力；
- 懂得管理环境对管理的制约作用；
- 了解管理的基础工作。

学习导航

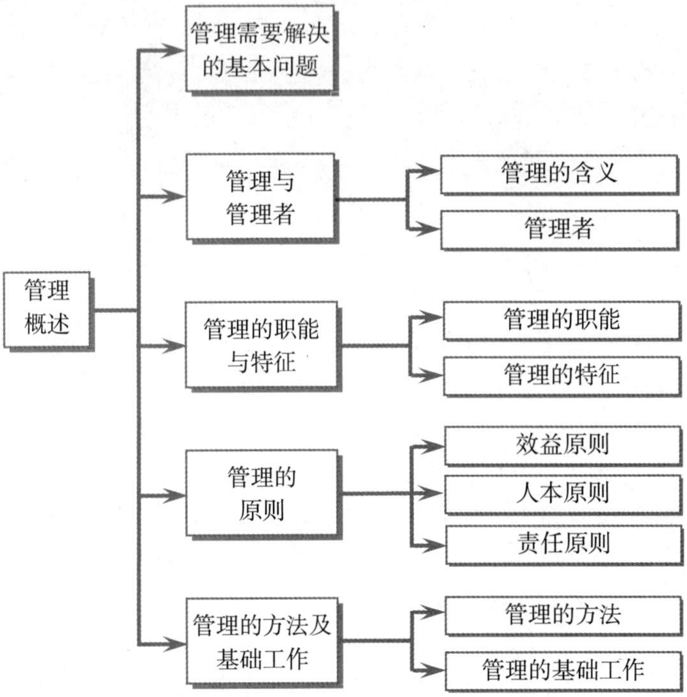

引导案例

接触管理学——打开你的思路

有一家生产牙膏的公司，其产品优良，包装精美，深受广大消费者的喜爱，每年营业额蒸蒸日上。

记录显示，前十年每年的营业增长率为10%～20%，令董事们雀跃万分。

不过，在进入第11年、第12年及第13年时，业绩则停滞下来，每个月维持同样的数字。

董事们对此三年的业绩表现感到不满，便召开全国经理级高层会议，以商讨对策。

会议中，有名年轻经理站起来，对总裁说："我手中有张纸，纸上有个建议，若您要使用我的建议，必须另付我5万元！"

总裁听了很生气，说："我每个月都支付你薪水，另有分红、奖励，现在叫你来开会讨论，你还另外要求5万元，是不是很过分？"

"总裁先生，请别误会。若我的建议行不通，您可以将它丢弃，一分钱也不用付。"年轻的经理解释说。

"好。"总裁接过那张纸后，阅毕，马上签了一张5万元的支票给那名年轻的经理。

那张纸上只写了一句话："将现在的牙膏开口扩大1毫米。"

总裁马上下令更换新的包装。

试想，每天早上，每个消费者多用1毫米的牙膏，每天牙膏的消费量将增加多少呢？这个决定使该公司第14年的营业额增加了32%。

启示：一个小小的改变，往往会取得意想不到的效果。当我们面对新知识、新事物或新创意时，千万别将头脑封闭起来，应该积极接受新知识、新事物。也许一个新的创意能让我们从中获得不少启发，从而改进业绩，改善生活。希望通过管理学的学习，打开你的思路，让你进入一个新的殿堂。

（资料来源：人人小站网——管理故事）

1.1 管理需要解决的基本问题

我们每天的生活都和管理息息相关。就从最基本的说起，我们每天都要安排和统筹规划自己每天的工作、学习、生活和娱乐，主妇要管理好家庭，市长要管理好城市，经理要管理好公司。

在现实社会中，人们都是生活在各种不同组织之中的，如工厂、学校、医院、军队、公司等，人们依赖组织。没有组织，仅凭个体的力量，无法征服自然；没有组织，也就没有人类社会今天的发展与繁荣。然而，仅有了组织还不够，因为人类社会中存在组织就必然有人群的活动，有人群的活动就有管理。

每个人都感觉自己要做的事情很多，但总是因为各种原因实现不了，其中的关键点是：目标和资源之间存在矛盾。企业的资源是有限的，并不是要钱就能有钱、要人就能有人、要时间就能有时间的。否则，企业的活动就可以随心所欲，管理将是多余的。遗憾的是，当今世界的资源是有限甚至贫乏的，而人的欲望是无止境的，这种欲望就会造成对资源的竞争。另外，就算有了充足的资源，企业内外还要协调，企业的经营活动是从原材料采购、运输、组织生产加工到产成品销售、账款回收的整个过程，企业经营各项活动能否顺利进行，取决于各个环节的互相协调与配合。

简而言之，达成组织的目标需要管理，发挥组织的作用依赖管理，协调企业的运作贯穿管理。

1.2　管理与管理者

管理自古有之，源远流长，作为一种社会行为，可以说与人类群体俱生，与人类的文明历史一样悠久，但将其总结为系统的管理科学理论，则是近一两个世纪的事。

1.2.1　管理的含义

人们在日常生活中对管理的理解是主持或负责某项工作，平常人们也是在这个意义上去应用“管理”这个词的。但这仅仅是对管理活动表面现象的一种描述，时至今日人们对管理的概念也还很难达到一个普遍而统一的定义。这不仅是因为管理的由来已久，很大程度上还是因为管理的内涵太丰富，涉及面太广。人们总是倾向于按自己某种实践的需要，从某种特定的角度或特定的学科领域谈管理。因此，不同的管理党派对管理一词有不同的解释。

科学管理学派认为：“管理就是效率。”他们认为管理就是协调团体的活动以达到其共同的目标所做努力的过程。

管理过程学派认为：“管理就是实行计划、组织、指挥、协调和监督。”

行为科学学派认为：“管理就是对人的管理。”

决策理论学派认为：“决策贯穿管理的全过程，管理就是决策。”

管理科学学派认为：“管理就是用数学模型与程序来表示计划、组织、控制、决策等合乎逻辑的程序，求出最优的解答，以达到组织的目标。”

有人认为，管理从字义上理解就是管辖和处理的意思，即管人和理事，管辖指权限，处理是在权限内行使职能。

有人认为，管理一般意指经由他人的努力以完成工作目标的活动，倘若依靠自己的力量即可完成某一目标，这种活动只能称为操作，不能称为管理。

还有人数学化地描述为：“管理是微分决策的积分。”

上述种种说法，皆是从不同的角度去认识管理的，虽然结论不同，但无疑都揭示了管理概念的不同侧面，也启迪我们对管理实质做更全面的认识。

综上所述，我们从管理的要素和管理的程序来研究，可以得出管理的概念如下：管理是指通过计划、组织、领导、控制、激励、决策及协调等手段，结合人力、物力、财力、信息等资源，实现和达到组织目标的过程。它包括四个含义：管理是为了实现组织未来目标的活动；管理的工作本质是协调；管理工作存在于组织中；管理工作的重点是对人进行管理。

换一种说法：管理也是制定、执行、检查和改进的过程。制定就是制订计划（或规定、规范、标准、法规等）。执行就是按照计划去做，即实施。检查就是将执行的过程或结果与计划进行对比，总结出经验，找出差距。改进首先是推广通过检查总结出的经验，将经验转变为长效机制或新的规定；其次是针对检查发现的问题进行纠正，制定纠正、预防措施。

1.2.2 管理者

管理者是通过协调其他人的活动达到与别人一起或者通过别人实现组织目标的人，管理者一般拥有相应的权利和责任，由具有一定管理能力、从事现实管理活动的人或人群组成，管理者及其管理技能在组织管理活动中起决定性作用。

1. 管理者是具有职位和相应权力的人

管理者的职权是管理者从事管理活动的资格，管理者的职位越高，其权力越大。组织或团体必须赋予管理者一定的职权。如果一个管理者处在某一职位上却没有相应的职权，那么他是无法进行管理工作的，这种权力我们称为法定权力。例如，不管是谁，只要被任命为总经理，就有了签名有效的权力。

但实际上，在管理活动中，管理者仅具有法定权力是难以做好管理工作的。管理者在工作中应重视“个人影响力”。所谓“个人影响力”，是指管理者在组织中的威信、威望，是一种非强制性的“影响力”。权威不是法定的，不能靠别人授权。权威虽然与职位有一定的关系，但主要取决于管理者个人的品质、思想、知识、能力和水平，取决于同组织人员思想的共鸣、感情的沟通，取决于相互之间的理解、信赖与支持。这种“影响力”一旦形成，各种人才和广大员工都会被吸引到管理者周围，并能心悦诚服地接受管理者的引导和指挥，从而产生巨大的物质力量。管理者的权力如图 1.1 所示。

图 1.1　管理者的权力

2. 管理者是负有一定责任的人

任何组织或团体的管理者，都具有一定的职位，都要运用和行使相应的权力，同时也要承担一定的责任。权力和责任是一个矛盾的统一体，一定的权力又总是和一定的责任相联系的。当组织赋予管理者一定的职务和地位，从而形成了一定的权力时，管理者同时也就担负了对组织的一定责任。在组织的各级管理人员中，责和权必须对称和明确，没有责任的权力，必然会导致管理者的用权不当，没有权力的责任是空泛的、难以承担的。有权无责或有责无权的人，都难以在工作中发挥应有的作用，都不能成为真正的管理者。

1.3　管理的职能与特征

管理是一项实际工作、一种行动。通过总结，人们发现，在不同的管理工作中，管理者往往采用程序具有某些类似、内容具有某些共性的管理行为，如计划、组织、控制等，人们对这些管理行为加以系统性归纳，逐渐形成了“管理职能”这一被普遍认同的概念。

1.3.1　管理的职能

管理的职能是管理过程中各项行为的内容的概括，是人们对管理工作应有的一般过程和基本内容所做的理论概括。现在最为广泛接受的是将管理分为四项基本职能，即计划、组织、领导、控制，在此基础上，人们将激励、决策、协调也纳入管理职能，如图 1.2 所示。

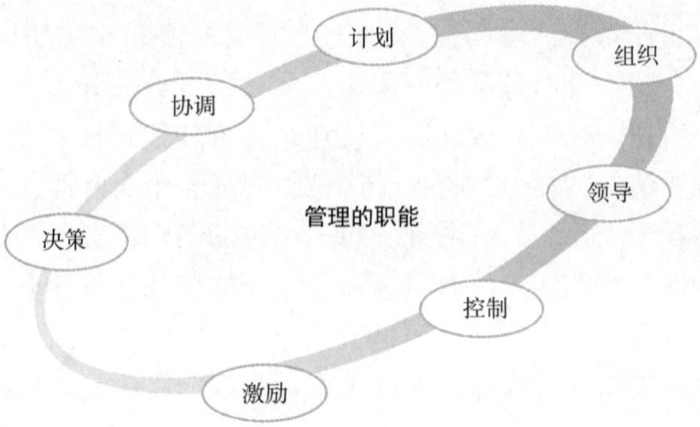

图 1.2　管理的职能

1. 计划

计划职能是企业从现在到未来的发展过程中对目标、实现目标的途径及时间的选择和规定。计划集中于未来，是企业从现状向未来发展的桥梁。一个企业的计划能力如何，在很大程度上也决定了其能否有效地实施企业战略管理。因为计划不仅是制定有效战略的基础，而且是成功实施和评价企业战略的根本。企业计划工作的关键取决于计划是否在了解环境变化的基础上制订。计划职能是企业的一项重要的工作，一方面，计划职能在工作顺序上是处于企业工作的首要位置上的；另一方面，计划职能对整个管理活动过程具有指导性的作用。

§ 案例

金立手机的衰落

金立手机大家都不陌生。金立手机由刘立荣在 2002 年创办，在技术匮乏、功能机发展最为繁荣的 2006—2008 年里，金立连续蝉联国内的销量冠军，成为名副其实的国产手机第一品牌。

但随着智能机的兴起，金立面对市场变化显得措手不及，没有在第一时间进入智能机阵营，让金立在起步阶段就已经开始掉队。2011 年，在智能机出现的第三个年头，金立才正式向市场推出自己的第一款智能机。这种始终慢人一步的表现也让金立吃到了苦头，市场投入不断增加，但是收益在逐渐减少，刘立荣渐渐让金立步入诺基亚的后尘。

金立的衰落说明，企业必须具备战略规划能力，其计划或战略要紧跟内外部环境的变迁，这样才能使企业立于不败之地。

2．组织

组织职能是通过对企业各种活动和各种职位按照某种合理的结构加以安排的，以提高企业的效率，也是对企业的活动及其各种资源生产要素进行分派和组合，使企业有秩序和协调地使用各种资源。组织工作的有效性在于企业是否合理地把计划中的各种活动和任务分配到每一个岗位，按照岗位的相似性将各个岗位组合成若干个部门，同时把完成任务所需的职权和责任分配到各个岗位。只有明确了每一岗位的工作任务、工作要求和岗位之间的分工与合作关系，企业战略的实施才有了保障，企业战略的评价才有了依据。组织工作的有效性不仅要求尊重一般的组织原则，而且要从企业的实际情况出发，处理好分工与协作、管理跨度的宽与窄、集权与分权等之间的关系。组织职能服从计划，并反映着组织计划完成的方式。

3．领导

领导职能是领导者为实现组织的目标而运用权力向其下属施加影响力，以完成工作任务的职责和功能。它包括决策、选人用人、指挥协调、激励和思想工作等。领导职能的“职”代表职责，“能”代表能力。作为一名领导，其主要的责任是激发下属人员的潜能，而有效地激励员工潜能又关系到企业各方面利益关系的协调，主要涉及员工的任用、评价、奖罚等方面。

4．控制

控制职能包括使实际运行与计划相一致的活动。控制职能与计划职能紧密相关，它包括制定各种控制标准；检查工作是否按计划进行，是否符合既定的标准；若工作发生偏差要及时发出信号，然后分析偏差产生的原因，纠正偏差或制订新的计划，管理者必须保障企业计划和目标的有效实现，减少可能出现的偏差给企业造成的损失。

5．激励

激励职能是指激发员工的工作动机，也就是说，用各种有效的方法去调动员工的积极性和创造性，使员工努力去完成组织的任务。有效的激励可以成为组织发展的动力，它以组织成员的需要为基点，以需求理论为指导。

6．决策

决策职能是指采用一定的科学方法和手段，从两个以上的方案中选择一个满意方案的分析判断过程。决策是决定管理工作成败的关键。决策是任何有目的的活动发生之前必不可少的一步。

7．协调

协调职能是指使不同的人配合得当，就是正确处理组织内外各种关系，为组织正常运转创造良好的条件和环境。个人的力量总是有限的，领导者要履行好自己的职责，必须把员工的积极性调动起来、潜能发挥出来，靠集体的力量攻克难关。然而，协调能力需要在实践中不断学习和提高，有的人虽有业务水平，也有敬业精神，却缺少协调能力。

1.3.2　管理的特征

管理的特征包括管理的二重性、管理的科学性与艺术性、管理的普遍性与目的性，如图 1.3 所示。

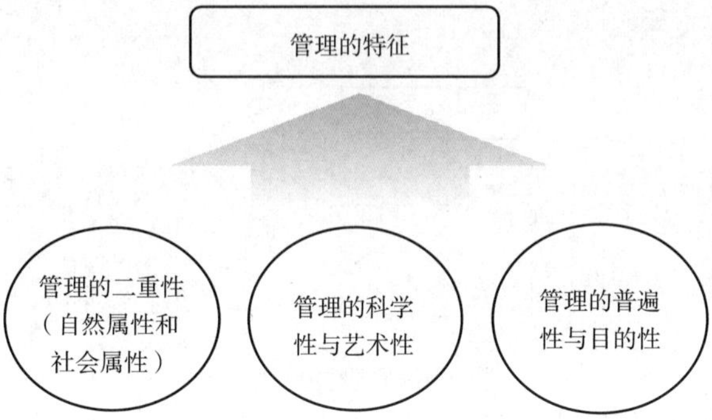

图 1.3　管理的特征

1．管理的二重性

管理的二重性是指管理的自然属性和社会属性，生产过程包括物质资料的生产和生产关系的再生产、与生产力相联系的自然属性、与生产关系相联系的社会属性。管理的二重性是马克思主义关于管理问题的基本观点。也就是说，管理是生产过程中固有的属性，是有效地组织劳动所必需的，是管理的自然属性；但同时管理又直接或间接地同生产资料所有制有关，管理是为统治阶级服务的，受一定生产关系、政治制度和意识形态的影响和制约，是管理的社会属性。

2. 管理的科学性与艺术性

管理是一系列的知识体系，它以反映管理客观规律的管理系统化理论和知识为指导，有一套分析问题、解决问题的科学的方法论，所以，管理具有科学性。同时，管理是指利用某些方法和技术并根据实际情况激发灵感、发挥创造性的技巧和诀窍。它强调管理的实践，没有实践，也就无所谓艺术，所以，管理也具有艺术性。

3. 管理的普遍性与目的性

管理普遍存在于各种活动之中，大量的研究表明，无论是何种类型的组织、何种层次的管理者，其工作都具有共同性，如他们都要设定目标、制订计划、激励员工、做出决策等。如果说不同的管理者在这些方面存在差异，无非就是时间分配、工作重点不同而已，这就是管理的普遍性。管理是人类一项有意识、有目的的协作活动，是为实现组织既定的目标而进行的，是实现利益的共赢，这就是管理的目的性。

1.4 管理的原则

企业生存于社会中，要同周围的人和社会团体发生联系。企业管理要遵循一定的原则，如图 1.4 所示。

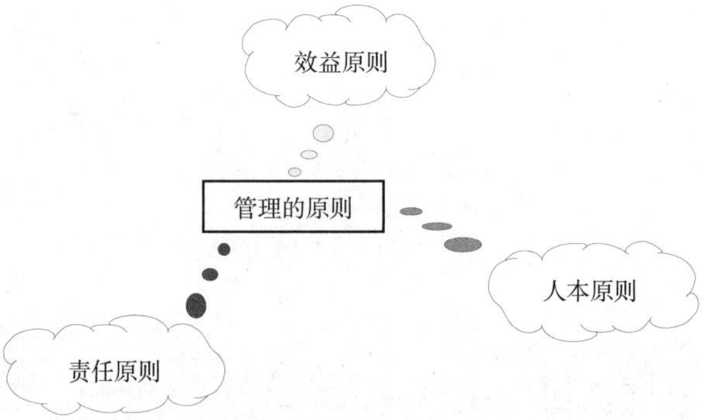

图 1.4 管理的原则

1.4.1 效益原则

效益原则是指在企业内部管理中，评价绩效的基本标准是企业效益。效益是企业优先考虑的关键因素，是以营利为目的的经济性组织的本质要求。企业具有经济和理性的特征，必须优先考虑是否能够盈利。企业效益的本质是企业对经济利益的追求和实现。强调效益原则的同时也要考虑效益和其他因素之间的关系。

1. 效率与效益

效率和效益都是企业追求的目标，二者之间既有联系又有区别。效率是单位时间内完成的工作量，强调的是数量、产量。效益是完成工作所取得的效果和利益，强调的是结果，包括多方面的因素，如经济效益、社会效益等。

有效率不一定会有效益。例如，企业员工工作效率很高，但耗费很多或做的根本就是错误的事情时，其经济效益就无法保证。从经济学角度看，只有当一个企业正常进行生产和扩大再生产，在提高效率的同时，考虑各方面因素，才能保证其效益，因此，企业应当处理好二者的关系，实现高效率和高效益发展的有效结合。

2．经济效益和社会效益

企业是以追求利润最大化为终极目标的。企业在朝这个目标奋进的过程中，即在实现经济效益的过程中，主动或被动地实现了社会效益。好的社会效益包括科技创新、吸收就业、促进区域经济发展等。然而，社会效益与经济效益有时候又是互相矛盾的，社会效益的高低与经济效益的大小在许多情况下并不成正比，有时甚至出现严重背离。比如，当一个企业的经济效益很高，但对社会产生了不好的影响时（如大量排污等），其社会效益就很低。长期来看，其经济效益也必然受到影响，可见经济效益和社会效益也不一定是同步的。总之，经济效益与社会效益之间的关系是对立统一的关系，企业应既重视社会效益，也重视经济效益，实现两个效益的统一。

1.4.2 人本原则

人本原则即以人为中心，要求在具体的管理活动中重视人的因素，把人放在根本的位置上来突出其作用，从而充分发挥人的主观能动性和提高管理效率。

现代管理是管理者与被管理者通过相互协调的活动来改善自身的活动的。管理者与被管理者之间及成员之间的相互平等、相互尊重，是最能够充分调动出人的积极性的。从“以物为中心”的管理到“以人为中心”的管理，则是人类管理活动长期发展的结果。做好人本管理，要从以下几个方面出发。

1．员工参与管理

尊重人的权利、人与人之间的相互平等，体现在管理中就是广泛的民主参与。民主管理方式的具体做法就是：让员工通过正常的渠道，对社会、本单位的活动目标、计划、管理干部的任免提出合理化的建议，参加企业大事的决策；通过自己的代表或群众组织，直接参加管理工作；对社会及本单位的活动进行广泛的监督，同时监督管理机构和管理者的工作。

2．重视人的需要

以人为中心的管理要求管理者重视人的需要，针对被管理者的经济、文化生活加以合理关怀，帮助他们选择自己的社会角色，并创造条件，使之掌握必要的知识、技能，出色地扮演所担负的社会角色。从本质上来说，重视人的需要是尊重人、理解人、关心人、爱护人的体现。

总之，企业必须将人本理念当成一种管理工具来应用，开发和树立企业人本理念的根本目的在于激发企业员工的积极性和创造性，树立以人为中心的管理思想，是做好现代管理工作的最根本保障，是发挥人的主观能动性的前提。

§ 案例

普华永道企业管理：今天已经不再是打卡的年代

众所周知，普华永道与安永、毕马威、德勤并称为“全球四大会计师行”。日前，普华永道亚太及大中华区主席赵柏基在接受采访时表示，普华永道将从 2019 年 2 月开始在国内逐步落实“灵活工作”制度。

灵活工作指的是给予员工更多的自主性选择权，让员工尽量自我管理。具体表现在三个方面：灵活工时、灵活工作地点、灵活着装。

“今天已经不再是打卡的年代，越打卡，越多问题。”赵柏基称。

为何普华要落实这种“自我管理”的机制?

第一，从企业现实看，灵活工作实际上是和他们的工作性质息息相关的。据四大会计师事务所的员工说，平时大多数时间都在出差，经常是客户在哪里，我们的办公地点就在哪里，所以说，签到打卡反而不现实。

第二，从现今职场管理对象的特点来看，也在对管理机制的革新提出新的需求。如今，80 后到 00 后已成为职场中坚力量，逐步占整个工作群体的 50%以上。与前几代人不同，这一代人有主见，希望有更多的自主空间，倾向于具有包容性的办公环境。

第三，无数实践证明，当企业管理机制，将员工导向自我管理时，工作效率比他管理更高。

因此，在很多大公司，我们会发现，弹性工作制越来越普遍。比如，丹麦玩具制造商乐高，其位于上海环贸广场的办公总部于 2017 年年初就正式告别了专属办公桌，包括乐高中国总经理兼高级副总裁在内的 200 多名员工，都不再拥有固定工位，每个员工每天就像抢车位一样，自主选择工位办公。

像普华永道这种“以人为本”的管理制度，极大地提高了员工的满意度，充分发挥了员工的主观能动力，提升了企业管理的效率。

（资料来源：佚名. 东方资讯. http://mini.eastday.com/a/190427151643423.html?qid=02263）

1.4.3 责任原则

责任是管理的核心之一，没有责任，管理就失去了保障。对责任的理解一般来说可以从两个方面来理解：一是指分内应做的事，如职责、尽责任、岗位责任等；二是指没有做好自己工作而应承担的不利后果。

成功的管理者一定是负责任的管理者。在实际工作中，管理者必须弄清楚对谁负责，为何事负责。同时，赋予责任必须是以信任为基础的。在一个充满信任的氛围中，责任感才容易产生。对于企业来说，对顾客、企业、员工的责任感是至关重要的。

（1）对顾客的责任感，体现在为顾客创造价值和提高顾客忠诚度方面。也就是了解顾客的需求，并致力于让顾客满意。

（2）对企业的责任感，是一种企业文化的行为体现。因此，应该做到让每名员工都能深刻地了解公司的愿景、价值观和经营理念。

（3）对员工的责任感，主要体现在员工的成长和收获方面，切实考虑到员工的切身利益。

§案例

麦当劳“全职业培训”

麦当劳强调的是“全职业培训”，也就是从计时员工到高阶主管，都设计有不同的课程，通过各区域的训练中心及汉堡大学进行进阶式的培训。例如，中国台湾地区的训练中心被称为麦当劳顾客满意学院，而在中国大陆又分为华中、华东、华北、华南区域来培训人才，使得麦当劳的员工能够持续不断地学习、成长。麦当劳“全职业培训”是属于所有麦当劳员工的宝贵资产。

在中国台湾地区，麦当劳的教育训练系统可分为服务组人员与管理组人员两个部分。计时人员的训练以现场工作为主，营运中心的管理人员因职位不同则有不同的管理课程，如基本运营课程、值班管理课程、基本管理课程、中级运营课程、进阶运营课程，除此之外，还有机器课程与各种工作室，如订货工作室、排班工作室、食品安全工作室、单店行销工作室与中心经理工作室，当员工晋升到中阶主管之后，如顾问或部门主管以上，将被外派接受国际化的培训，依不同的职能分别有运营顾问课程、训练顾问课程、人力资源顾问课程、区域行销顾问课程、食品安全顾问课程、部门主管课程等。另外，除了为运营部门员工安排全职业训练规划，公司亦为其他部门员工安排了一系列相关管理、团队建立、领导风格、个人发展、沟通及行政管理等课程。一位麦当劳餐厅经理的诞生，需要花费至少 500 万元的投资与超过 450 小时的训练。

麦当劳教导员工一生受用的技能与价值观，让员工有学习发展与个人成长的机会。这意味着，提供员工一个可以被培训发展和被鼓励的工作环境，并让员工了解未来规划和工作机会。

在麦当劳，75%的餐厅经理是从计时服务员做起的；50%的高阶管理人员也是从计时服务员做起的；更有超过 1/3 以上的计时服务员成为麦当劳的加盟经营者。由以上数据不难发现，麦当劳非常重视员工的成长与生涯规划。麦当劳的人员策略是成为员工心目中最好的雇主，组织内各职级同人的发展，向来是最优先考虑的重点。麦当劳更全力强调价值和领导行为、具有竞争力的薪酬与福利、对人员的尊重与肯定、学习发展及成长；同时确定员工有足够的资源完成工作。麦当劳深信，人员策略才是建立品牌及确保顾客忠诚度的不二法门。

（资料节选自：刘再垣，杨清，李俊. 员工培训管理. 北京：对外经济贸易大学出版社，2004.）

1.5 管理的方法及基础工作

1.5.1 管理的方法

管理的方法是指为达到企业管理目标所采取的方式、手段、措施、途径等。管理的方法很多，一般可分为行政方法、经济方法、法律方法、教育方法和技术方法等几大类，如图 1.5 所示。

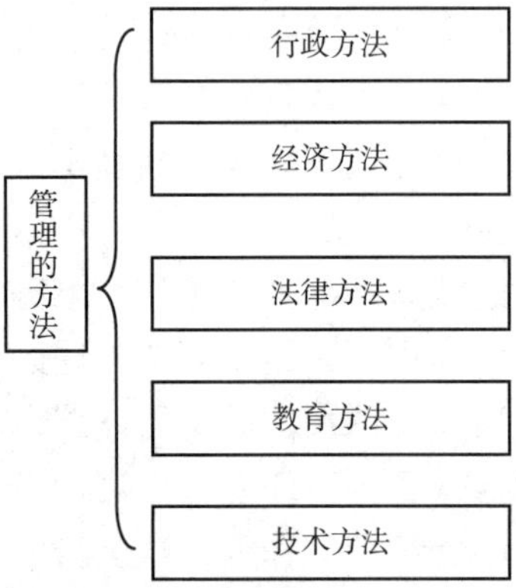

图 1.5　管理的方法

1．行政方法

行政方法是指依靠行政机构和领导者的权威，通过行政组织系统，采用命令、指示、规定、指令性计划、制定规章制度等行政手段，对管理对象产生影响和进行控制的管理方法。行政方法以权威和服从为基本原则。

2．经济方法

经济方法是指依靠利益驱动，利用经济手段，通过调节和影响被管理者物质需要而促进管理目标实现的方法。经济方法的实质是围绕着物质利益，运用各种经济手段正确处理好国家、集体与劳动者个人三者之间的经济关系，最大限度地调动各方面的积极性、主动性、创造性和责任感，促进经济的发展与社会的进步。

3．法律方法

法律方法是指通过各种法律、法令、条例和司法、仲裁工作，调整社会经济的总体活动和各企业、单位在微观活动中所发生的各种关系，以保证和促进社会经济发展的管理方法。在管理的法律方法中，既包括国家正式颁布的法律，也包括各级政府机构和各个管理系统所制定的具有法律效力的各种社会规范。法律方法的内容不仅包括建立和健全各种法规，而且包括相应的司法工作和仲裁工作。这两个环节是相辅相成、缺一不可的。

4．教育方法

教育方法是指在一定的教育思想指导下形成的实现其教育思想的策略性途径，是通过对企业员工进行思想、科学文化、生产技能和经营管理等方面的教育，提高员工素质，从而增强企业生存和发展能力的管理企业的方法。

5．技术方法

技术方法是管理者将现代科学技术的成果应用于生产、经营过程，以提高企业适应市场环境能力的方法。技术方法可以使生产经营活动中许多复杂问题的处理变得高效、快捷。目前广泛应用于企业信息化工作。

1.5.2　管理的基础工作

管理的基础工作是为企业生产经营管理活动提供资料数据、共同准则、基本手段和前提条件的基础性工作。管理的基础工作包括标准化工作、定额工作、计量工作、信息工作、规章制度和员工教育培训，如图 1.6 所示。

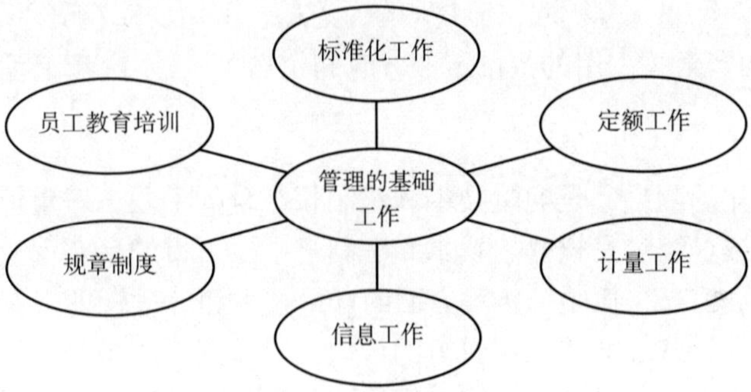

图 1.6　管理的基础工作

1．标准化工作

标准化工作是指对技术标准、管理标准和工作标准等各类标准的制定、执行和日常管理工作。标准的确立是有效管理的前提。管理可以说是从标准的制定和标准的执行开始的。每一种产品、每一项服务、每一个工作岗位、每一个管理职位都必须有标准，而且标准应该是先进的、可行的、可量化的、稳定的。企业的标准主要有技术标准和管理标准。

（1）技术标准。技术标准包括基础技术标准、产品标准、工艺标准、检测试验方法标准，以及安全、卫生、环保标准等。

（2）管理标准。管理标准是对企业中重复性的管理工作的任务、程序、内容、方法和要求及考核奖惩办法所做的统一规定。制定管理标准的目的是合理组织、利用和发展生产力，正确处理生产、交换、分配和消费中的相互关系及科学地行使计划、监督、指挥、调整、控制等行政与管理机构的职能。

§ 案例

麦当劳的标准化

说到标准化生产，麦当劳公司无人能及。麦当劳专门给员工写了一本标准化的操作手册。对经营中的每一个细节都加以规定。麦当劳的门店设计都是统一的，全世界的餐厅都有一个金黄色M形双拱门，基调都以红黄色为主。麦当劳的柜台离地高度以92cm为标准。因为据研究，这个高度是最适合人们掏钱的高度。厨房用具也都是标准化的。装袋用“V”形铲，以大大加快薯条的装袋速度。食品生产也有标准。薯条采用“芝加哥式”炸法，令薯条更香脆；可口可乐的温度永远在4℃，这样味道最甜美；汉堡的面包厚度要求为17mm，气孔之间的距离为0.5mm，因为此时面包的口感是香软的。

2. 定额工作

定额是对各类资源的消耗和占用标准所做的规定，是标准的具体化。定额有多种多样，有劳动定额（工时、产量）、物资定额（采购、消耗、占用、库存等）、设备定额（设备利用率、产量）、流动资金（占用的数量定额、时间定额）、成本定额、管理费用定额等。

3. 计量工作

计量就是标准化的测量，是通过技术和法制相结合的手段，对量值统一的测量，以保证量值的准确、一致。统一是核心，技术和法制是手段，目的是实现量值的准确、一致。计量工作是指测试、检查、化验分析等方面的计量技术和计量管理工作。

计量技术是指计量基准的建立到量值的传递，以及到生产中的实地测量，它包括测量方法和测量手段两个方面。计量技术按使用需要分为标准测量技术、工业测量技术和计量测试技术三种。计量管理是指对量值传递系统及技术手段和法制手段进行协调。计量管理是计量工作不可缺少的组成部分，有好的计量标准而无好的管理，也不可能使量值统一。因此，企业必须重视和加强计量管理工作，要建立、健全计量机构，根据需要合理选择和配备计量器具，建立量值传递系统和做好计量检定工作，建立、健全计量管理制度等。

4. 信息工作

信息工作一般是指对组织活动所必需的各种资料数据的收集、处理、传递、储存、检索、输出等管理工作，它一般包括以下几项。

（1）原始记录工作。它是对组织的每一个要素的使用、占有、获得、耗费，每一项活动的进行都有一个及时、真实的原始记录。它表现为台账、记账单、领料单、入库单、考勤表、报表、合同书、总结报告等。

（2）统计分析工作。它是对原始记录提供的原始数据，用特定的方法进行收集、整理和分析的工作。

（3）技术、经济情报工作。它是对与组织目标实现有关的各种经济情报和科技情报的收集、分析和研究工作。

（4）科技档案工作。它是将组织活动中有保存价值的图纸、文字材料、照片、录音、录像等作为历史记录保存起来以备查考。

5. 规章制度

规章制度是用文字的形式对各项管理工作和劳动操作的要求所做的规定，是全体员工行动的规范和准则。它一般由基本制度（如组织的领导制度）、工作制度（如计划、技术、劳动、财务等各项专业制度）和责任制度（职位责任制和岗位责任制，使人人有专责、事事有人管、严格考核、赏罚分明）组成。作为企业管理基础工作，企业规章制度主要指专业管理制度和岗位责任制。专业管理制度是为了保证生产、技术、经营活动正常进行，对企业各项专业管理工作的内容、程序、方法和要求所做的规定。岗位责任制是对企业内部各级组织、各类人员所承担的工作任务、应负的责任和工作中拥有的权力的规定。

专业管理制度和岗位责任制是紧密相连的。专业管理制度的内容要分解到有关的岗位责任制中去，而岗位责任制又是落实各种专业制度的基础。有岗位责任制而无专业管理制度，岗位责任制则无所遵行；只有专业管理制度而无岗位责任制，则各项专业管理制度就无法落实。其中岗位责任制处于核心的地位，因此，企业必须建立、健全以岗位责任制为核心的规章制度。

6. 员工教育培训

通过教育培训能大大提高员工的素质，有助于企业留住人、用好人；有助于减少企业的管理层次和管理人员；有助于员工快速理解和接受企业的管理理念和管理方式。员工教育培训是对员工进行思想品德、科学文化知识、业务和生产技能的教育。它是适应科学技术发展、增强企业竞争力的需要，是提高劳动生产率和经济效益的可靠保证，也是社会主义精神文明建设的重要组成部分。

员工教育培训的关键是使这项工作制度化，并采取各种各样的形式来培训员工，使他们适应不断变化的新形势。

§案例

麦当劳的汉堡大学

麦当劳一直致力于成为最佳的人才培养中心，为企业培训和发展一批具有极高忠诚度的优秀人才，以贯彻执行麦当劳的核心价值——“品质、服务、清洁和物超所值”。

1961 年，麦当劳全球第一所汉堡大学在美国伊利诺伊州正式成立。汉堡大学不仅是一所学校或一个训练机构，也是麦当劳培养人才的摇篮，是麦当劳人员发展的阶梯，更是麦当劳业务发展所需人员的重要保障。踏入麦当劳，员工不仅能收获专业培训，也能收获终生受用的技能、知识和价值观。

1961—2012 年，麦当劳汉堡大学每年会让来自 118 个国家和地区的五六千名学生，以 28 种语言接受麦当劳汉堡大学的课程培训。如今，麦当劳已在全球建立了七所汉堡大学，分别位于美国、日本、澳大利亚、巴西、英国、德国和中国。

麦当劳大学有一批来自营运前线、实战经验丰富、受过传统培训的资深教授，还有一群极具创造力的训练专家。

除了优秀的师资，麦当劳提供给旨在为麦当劳创造价值的学员一个舒适、清新的学习氛围，在这里可以感受到高等学府才有的学习和生活环境，教室外风景迷人，教室内设备一流。

麦当劳深信一套好的服务策略必须考虑消费者，因此在第一线服务顾客的服务员是最重要的。在专业知识的训练方面，麦当劳汉堡大学对从事不同岗位的人会有相关专业知识的训练。因此，在麦当劳想要成为一名合格的管理者，必须完成麦当劳大学的高质量课程，才能证明有足够的管理资格，而分级别的课程也会给学员继续深造的机会，更有针对性地加快人才培养。

（资料来源：百度百科）

案例

中铁八局房开公司开展基础工作检查，全面夯实基础管理工作

通过学习中国中铁股份公司总裁的讲话精神和集团公司《关于进一步加强企业基础管理工作的通知》文件精神，房开公司全体员工进一步深刻认识了精细化管理和基础管理工作的重要性，充分认识到修“路”的作用及顶层设计的重要性。在对所属项目完成基础工作检查后，11 月下旬至 12 月中旬，由公司主要领导带队，在公司机关和分公司开展了基础管理工作全面检查。

11 月初，公司对全面夯实管理基础工作进行了部署。机关各部门、分公司通过梳理日常工作、整理现行文件，对基础管理工作进行全方位自查，并填报统一格式的表格上报公司。随即，由公司主要领导牵头，分管领导参加，对各部门、分公司的各项工作进行了深入研究，对工作内容填写不详尽、有缺失的，返还重新填写上报，并于 11 月下旬启动了检查工作，对各部门、分公司基础管理工作执行情况逐一进行了检查。公司领导在与部门交流中明确了 2016 年部门重点工作，交流了发现问题反馈机制及协同配合的重要性。通过检查，发现基础资料不规范问题 77 条，包括收发文电子台账的建立、工作交接清单、部务会原始记录、归档资料、合同范本、成本管控、客户服务等问题，及时向相关部门、分公司进行了反馈并限定整改时间。截至 12 月 17 日，基础管理工作检查中发现的问题已全部整改落实。

公司通过检查进一步规范了基础管理工作，实现了部门间协调配合有序、部门重点工作围绕公司重点工作开展的目标。下一步公司将继续坚持“基础管理工作常抓不懈”的理念，以加强基础管理、构建高效组织、完善体制机制，努力打造盈利能力逐步提升的现代房地产企业。

（资料来源：高春晖. 中华铁道网）

思考与练习

一、判断题

1. 管理是指通过计划、组织、领导、控制、激励、决策及协调等手段，结合人力、物力、财力、信息等资源，实现和达到组织目标的过程。(　　)

2. 人口、购买力和购买欲望决定着市场需求的规模，其中生产企业可以把握的因素是消费者的购买欲望，而产品价格、差异化程度、促销手段、消费者偏好等影响着购买欲望。(　　)

3. 资源是企业自身拥有或可以获取并用以提供竞争力基础的资产，包括宏观资源和微观资源。宏观资源是竞争力的前提。微观资源包括有形资产、无形资产和人力资源。(　　)

4. 生产要素资源主要是指组织成员向组织提供的知识、技能和决策能力等，我们通常把这些能力称为生产要素资本。一个组织最重要的资源是生产要素。(　　)

5. 市场营销能力是指企业把握市场营销活动、追求企业利益最大化的经营能力。在产品价值同质化愈演愈烈的市场上销售策略的选择尤为重要。营销能力是企业与消费者达成交易的推动力。(　　)

二、单项选择题

1. (　　)是通过协调其他人的活动达到与别人一起或者通过别人实现组织目标的人。

A. 企业法人　　B. 管理者　　C. 经理　　D. 顾客

2. 现在最为广泛接受的是将管理分为四项基本职能，即(　　)。

A. 计划、组织、领导、激励　　B. 计划、组织、决策、控制

C. 计划、组织、领导、控制　　D. 计划、协调、领导、控制

3. 企业所处的(　　)是指构成企业生存和发展的社会经济状况及国家的经济政策，包括社会经济结构、经济体制、发展状况、宏观经济政策等要素。

A. 经济环境　　B. 宏观环境

C. 法律环境　　D. 外部环境

4. (　　)是指对技术标准、管理标准和工作标准等各类标准的制定、执行和日常管理工作。标准的确立是有效管理的前提。

A. 规范化工作　　B. 制度化工作

C. 行政化工作　　D. 标准化工作

5. (　　)是指企业获取利润的能力，也称为企业的资金或资本增值能力，通常表现为一定时期内企业收益数额的多少及其水平的高低。

A. 经营能力　　B. 盈利能力

C. 管理能力　　D. 营销能力

三、多项选择题

1. 管理者的权力包括（　　）。

A. 法定权　B. 奖励权　C. 影响力权　D. 处罚权

2. 管理的特征包括（　　）。

A. 管理的二重性　B. 管理的科学性与艺术性

C. 管理的特殊性　D. 管理的普遍性与目的性

3. 管理的基本原则是（　　）。

A. 顾客至上原则　B. 效益原则

C. 人本原则　D. 责任原则

4. 企业财务状况分析包括（　　）。

A. 长、短期偿债能力分析　B. 营运能力分析

C. 盈利分析　D. 企业发展能力分析

5. 管理的方法包括（　　）。

A. 行政方法　B. 经济方法

C. 法律方法　D. 教育方法

E. 技术方法

四、简答题

1. 简述管理需要解决的基本问题。
2. 简述营销执行能力的基本内容。
3. 简述管理的基础工作。

实践与实训

初步接触管理学，推荐大家看一组管理的节目：中央电视台经济频道 https://jingji.cctv.com/。该频道专注于独家信息披露、深度调查报道、高端权威解读，网罗强大的国际国内专家，为网友提供权威的财经分析评论，整合中央电视台财经频道节目资源，对经济管理有兴趣的同学可用于启发思维、学习经济管理方法、补充实战型管理知识。

第2章

管理思想的发展史

读诗使人聪慧，读史使人明智。

学习目标

- 掌握泰勒的科学管理内容；
- 掌握法约尔的一般管理理论；
- 了解韦伯的行政组织理论；
- 掌握霍桑实验和人际关系学说。

学习导航

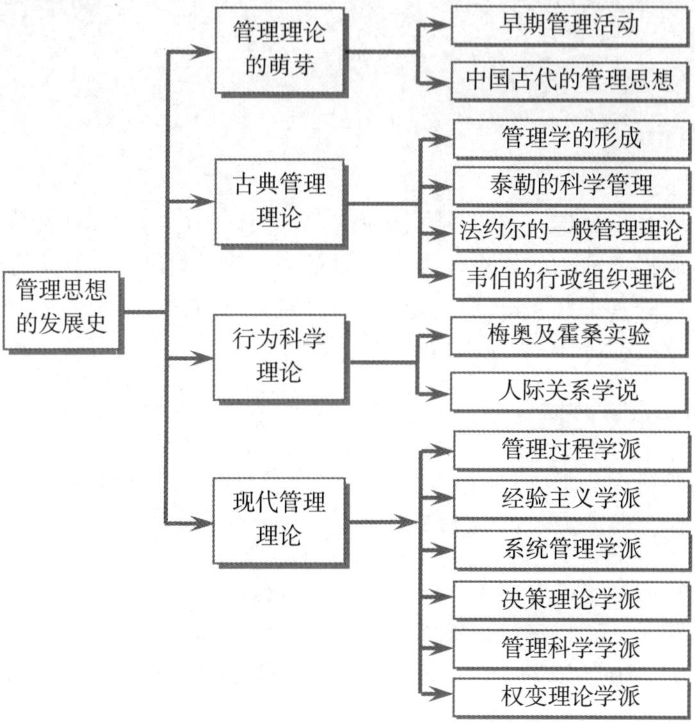

引导案例

管理自古就有

中华民族五千年历史，也记载着中华民族对管理的态度。

1. 未雨绸缪——事前做好准备

《诗经》中有一篇标题为《鸱鸮》的诗，描写一只失去了孩子的母鸟，仍然在辛勤地筑巢，其中有几句诗："迨天之未阴雨，彻彼桑土，绸缪牖户。今此下民，或敢侮予。"意思是说：趁着天还没有下雨的时候，赶快用桑根的皮把鸟巢的空隙填紧，只有坚固的鸟巢，才能免于人类的侵害。后来，大家把这几句诗引申为"未雨绸缪"。

2. 曲突徙薪——损失预防与控制

"灶直突，傍有积薪"是酿成火灾损失的危险因素，把烟囱改成弯曲的以降低火焰喷出，移开薪材以避免火势蔓延，这些建议就是现代危险管理理论的损失预防与损失控制的方法。《汉书》可能是中国史上最早记载危险具体控制措施的文献。

3. "见风转舵，见机行事"——动态管理

庄子在《覆虚舟》中指出："见风转舵，见机行事。"在现代管理的理论中，管理是动态的，对企业的管理策略是要具有弹性的，需要因时、因地或定期检讨改进。

4. "合纵与连横"——供应链管理策略

韩非子《五蠹篇》说："纵横之党……借力于国也。纵者，合众弱以攻一强也。横者，事一强以攻众弱也。"以当今管理理论而言，"合纵"即联营，集合众多的合作伙伴之力，共同处理不确定的重大事项；"连横"乃整合保险、银行与第三方物流成立一个联盟集团，资源共享，互济有无，以收综合经营之效。

（资料来源：陈森松，台湾逢甲大学）

2.1 管理理论的萌芽

自从有了人类历史，就有了管理。人类具有社会性，人类的生产活动和社会活动都是集体进行的，要组织和协调集体活动就离不开管理。随着社会的不断进步，管理思想也在不断地发展，包括我国在内的各个文明古国对人类早期管理实践和管理思想的形成都做出了不可磨灭的贡献。

2.1.1 早期管理活动

古代文明古国埃及和巴比伦在生产管理、军事、法律等方面也都有过许多光辉的实践。

1. 古埃及的管理实践

据史料显示，埃及在建造金字塔上动用了近 10 万人，花费了 20 多年的时间，解决大量人员的食物、住房、运输等问题，这都需要周密的计划、组织和控制工作，相当于管理和指挥一个 10 万人的城市达 20 年以上。金字塔所用石块的采掘和搬运出色地表明了古埃

及人的长期规划和组织能力。在什么地方和什么时间采掘石块，要多大的石块，如何搬运，这些都需要进行前期规划。石块的采掘大都在冬季和春季进行，在每一石块上均标明其运往基地和时间。为了尽量减少陆地搬运，石块的运送是在每年的涨水季节进行的。所有石块在堆砌上去以前，都要在工地凿刻成形并进行编号。这些都显示了古埃及人的组织能力与领导能力。

古埃及还修建了很多不错的灌溉系统，使其作为利用尼罗河每年的洪水进行灌溉的附属工程。他们修建金字塔和运河的工程技术是个奇迹，远远超过了古希腊人和古罗马人。它的采矿业和绝大多数工程项目都是国家垄断的，因而需要有一套庞大的管理机构来管理国家事务。

有史料表明，古埃及人是知道管理人员所能监督人数的限度的。有一个有趣的现象：每个监督者大约管理 10 名奴仆。从发掘物中还可以发现管理者和工人的衣着是不同的。监督者穿的是短裙或长袍，而奴仆穿的衣服能表明他们从事的行当或职业。在管理跨度方面，“以 10 为限”是埃及的实际做法。

2. 古代巴比伦的《汉谟拉比法典》

古代巴比伦制定了全世界第一部完整的法律文件《汉谟拉比法典》，内容涉及个人财产保护、货物交易规则、上下隶属关系、工资标准及犯罪处理等，其中许多条款涉及经济管理思想，对推动人类司法制度的建设起到了重要的作用。古代巴比伦的“空中花园”等伟大而精美的建筑工程，在生产力不发达的古代，从设计到管理组织，都可以称得上是人类社会最光辉的遗产。

3. 古罗马帝国的管理实践

罗马帝国是古代最大的帝国。西起不列颠、东至黑海的大片土地都在罗马帝国的统治之下。罗马帝国存在 500 年之久。

公元 284 年，戴克里先对罗马帝国行省制进行了改革，将原来的 47 个行省重新划分为 100 个，又在行省之上设立行政区，100 个省分属于 12 个行政区。在军事方面，将军队分成边防部队和内地机动部队，同时大量吸收边疆的“蛮族”进入军队，在将总兵力扩充到 60 万人的同时，也使罗马军队进一步“蛮族化”了。

在戴克里先的各项改革中，对后世影响最为深远的是税制的变革及为适应此变革而颁布的各项法令。在早期的罗马帝国，税收的主要来源是间接税，所得税和商品交易税是国家的经济命脉。但在 3 世纪的劫难中，罗马帝国的经济大为衰落，而容易成为攻击目标的城市损失更为惨重，商业和手工业大大萎缩了，经济向农业化、自然经济倒退了一大步。针对这种变化，为了扩大税收收入，戴克里先实行了新税法，使原来以间接税为主的税制转向以直接税为主，在农村征收以实物为主的人头税和土地税，在城市征收以货币为主的人头税。为了保证税源，戴克里先颁布了各项法令，把农民和隶农固着在土地上，不得迁徙，把商人和手工业者固定在行业里，不得改行，把市议员固定于市议会里。这些措施显然使罗马帝国向中世纪迈进了一大步。为了稳定不断贬值的币值，遏制通货膨胀，戴克里先采用了改变币制和颁布“限价法令”等措施。

总之，在这一时期，人们还基本上处于经验管理阶段，传统的管理没有摆脱小生产方式的影响，主要是靠个人经验进行生产和管理的，这些管理思想还不系统、不全面，没有形成一套科学的管理理论和管理方式。

2.1.2 中国古代的管理思想

中华民族悠久的历史积累了丰富的管理实践及许多影响深远的管理思想和管理理论，这些理论和实践都对人类文明社会的进步与管理的发展做出重要贡献。

1. 管理实践

中国在两千多年的封建社会中，中央集权的国家管理制度，财政赋税的管理、官吏的选拔与管理、人口田亩管理、市场与工商业管理、漕运驿递管理、文书与档案管理等方面，历朝历代都有新的发展，出现了许多杰出的管理人才，在军事、政治、财政、文化教育与外交等领域，显示了卓越的管理才能，积累了宝贵的管理经验。战国时期著名的“商鞅变法”是通过变法提高国家管理水平的一个范例；文景之治使国家出现了政治安定、经济繁荣的局面；中国有许多世界历史上最伟大的工程，其中，长城总长达到 6 700 多公里，从春秋战国时开始修建，一直延续到明朝万历年间。在科学技术与生产力均不发达的古代，我国人民能完成如此巨大的工程，管理工作的计划、组织、领导与控制进行得如此周密、细致，真正使世人感到惊叹。都江堰等大型水利工程，将防洪、排灌、航运综合规划，显示了我国古代工程建设与组织管理的高超水平；丁谓主持的“一举三得”皇宫修建工程堪称运用系统管理、统筹规划的范例。还有许多令人赞叹的管理实践都体现了中国古人高超的管理智慧。

2. 用人观

综观中国古代管理实践可以看出，管理与行政和当时的条件与社会环境基本融为一体。特别是在人才的选拔和录用方面，建立了比较完善的科举制度。从现代的观点看，尽管科举制度在考试内容和选聘标准上存在着许多问题，但是通过考试和平等竞争的方法选用人才，在人类历史上可以说是开辟了一个范例，有的学者甚至把它说成西方公务员制度的先驱。

实际上，我们所了解的古代管理实践的成功与否主要取决于管理者或决策者的素质高低。管理者的个人知识、能力和经验越丰富，越有可能进行卓有成效的管理活动，否则，管理就可能缺乏成效，甚至失败。因此，管理实践是和个人经验分不开的，是一种典型的经验管理。管理的自然属性和社会属性促进它反映出社会生产力发展水平的指挥劳动及与生产关系相适应的监督劳动。因此管理思想的发展是由当时的条件和时代决定的。

3. 管理思想

中国古代传统的管理思想，对世界，特别是对东方的文化产生过巨大影响，出现过孔子、老子、唐太宗等一大批思想家，同时他们也称得上是伟大的管理学家。在他们当中，以孔子为代表的儒家思想最具有影响力。儒家思想是中国传统文化的主流，它不仅对中国有深远的影响，而且在日本、韩国、新加坡等许多亚洲国家广为流传。近年来，许多东亚、东南亚国家相继走上了现代化道路，社会经济得到了高速发展，企业管理也达到了世界先进水平，但是它们都没有否定以儒家思想为核心的东方文化走全盘西化的道路，而是吸收了东西方文化中有益的东西，并结合本国的实际才取得了巨大的成功。它们用儒家的观点塑造现代企业文化，形成了与西方管理文化截然不同的特色。一些国家和地区把它称为“新儒学派”。

2.2　古典管理理论

虽然人类早期进行了大量的管理实践，但是直到 20 世纪初，美国的泰勒、法国的法约尔等管理理论先驱才把管理作为一门科学来研究，使管理思想系统化、理论化。这些管理思想和管理理论的主要精髓及其发展过程的特点，对我们研究管理学和从事管理实践活动仍产生着深刻的影响，有着重要的意义。

2.2.1　管理学的形成

从 18 世纪到 19 世纪的工业革命，是资本主义的机器大工业代替手工技术为基础的工场手工业的革命，既是生产技术上的又是生产关系的重大变革，使以机器为主的现代意义上的工厂成为现实。

1. 管理理论的初步形成

随着生产力有了较大的发展，管理思想和管理方法与手段出现必然的革新，涌现了一批卓有贡献的思想家、经济和管理学家。这一时期的著作大体上有两类：一类偏重于理论的研究，即关于管理职能和原则的研究；另一类偏重于管理技术和方法的研究。具体体现在以下几个方面。

（1）关于企业所有权和管理权的关系。第一个明确地把管理作为生产的第四个要素而同土地、劳动力和资本相并列的，是法国资产阶级庸俗经济学的创始人——萨伊。1776 年，英国古典经济学家亚当·斯密出版了《国富论》一书，系统地阐述了其政治经济学观点，为资本主义经济的发展奠定了理论基础。他认为企业的所有权和管理权一般是分开的，特别是当赚钱的时候，对劳动分工能带来劳动生产率的提高做了全面的剖析，即劳动分工增加了劳动者的熟练程度；节省了从一种工作转换为另一种工作所需要的时间；使专门从事某项作业的劳动者在提高劳动技能的基础上，更容易改良工具和发明机械设备。

（2）关于管理的职能。经济学家各自都特别强调不同的管理职能。萨伊强调计划职能的重要性。鲍克认为管理人员的主要职能是组织和指挥。人事职能中的员工培训和管理人员教育，受到了当时一些经济学家的重视。组织职能受到这些经济学家的广泛注意。在控制职能方面，这些经济学家从防止盗窃方面的控制转到防止浪费方面的控制。

（3）关于专业化和劳动分工。查尔斯·巴贝奇 1832 年出版了《论机器与制造业的经济》一书，除进一步阐述劳动分工对提高劳动效率的作用外，同时强调关于体力劳动与脑力劳动分工的主张。巴贝奇还提出了一种工资加利润的分配制度，指出工人的收入应由三部分组成，即固定工资、利润分享部分和奖金，后两项是与工人的劳动生产率直接相关联的。这项具有刺激作用的分配制度的提出和实施，是巴贝奇为现代劳动工资制度的发展和完善做出的一项重要贡献。

（4）关于工资和激励。罗伯特·欧文是一位空想社会主义者，他曾经为工厂管理制度的改革进行过一系列试验。首先倡导在企业管理中要重视人的因素，反对将人视为机器。他提出要缩短工人的工作时间，提高工资，改善工人的住宅。他的改革试验证实：重视人的作用，尊重人的地位，可以使工厂获得更多的利润。在一定程度上可以说欧文是人事管理的创始者。

总体来说，这一时期有关管理问题的论述还未能建立起系统的管理理论。但它们已经区分了管理职能与企业职能，意识到管理将会发展成一门具有独立、完整体系的科学，预见到管理的地位将不断提高，为管理学的形成奠定了坚实的基础。

2．系统管理科学的形成——“管理运动”

“管理运动”是于 19 世纪末到 20 世纪 30 年代在美国发生的人们对管理重要性的认识及由此而产生的对经济发展的重大影响过程。它的主要组成部分是科学管理，为提高劳动生产率提供了一种思路和解决问题的框架。

19 世纪 40 年代末，美国掀起了铁路建设的热潮，由此导致了美国铁路企业的成长。由于修筑铁路所需的巨额资本只有通过资本市场才能筹集，使美国铁路企业几乎一开始就走上了公司制道路，从此公司制作为一种组织创新形式风靡世界。股份公司是企业规模突破了个人资本量的限制，使得投资巨大，拥有数千、数万员工的企业成为现实，企业规模进一步扩张，内部结构日益复杂。同时铁路企业的管理需要专业性的特殊技能和训练，支薪管理人员从此产生，现代职业经理阶层得以形成。

在企业规模变大、管理人员失去了对工人直接监督的情况下，如何设计激励性的薪酬制度以提高劳动生产率成为当时一个突出问题，引起了最早的讨论。1889 年亨利·汤在美国机械工程师协会年会上介绍了其企业中应用五年之久、成效显著的收益分享方案；1891 年，弗雷德克·哈尔西发表论文《劳动报酬的奖金方案》，分析当时普遍采用的计时工资制、计件制、分红制等三种工资形式的缺点，提出了奖金方案，成为以后工资制度的一种基本模型；1895 年泰勒的一篇论文发表了他的最新研究成果，提出在科学地测定工时、动作、劳动定额的基础上，实行差别计件工资制的方案，这篇论文被奉为科学管理的典范。在企业财务方面，工厂制度在铁路企业的基础上也不断发展，亚历山大·丘奇、亨利·甘特等人提出了完善成本会计分析；尤其是杜邦等人对打破成本会计、财务会计和固定资本核算相互分隔的现象，发展出工业企业标准的会计程序和方法，奠定了现代企业财务的基础。此外，爱默生对消除浪费、降低成本和直线职能制改进效率进行研究，柯克把科学管理扩大应用到教育和市政组织上，在这些崭新的管理方法的推动下，20 世纪初，制造企业进行了组织管理方法的改组，这标志着制度化和科学化管理运动达到高潮。1910 年，福特发明流水线的批量生产方式；20 年代初，斯隆创立广泛适用的事业部制；尤其是泰勒的科学管理理论走向成熟并普遍推广，使管理理论研究走上了科学轨道，成为管理学产生的标志，也使社会化的管理运动圆满完成历史使命并永垂史册。

在管理运动中，管理终于成为一个独立的领域，管理思想连续地从偶然、片段和不完备的分析，发展到一种影响人们经济工作的较完整的思想和理论；管理思想和理论的探讨、传播，通过独立的管理学术团体——协会、出版物和会议进行，并形成了较成熟的学术规范；管理人员成为一种职业，管理教育也发展起来，管理人员不仅可以从实践中成长，而且可以通过大学教育来培养。这些都对以后的管理发展产生了深远的影响。

2.2.2　泰勒的科学管理

1．科学管理之父——泰勒

泰勒全名弗雷德里克·温斯洛·泰勒，1856 年出生于美国费城杰曼顿一个富有的律师家庭。在接受中学教育后，进入埃克塞特市菲利普斯·埃克塞特专科学校学习。1874 年，考入哈佛大学法律系，不久，因眼疾辍学。1878 年，在米德维尔工厂，他从一名学徒工做起，先后被提拔为车间管理员、技师、小组长、工长、设计室主任和总工程师，并在业余学习的基础上获得了机械工程学士学位。泰勒的这些经历，使他有充分的机会去直接了解工人的种种问题和态度，并看到提高管理水平的极大可能性。

泰勒一生大部分的时间所关注的就是如何提高生产效率。在米德维尔工厂，他了解工人们普遍怠工的原因，他感到缺乏有效的管理手段是提高生产率的严重障碍。为此，泰勒开始探索科学的管理方法和理论。泰勒从“车床前的工人”开始，重点研究企业内部具体工作的效率，这不但要降低成本和增加利润，而且要通过提高劳动生产率增加工人的工资。泰勒对工人在工作中的“磨洋工”问题深有感触。他认为“磨洋工”的主要原因在于工人担心工作干多了，可能使自己失业，因而宁愿少生产而不愿意多干。泰勒认为，生产率是劳资双方都忽视的问题，部分原因是管理人员和工人都不了解什么是“一天合理的工作量”和“一天合理的报酬”。此外，泰勒认为管理人员和工人都过分关心如何在工资和利润之间进行分配，而对如何提高生产效率而使劳资双方都能获得更多报酬几乎无知。概而言之，泰勒把生产率看成取得较高工资和较高利润的保证。他相信，应用科学方法来代替惯例和经验，可以不必多费人们的精力和努力，就能取得较高的生产率。在他的管理生涯中，他不断在工厂进行实地试验，系统地研究和分析工人的操作方法和动作所花费的时间，逐渐形成管理体系——科学管理。

1898—1901 年，泰勒以顾问的身份进入伯利恒钢铁公司，此后在伯利恒进行了著名的“搬运生铁块试验”和“铁锹试验”。搬运生铁块试验是在这家公司的 5 座高炉的产品搬运班组大约 75 名工人中进行的。这一研究改进了操作方法、训练了工人，使生铁块的搬运量提高 3 倍。铁锹试验是系统地研究铲上负载后，研究能够达到标准负载的锹的材料、形状、规格，以及各种原料装锹的最好方法的问题。此外，泰勒还对每一套动作的精确时间做了研究，从而得出了一个“一流工人”每天应该完成的工作量。这一研究的结果是非常杰出的，堆料场的劳动力从 400 ~ 600 人减少为 140 人，平均每人每天的操作量从 16 吨提高到 59 吨，每个工人的日工资从 1.15 美元提高到 1.88 美元。

泰勒的著作包括《计件工资制》《车间管理》《科学管理原理》。但泰勒的做法和主张并非一开始就被人们所接受，相反还受到包括工会组织在内的人们的抗议。例如，一位名叫辛克莱的年轻的社会主义者写信给《美国杂志》主编，指责泰勒“把工资提高了 61%，而工作量提高了 362%”。泰勒也遇到了来自管理部门及伯利恒公司的反对。美国国会于 1912 年举行对泰勒制和其他工场管理制的听证会。在那里，泰勒面对多半怀有敌意的国会议员，不得不捍卫自己的观点。泰勒在众议院的委员会做的精彩证词，向公众宣传了科学管理的原理及其具体的方法、技术，成为对其科学管理原理所做的最好说明，引起了很大的轰动。

1901 年泰勒退休，开始从事无偿咨询和演讲活动，宣传他的科学管理理论。

1915 年泰勒因患肺炎在费城逝世，终年 59 岁。他是一个被工人称为野兽般残忍的人，一个与工会水火不容、被迫在国会上作证的人，他生前殚精竭虑研究的科学管理原理和方法，由于受到曲解，推行举步维艰，在他死后，人们尊称他为“科学管理之父”。

2. 科学管理的主要内容

科学管理的内容如图 2.1 所示。

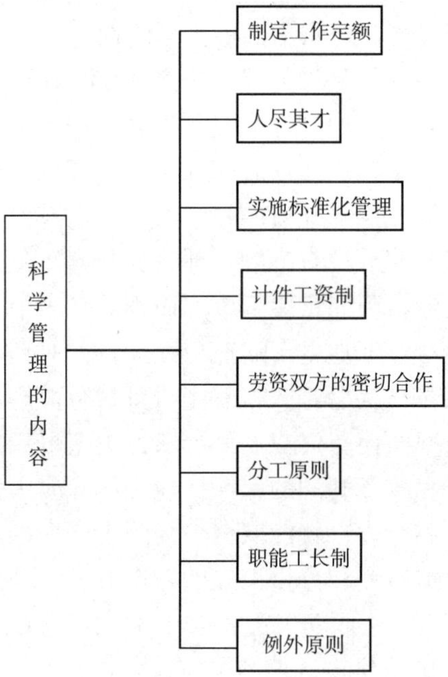

图 2.1　科学管理的内容

（1）制定工作定额。在当时美国的企业中，由于普遍实行经验管理，由此造成一个突出的矛盾，就是资本家不知道工人一天到底能干多少活，总嫌工人干活少，拿工资多，于是就往往通过延长劳动时间、增加劳动强度来加重对工人的剥削。而工人也不确切知道自己一天到底能干多少活，但总认为自己干活多，拿工资少。当资本家加重对工人的剥削时，工人就用“磨洋工”来消极对抗，这样企业的劳动生产率当然不会高。

泰勒认为管理的中心问题是提高劳动生产率，要制定出有科学依据的工人的“合理日工作量”，就必须通过各种试验和测量，进行劳动动作研究和工作研究。其方法是选择合适且技术熟练的工人；在不损害其健康的情况下，以维护较长年限的速度为标准，这种速度不是以突击活动或持续紧张为基础，而是以工人能长期维持的正常速度为基础，研究这些人在工作中使用的基本操作或动作的精确序列，以及每个人所使用的工具；用秒表记录每一基本动作所需时间，加上必要的休息时间和延误时间，找出做每一步工作的最快方法；消除所有错误动作、缓慢动作和无效动作；将最快、最好的动作和最佳工具组合在一起，成为一个序列，从而确定工人“合理的日工作量”，即劳动定额。

（2）人尽其才。所谓人尽其才，就是指在企业人事管理中，要把合适的人安排到合适的岗位上。只有做到这一点，才能充分发挥人的潜能，才能促进劳动生产率的提高。

泰勒指出，每个人都具有不同的才能，不是每个人都适合做任何一项工作的，这和人的性格特点、个人特长有着密切的关系，泰勒曾在其著作《科学管理原理》中说：“对把搬运生铁作为经常职业的人，最基本的要求是愚蠢冷漠，在体力上表现得更像一头公牛，而不是别的动物。智力上机警和聪明的工人则完全不适宜干这种活儿，因为在他们看来，这是折磨人的单调而无趣的工作。他必须足够迟钝，对百分比这个词都没什么概念。”为了挖掘人的最大潜力，还必须做到人尽其才，健全的人事管理的基本原则是使工人的能力同工作相适应，企业管理当局的责任在于为雇员找到最合适的工作，培训他们成为第一流的工人，激励他们尽最大的力量来工作。

对于如何使工人成为第一流的工人，泰勒指出：“管理人员的责任是细致地研究每一个工人的性格、脾气和工作表现，找出他们的能力；另外，更重要的是发现每一个工人向前发展的可能性，并且逐步、系统地训练，帮助和指导每个工人，为他们提供上进的机会。”在进行搬运生铁的试验后，泰勒指出：“现在可以清楚的是，甚至在已知的最原始的工种上，也有一种科学。如果仔细挑选了最适宜干这类活计的工人，而又发现了干活的科学规律，仔细选出来的工人已培训得能按照这种科学去干活，那么所得的结果必然会比那些在‘积极性加刺激性’的计划下工作的结果丰硕得多。”可见，挑选人尽其才的原则，是对任何管理都普遍适用的原则。

（3）实施标准化管理。泰勒认为，管理人员的首要责任就是把过去工人自己通过长期实践积累的大量的传统知识、技能和诀窍集中起来，并主动地把这些传统的经验收集起来、记录下来，编成表格，然后将它们概括为规律和守则，有些甚至概括为数学公式，然后将这些规律、守则、公式在全厂实行。在经验管理的情况下，对工人在劳动中使用什么样的工具、怎样操作机器，缺乏科学的研究，没有统一的标准，而只是凭师傅教徒弟的传授或个人在实际中摸索。泰勒认为，在科学管理的情况下，要想用科学知识代替个人经验，一个很重要的措施就是实行工具标准化、操作标准化、劳动动作标准化、劳动环境标准化等标准化管理。这是因为，只有实行标准化，才能使工人使用更有效的工具，采用更有效的工作方法，从而达到提高劳动生产率的目的；只有实现标准化，才能使工人在标准设备、标准条件下工作，才能对其工作成绩进行公正、合理的衡量。

泰勒不仅提出了实行标准化的主张，而且也为标准化的制定进行了积极的试验。在搬运生铁的试验中，泰勒得出一个适合做搬运工作的工人，在正常情况下，一天至少可搬 47.5 吨铁块的结论；在铁锹试验中，他得出铁锹每次铲物在重 21 磅时，劳动效率最高的结论；在长达 26 年的金属切削试验中，他得出影响切割速度的 12 个变量及其反映它们之间相互关系的数学公式等，为工作标准化、工具标准化和操作标准化的制定提供了科学的依据。

所以，泰勒认为标准化对劳资双方都是有利的，不仅每个工人的产量大大增加、工作质量大为提高、得到更高的工资，而且使工人建立一种科学的工作方法，使企业获得更多的利润。

（4）计件工资制。泰勒认为，现行工资制度所存在的共同缺陷就是不能充分调动员工的积极性，不能满足效率最高的原则。例如，实行日工资制，工资实际是按职务或岗位发放的，这样在同一职务和岗位上的人不免产生平均主义。在这种情况下，“就算最有进取心的工人，不久也会发现努力工作对他没有好处，最好的办法是尽量减少做工而仍能保持他的地位”。这就不可避免地将大家的工作拖到中等以下的水平。又如，在传统的计件工资制中，虽然工人在一定范围内可以多干多得，但超过一定范围，资本家为了分享迅速生产带来的利益，就要降低工资率。这就容易导致这种情况：尽管管理者想千方百计地使工人增加产量，而工人会控制工作速度，使他们的收入不超过某一个工资率。因为工人知道，一旦他们的工作速度超过了这个数量，计件工资迟早会降低。

于是，泰勒在 1895 年提出了一种具有很大刺激性的报酬制度——“差别工资制”方案。其主要内容是：制定差别工资率，即按照工人是否完成定额而采用不同的工资率。如果工人能够保质保量地完成定额，就按高的工资率付酬，以资鼓励；如果工人的生产没有达到定额，就将全部工作量按低的工资率付给，并给以警告，如不改进，就要被解雇。例如，某项工作定额是 10 件，每件完成给 0.1 元。又规定该项工作完成定额工资率为 125%，未完成定额率为 80%，那么，如果完成定额，就可得工资为 1.25 元（10×0.1×125%）；如未完成定额，如哪怕完成了 9 件，也只能得工资为 0.72 元（9×0.1×80%）。

（5）劳资双方的密切合作。泰勒在《科学管理原理》一书中指出：“资方和工人的紧密、组织和个人之间的合作，是现代科学或责任管理的精髓。”他认为，没有劳资双方的密切合作，任何科学管理的制度和方法都难以实施、难以发挥作用。

也就是说，要使劳资双方进行密切合作，关键不在于制定什么制度和方法，而是要实行劳资双方在思想和观念上的根本转变。如果劳资双方都把注意力放在提高劳动生产率上。劳动生产率提高了，不仅工人可以多拿工资，资本家也可以多拿利润，从而实现双方“最大限度的富裕”。

例如，在铁锹试验中，每个工人每天的平均搬运量从原来的 16 吨提高到 59 吨；工人每日的工资从 1.15 美元提高到 1.88 美元。而每吨的搬运费从 7.5 美分降到 3.3 美分，对雇主来说，关心的是成本的降低；而工人关心的是工资的提高，所以泰勒认为这就是劳资双方进行“精神革命”、从事合作的基础。

（6）分工原则。泰勒指出：“在老体制下，所有工作程序都由工人凭他个人或师傅的经验去干，工作效率由工人自己决定。”由于这与工人的熟练程度和个人的心态有关，为此，泰勒主张：“由资方按科学规律去办事，要均分资方和工人之间的工作和职责。”要把计划职能与执行职能分开并在企业设立专门的计划机构。泰勒在《工厂管理》一书中为专门设立的计划部门规定了 17 项主要负责的工作，包括企业生产管理、设备管理、库存管理、成本管理、安全管理、技术管理、劳动管理、营销管理等各个方面。所以，泰勒所谓计划职能与执行职能分开，实际是把管理职能与执行职能分开；所谓设置专门的计划部门，实际是设置专门的管理部门；所谓“均分资方和工人之间的工作和职责”，实际是说让资方承担管理职责，让工人承担执行职责。这也就进一步明确了资方与工人之间、管理者与被管理者之间的关系。

泰勒把计划的职能和执行的职能分开，改变了凭经验工作的方法，而代之以科学的工作方法，即找出标准，制定标准，然后按标准办事。要确保管理任务的完成，应由专门的计划部门来承担找出和制定标准的工作。

（7）职能工长制。泰勒提出必须废除当时企业中军队式的组织而代之以“职能式”的组织，实行“职能式的管理”。

泰勒认为在军队式组织的企业里，工业机构的指令是从经理经过厂长、车间主任、工段长、班组长而传达到工人。在这种企业里，工段长和班组长的责任是复杂的，需要具有相当的专门知识和各种天赋的人才能胜任。泰勒列举了在传统组织下作为一个工段长应具有的几种素质，即教育、专门知识或技术知识、机智、充沛的精力、毅力、诚实、判断力或常识、良好的健康情况等。但是每一个工长不可能同时具备这几种素质。为了事先规定好工人的全部作业过程，必须使指导工人干活的工长具有特殊的素质。因此，为了使工长职能有效地发挥，就要进行更进一步的细分，使每个工长只承担一种管理的职能，为此，泰勒设计出 8 种职能工长来代替原来的一个工长。这 8 个工长 4 个在车间、4 个在计划部门，在其职责范围内，每个工长可以直接向工人发布命令。在这种情况下，工人不再听一个工长的指挥，而是每天从 8 个不同工长那里接受指示和帮助。

尽管泰勒认为职能工长制有许多优点，但后来的事实也证明，这种单纯“职能型”的组织结构容易形成多头领导，造成管理混乱。所以，泰勒的这一设想虽然对以后职能部门的建立和管理职能的专业化有较大的影响，但并未真正实行。

（8）例外原则。所谓例外原则，就是指企业的高级管理人员把一般日常事务授权给下属管理人员，而自己保留对例外事项一般也是重要事项的决策权和控制权，这种例外的原则至今仍然是管理中极为重要的原则之一。

泰勒认为，规模较大的企业不能只依据职能原则来组织和管理，而必须应用例外原则。泰勒在《工厂管理》一书中曾指出：“经理只接受有关超常规或标准的所有例外情况，特别好和特别坏的例外情况，概括性的、压缩的及比较的报告，以便使他得以有时间考虑大政方针并研究手下重要人员的性格和合适性。”

泰勒提出的这种以例外原则为依据的管理控制方式，后来发展为管理上授权原则、分权化原则和实行事业部制等管理体制。

2.2.3 法约尔的一般管理理论

1841年，亨利·法约尔出生在法国的一个资产阶级家庭。1858—1860 年，法约尔就读于圣艾蒂安国立矿业学院，后来成为欧洲一位极为杰出的经营管理思想家，在煤矿公司当了 30 多年的总经理。

大学毕业后，法约尔进入科门特里富香博公司担任工程师，1888 年，当公司处于破产边缘时，他被任命为总经理，并按照自己关于管理的思想和理论对公司进行了改革和整顿，关闭了一些经济效益不好的冶金工厂，并吸收资源丰富的新矿来代替资源枯竭的老矿，他于 1891 年吸收了布列萨克矿井，1892 年吸收了德卡斯维尔的矿井加工厂并把新的联合公司命名为康曼包公司。1900 年他吸收了东部煤区的莱得莱维尔矿井，并克服了种种困难，把原来濒于破产的公司整顿得欣欣向荣。在第一次世界大战期间，他领导的公司为战争提供了大量资源。公司培养了一批管理、技术和科学上的骨干力量，当法约尔 75 岁退休时，该公司已能在财务和经营上立于不败之地，至今仍是法国中部最大的采矿和冶金集团的一部分。在科门特里富香博公司工作期间，法约尔就开始了管理的研究工作。1908 年的矿业学会 50 周年大会上，他提交了论文《论管理的一般原则》；1916 年，他在矿业学会公报上发表了著名的管理学著作《工业管理与一般管理》。从 1918 年退休后到 1925 年去世这段时间里，法约尔致力于普及自己的管理理论。

法约尔的研究与泰勒的不同在于：泰勒的研究是从工厂管理的一端——“车床前的工人”开始实施，从中归纳出科学的一般结论，重点内容是企业内部具体工作的效率；而法约尔是从总经理的办公桌旁，以企业整体作为研究对象，创立了他的一般管理理论。他认为，管理理论是“指有关管理的、得到普遍承认的理论，是经过普遍经验并得到论证的一套有关原则、标准、方法、程序等内容的完整体系；有关管理的理论和方法不仅适用于公私企业，也适用于军政机关和社会团体”。这正是其一般管理理论的基石。法约尔提出了企业的 6 种基本活动、管理的 5 项职能和一般管理理论的 14 项原则。

1．企业的 6 种基本活动

法约尔提出企业经营管理中存在 6 种基本经营活动：技术活动，是企业的基本活动；商业活动，指策略、决策、市场预测、了解竞争对手，这些远见是现代竞争战略的基础；财务活动，指资本的运作；安全活动，即“老板的眼睛”“国家的警察和部队”；会计活动，即企业的视觉器官；管理活动，其中包括计划、组织、指挥、协调、控制。具体如图 2.2 所示。

2．管理的 5 项职能

法约尔认为在企业的 6 项基本活动中，管理活动处于核心地位，而管理活动包含 5 项职能，分别为计划、组织、指挥、协调、控制。

3．一般管理理论的 14 项原则

一般管理理论的 14 项原则如图 2.3 所示。

（1）劳动分工原则。法约尔认为，劳动分工属于自然规律。劳动分工不只适用于技术工作，也适用于管理工作。应该通过分工来提高管理工作的效率。但是法约尔又认为：“劳动分工有一定的限度，经验与尺度感告诉我们不应超越这些限度。”

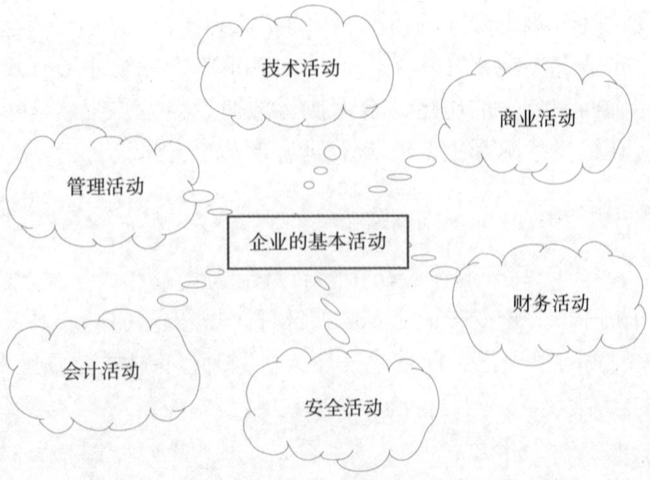

图 2.2　企业的基本活动

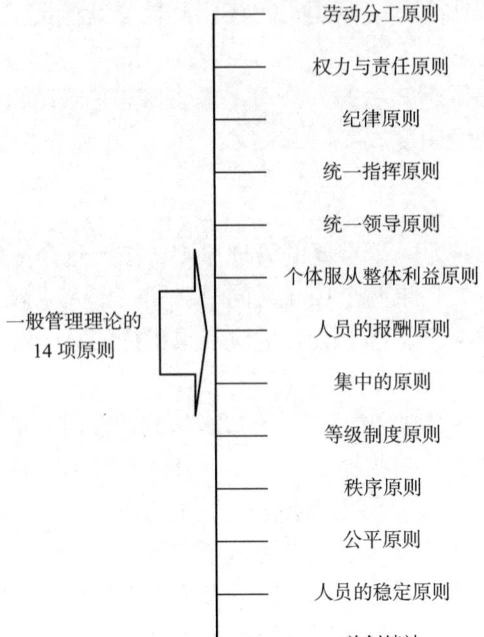

图 2.3　一般管理理论的 14 项原则

（2）权力与责任原则。有权力的地方就有责任。责任是权力的孪生物，是权力的当然结果和必要补充。这就是著名的权力与责任相符的原则。法约尔认为，要贯彻权力与责任相符的原则，就应该有有效的奖励和惩罚制度，即“应该鼓励有益的行动而制止与其相反的行动”。实际上，这就是现在我们讲的权、责、利相结合的原则。

（3）纪律原则。法约尔认为纪律应包括两个方面，即企业与下属人员之间的协定、人们对这个协定的态度及其对协定遵守的情况。法约尔认为纪律是一个企业兴旺发达的关键，没有纪律，任何一个企业都不能兴旺繁荣。他认为制定和维持纪律最有效的办法是：各级好的领导，尽可能明确而又公平的协定，合理执行惩罚。因为"纪律是领导人造就的……无论哪个社会组织，其纪律状况都主要取决于其领导人的道德状况"。

案例

马云退休被罚扣除当月全勤奖?

2019 年 9 月 10 日，马云宣布正式退休，卸任阿里巴巴 CEO。马云选择在教师节退休，是因为他在创立阿里巴巴之前就是一名人民教师。有趣的是马云最后一天上班，却没有拿到当月的全勤奖。

原来马云于当天下午 3:40 就离开了工作岗位，赶去滨江园区看望以前的老同事。根据公司的考勤制度，对马云按旷工半天处理，扣发马云当月的全勤奖。同时由于马云没有按照公司的规定在年满 65 周岁的时候退休，而是在自己 55 岁的时候提前退休，所以马云的退休津贴只能按 65%发放。阿里巴巴还借此提醒其他员工，要认真工作，遵守公司的纪律规范。

不得不说，阿里巴巴作为国际知名的大公司，管理上非常严谨和规范，即使领导者，也必须带头服从企业的规章制度。

（资料来源：百度百科）

（4）统一指挥原则。统一指挥是一个重要的管理原则，按照这个原则的要求，一个下级人员只能接受一个上级的命令。如果两个领导人同时对同一个人或同一件事行使他们的权力，就会出现混乱。在任何情况下，都不会有适应双重指挥的社会组织。与统一指挥原则有关的还有下一个原则，即统一领导原则。

（5）统一领导原则。统一领导原则是指："对于力求达到同一目的的全部活动，只能有一个领导人和一项计划，人类社会和动物界一样，一个身体有两个脑袋，就是个怪物，就难以生存。"统一领导原则讲的是，一个下级只能有一个直接上级。它与统一指挥原则不同，统一指挥原则讲的是一个下级只能接受一个上级的指令。这两个原则之间既有区别又有联系。统一领导原则讲的是组织机构设置的问题，即在设置组织机构的时候，一个下级不能有两个直接上级。而统一指挥原则讲的是组织机构设置以后运转的问题，即当组织机构建立起来以后，在运转的过程中，一个下级不能同时接受两个上级的指令。

（6）个体服从整体利益原则。法约尔认为这是人们都十分清楚的原则，但是，"无知、贪婪、自私、懒惰及人类的一切冲动总是使人为了个人利益而忘掉整体利益"。为了能坚持这个原则，法约尔认为，成功的办法是：领导人的坚定性和好的榜样，尽可能签订公平的协定，认真地监督。

（7）人员的报酬原则。法约尔认为，人员报酬首先"取决于不受雇主的意愿和所属人员的才能影响的一些情况，如生活费用的高低、可雇人员的多少、业务的一般状况、企业的经济地位等，然后再看人员的才能，最后看采用的报酬方式"。人员的报酬首先要考虑的是维持员工的最低生活消费和企业的基本经营状况，这是确定人员报酬的一个基本出发点。在此基础上，再考虑根据员工的劳动贡献来决定采用适当的报酬方式。对于各种报酬方式，法约尔认为不管采用什么报酬方式，都应该能做到以下几点：能保证报酬公平，它能奖励有益的努力和激发热情，它不应导致超过合理限度的过多的报酬。

（8）集中的原则。法约尔指的是组织的权力的集中与分散的问题。法约尔认为，集中或分散的问题是一个简单的尺度问题，问题在于找到适合该企业的最适度。在小型企业，可以由上级领导者直接把命令传到下层人员，所以权力就相对比较集中；而在大型企业里，在高层领导者与基层人员之间还有许多中间环节，因此，权力就比较分散。按照法约尔的观点，影响一个企业是集中还是分散的因素有两个：一个是领导者的权力；另一个是领导者对发挥下级人员积极性的态度。“如果领导人的才能、精力、智慧、经验、理解速度……允许他扩大活动范围，则可以大大加强集中，把其助手作用降低为普通执行人的作用。相反，如果他愿意一方面保留全面领导的特权，另一方面更多地采用协作者的经验、意见和建议，那么可以实行广泛的权力分散……所有提高部下作用的重要性的做法就是分散，降低这种作用的重要性的做法则是集中。”

（9）等级制度原则。等级制度就是从最高权力机构直到低层管理人员的领导系列。贯彻等级制度原则就是要在组织中建立这样一个不中断的等级链，这个等级链说明了两个方面的问题：一是表明了组织中各个环节之间的权力关系，通过这个等级链，组织中的成员就可以明确谁可以对谁下指令，谁应该对谁负责；二是这个等级链表明了组织中信息传递的路线，即在一个正式组织中，信息是按照组织的等级系列来传递的。贯彻等级制度原则，有利于组织加强统一指挥原则，保证组织内信息联系的畅通。但是一个组织如果严格地按照等级系列进行信息的沟通，则可能由于信息沟通的路线太长而使得信息联系的时间增长，同时容易造成信息在传递的过程中失真。

（10）秩序原则。法约尔所指的秩序原则包括物品的秩序原则和人的社会秩序原则。对于物品的秩序原则，他认为，每一件物品都有一个最适合它存放的地方，坚持物品的秩序原则就是要使每一件物品都放在它应该放的地方。贯彻物品的秩序原则就是要使每件物品都放在它应该放的位置上。

对于人的社会秩序原则，他认为，每个人都有他的长处和短处，贯彻社会秩序原则就是要确定最适合每个人能力发挥的工作岗位，然后使每个人都在最能使自己的能力得到发挥的岗位上工作。为了能贯彻社会的秩序原则，法约尔认为首先要对企业的社会需要与资源有确切的了解，并保持两者之间经常的平衡；同时，要注意消除任人唯亲、偏爱徇私、野心奢望和无知等弊病。

（11）公平原则。法约尔把公平与公道区分开来。他说：“公道是实现已订立的协定。但这些协定不能什么都预测到，要经常地说明它，补充其不足之处。为了鼓励其所属人员能全心全意和无限忠诚地执行他的职责，应该以善意来对待他。公平就是由善意与公道产生的。”也就是说，贯彻公道原则就是要按已定的协定办。但是在未来的执行过程中可能因为各种因素的变化使得原来制定的“公道”的协定变成“不公道”的协定，这样一来，即使严格地贯彻“公道”原则，也会使员工的努力得不到公平的体现，从而不能充分地调动员工的劳动积极性。因此，在管理中要贯彻“公平”原则。所谓“公平”原则，就是“公道”原则加上善意地对待员工。也就是说，在贯彻“公道”原则的基础上，还要根据实际情况对员工的劳动表现进行“善意”的评价。当然，在贯彻“公平”原则时，还要求管理者不能“忽视任何原则，不忘掉总体利益”。

案例

阿里巴巴的孕妇装

阿里巴巴有很多年轻女员工，怀孕以后，工作期间需要健康保护。因此马云决定给怀孕女员工发放孕妇装，让主管部门起草一个管理办法。很快，管理办法起草完毕，呈报马云审批。马云只看了几眼，便拿起笔打了一个大大的“×”，淘汰掉了。

主管很委屈，这是部门开了无数次会，加班加点好不容易才制定出来的，每个细节都很完美，为什么会被淘汰呢？马云却说：“申请、审批、押金，一大堆流程，看起来完美无缺，可是方向错了。管理制度一定要符合人性，压制人性的制度不如不要。”

主管迷惑不解。马云说：“不要任何审批，只要员工申明怀孕，可以直接到库房领取。”

主管问：“要是有人冒领怎么办？”

马云说：“第一，要相信员工不会冒领。第二，如果冒领，三个月以后，什么都看出来了。”

后来，制度修改为，员工直接到库房领取，只要履行一个简单的签字手续即可。制度发布以后，从来没有发生过主管担心的冒领问题。

什么制度才是好的制度？其实很简单，就是能贴合实际、符合人性、简单易懂、公平公正、前后一致、操作可行、利于目标、整体提效、引导激励的制度。一个好的制度的目的是让公司运行得更好，而不是为了管理而管理。管理不是目的，而是一种手段。

（材料来源：新浪微博）

（12）人员的稳定原则。法约尔认为，一个人要适应他的新职位，并做到能很好地完成他的工作，这需要时间。这就是“人员的稳定原则”。按照“人员的稳定原则”，要使一个人的能力得到充分的发挥，就要使他在一个工作岗位上相对稳定地工作一段时间，使他能有一段时间来熟悉自己的工作，了解自己的工作环境，并取得别人对自己的信任。但是人员的稳定是相对的而不是绝对的，年老、疾病、退休、死亡等都会造成企业中人员的流动。因此，人员的稳定是相对的，而人员的流动是绝对的。对于企业来说，就要掌握人员的稳定和流动的合适的度，以利于企业中成员能力得到充分的发挥。“像其他所有的原则一样，稳定的原则也是一个尺度问题。”

（13）首创精神。法约尔认为：“想出一个计划并保证其成功是一个聪明人最大的快乐之一，这也是人类活动最有力的刺激物之一。这种发明与执行的可能性就是人们所说的首创精神。建议与执行的自主性也都属于首创精神。”法约尔认为人的自我实现需求的满足是激励人们的工作热情和工作积极性的最有力的刺激因素。对于领导者来说，“需要极有分寸地，并要有某种勇气来激发和支持大家的首创精神”。当然，纪律原则、统一指挥原则和统一领导原则等的贯彻会使得组织中人们的首创精神的发挥受到限制。

§ 案例

马云最正确的决定

马云曾说，把接力火炬交给张勇和张勇的团队，是他现在最应该做的决定。为什么马云对张勇如此青睐和认可呢？就在于张勇在阿里的一系列耀眼的成绩。

张勇于 2007 年 8 月加入阿里巴巴集团，担任淘宝网首席财务官，参与设计淘宝商业模式，帮助淘宝在 2009 年年底实现盈利。2008 年张勇兼任淘宝网首席运营官兼淘宝商城总经理。在张勇带领下，淘宝商城高速发展，成为阿里巴巴集团最重要的业务之一，获得消费者和全球品牌商的高度认可。2011 年天猫成为独立业务后，张勇出任总裁，目前天猫已是全球最大的 B2C 平台之一。同时，张勇也是双十一购物狂欢节的创立者，并将其打造成全球最大的网购狂欢节。

张勇自 2013 年 9 月起担任阿里巴巴集团首席运营官，全面负责阿里国内和国际业务的运营，带领公司成功由电脑端向移动端转型，建立全球物流平台菜鸟网络，并推出了让中国消费者购买全球品牌商品的平台——天猫国际。作为移动端转型的一部分，手机淘宝已经成为全球最大的移动消费生活平台。

张勇是阿里巴巴合伙人机制下人才培育体系涌现出的杰出商业领袖。如此具有开拓意识和首创精神的人，将阿里的接力棒交给他，当然是最正确的决定。

（材料来源：百度百科）

（14）团队精神。人们往往由于管理能力的不足，或者由于自私自利，或者由于追求个人的利益等而忘记了组织的团结。法约尔认为管理者需要确保并提高劳动者在工作场所的士气，个人和集体都要有积极的工作态度。为了加强组织的团结，法约尔特别提出在组织中要禁止滥用书面联系。他认为在处理一个业务问题时，当面口述要比书面介绍快，并且简单得多。另外，一些冲突、误会可以在交谈中得到解决。由此得出，每当可能时，应直接联系，这样更迅速、更清楚，并且更融洽。在社会上，每个人都有他自己的位置，每个人都在他自己的位置上。团结就是力量。

2.2.4　韦伯的行政组织理论

马克斯·韦伯生于德国，曾担任过教授、政府顾问、编辑，对社会学、宗教学、经济学与政治学都有相当的造诣。韦伯的主要著作有《新教伦理与资本主义精神》《一般经济史》《社会和经济组织的理论》等，其中行政组织理论对后世产生了最为深远的影响。韦伯行政组织理论产生的历史背景，正是德国企业从小规模世袭管理到大规模专业管理转变的关键时期，了解韦伯的思想更具有重要的现实意义。

韦伯对组织管理理论的伟大贡献在于明确而系统地指出理想的组织应以合理、合法权力为基础，这样才能有效地维系组织的连续和目标的达成。为此，韦伯首推官僚组织，并且阐述了规章制度是组织得以良性运作的基础和保证，韦伯主要的管理思想如下。

1．明确分工

对每个组织成员的权力和责任都有明确的规定，并作为正式职责使之合法化。

2．权力体系

管理者按职务的级别和权力等级进行安排，形成一个自上而下的等级严密的指挥系统，每个职务均有明确的职权范围。

3．规范录用

人员的任用完全根据职务要求，通过正式的考评和教育、训练来实现。每个职位上的人员必须称职，同时，不能随意免职。

4．管理职业化

管理人员有固定的薪金和明文规定的晋升制度，是一种职业管理人员，而不是组织的所有者。

5．公私有别

管理人员在组织中的职务活动应当与私人事务区别开，公私事务之间应有明确的界限。管理人员没有组织财产的所有权，并且不能滥用职权。

6．遵守规则和纪律

组织中包括管理人员在内的所有成员必须严格遵守组织的规则和纪律，以确保统一性。

2.3 行为科学理论

古典管理理论的杰出代表泰勒、法约尔、韦伯等人在不同的方面对管理思想和管理理论的发展做出了卓越的贡献，并对管理实践产生深刻的影响，但是他们共同的特点是，着重强调管理的科学性、合理性、纪律性，而未给管理中人的因素和作用以足够重视。他们的理论基于这样一种假设，即社会是由一群群无组织的个人所组成的；他们在思想上、行动上力争获得个人利益，追求最大限度的经济收入，即“经济人”；管理部门面对的仅仅是单一的员工个体或个体的简单总和。基于这种认识，工人被安排去从事固定的、枯燥的和过分简单的工作，成了“活机器”。从 20 世纪 20 年代美国推行科学管理的实践来看，泰勒制在使生产率大幅度提高的同时，也使工人的劳动变得异常紧张、单调和劳累，因而引起了工人的强烈不满，并导致工人的怠工、罢工及劳资关系日益紧张等事件的出现；另外，随着经济的发展和科学的进步，有着较高文化水平和技术水平的工人逐渐占据了主导地位，体力劳动也逐渐让位于脑力劳动，也使得西方的资产阶级感到单纯用古典管理理论和方法已不能有效控制工人以达到提高生产率和利润的目的。这使得寻求和探索新的管理思想、管理理论和管理方法成为必要。

2.3.1 梅奥及霍桑实验

梅奥是原籍澳大利亚的美国行为科学家、人际关系理论的创始人、美国艺术与科学院院士，他进行了著名的霍桑实验，主要代表著作有《组织中的人》和《管理和士气》，在美国西方电器公司霍桑工厂进行的长达九年的实验研究——霍桑实验，真正揭开了作为组织中的人的行为研究的序幕。

霍桑实验的初衷是试图通过改善工作条件与环境等外在因素，找到提高劳动生产率的途径。从 1924 年到 1932 年，先后进行了四个阶段的试验：照明试验、继电器装配工人小组试验、大规模访谈试验和对接线板接线工作室的研究试验。

（1）照明试验。当时关于生产效率的理论占统治地位的是劳动医学的观点，认为影响工人生产效率的是疲劳和单调感等，于是当时的试验假设便是“提高照明度有助于减少疲劳，使生产效率提高”。可是经过两年多的试验发现，照明度的改变对生产效率并无影响。具体结果是：当试验组照明度增大时，试验组和控制组都增产；当试验组照明度减弱时，两组依然都增产，甚至试验组的照明度减至 0.06 烛光时，其产量亦无明显下降；直至照明减至如月光一般、实在看不清时，产量才急剧降下来。研究人员面对此结果感到茫然，失去了信心。

（2）继电器装配工人小组试验。试验目的总体来说是查明福利待遇的变化与生产效率的关系。但经过两年多的试验发现，不管福利待遇如何改变（包括工资支付办法的改变、优惠措施的增减、休息时间的增减等），都不影响产量的持续上升，甚至工人对自己生产效率提高的原因也说不清楚。

后经进一步分析发现，导致生产效率上升的主要原因如下：参加试验的光荣感，试验开始时 6 名参加试验的女工曾被召进部长办公室谈话，她们认为这是莫大的荣誉，这说明被重视的自豪感对人的积极性有明显的促进作用。

（3）大规模访谈试验。研究者在工厂中开始了访谈计划。此计划的最初想法是要工人就管理当局的规划和政策、工头的态度和工作条件等问题做出回答，但这种规定好的访谈计划在进行过程中却得到意想不到的效果。工人想就工作提纲以外的事情进行交谈，工人认为重要的事情并不是公司或调查者认为意义重大的那些事。访谈者了解到这一点，及时把访谈计划改为事先不规定内容，每次访谈的平均时间从 30 分钟延长到 1 ~ 1.5 小时，多听少说，详细记录工人的不满和意见。访谈计划持续了两年多，工人的产量大幅提高。

工人们长期以来对工厂的各项管理制度和方法存在许多不满，无处发泄，访谈计划的实行恰恰为他们提供了发泄的机会。发泄过后心情舒畅、士气提高，使产量得到提高。

（4）对接线板接线工作室的研究试验。梅奥等人在这个试验中选择 14 名男工人在单独的房间里从事绕线、焊接和检验工作。对这个班组实行特殊的工人计件工资制度。

实验者原来设想，实行这套奖励办法会使工人更加努力地工作，以便得到更多的报酬。但观察的结果发现，产量只保持在中等水平上，每个工人的日产量平均都差不多，而且工人并不如实地报告产量。经过深入的调查发现，这个班组为了维护他们群体的利益，自发地形成了一些规范。他们约定，谁也不能干得太多，突出自己；谁也不能干得太少，影响全组的产量，并且约法三章，不准向管理当局告密，如有人违反这些规定，轻则挖苦谩骂，重则拳打脚踢。进一步调查发现，工人们之所以维持中等水平的产量，是担心产量提高，管理当局会改变现行奖励制度，或者裁减人员，使部分工人失业，或者会使干得慢的伙伴受到惩罚。

这一试验表明，为了维护班组内部的团结，可以放弃物质利益的引诱。由此提出“非正式群体”的概念，认为在正式的组织中存在着自发形成的非正式群体，这种群体有自己的特殊的行为规范，对人的行为起着调节和控制作用，同时，加强了内部的协作关系。

霍桑实验对古典管理理论进行了大胆的突破，第一次把管理研究的重点从工作上和从物的因素上转到人的因素上来，不仅在理论上对古典管理理论做了修正和补充，开辟了管理研究的新理论，还为现代行为科学的发展奠定了基础，对管理实践也产生了深远的影响。

2.3.2 人际关系学说

霍桑实验的研究结果否定了传统管理理论对于人的假设，表明了工人不是被动、孤立的个体，他们的行为不仅仅受工资的刺激，影响生产效率的最重要因素不是待遇和工作条件，而是工作中的人际关系。据此，梅奥提出了社会人的观点。从经济人到社会人的认识如图 2.4 所示。

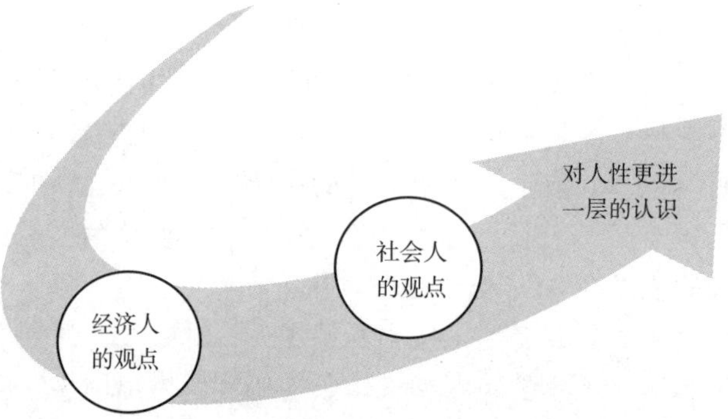

图 2.4　从经济人到社会人的认识

1．工人是“社会人”而不是“经济人”

梅奥认为，人们的行为并不单纯出自追求金钱的动机，还有社会方面、心理方面的需要，即追求人与人之间的友情、安全感、归属感和受人尊敬等，而后者更为重要。因此，不能单纯从技术和物质条件着眼，而必须首先从社会心理方面进行合理的组织与管理。

2．企业中存在着非正式组织

企业中除存在着古典管理理论所研究的为了实现企业目标而明确规定各成员相互关系和职责范围的正式组织之外，还存在着非正式组织。这种非正式组织的作用在于维护其成员的共同利益，使之免受其内部个别成员的疏忽或外部人员的干涉所造成的损失。为此非正式组织中有自己的核心人物和领袖，有大家共同遵循的观念、价值标准、行为准则和道德规范等。

梅奥指出，非正式组织与正式组织有重大差别。在正式组织中，以效率逻辑为其行为规范；在非正式组织中，则以感情逻辑为其行为规范。如果管理人员只是根据效率逻辑来管理，而忽略工人的感情逻辑，必然会引起冲突，影响企业生产率的提高和目标的实现。因此，管理当局必须重视非正式组织的作用，注意在正式组织的效率逻辑与非正式组织的感情逻辑之间保持平衡，以便管理人员与工人之间能够充分协作。

3. 新的领导能力在于提高工人的满意度

在决定劳动生产率的诸因素中，置于首位的因素是工人的满意度，而生产条件、工资报酬只是第二位的。员工的满意度越高，其士气就越高，从而生产效率就越高。高的满意度来源于工人个人需求的有效满足，不仅包括物质需求，还包括精神需求。

2.4 现代管理理论

现代管理理论是继科学管理理论、行为科学理论之后，西方管理理论和思想发展的第三阶段。在这个阶段，资本主义生产关系出现了一些新变化，由于工人运动的发展，赤裸裸的剥削方式逐渐被新的更隐蔽、更巧妙的剥削方式所掩盖。新的剥削方式着重从人的心理需要、感情等方面着手，形成处理人际关系和人的行为问题的管理。同时，由于管理领域复杂性的影响，管理理论的发展越来越借助于多学科交叉作用。经济学、数学、统计学、社会学、人类学、心理学、法学、计算机科学等各学科的研究成果越来越多地应用于企业管理。与前阶段相比，这一阶段最大的特点就是学派林立，新的管理理论、思想、方法不断涌现，如管理过程学派、经验学派、系统管理学派、决策理论学派、管理科学学派、权变理论学派等。

2.4.1 管理过程学派

事实上古典管理理论的创始人之一法约尔就是这个学派的“开山鼻祖”。这一理论是在法约尔的一般管理理论的基础上发展而来的。后来经美国的管理学家哈罗德·孔茨等人的发扬光大，成为现代管理理论学丛林中的一个主流学派。在法约尔之后，孔茨和奥唐奈里奇在仔细研究这些管理职能的基础上，将管理职能分为计划、组织、人事、领导和控制五项，而把协调作为管理的本质。孔茨利用这些管理职能对管理理论进行分析、研究和阐述，最终建立起管理过程学派。孔茨是管理过程学派的集大成者，他继承了法约尔的理论，并把法约尔的理论更加系统化、条理化，使管理过程学派成为管理各学派中最具有影响力的学派。

管理过程学派的主要特点是将管理理论同管理人员所执行的管理职能，也就是管理人员所从事的工作联系起来。他们认为，无论组织的性质多么不同（如经济组织、政府组织、宗教组织和军事组织等），组织所处的环境有多么不同，但管理人员所从事的管理职能是相同的，管理活动的过程就是管理的职能逐步展开和实现的过程。因此，管理过程学派把管理的职能作为研究的对象，他们先把管理的工作划分为若干职能，然后对这些职能进行研究，阐明每项职能的性质、特点和重要性，论述实现这些职能的原则和方法。管理过程学派认为，应用这种方法就可以把管理工作的主要方面加以理论概括并有助于建立起系统的管理理论，用以指导管理的实践。

2.4.2 经验主义学派

经验主义学派又称为经理主义学派，以向大企业的经理提供管理企业的经验和科学方法为目标，主要代表人物是彼得·德鲁克。主要作品有《管理实践》《管理——任务、责任、实践》等。另一个代表人物是欧内斯特·戴尔，代表作是《伟大的组织者》。经验主义学派认为管理学就是研究管理经验，认为通过对管理人员在个别情况下成功的和失败的经验教训的研究，会使人们懂得在将来相应的情况下如何运用有效的方法解决管理问题。因此，这个学派的学者把对管理理论的研究放在对实际管理工作者的管理经验教训的研究上，强调从企业管理的实际经验而不是从一般原理出发来进行研究，强调用比较的方法来研究和概括管理经验。

2.4.3 系统管理学派

系统管理理论提出了有关整体和个体组织及其运营的观念体系，运用系统观点来考察管理的基本职能，投入的是物资、劳动力和各种信息，产出的是各种产品（或服务）。运用系统观点使管理人员不至于只重视某些与自己有关的特殊职能而忽视了大目标，也不至于忽视自己在组织中的地位与作用，可以提高组织的整体效率，其代表人物为巴纳德。

系统管理学派认为：组织是由许多子系统组成的，组织作为一个开放的社会技术系统，各系统之间既相互独立，又相互作用，不可分割，从而构成一个整体。这些系统还可以继续分为更小的子系统。企业则是由人、物资、机器和其他资源在一定的目标下组成的一体化系统，它的成长和发展同时受到这些组成要素的影响，在这些要素的相互关系中，人是主体，其他要素则是被动的。管理人员需力求保持各部分之间的动态平衡、相对稳定、一定的连续性，以便适应情况的变化，达到预期目标。同时，企业还是社会这个大系统中的一个子系统，企业预定目标的实现，不仅取决于内部条件，还取决于企业外部条件，如资源、市场、社会技术水平、法律制度等，它只有在与外部条件的相互影响中才能达到动态平衡。

2.4.4 决策理论学派

决策理论学派认为：决策贯穿管理的全过程，决策是管理的核心，其代表人物是赫伯特·西蒙。西蒙指出组织中经理人员的重要职能就是做决策。他认为，任何作业开始之前都要先做决策，制订计划就是决策，组织、领导和控制也都离不开决策。在决策标准上，用“令人满意”准则代替“最优化”准则。以往的管理学家往往把人看成以“绝对的理性”为指导，按最优化准则行动的理性人，西蒙认为事实上这是做不到的，应该用“管理人”假设代替“理性人”假设，“管理人”不考虑一切可能的复杂情况，只考虑与问题有关的情况，采用“令人满意”的决策准则，从而可以做出令人满意的决策。

2.4.5　管理科学学派

管理学界中形成的所谓管理科学学派，又称管理中的数量学派，也称运筹学。这个学派认为，解决复杂系统的管理决策问题，可以用电子计算机作为工具，寻求最佳计划方案，以达到企业的目标。管理科学其实就是管理中的一种数量分析方法。它主要用于解决能以数量表现的管理问题。其作用在于通过管理科学的方法，减少决策中的风险，提高决策的质量，保证投入的资源发挥最大的经济效益。其代表人物是埃尔伍德·斯潘赛·伯法。

就管理科学的实质而言，它是泰勒的科学管理的继续与发展，因为他们都力图抛弃凭经验、凭主观判断来进行管理，而提倡采用科学的方法，探求最有效的工作方法或最优方案，以达到最高的工作效率，以最短的时间、最小的支出，得到最好的效果。不同的是，管理科学的研究已经突破了操作方法、作业研究的范围，而向整个组织的所有活动方面扩展，要求进行整体性的管理。由于现代科学技术的发展，一系列的科学理论和方法被引入管理领域，因此，管理科学可以说是现代的科学管理。其基本特征是：以系统的观点，运用数学、统计学的方法和电子计算机技术，为现代管理决策提供科学的依据，解决各项生产、经营问题。

2.4.6　权变理论学派

权变理论为人们分析和处理各种管理问题提供了一种十分有用的方法。它要求管理者根据组织的具体条件及面临的外部环境，采取相应的组织结构、领导方式和管理方法，灵活地处理各项具体管理业务。其代表人物有卢桑斯、费德勒、豪斯等。

权变理论认为，在企业管理中要根据企业所处的内外条件随机应变，没有什么一成不变、普遍适用的“最好的”管理理论和方法。该学派是从系统观点来考察问题的，它的理论核心就是通过组织的各子系统内部和各子系统之间的相互联系，以及组织和它所处的环境之间的联系，来确定各种变数的关系类型和结构类型。它强调在管理中要根据组织所处的内外部条件随机应变，针对不同的具体条件寻求不同的最合适的管理模式、方案或方法。

思考与练习

一、判断题

1. 虽然人类早期进行了大量的管理实践，但是直到 20 世纪初，美国的泰勒、法国的法约尔等管理理论先驱才把管理作为一门科学来研究，使管理思想系统化、理论化。(　　)

2. “管理运动”是于 19 世纪末到 20 世纪 30 年代在美国发生的、人们对管理重要性的认识及由此产生的对经济发展的重大影响过程。它的主要组成部分是科学管理，为提高劳动生产率提供了一种思路和解决问题的框架。(　　)

3. 泰勒一生大部分的时间所关注的，就是从人的需求方面对人进行激励。在米德维尔工厂，他了解工人们普遍怠工的原因，他感到缺乏有效的管理手段是提高生产率的严重障

碍。为此，泰勒开始探索科学的管理方法和理论。(　　)

4. 韦伯对组织管理理论的伟大贡献在于明确而系统地指出理想的组织应以合理、合法权力为基础，这样才能有效地维系组织的连续和目标的达成。为此，韦伯首推官僚组织，并且阐述了规章制度是组织得以良性运作的基础和保证。(　　)

5. 霍桑实验的初衷是从人的心理因素出发，找到提高劳动生产率的途径，而且最后得到了验证。(　　)

二、单项选择题

1. 1776 年，英国古典经济学家亚当·斯密出版了(　　)一书，系统地阐述了其政治经济学观点，为资本主义经济的发展奠定了理论基础。

A.《科学管理》　　B.《管理学原理》

C.《国富论》　　D.《管理学基本思想》

2. (　　)对古典管理理论进行了大胆的突破，第一次把管理研究的重点从工作上和从物的因素上转到人的因素上来，不仅在理论上对古典管理理论做了修正和补充，开辟了管理研究的新理论，还为现代行为科学的发展奠定了基础，对管理实践也产生了深远的影响。

A. 管理运动　　B. 霍桑实验

C. 韦伯　　D. 泰勒

3. 工人不是被动、孤立的个体，他们的行为不仅仅受工资的刺激，影响生产效率的最重要因素不是待遇和工作条件，而是工作中的人际关系。据此，梅奥提出了(　　)的观点。

A. 社会人　　B. 经济人　　C. 管理人　　D. 复杂人

4. 梅奥指出企业中除存在着古典管理理论所研究的为了实现企业目标而明确规定各成员相互关系和职责范围的正式组织之外，还存在着(　　)。

A. 销售组织　　B. 生产组织

C. 行政化组织　　D. 非正式组织

5. 权变理论为人们分析和处理各种管理问题提供了一种十分有用的方法。它要求管理者根据组织的(　　)及面临的外部环境，采取相应的组织结构、领导方式和管理方法，灵活地处理各项具体管理业务。

A. 具体条件　　B. 人员状况

C. 财务状况　　D. 生产状况

三、多项选择题

1. 查尔斯·巴贝奇 1832 年出版了《论机器与制造业的经济》一书，除进一步阐述劳动分工对提高劳动效率的作用外，还强调关于体力劳动与脑力劳动分工的主张。巴贝奇还提出了一种工资加利润的分配制度，指出工人的收入应由(　　)组成。

A. 固定工资　　B. 加班工资

C. 利润分享部分　　D. 奖金

2. 法约尔提出企业经营管理中存在的基本经营活动有（　　）。
A. 技术活动　　B. 商业活动　　C. 财务活动
D. 安全活动　　E. 会计活动　　F. 管理活动
3. 法约尔认为管理活动包含的职能有（　　）。
A. 计划　　B. 组织　　C. 指挥
D. 协调　　E. 控制
4. 现代管理理论是继（　　）之后，西方管理理论和思想发展的第三阶段。在这个阶段，资本主义生产关系出现了一些新变化，由于工人运动的发展，赤裸裸的剥削方式逐渐被新的更隐蔽、更巧妙的剥削方式所掩盖。
A. 管理运动　　B. 科学管理理论
C. 现代科学　　D. 行为科学理论
5. 古典管理理论的杰出代表泰勒、法约尔、韦伯等人在不同的方面对管理思想和管理理论的发展做出了卓越的贡献，并对管理实践产生深刻的影响，但是他们共同的特点是，着重强调管理的（　　），而未给管理中人的因素和作用以足够重视。
A. 管理性　　B. 科学性
C. 合理性　　D. 纪律性

四、简答题

1. 简述泰勒科学管理的内容。
2. 简述法约尔一般管理理论的 14 项原则。
3. 简述人际关系学说的基本观点。

实践与实训

假设你是一名生产车间主任，请谈谈你现在知道的提高产量与质量的方法，并说说这些方法中哪些属于科学管理的方法，哪些属于人际关系理论的应用。

提示：车间主任提高产量、质量的方法包括奖、罚，制定合理的劳动定额、合理的计件单价，关心员工的心理情绪……其中，涉及直接经济利益的归类为科学管理的方法，涉及员工心态调整的归类为人际关系理论的应用。

第3章

管理的环境

成功的企业需要识别尚未满足的需要和趋势并能做出反应。

学习目标

- 懂得管理环境的概念及特征；
- 懂得宏观环境的构成因素；
- 懂得微观环境的构成因素；
- 懂得内部环境的构成因素；
- 了解管理环境对管理的制约作用。

学习导航

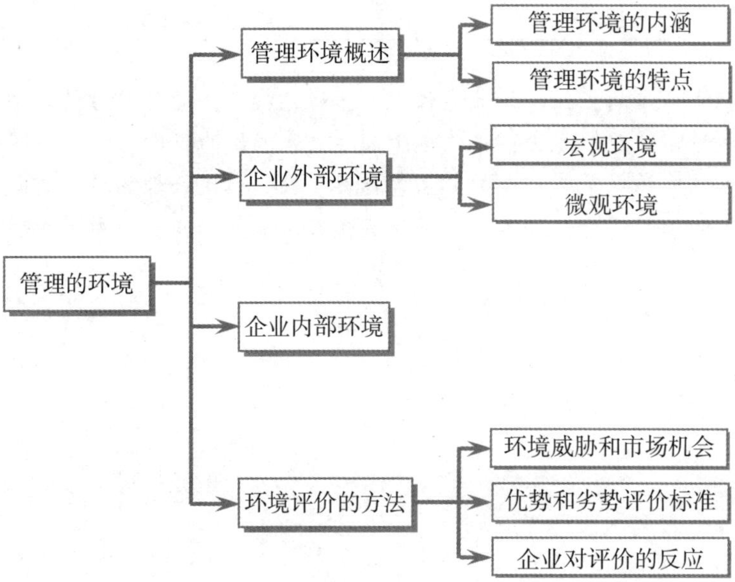

引导案例

怎样寻找市场机会

上海家用化工厂以生产化妆品为主业。在买方市场，厂商都喊“生意难做”，该厂对国内市场进行了冷静的分析。经过调查，他们认为我国市场供求形势虽已发生了很大的变化，商品较“短缺经济”时代大大地丰富了，但就经营品种而言，即使一家大型百货商店，商品也不过三五万种，同发达国家商店消费品达 20 万种相比，存在明显的差距，消费者还有很多未满足的需求。上海家用化工厂曾根据消费者对化妆品需求多样化、高档化的趋势，不断缩短产品更新周期，每年平均产品更新率达到 25%，不断推出新产品，抢先占领市场，“尾随”者难以与之竞争。以国内首创“美加净摩丝”为例，推向市场即引起轰动。尽管有数十家企业起而效仿，形成全国性的“摩丝大战”，但上海家用化工厂已形成规模经济优势，销售经久不衰，年销售 1 000 万管以上，产值超过 5 000 万元。

启示：上海家用化工厂能够及时认识到化妆品行业环境的变化，根据市场需求推出新产品，也就是适应了环境变化，从而使企业获得了新的成功。

（资料来源：陈亿章 海轩课堂）

3.1　管理环境概述

企业是一个组织系统，总是生存于一定的环境之中，并与外部环境相互作用。按照现代系统论，环境是指系统边界以外所有因素的集合。管理的环境则是指能够对管理活动的结果产生影响的各种可控和不可控因素的总和。

3.1.1　管理环境的内涵

企业要实现其管理的经营目标，就应该以环境为依据，主动去适应环境，同时又要在了解、掌握环境因素及其发展趋势的基础上，避开威胁、弥补弱势，充分发挥企业自身的优势去抓住外部环境的机会，从而确保企业的生存及持续发展。

依据环境对企业经营活动产生影响与否及影响程度，管理环境可以划分为内部环境和外部环境。外部环境又分为宏观环境和微观环境两个层次。

在《孙子兵法·谋攻篇》中，孙子曰：“知彼知己，百战不殆；不知彼而知己，一胜一负；不知彼不知己，每战必殆。”因此，企业管理既要知彼又要知己，其中“知彼”是指企业的外部环境，包括宏观环境、微观环境等，“知己”便是分析企业的内部环境或条件，认清企业内部的优势和劣势。管理的环境如图 3.1 所示。

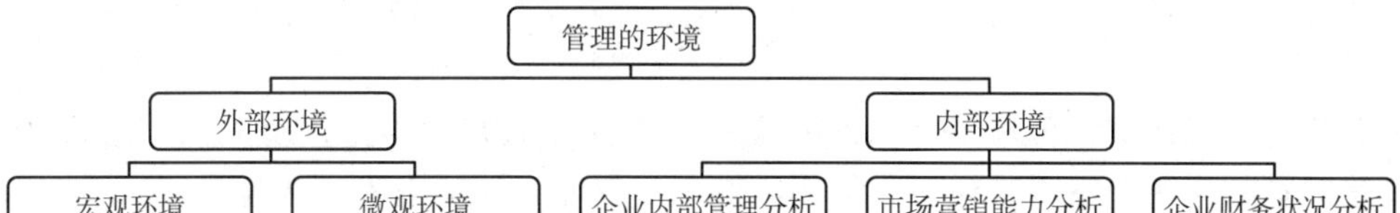

图 3.1　管理的环境

3.1.2 管理环境的特点

1. 客观性

企业总是在特定的社会、市场环境中生存和发展，管理环境作为一种客观存在，是不以企业的意志为转移的，有着自己的运行规律和发展趋势，如果企业对环境因素进行主观臆断，往往会造成决策的盲目与失误。管理者虽然没有能力控制和左右环境因素，但是可以正确地认识外部环境、内部环境的各种因素，选择其中有利的环境因素，利用机遇、躲避威胁和风险。

§ 案例

新零售——打造零售新业态

2016 年 10 月，马云在阿里云栖大会上首次提出“新零售”的概念。随后，马云甚至进一步预测：未来十年或二十年，新零售将取代电子商务。

那么什么是“新零售”呢？新零售是指个人、企业以互联网为依托，通过运用大数据、人工智能等先进技术手段，对商品的生产、流通与销售过程进行升级改造，进而重塑业态结构与生态圈，并对线上服务、线下体验及现代物流进行深度融合的零售新模式。

线上是指云平台，线下是指销售门店或生产商，新物流则可以消灭库存，减少囤货量。在未来，每家店铺都将建立自己的线上平台，不再入驻天猫、京东、亚马逊等大型电子商务平台。因此，现有的电商平台将会分散，直至消失。

“新零售”的产生有其必然性。首先，现在的消费者，既想获得网购的便利和优惠的价格，又想得到实体店的体验和服务，更想拥有高品质的产品。这种既注重品质又注重体验的消费观念和消费需求促使线上与线下相结合。其次，移动支付、“大数据”、“云计算”技术的发展，进一步方便了消费者的消费社交，让消费不再受时间和空间制约。最后，虽然线上零售一段时期以来替代了传统零售的功能，但电商的线上流量红利已经见顶。

新零售的客观性，对传统零售行业带来巨大冲击和挑战，如果不及时转型，很可能惨遭市场淘汰。2016 年以来，以盒马为首的新零售业态直接引爆零售圈。类似业态纷纷涌现，如京东推出 7FRESH、永辉的超级物种、苏宁的苏鲜生、天虹的 sp@ce、大润发飞牛优鲜等，零售行业的竞争逐渐白热化。

（资料来源：百度百科：新零售：内涵、发展动因与关键问题[J]. 价格理论与实践　新浪财经：别人都忙着新零售转型，沃尔玛为何还一脸淡定？）

2. 关联性

关联性是指构成管理环境的各种因素和力量是相互联系、相互制约、相互依赖的。某一环境因素的变化会影响其他因素的相应变化。例如，经济因素不能脱离政治因素而单独存在；同样，政治因素也要通过经济因素来体现。

3．动态性

任何环境都不可能是一成不变、静止不动的，外界环境随着时间的推移经常处于变化之中。例如，外部消费者的行为和需求发生了变化及消费者收入水平的提高都会引起购买行为的变化，企业的经营战略也要随之调整。企业有必要密切关注管理环境各种因素的变化趋势，以便及时发现新的机遇和规避即将受到的威胁。

4．差异性

因为企业在地理环境、生产经营的性质、政府管理制度等方面存在差异，因而不同的外部环境对企业的影响是有差异的。不仅表现在不同企业受不同环境的影响，而且同样一种环境对不同企业的影响也不尽相同，同一种环境因素，对某个企业是威胁，对另一个企业就可能是机会。

5．复杂及不可控性

影响环境的因素是多方面的，也是复杂的，并表现出企业不可控性。这些因素是多方面、多层次的，而且彼此相互作用和联系。例如，一个国家的政治法律制度、人口增长及社会文化习俗等，企业不可能随意改变。

3.2　企业外部环境

企业外部环境是对企业外部的政治法律，社会文化，技术、经济、产业结构，竞争对手等环境的总称。企业外部环境由存在于组织外部、通常在短期内不为企业高层管理人员所控制的变量构成。我们将外部环境分为宏观环境和微观环境。

3.2.1　宏观环境

一般认为企业的宏观环境因素有四类，即政治和法律环境、经济环境、社会文化与自然环境、技术环境，如图 3.2 所示。

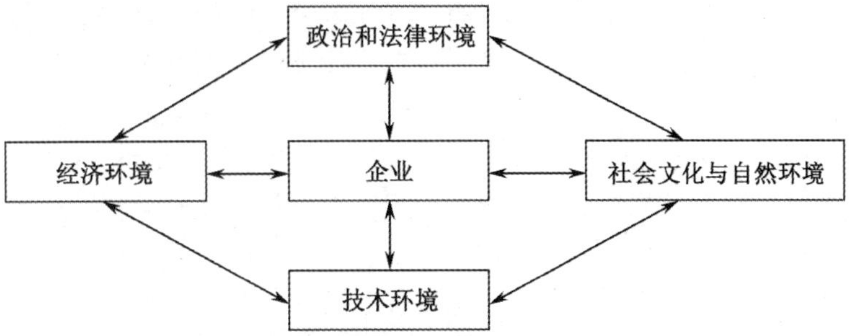

图 3.2　企业宏观环境

1．政治和法律环境

政治和法律环境是指那些制约和影响企业的政治要素和法律系统及其运行状态。政治环境包括国家的政治制度、权力机构、方针政策、政治团体和政治形势等因素。法律环境包括国家制定的法律、法规、法令及国家的执法机构等因素。政治和法律因素是保障企业生产经营活动的基本条件。在稳定的政治环境中，企业能够通过公平竞争获取正当权益，得以生存和发展。这些因素常常制约、影响企业的经营行为，尤其是影响企业较长期的投资行为。

1）政治环境的主要因素。政治环境主要分为国内的政治环境和国际的政治环境。

国内的政治环境包括以下一些要素：①政治制度；②政党和政党制度；③政治性团体；④党和国家的方针政策；⑤政治气氛。

国际政治环境主要包括：①国际政治局势；②国际关系；③目标国的国内政治环境。

2）法律环境的主要因素。

（1）法律规范，特别是和企业经营密切相关的经济法律法规，如《公司法》《中外合资经营企业法》《合同法》《专利法》《商标法》《税法》《企业破产法》等。

（2）国家司法执法机关。在我国主要有法院、检察院、公安机关及各种行政执法机关。与企业关系较为密切的行政执法机关有工商行政管理机关、税务机关、物价机关、计量管理机关、技术质量管理机关、专利机关、环境保护管理机关、政府审计机关。此外，还有一些临时性的行政执法机关，如各级政府的财政、税收、物价检查组织等。

（3）企业的法律意识。企业的法律意识是法律观、法律感和法律思想的总称，是企业对法律制度的认识和评价。企业的法律意识最终都会物化为一定性质的法律行为，并造成一定的行为后果，从而构成每个企业不得不面对的法律环境。

（4）国际法所规定的国际法律环境和目标国的国内法律环境。

案例

美国再将 8 家中国科技公司列入实体清单

北京时间 2019 年 10 月 8 日，继美国“封杀”中国通信巨头华为之后，美国商务部又将 8 家中国科技公司列入了实体清单：旷视科技、科大讯飞、海康威视、大华股份、商汤科技、依图科技、美亚柏科和颐信科技。上述公司业务主要涉及人工智能领域，这也意味着这些企业无法与美国进行任何的商业交易。

所谓的“实体清单”其实就是黑名单，是美国为了维护其国家安全利益而设置的出口管制条例。在未得到许可证前，美国各出口商不得帮助名单上的企业获取条例内管辖的任何物品，这相当于剥夺了相关企业在美国的贸易机会。

针对美国商务部的做法，被列入“实体清单”的多家企业已发布公告做出回应，并表示强烈抗议美国政府的做法。海康威视高级副总裁、董秘黄方红回应称，强烈反对美国商务部把公司纳入实体清单，“这个决定没有事实根据，呼吁美国政府本着公平、公正、无歧视的原则，重新进行审视，将海康威视移出实体清单”。

“实体清单”事件对这些科技公司的影响显而易见。现如今，由于经济全球化的发展，国际局势的变化对全球企业都将不可避免地产生影响。企业只有通过不断提高自身核心技术能力和竞争力，才能真正摆脱受制于人的局面。

（资料来源：百度百科）

2. 经济环境

经济环境是指构成企业生存和发展的社会经济状况及国家的经济政策，包括社会经济结构、经济体制、发展状况、宏观经济政策等要素。通常，衡量经济环境的指标有国内生产总值、就业水平、物价水平、消费支出分配规模、国际收支状况，以及利率、通货供应量、政府支出、汇率等国家货币和财政政策。经济环境对企业生产经营的影响更为直接和具体。

企业的经济环境主要由社会经济结构、经济发展水平、经济体制和宏观经济政策四个要素构成。

（1）社会经济结构。社会经济结构指国民经济中不同的经济成分、不同的产业部门及社会再生产各个方面在组成国民经济整体时相互的适应性、量的比例及排列关联状况。社会经济结构主要包括五方面的内容，即产业结构、分配结构、交换结构、消费结构、技术结构，其中最重要的是产业结构。

（2）经济发展水平。经济发展水平是指一个国家经济发展的规模、速度和所达到的水准。反映一个国家经济发展水平的常用指标有国民生产总值、国民收入、人均国民收入、经济发展速度、经济增长速度等。

（3）经济体制。经济体制是指国家经济组织的形式。经济体制规定了国家与企业、企业与企业、企业与各经济部门的关系，并通过一定的管理手段和方法调控或影响社会经济流动的范围、内容和方式等。

（4）宏观经济政策。宏观经济政策是指国家、政党制定的一定时期内国家经济发展目标实现的战略与策略，它包括综合性的全国经济发展战略和产业政策、国民收入分配政策、价格政策、物资流通政策、金融货币政策、劳动工资政策、对外贸易政策等。

企业的经济环境分析就是要对以上各个要素进行分析，运用各种指标，以准确地分析宏观经济环境对企业的影响，从而制定正确的企业经营战略。

§案例

央行宣布降准，释放长期资金约 9 000 亿元

为支持实体经济发展，降低社会融资实际成本，中国人民银行决定于 2019 年 9 月 16 日全面下调金融机构存款准备金率 0.5 个百分点（不含财务公司、金融租赁公司和汽车金融公司）。除此之外，为促进加大对小微、民营企业的支持力度，再额外对仅在省级行政区域内经营的城市商业银行定向下调存款准备金率 1 个百分点，于 10 月 15 日和 11 月 15 日分两次实施到位，每次下调 0.5 个百分点。

央行有关负责人表示，此次降准释放长期资金约 9 000 亿元，其中全面降准释放资金约 8 000 亿元，定向降准释放资金约 1 000 亿元。此次降准并非大水漫灌，稳健货币政策取向没有改变。降准释放资金约 9 000 亿元，有效增加金融机构支持实体经济的资金来源，还降低银行资金成本每年约 150 亿元，通过银行传导可以降低贷款实际利率。定向降准是完善对中小银行实行较低存款准备金率的“三档两优”政策框架的重要举措，有利于促进服务基层的城市商业银行加大对小微、民营企业的支持力度。这些都有利于支持实体经济发展。

（资料来源：百度百科）

3．社会文化与自然环境

社会文化与自然环境是指企业所处的社会结构、社会风俗及习惯、信仰和价值观念、行为规范、生活方式、文化传统、人口规模与地理分布等因素的形成和变动。社会文化环境对企业的生产经营有着潜移默化的影响，如文化水平会影响人们的需求层次；风俗习惯和宗教信仰可能抵制或禁止企业某些活动的进行；人口规模与地理分布会影响产品的社会需求与消费等。

社会文化环境可分解为人口、文化两个方面。

1）人口因素。人口因素对企业战略的制定有重大影响。例如，人口总数直接影响着社会生产总规模；人口的地理分布影响企业的厂址选择；人口的性别比例和年龄结构在一定程度上决定了社会需求结构，进而影响社会供给结构和企业生产；人口的教育文化水平直接影响企业的人力资源状况；家庭户数及其结构的变化与耐用消费品的需求和变化趋势密切相关，因而也就影响耐用消费品的生产规模等。对人口因素的分析可以使用以下一些变量：年龄结构、性别结构、教育与职业结构、家庭结构、社会结构、民族结构等。

（1）年龄结构。由于不同年龄的消费者对商品和服务有不一样的需求，所以不同年龄结构就形成了不同年龄段特色的市场。企业必须分析不同年龄结构所具有的需求特点，才能够决定其企业产品的研发、适合的年龄段，并寻找目标市场。

（2）性别结构。不同的性别会导致人们的消费需求有显著的差别，因而会出现男性用品市场和女性用品市场。企业应该针对不同性别的需求差别来研发和生产适合市场的产品，制定有效的营销策略，去开发更大的市场。

（3）教育与职业结构。人口的教育程度与职业不同，有着不同的市场需求和倾向。随着高等教育规模的扩大和普及，人口的受教育程度得到了很大的提高，收入水平也不断上升。企业应时刻关注人们对书籍、杂志、报纸、电脑、智能手机、电子阅读器等商品的需求的变化。

（4）家庭结构。家庭是商品购买和消费的基本单位。一个国家或地区的家庭单位的数量及家庭平均人员的数量，直接影响某些消费品的需求数量。同时，不同类型的家庭往往有不同的消费需求。

（5）社会结构。2015 年人口调查数据显示，中国大陆总人口达到 13 亿多人。从城乡结构看，城镇常住人口 74 916 万人，比上年末增加 1 805 万人，乡村常住人口 61 866 万人，减少 1 095 万人，城镇人口占总人口的比重为 54.77%。我国城镇人口与农村人口数量基本持平，但是占比已经超过农村人口。这样的城乡人口数量要求企业营销应充分考虑到社会结构的变化。

（6）民族结构。我国是一个多民族国家。不同民族有着不同的文化传统、生活习惯。具体表现在饮食、居住、服饰、礼仪等方面，消费需求也都有自己的风俗习惯。企业生产经营要充分考虑不同民族市场的特点，开发适合不同民族特点、受民族市场欢迎的商品。

2）文化环境。文化环境对企业的影响是间接的、潜在的和持久的，文化的基本要素包括哲学、宗教、语言与文字、文学艺术等，它们共同构筑成文化系统，对企业文化有重大的影响。

（1）哲学。哲学是文化的核心部分，在整个文化中起着主导作用。我国的传统哲学基本上由宇宙论、本体论、知识论、历史哲学及人生论（道德哲学）五个方面构成，它们以各种微妙的方式渗透到文化的各个方面，发挥着强大的作用。

（2）宗教。宗教作为文化的一个侧面，在长期发展过程中与传统文化有密切的联系，在我国文化中，宗教所占的地位并不像西方那样重要，宗教情绪也不像西方那样强烈，但其作用仍不可忽视。

（3）语言和文化艺术。语言文字和文化艺术是文化的具体表现，是社会现实生活的反映，它对企业员工的心理、人生观、价值观、性格、道德及审美观点的影响及导向是不容忽视的。

企业对文化环境的分析过程是企业文化建设的一个重要步骤，企业对文化环境分析的目的是把社会文化内化为企业的内部文化，使企业的一切生产经营活动都符合环境文化的价值检验。另外，企业对文化的分析与关注最终要落实到对人的关注上，从而有效地激励员工，有效地为顾客服务。

自然环境是指企业所处的自然资源与生态环境，包括土地、森林、河流、海洋、生物、矿产、能源、水源、环境保护、生态平衡等方面的发展变化。这些因素关系到企业确定投资方向、产品改进与革新等重大经营决策问题。

自然环境是企业赖以生存的基本环境。自然环境的优劣不仅影响企业的生产经营活动，而且影响一个国家的经济结构和发展水平，使经济环境和人口环境等均受到联动影响。

4．技术环境

技术环境是指企业所处的环境中的科技要素及与该要素直接相关的各种社会现象的集合，包括国家科技体制、科技政策、科技水平和科技发展趋势等。技术环境影响企业能否及时调整战略决策，以获得新的竞争优势。在知识经济兴起和科技迅速发展的情况下，技术环境对企业的影响可能是创造性的，也可能是破坏性的，企业必须预见这些新技术带来的变化，采取相应的措施予以应对。

企业的技术环境大体包括四个基本要素：社会科技水平、社会科技力量、国家科技体制、国家科技政策和科技立法。

（1）社会科技水平。社会科技水平是构成科技环境的首要因素，它包括科技研究的领域、科技研究成果门类分布及先进程度、科技成果的推广和应用三个方面。

（2）社会科技力量。社会科技力量是指一个国家或地区的科技研究与开发的实力。

（3）国家科技体制。国家科技体制是指一个国家或地区的科技研究与开发实力。国家科技体制指一个国家社会科技系统的结构、运行方式及其与国民经济其他部门的关系状态的总称，主要包括科技事业与科技人员的社会地位、科技机构的设置原则与运行方式、科技管理制度、科技推广渠道等。

（4）国家科技政策和科技立法。国家科技政策与科技立法指的是国家凭借行政权力与立法权力，对科技事业履行管理、指导职能的途径。

技术变革的作用：新技术可以破坏也可以创造一个产业；新技术会造成技术工人的短缺；新技术使以前无关的企业联系起来；创新是企业的再生之本；技术创新能力和现金支付能力是衡量企业实力和活力的两个最重要的标志。

如今，变革性的技术正对企业的经营活动产生着巨大的影响。企业要密切关注与本企业产品有关的科学技术的现有水平、发展趋势及发展速度，对于新的硬技术，如新材料、新工艺、新设备，企业必须随时跟踪掌握，对于新的软技术，如现代管理思想、管理方法、管理技术等，企业要积极学习、吸收和运用。

§案例

美团、京东疫情期间推出无人配送车服务

一直以来，为了解决快递“最后一公里”的配送难题，菜鸟网络、京东、苏宁都开始加码对无人快递车的研发。自2017年后，菜鸟、京东、申通开始大规模使用智能仓储分拣技术，并涉及各种无人设备，无人仓、无人机、无人车、机器人配送等人工智能技术发展越来越快。

今年新冠疫情肆虐期间，美团和京东推出了无人车配送服务，也预示着快递物流行业通过近几年的技术积累，开始推动无人智能化应用于实际生活。

2020年2月6日，在武汉市青山区吉林街上，京东智能配送机器人从京东物流仁和站出发，将医疗物资送到了武汉第九医院，完成了疫情暴发后武汉智能配送的第一单。

2月18日，美团宣布在北京市顺义、海淀等地启用无人配送车，联合美团买菜顺义站点，为多个距离较远的封闭社区居民配送果蔬食品。疫情下美团买菜订单激增，此次无人配送属于美团无人配送防疫助力计划。

疫情期间，京东、美团无人配送车应用解决疫情防控时期减少人员接触的刚性技术需求，也能够支援人力不足的订单需求密集区域配送运力优化，无人配送车的大力应用将推动物流快递行业无人智能化的加速发展。

（资料来源：佚名. 网络热搜观察.）

3.2.2 微观环境

微观环境是企业生存与发展的具体环境。与宏观环境相比，微观环境因素更能直接给一个企业提供有用的信息，同时也更容易被企业所识别。企业的微观环境主要包括产品的生命周期、竞争因素、资源因素、行业因素、市场需求因素，以及与政府、社区相关的公众因素。

市场需求与竞争的经济学分析能够深化对微观环境的理解与认识，如图3.3所示。

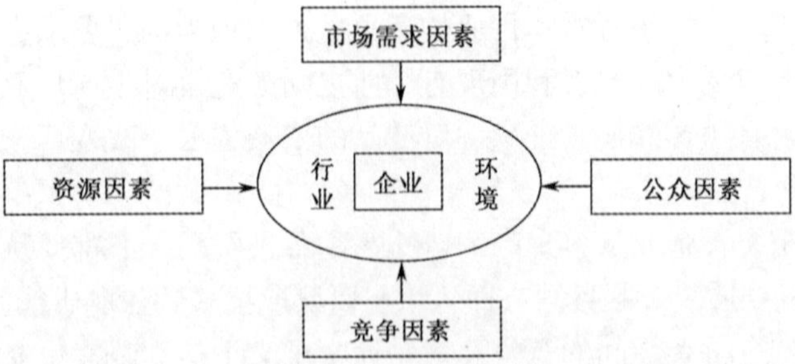

图 3.3　企业微观环境

1．产品的生命周期

分析产品发展状况的常用方法是认识产品所处生命周期的阶段。产品的生命周期分为开发期、成长期、成熟期和衰退期四个阶段。只有了解产品目前所处的生命周期阶段，才能决定企业在某一产品中应采取进入、维持还是撤退策略，才能进行正确的投资决策，才能对企业在多个产品领域的业务进行合理组合，提高整体盈利水平。

2．行业环境分析

根据迈克尔·波特教授从产业组织理论角度提出的产业结构分析的基本框架——五种竞争力分析（见图 3.4），可以从潜在进入者、替代品生产者、购买者、供应者与行业内现有竞争者间的抗衡来分析产业竞争的强度及产业利润率。

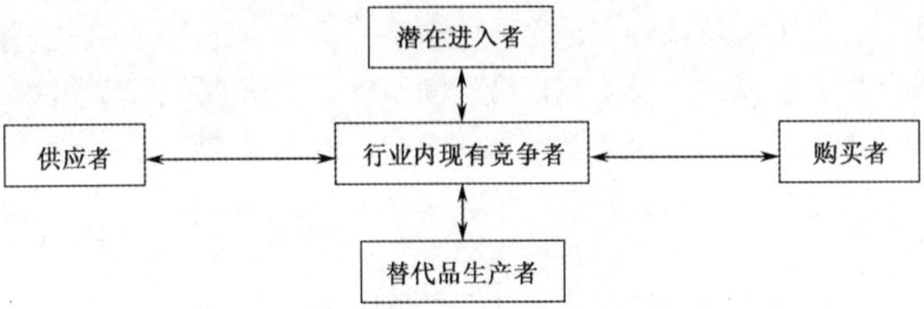

图 3.4　波特五力行业模型

（1）潜在进入者的威胁。潜在竞争者进入后，将与现有企业瓜分原有市场、激发新一轮竞争，对现有企业形成巨大的威胁。这种进入威胁主要取决于行业的吸引力和进入障碍的大小。行业发展快、利润高，进入障碍小，潜在竞争的威胁就大。进入障碍包括：规模经济，即新进入者规模不经济则难以进入；产品差异优势，新进入者与原企业争夺用户，必须花费较大代价去树立企业形象和产品信誉，一旦失败，将丧失全部投资；现有企业对关键资源的控制一般表现为对资金、专利技术、原材料供应、分销渠道等关键资源的积累与控制，对新进入者形成障碍；现有企业的反击程度等。

（2）替代品的威胁。替代品是指与本行业产品具有相同或相似功能的其他产品，如洗衣粉可以部分代替肥皂。替代品产生威胁的根本原因往往是它在某些方面具有超过原产品的优势，如价格低、质量高、性能好、功能新等。若替代品的盈利能力强，对现有产品的压力就大，会使本行业的企业在竞争中处于不利地位。

（3）购买者的压力。购买者对本行业的竞争压力表现为购买要求提高，如要求低价、高质、优服务等；还表现为购买者利用现有企业之间的竞争对生产厂家施加压力。影响购买者议价的基本因素有顾客的购买批量、对产品的依赖程度、改变厂家时的成本高低及掌握信息的多少等。

（4）供应方的压力。企业从事生产经营所需的各种资源一般都要从供应者处获得，供应者一般都要从价格、质量、服务等方面入手，以谋取更多的盈利，从而给企业带来压力。

（5）行业内现有竞争者之间的竞争。这是通常意义下的竞争，主要竞争方式为价格竞争、广告战、新产品引进等。这种竞争的激烈程度取决于多种因素，如竞争者的多少及其力量的对比、行业发展的快慢、利润率的高低、行业生产能力与需求的对比、行业进入或退出障碍的大小等。当行业发展缓慢、竞争者多、产品同质性高、生产能力过剩、行业进入障碍低而退出障碍高时，竞争就比较激烈。

3．竞争环境

竞争环境包括竞争规模、竞争对手实力与数目、竞争激烈化程度等。具体竞争包括同行竞争、替代产品行业竞争、购买者竞争、供应者竞争等。

经济学中对市场结构的四种分类为完全竞争、垄断竞争、寡头垄断和完全垄断，严格定义的完全竞争市场在现实生活中并不存在，但这一市场中激烈的价格竞争使价格趋于边际成本的描述在许多消费品市场中屡见不鲜。在垄断竞争市场中，产品的差异性为企业建立了固定客户，并且允许企业对这些固定客户享有价格超过边际成本的一些市场权力。在寡头垄断市场中，企业的决策依赖其他企业的选择，决策主体的行为发生直接相互作用条件下的决策均衡问题日益受到重视。在完全垄断市场上，垄断厂商操纵价格和产量的行为因损害了消费者的利益而受到了反垄断政策的制约，但企业通过创新来取得垄断力量和实现高额利润的努力也存在一定的合理性，从长期看，对垄断的限制对消费者是不利的，因为它限制了竞争。

竞争环境的分析有助于对市场竞争者的性质加以正确地估计。

我们可以从不同的角度来划分竞争者的类型。

1）从市场方面看，企业的竞争者有以下几个。

（1）品牌竞争者。企业把同一行业中以相似的价格向相同的顾客提供类似产品或服务的其他企业称为品牌竞争者。例如，凉茶功能饮料市场中，王老吉、加多宝、和其正等品牌之间的关系。

品牌竞争者之间的产品相互替代性较高，因而竞争非常激烈，各企业均把培养顾客品牌忠诚度作为争夺顾客的重要手段。

（2）行业竞争者。企业把提供同种或同类产品，但规格、型号、款式不同的企业称为行业竞争者。所有同行业的企业之间存在彼此争夺市场的竞争关系。例如，家用空调与中央空调的厂家、生产高档汽车与生产中档汽车的厂家之间的关系。

（3）需要竞争者。提供不同种类的产品，但满足和实现消费者同种需要的企业称为需要竞争者。例如，航空公司、铁路客运、长途客运汽车公司都可以满足消费者外出旅行的需要，当火车票价上涨时，乘飞机、坐汽车的旅客就可能增加，它们相互之间争夺满足消费者的同一需要。

（4）消费竞争者。提供不同产品，满足消费者的不同愿望，但目标消费者相同的企业称为消费竞争者。例如，很多消费者收入水平提高后，可以把钱用于旅游，也可用于购买汽车或购置房产，因而这些企业间存在相互争夺消费者购买力的竞争关系，消费支出结构上的变化对企业的竞争有很大影响。

2）从企业所处的竞争地位来看，竞争者的类型有以下几种。

（1）市场领导者：在某一行业的产品市场上占有最大市场份额的企业。例如，柯达公司是摄影市场的领导者，宝洁公司是日化用品市场的领导者，可口可乐公司是软饮料市场的领导者，等等。市场领导者通常在产品开发、价格变动、分销渠道、促销力量等方面处于主宰地位。市场领导者的地位是在竞争中形成的，但不是固定不变的。

（2）市场挑战者：在行业中处于次要地位（第二、三甚至更低地位）的企业。例如，百事可乐是可口可乐的挑战者，高露洁是日化用品市场的挑战者，三星是智能手机市场的挑战者，等等。市场挑战者往往试图通过主动竞争扩大市场份额来提高市场地位。

（3）市场追随者：在行业中居于次要地位，并安于次要地位，在战略上追随市场领导者的企业。在现实市场中存在大量的追随者。市场追随者的最主要特点是跟随。在技术方面，它不做新技术的开拓者和率先使用者，而是做学习者和改进者。在营销方面，不做市场培育的开路者，而是搭便车，以减少风险和降低成本。市场追随者通过观察、学习、借鉴、模仿市场领导者的行为，不断提高自身技能，不断发展壮大。

（4）市场补缺者。市场补缺者多是行业中较弱小的中小企业，它们专注于市场上被大企业忽略的某些细小部分，在这些小市场上通过专业化经营来获取最大限度的收益，在大企业的夹缝中求得生存和发展。市场补缺者通过生产和提供某种具有特色的产品和服务赢得发展的空间，甚至可能发展成“小市场中的巨人”。

综上所述，企业应从不同的角度识别自己的竞争对手，并对它们的目标、资源、市场力量和当前战略等要素进行评价。时刻关注对手的变化，以更好地适应竞争，并最终赢得竞争的胜利。

§案例

王老吉与和其正

王老吉的成功，在为自己带来巨大的商业成就的同时，也开启了一个巨大的蓝海市场——凉茶市场。受到利润的驱使，凉茶行业出现了大量的跟风者，都试图从凉茶市场中分得一杯羹。2007 年，达利集团首次涉足凉茶界，推出的和其正凉茶一炮而红。借助达利集团公司在生产、管理、渠道资源、品牌等方面的综合优势，和其正慢慢占据了一席之地。

作为饮料，口感是最重要的。经过多年市场培育，在消费者的心目中，王老吉是正宗的凉茶代表。和其正努力研发，制造出与王老吉口味相似的凉茶，从而获得了消费者的认可。

在渠道终端方面，和其正的渠道策略和王老吉类似，都是采取密集分销的策略，尽可能多地占据终端网点。因此，市场上有王老吉的地方，都有和其正的身影。与此同时，和其正的价格较王老吉更具优势，从而更容易吸引消费者。

在宣传方面，和其正和王老吉一样，都围绕着“清火”“去火”等与上火有关的概念。和其正还邀请明星做代言人，持续加大广告投入，逐渐提高了和其正的知名度，也拉近了和王老吉的品牌差距。

最后，在产品包装方面，和其正展现了其差异化特征。王老吉的产品包装形态主要是罐装，没有饮料产品常见的 PET 包装，一旦开启之后，必须一次性饮用完，不利于饮料的携带和保存。而和其正采用 PET 瓶装包装，很好地克服了这种局限。同时，瓶装的和其正容量更大，让消费者觉得更加实惠。

和其正通过加强与王老吉的联系，模仿和追随王老吉的营销策略，让消费者渐渐接受了它，提高了其市场份额，打响了品牌知名度。

（资料来源：百度百科）

4．市场需求

市场需求包括现实需求和潜在需求。现实需求是指顾客有支付能力的需求，潜在需求是指处于潜伏状态的、由于某些原因不能马上实现的需求。现实需求决定企业目前的市场销量，而潜在需求决定企业未来的市场。

可以从市场需求的决定因素和需求价格弹性两个角度分析市场需求。人口、购买力和购买欲望决定着市场需求的规模，其中生产企业可以把握的因素是消费者的购买欲望，而产品价格、差异化程度、促销手段、消费者偏好等影响着购买欲望。影响产品需求价格弹性的主要因素有产品的可替代程度、产品对消费者的重要程度、购买者在该产品上的支出在总支出中所占的比重、购买者转换到替代品的转换成本、购买者对商品的认知程度及对产品互补品的使用状况等。

5．资源环境

资源是指企业从事生产经营活动应投入的所有资源，包括人、财、物、技术、信息等。资源环境包括各种资源开发利用状况、资源的供应状况、资源的发展变化情况等。

6．公众

公众是指对企业实现营销目标的能力有实际或潜在利害关系和影响力的团体或个人。来自政府和社团的有关政策、法律、法令、要求等，也对行业及企业有直接约束和影响。

企业面临的公众有以下几个。

（1）金融公众。金融公众主要包括银行、投资公司、股东等，金融公众对企业的融资能力有重要的影响。

（2）媒介公众。媒介公众指的是报纸、杂志、电台、电视台等传播媒介，它们掌握传媒工具，具有广泛的社会联系，能直接影响社会舆论对企业的认识和评价。

（3）政府公众。政府公众指与企业营销活动有关的非政府机构，如消费者组织、环境保护组织及其他群众团体。企业营销活动涉及社会各方面的利益，来自社会公众的意见、建议对企业营销决策有着十分重要的影响。

（4）社团公众。社团公众指与企业营销活动有关的非政府机构，如消费者组织、环境保护组织及其他群众团体。企业营销活动涉及社会各方面的利益，来自社团公众的意见、建议对企业营销决策有着十分重要的影响。

（5）社区公众。社区公众指企业所在地附近的居民和社区团体。团体是企业的邻里，企业保持和社区的良好关系，为社区的发展做一定的贡献，受到社区居民的好评，能帮企业树立形象。

（6）一般公众。一般公众是指上述各种公众之外的社会公众。一般公众虽然不会有组织地对企业采取行动，但企业形象会影响他们的意愿。

（7）内部公众。内部公众是指企业内的管理人员及一般员工，企业的营销活动离不开内部公众的支持。

3.3　企业内部环境

企业内部环境分析实际上就是企业核心竞争力分析，核心竞争力是一个企业能够长期获得竞争优势的能力，是企业所特有的、经得起时间考验的、具有延展性的，并且是竞争对手难以模仿的技术或能力。其内容包括企业内部管理分析、市场营销能力分析、企业财务状况分析、企业价值链分析等方面。

1．企业内部管理分析

企业内部管理可以从企业文化、资源条件两个方面进行分析。

1）企业文化。企业文化是企业所形成的具有自身个性的经营宗旨、价值观念和道德行为准则的综合。企业文化为员工提供了一种认同感，激励员工为集体利益工作，可以作为员工理解企业活动的框架和行为的指导原则，具体由信念、仪式、符号、处事方式等组成。企业文化规定了企业成员的行为规范，企业中大到决策制定、人事任免，小至员工的行为举止、衣着爱好、生活习惯，无不体现企业文化。

杰出而成功的企业都有强有力的企业文化，全体员工共同遵守。但它往往是约定俗成的而非书面的行为规范，并且有各种各样用来宣传、强化这些价值观念的仪式和习俗。正是企业文化——这一非技术、非经济的因素，导致了企业间巨大的差异，在两个其他条件都相差无几的企业中，由于其文化不同，对企业发展所产生的后果就完全不同。

2）资源条件。资源是企业自身拥有或可以获取并用以提供竞争力基础的资产，包括内部资源和外部资源。企业内部资源是竞争力的前提，包括有形资产、无形资产和人力资源。

（1）有形资产。企业的有形资产包括实物资产与资金资产。有形资产一般是可以从企业的财务报表上查到的，但从竞争力的角度看资产负债表上所反映的资产价值是模糊的，有时甚至是一种表面的现象。这是因为过去的成本报价并不能真实地反映某些资产现在的市场价值。

当考虑某项有形资产的竞争力价值时，不仅要看到会计科目上的数字，而且要评价其产生竞争优势的潜在能力。这是因为，一项账面价值很高的实物资源的竞争力价值可能并不大。实物资源的竞争力价值不仅与账面价值有关，还取决于企业所处的地理位置、设备的类型和先进程度、能否适应输入要素和产品的变化、企业使用这些设备的能力等。

在评估有形资产的竞争力价值时，应注意是否有机会更经济地利用现有资源及有效地发挥现有资源的作用。事实上，企业可以通过多种方法提高有形资产的回报率，如采用先进的技术和工艺提高资源的利用率；通过与其他企业的联合，尤其是与供应商和客户的联合，充分地利用资源。实际上，由于不同的企业掌握的技术不同，人员结构和素质有很大差异，因此它们对有形资产的利用能力也不同，从而同样的有形资产在不同的企业中会表现出不同的竞争力价值。

（2）无形资产。无形资产包括企业的信誉、知名度与市场形象，具有先进性、独创性和独占性的技术，以及企业的经营管理能力和企业文化等。无形资产是企业在长期经营实践中逐步积累起来的，是靠以前投入大量有形资产换来的。由于无形资产的不可见性和隐蔽性，人们往往忽略其竞争力价值。实际上，无形资产同样事关企业的生存与发展，其作用是有形资产不可替代的。

①企业的信誉、知名度与市场形象。在产品和服务质量相同的条件下，或者在产品与服务质量不易于直观辨识的情况下，企业的信誉、知名度与市场形象往往是企业竞争力的最重要来源。这是因为，信誉与知名度高、市场形象好的企业不仅其产品和服务容易被消费者接受，因而可以卖出更好的价钱，并且可以在融资、信贷等方面得到方便与优惠。例如，在软饮料行业，可口可乐和百事可乐是世界上信誉度和知名度很高的两大品牌，这种巨大的无形资产已成为可口可乐和百事可乐两大公司最重要的竞争资源。

②具有先进性、独创性和独占性的技术。企业一旦拥有了某种专利、版权和商业秘密，就可以凭借这些无形资产去建立自己的竞争优势，英特尔、微软等企业都是这方面的典型例子。企业所具有的技术能否成为重要的无形资产，除与其先进性和独创性有关外，还与其是否易于转移有密切的关系。如果某项技术易于被模仿，或者主要由某个很容易流动的人员所掌握，那么该项技术的竞争力价值将大大降低；反之，如果某项技术很难被模仿，或者必须与其他技术方法一起使用才能发挥其应有的作用，而这些技术方法又分别控制在很多人手中，那么该项技术作为一种无形资产的竞争力就高得多。

（3）人力资源。人力资源主要是指组织成员向组织提供的知识、技能和决策能力等，通常把这些能力称为人力资本。一个组织最重要的资源是人力资源。大量的研究发现，那些能够有效地利用其人力资源的组织总是比那些忽视人力资源的企业发展得更快，是人的进取心和掌握的技术创造了企业的繁荣，在技术飞速发展和信息化进程加快的知识经济时代，人力资源在企业中的作用越来越突出。

在环境迅速变化的条件下，如果一个企业想要适应这种变化并利用新的机会求得发展，更重要的不是考察其员工过去和现在具有怎样的能力与业绩，而是要评估他们是否具有挑战未来的信心、知识和能力。近年来，许多企业开始对其员工进行更广泛、更细致的知识、技巧、态度和行为测评，越来越多的企业认识到在评估其人力资源状况时不仅要考察其员工的专长和知识，而且要评价他们的人际沟通技巧和合作共事的能力。

实际上，确认和评价一个企业人力资本的价值是一项困难和复杂的工作。这是因为，人们常常根据个人的工作时间、工作业绩、职业习惯和态度、经验和资历来评价其能力。然而，个人能力能否充分发挥作用还取决于其所处的工作环境。大量的研究表明，一个具有创造性和内聚力文化、组织生态良好的企业具有更大的竞争优势。

2．市场营销能力分析

市场营销能力是指企业把握市场营销活动、追求企业利益最大化的经营能力。在产品价值同质化愈演愈烈的市场上，销售策略的选择尤为重要。营销能力是企业与消费者达成交易的推动力。企业的营销能力体现在以下几个方面。

（1）营销执行能力。具有相应的执行能力是实现组织目标的必要条件。营销执行能力是企业通过制定市场营销战略、建立组织机构、配备人员队伍并在执行能力文化的牵引下实现其市场营销目标的综合能力。这种综合能力的具备要求企业首先要制订正确、可行的市场营销战略计划，并为之建立合理的组织机构，配备能高效实现战略目标的人员队伍，在执行过程中做好控制。同时，在执行过程中应积极培育形成强有力的执行能力文化并反作用于整个营销执行过程。营销执行能力的作用贯穿企业整个市场营销活动的动态过程中，是保证企业持续经营的重要方面。

（2）渠道能力。分销渠道也是决定销售能力的一个重要因素。良好的渠道可以使企业的产品在恰当的地点、适当的时间高效地送达给消费者，满足其需求。具有较好的渠道能力表现为企业具有高效、合理的分销渠道结构、适度的渠道成本及对渠道的掌控能力。

（3）促销能力。促销活动可将产品外观、特色、购买条件、产品带给消费者的利益等方面的信息带给消费者，可以刺激、引导消费者的购买欲望，促成购买行为的发生。同时促销活动的开展有助于企业建立品牌形象、树立良好的社会形象，在销售中起到重要的作用。

（4）价格能力。影响销售能力的首要因素是产品的价格。价格是消费者为取得自己所需产品所要付出的资金成本，而且对消费者来说也是最为直观的成本。产品价格只有在消费者的预期之内才有实现交易的可能性。在消费者购买能力一定的条件下，产品在价格方面是否具有竞争能力将在很大程度上决定企业与消费者交易的实现。

（5）售后服务能力。售后服务能力体现了消费者与企业的现场交易完成以后，企业提供给消费者的售后服务。这种售后服务可以使消费者在对产品的正确合理使用、购后的心理协调等方面得到一些附加的利益。在产品日趋同质化、竞争白热化的今天，售后服务的有无及好坏在很大程度上影响着顾客所得价值的差异。事实上，良好的售后服务已成为很多企业在市场上制胜的法宝。

3．企业财务状况分析

企业财务状况分析是以会计核算和报表资料及其他相关资料为依据，采用一系列专门的分析技术和方法，对企业等经济组织过去和现在的有关筹资活动、投资活动、经营活动、分配活动的盈利能力、营运能力、偿债能力和增长能力状况等进行分析与评价的经济管理活动。它为企业的投资者、债权人、经营者及其他关心企业的组织或个人了解企业过去、评价企业现状、预测企业未来做出正确决策提供准确的信息或依据。从企业的角度来看，财务分析的主要内容包括如下四个方面。

（1）长、短期偿债能力分析。企业的偿债能力是指企业用其资产偿还长期债务与短期债务的能力，是企业能否健康生存和发展的关键，是反映企业财务状况和经营能力的重要标志，是企业偿还到期债务的承受能力或保证程度。

（2）营运能力分析。营运能力是指企业的经营运行能力，即企业运用各项资产以赚取利润的能力。

（3）盈利分析。盈利能力是指企业获取利润的能力，也称为企业的资金或资本增值能力，通常表现为一定时期内企业收益数额的多少及其水平的高低。

（4）企业发展能力分析。企业的发展能力也称企业的成长性，是企业通过自身的生产经营活动，不断扩大积累而形成的发展潜能。企业能否健康发展取决于多种因素，包括外部经营环境、企业内在素质及资源条件等。

以上四方面的内容互相联系、互相补充，可以满足不同使用者对会计信息的需要。其中偿债能力是企业财务目标实现的稳健保证；营运能力是企业财务目标实现的物质基础；盈利能力是前两者共同作用的结果，同时也对前两者的增强起推动作用。

企业财务状况分析是判断企业实力和对投资者产生吸引力的最好办法。企业的资产负债率、流动资本、利润率、资产利用率、现金产出、股票的市场表现等可能排除许多原本可行的战略选择，企业财务状况的恶化也会导致战略实施的中止和现有企业战略的改变。分析企业财务状况的常用方法是财务比率的趋势分析，当然，财务比率计算的依据为企业会计报表提供的数据及通货膨胀、行业经营周期和季节性因素等，因此在解释分析能力方面存在一定的局限性，但仍然不失为分析企业内部长处和弱点的有效工具。

4．企业价值链分析

美国哈佛商学院教授迈克尔·波特提出的价值链分析（见图 3.5）是一种寻求确定企业竞争优势的工具，即运用系统性方法来考察企业各项活动和相互关系，从而找寻具有竞争优势的资源。

波特价值链分析视企业为一系列的输入、转换与输出的活动序列集合，每个活动都有可能相对于最终产品产生增值行为，从而提升企业的竞争地位。

企业的生产经营活动可以分成主体活动和支持活动两大类。主体活动是指生产经营的实质性活动，一般可以分为内部后勤（原材料供应）、生产加工、成品储运、市场营销和售后服务五种活动。这些活动与商品实体的加工流转直接相关，是企业的基本增值活动。支持活动是指用以支持主体活动而且内部之间又相互支持的活动，包括企业投入的采购管理、技术开发、人力资源管理和企业基础设施。图中的虚线表明采购管理、技术开发、人力资源管理三种支持活动既支持整个价值链的活动，又分别与每项具体的主体活动有着密切的联系。企业的基本职能活动支持整个价值链的运行，而不与每项主体直接产生联系。

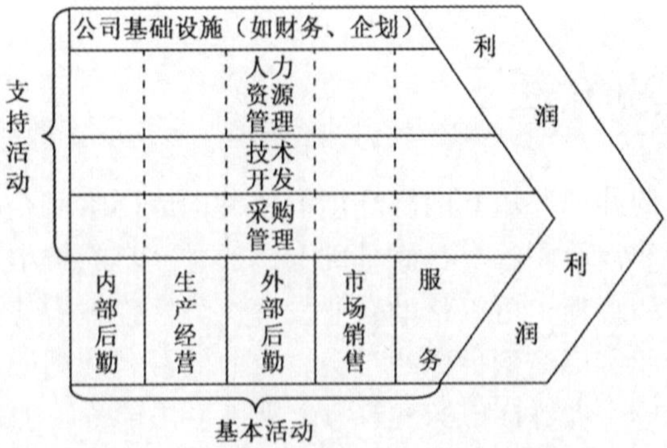

图 3.5　波特价值链

每一种最终产品从其最初的原材料投入到最终到达消费者手中，都要经过无数个相互联系的作业环节，这就是作业链。它将从基本的原材料到最终用户之间的价值链分解成与战略相关的活动，以便理解成本的性质和差异产生的原因，是确定竞争对手成本的工具，也是制定本公司竞争策略的基础，可以从内部、纵向和横向三个角度展开分析。

（1）内部价值链分析。内部价值链分析是企业进行价值链分析的起点。企业内部可分解为许多单元价值链，商品在企业内部价值链上的转移完成了价值的逐步积累与转移。每个单元链上都要消耗成本并产生价值，而且它们有着广泛的联系，如生产作业和内部后勤的联系、质量控制与售后服务的联系、基本生产与维修活动的联系等。深入分析这些联系可减少那些不增加价值的作业，并通过协调和最优化两种策略的融洽配合，提高运作效率、降低成本，同时也为纵向和横向价值链分析奠定基础。

（2）纵向价值链分析。纵向价值链反映了企业与供应商、销售商之间的相互依存关系，这为企业增强其竞争优势提供了机会。企业通过分析上游企业的产品或服务特点及其与本企业价值链的其他连接点，往往可以十分显著地影响自身成本，甚至使企业与其上下游共同降低成本，提高这些相关企业的整体竞争优势。如果从更广阔的视野进行纵向价值链分析，就是产业结构的分析，这对企业进入某一市场时如何选择人口及占有哪些部分，以及在现有市场中外包、并购、整合等策略的制定都有极其重大的指导作用。

（3）横向价值链分析。横向价值链分析是企业确定竞争对手成本的基本工具，也是公司进行战略定位的基础。

例如，通过对企业自身各经营环节的成本测算，不同成本额的公司可采用不同的竞争方式，面对成本较高但实力雄厚的竞争对手，可采用低成本策略，扬长避短，争取成本优势，使得规模小、资金实力相对较弱的小公司在主干公司的压力下求得生存与发展；而相对于成本较低的竞争对手，可运用差异性战略，注重提高质量，以优质服务吸引顾客，而非盲目地进行价格战，使自身在面临价格低廉的小公司挑战时仍能立于不败之地，保持自己的竞争优势。

3.4 环境评价的方法

充分了解企业面临的外部环境和内部环境的各种构成因素对企业经营管理的影响，对企业管理者来说显然是非常重要的。在此基础上，通过一定的技术和工具对管理环境的特点和发展趋势进行评价和管理，可以帮助企业发挥优势、弥补劣势，避开不利于企业经营的威胁，抓住有利于企业实现经营目标的机会。企业的最高管理层可以用环境威胁矩阵和市场机会矩阵及企业优势、劣势评价标准等方法来进一步评价管理环境。

3.4.1 环境威胁和市场机会

企业外部环境的发展趋势基本分为两大类：一类是环境威胁；另一类是市场机会。外部环境评价的主要目的就是寻找机会及最小化威胁。

1．环境威胁矩阵

威胁是一种对企业经营不利的发展趋势，如果不能识别面临的威胁的程度，这种不利趋势将很快侵蚀企业的业绩和利润。环境威胁可以按照威胁严重性的发生概率来分类，如图 3.6 所示。

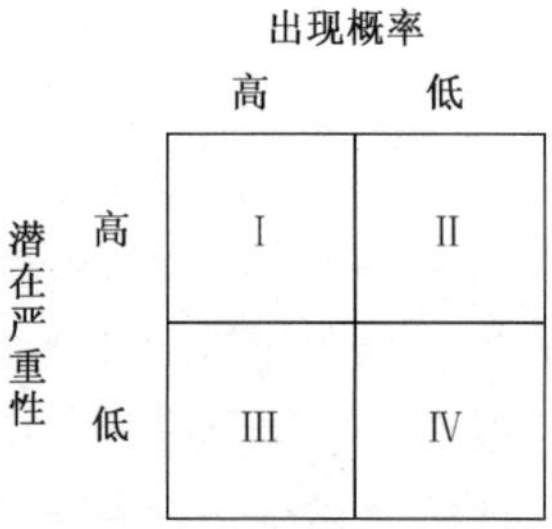

图 3.6　环境威胁矩阵

在图 3.6 中，环境威胁矩阵的纵轴代表潜在严重性，表示盈利减少程度，横轴代表出现威胁的可能性。对于第Ⅰ象限的威胁，企业应处于高度警惕状态，并制定相应的措施，尽量避免损失或使损失降低到最小，因为它的潜在严重性和出现的概率均很高；对于第Ⅱ、Ⅲ象限的威胁，企业也不应该掉以轻心，要给予充分的重视，制订好应变方案；对于第Ⅳ象限的威胁，企业一般应注意其变化，若有向其他象限转移的趋势，应制定对策。

2．市场机会矩阵

机会是指管理环境中对企业经营有利的因素，是可以帮助企业获得竞争优势及差异化利益的外部机会。通过市场机会分析矩阵，可以明确企业的机会和发展方向。这些机会可以按照潜在的盈利能力及可能获得成功的概率来加以分类。企业的每个特定机会中，成功的概率取决于企业自身的优势是否与行业所需要成功的条件相符合。

在图 3.7 中，市场机会矩阵的横轴代表成功的可能性，纵轴代表潜在利润机会，代表潜在的吸引力。对于第Ⅰ象限的环境机会属于机会潜在利润和企业成功概率都高的状态，企业在这一市场条件下应全力去发展；第Ⅱ象限的环境机会属于机会潜在利润高和成功概率低的环境条件，企业应设法改善自身的不利条件，使第Ⅱ象限的环境机会逐步移到第Ⅰ象限而成为有利的环境机会；第Ⅲ象限的环境机会属于机会潜在吸引力低和成功概率高的环境机会，对大企业来说，这种环境往往不予重视，对中小企业来说，可以不失时机地捕捉这样的机会；第Ⅳ象限的环境机会属于机会潜在吸引力低和成功概率低的环境条件，对这样的环境状态，企业应一方面积极改善自身条件，另一方面静观市场变化趋势，随时准备利用转瞬即逝的机会。

3．环境综合分析矩阵

在企业实际面临的客观环境中，单纯的威胁环境和机会环境是少有的。一般情况下，企业环境都是机会与威胁并存、利益与风险结合在一起的综合环境。根据综合环境中威胁水平和机会水平的不同，企业所面临的环境可以分为四种情况，如图 3.8 所示。

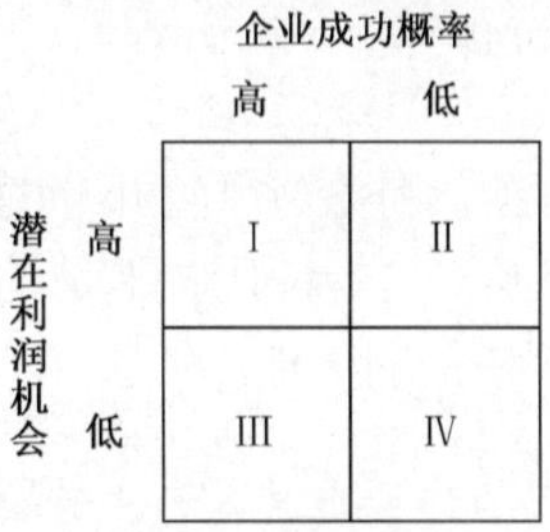

图 3.7　市场机会矩阵

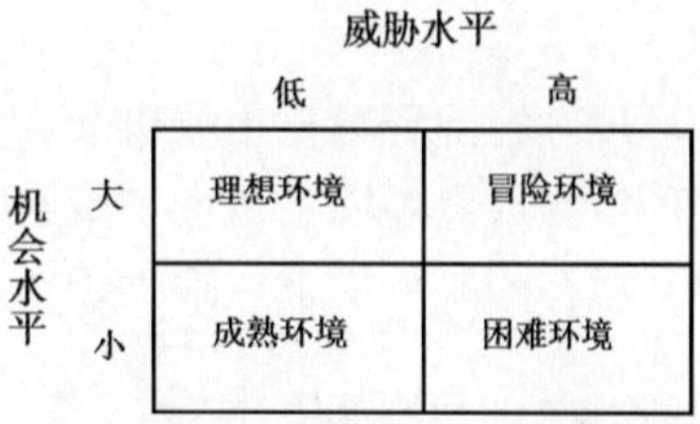

图 3.8　环境综合分析矩阵

（1）理想环境。理想环境是机会水平高、威胁水平低、利益大于风险的环境。这是企业难得遇上的好环境。

案例

“非洲之王”传音手机的崛起

“传音”手机与中国的“手机中的战斗机”波导有着千丝万缕的联系。21 世纪前 10 年，波导手机超过国际品牌，成为国内第一家跻身全球前 10 名的手机品牌，一时风头正劲。

出生于浙江奉化的竺兆江，1992 年毕业于南昌航空大学，此后加入波导。因销售业绩突出，火速晋升，后被派到国外开辟市场，也由此积累起了在国外销售手机的经验。2006 年，波导隐有下滑之势，竺兆江决定自立门户。竺兆江也看准了这个历史时机，创立了传音公司。

起初也是没有方向的，竺兆江带着手下也只是为一些东南亚的手机品牌做贴牌的代工业务。渐渐地，国内手机市场竞争越发激烈，竺兆江另辟蹊径，将目光瞄准海外，最终定位于非洲市场。

“当时，非洲是仅次于中国大陆、印度的全球人口第三多的市场，人口数达到 10

亿等级，非洲市场发展又比中国大陆慢，可以将中国大陆的技术和资源，输入到非洲，推出适合当地市场的产品。”

那是个绝佳的时间窗口，对于大厂来说，非洲经济过于落后，利润率太低。市场需求的产品技术也远远落后于平均水平。再加上外汇风险、政治局势等问题，非洲市场成了一个空白，这正是创业的理想环境。

利用这个地域差和时间差，传音手机开始了领跑。2007 年传音手机正式进军非洲，开启了“非洲之王”的征程。

到 2018 年，传音手机出货量 1.33 亿部。根据 IDC 数据显示，传音手机在全球市场占有率达 7.04%，在全球手机品牌厂商中排名第四，其中，功能机排名全球第一。同年，传音控股被 Facebook 和毕马威评为“中国出海领先品牌 50 强”之一。

而在非洲，传音的市场占有率达 48.71%，排名第一。非洲最大的商业杂志 *African Business* 每年发布“最受非洲消费者喜爱的品牌”百强榜单，传音旗下手机品牌年年上榜。

（资料节选自：电商在线 https://xw.qq.com/cmsid/20190930A0LW8500?f=newdc）

（2）冒险环境。冒险环境是市场机会和环境威胁同在，利益与风险并存的环境。

（3）成熟环境。成熟环境下机会和威胁水平都比较低，是一种比较平稳的环境。

（4）困难环境。困难环境下风险大于机会，企业处境十分困难。

3.4.2 优势和劣势评价标准

企业的优势反映它的实力，代表它相对于竞争对手的强项；其劣势反映它的缺陷，代表它相对于竞争对手的弱项。只有查明自身的优势劣势，才能充分发挥优势和克服劣势。

为查明优势劣势，首先需要有评判优势的标准。有四种普遍采用的标准：历史标准、规范标准、竞争标准和关键领域标准。

1. 历史标准

历史标准就是将企业过去积累的历史资料同其现实情况相比较，并预测其发展变化，即进行时间序列分析或趋势分析。如果发现现实情况比过去好，或者从历史资料看情况在逐步改善，预测其前景将会更好，那就认为企业有优势。历史标准的采用有一个假定，即比较好的项目过去有、现在有，而且在将来也仍然有，但这个假定不是在任何情况下都有效的。

2. 规范标准

规范标准就是依据认为合理的、理论的或理想的标准，它来自书刊、顾问报告、产业实践或个人的认定。如果发现企业的现实情况在理论上是正确的或符合规范的标准，那就认为企业有优势；反之，就是企业的劣势。例如，理论说明企业应当使其生产保持稳定性，而不是时高时低，这样才能少出问题并降低成本。于是企业就可以在低需求季节积累一定的存货以满足高需求季节的需要，或者选择两种需求高低季节恰好相反的产品（如泳装和滑雪用服装）轮番生产，借以保持生产的稳定。又如，理论上认为，企业财务上的流动比率一般应为 2，快速流动比率一般应为 1，这就表明偿债能力合理。如果企业实际符合这些要求，就是企业的优势。

3．竞争标准

竞争标准就是利用成功的竞争者与潜在竞争者的行动作为评判依据，其假定是企业最低限度要同那些竞争者的行动相适应。例如，成功的竞争对手采用的是向用户直接销售的办法，则企业也应当直销。这个标准有缺点，因为它假定了竞争对手的行动必然优化，同时又假定企业的市场与竞争对手的市场相同。这两个假定却可能是错误的。

4．关键领域标准

关键领域标准就是以关键因素作为判定依据。关键因素是企业成败的因素，如不满足其要求，企业就不能成功。所以应将现实情况同关键因素的要求相对比，如能满足甚至超过其要求，那么显然是一优势；反之，就是企业的劣势。

企业内部环境或条件评价的目的在于掌握企业历史和目前的状况，明确企业所具有的优势和劣势。它有助于企业制定有针对性的战略，有效地利用自身资源，发挥企业的优势；同时避免企业的劣势，或者采取积极的态度改进劣势。扬长避短才能百战不殆。

3.4.3　企业对评价的反应

1．企业对环境威胁的反应

一般来说，企业对环境威胁可选用以下几种对策。

（1）反攻策略。反攻策略即试着限制或扭转不利因素的发展，通过法律诉讼等方式促使政府通过某种法令或政策等保护自身合法权益不受侵犯，改变环境的威胁。

（2）减轻策略。减轻策略即通过改变营销策略，以减轻环境威胁的程度。由于环境因素对企业营销形成了一定的威胁，并且这一威胁的后果不可避免，此时，减轻策略就是对付威胁的策略之一。

（3）合作策略。企业通过各种合作手段（如联合、合作、合并、参与等），由更多的社会组织组成联合体，充分利用资金、技术、设备，取长补短、分散风险，共同保护自身利益。

（4）转移策略。受到威胁程度严重的企业因无条件继续经营原来业务时，可逐步转移原来业务或调整业务范围，以减轻环境对企业的威胁。

2．企业对机会的反应

企业管理者对发现的机会，必须认真对待，慎重应对。一是重点机会先行，根据市场机会的优劣次序，首先选择和占领对企业最有价值的市场；二是准确把握面临的机会，对于看准的机会，及时把握，迅速决策，在竞争对手之前夺得先机；三是步步为营，先选择一个区域精耕细作，迅速做强、做透，成功后立即复制到其他区域，滚动发展。

3．企业对综合环境评价的反应

在环境综合分析和评价的基础上，企业对不同机会和威胁构成的 4 种情况，可以分别采取不同的方法应对。

（1）理想环境。必须抓住难得的机会，迅速行动，否则好环境稍纵即逝。企业一旦失去这样的机会，不仅会追悔莫及，也许再也不会遇到这么好的机遇了。

（2）冒险环境。企业首先要认真审视自身的优势和劣势，切忌盲目冒进。在自身有能力把控风险的前提下，扬长避短，创造条件，审慎争取新的突破和发展。

（3）成熟环境。企业主要将其视为常规业务，在企业正常运转的同时为开展理想环境业务做好准备。

（4）困难环境。企业必须尽力去改变环境，走出困境或减轻威胁；否则就立即转移，摆脱无法扭转的困境。

案例

加多宝为什么换金罐

临近夏日，传统饮料销售旺季，各大饮料品牌的一场夏季战役即将到来。其中最受关注、最有话题点的莫过于凉茶行业两大宿敌王老吉和加多宝的“PK”。4 月 20 日，凉茶领导者加多宝在北京国际饭店举行了“开启凉茶黄金时代——2015 年金罐加多宝上市发布会”，推出全新“金罐”包装。一位快消行业专家透露，“红罐装潢案”一审败诉后，虽然加多宝采用一贯的官司“拖字诀”、用不服上诉的手法争取时间，但换装已势在必行，而夏季就是最好的换装时机，因此加多宝必然会推出新包装，在“红罐装潢案”二审判决之前，采用新旧包装同时销售的策略，给自己争取换装过渡时间，等到二审判决之后，再快速地全面换装。正如业界所料，3 月中旬，加多宝就开始挖空心思，为推出新包装做舆论造势。

一直以来，“红罐+怕上火”已经成为凉茶品类的核心资产。不过，随着 2014 年年底“红罐装潢案”一审败诉，加多宝面临换装危机，这与 3 年前失去王老吉商标生产经营权、面临品牌切换危机差不多是同样的境地。加多宝与王老吉的红罐之争已经延续了 900 多天，在打输了一次次官司之后，现在加多宝终于认输了，4 月 20 日，“开启凉茶黄金时代——2015 年金罐加多宝上市发布会”在京举行，加多宝终于开始慢慢“放弃”红罐包装，金色灌装能否书写 2012 年加多宝品牌成功转换的传奇备受关注。天业联合品牌策划认为，这几年加多宝巨大的营销投入，且通过公司营销，在短时间内已跻身凉茶行业两大品牌，获得消费者的认同，换装在短期内对加多宝可能有一些压力和影响，但不会比当年更换商标名字困难。

加多宝换装纯属无奈，因为多年“红罐”包装早已深入人心，这是加多宝对其品牌的核心资产——品牌视觉识别系统无法掌握的必然结果。在 2014 年 12 月 19 日，加多宝、王老吉的红罐外包装装潢权对诉案在广东高院一审宣判，广东加多宝饮料食品有限公司被判构成侵权，立即停止生产并销售与王老吉红罐凉茶包装装潢相似或相同包装的产品；赔偿广药集团 1.5 亿元及维权费 26 万余元。至此，历经 19 个月的“红罐之争”的较量终于以广药完胜告终。

任何一个企业都是在不断变化的环境中运行的。王老吉和加多宝历经 19 个月的“红罐之争”的较量终于以广药完胜告终。“红罐+怕上火”凉茶概念的缔造者加多宝无奈推出了全新“金罐”包装。这个案例告诉我们：企业正确认识外部环境和内部环境，在不断提升自身能力的同时，审时度势、趋利避害地开展经营活动具有重要意义。

（资料来源：天涯社区论坛）

思考与练习

一、判断题

1. 管理的环境是指能够对企业管理活动的效益产生影响的各种可控和不可控变量和因素的总和。(　　)

2. 企业管理既要知彼又要知己，其中“知彼”是指企业的外部环境，包括宏观环境、微观环境等；“知己”便是分析企业的内部环境或条件，认清企业内部的优势和劣势。(　　)

3. 企业对文化环境的分析过程是企业文化建设的一个重要步骤，企业对文化环境分析的目的是搞好企业和公众之间的关系，提升企业形象，使企业的一切生产经营活动都符合环境文化的价值检验。(　　)

4. 企业内部环境分析实际上就是企业核心竞争力分析，核心竞争力是一个企业能够长期获得竞争优势的能力，是企业所特有的、经得起时间考验的、具有延展性的，并且是竞争对手难以模仿的技术或能力。(　　)

5. 社团公众指的是报纸、杂志、电台、电视台等传播媒介，它们掌握传媒工具，具有广泛的社会联系，能直接影响社会舆论对企业的认识和评价。(　　)

二、单项选择题

1. (　　) 是指企业所在地附近的居民和社区组织。

A. 社团公众　　　　B. 社区公众

C. 一般公众　　　　D. 内部公众

2. 依据环境对企业经营活动产生影响的发生和程度，管理环境可以划分为 (　　)。

A. 宏观环境和微观环境

B. 外部环境和中观环境

C. 内部环境和外部环境

D. 宏观环境和内部环境

3. 企业所处的 (　　) 是指构成企业生存和发展的社会经济状况及国家的经济政策，包括社会经济结构、经济体制、发展状况、宏观经济政策等要素。

A. 经济环境　　B. 宏观环境

C. 法律环境　　D. 外部环境

4. 企业的（　　）主要包括产品的生命周期、产业结构分析、市场结构与竞争、市场需求状况、产业内的战略群体。

A. 微观环境　　B. 宏观环境

C. 外部环境　　D. 内部环境

5. 企业外部环境的发展趋势基本分为两大类：一类是环境威胁，另一类是（　　）。

A. 竞争威胁　　B. 供应商威胁

C. 市场机会　　D. 新产品机会

三、多项选择题

1. 一般认为企业的宏观环境因素包括（　　）。

A. 政治和法律环境　　B. 经济环境

C. 社会文化环境　　D. 技术环境

2. 外部环境包括（　　）。

A. 宏观环境　　B. 学习环境

C. 微观环境　　D. 客户环境

3. 波特的"五力模型"是许多企业常用的竞争分析工具。五力包括（　　）。

A. 替代品生产者　　B. 潜在的进入者

C. 购买者　　D. 供应商

4. 企业财务状况分析包括（　　）。

A. 长、短期偿债能力分析　　B. 营运能力分析

C. 盈利分析　　D. 企业发展能力分析

5. 根据综合环境中威胁水平和机会水平的不同，企业所面临的环境包括（　　）。

A. 理想环境　　B. 困难环境

C. 竞争环境　　D. 成熟环境

E. 冒险环境

四、简答题

1. 简述宏观环境的四类因素。

2. 如何分析企业财务状况？

3. 简述企业面临威胁环境时可以选择的对策。

实践与实训

1. 根据宏观环境和微观环境包含的各因素对一个企业的宏观环境和微观环境进行分析。

提示：企业要实现其管理的经营目标，就应该以环境为依据，主动去适应环境，同时

又要在了解、掌握环境因素及其发展趋势的基础上，通过避开威胁、弥补弱势、充分发挥企业自身的优势去抓住外部环境的机会，从而确保企业的生存及持续发展。外部环境又分为宏观环境和微观环境两个层次。

2. 找出一个在波特五力模型中“供应方的压力”这一因素最为重要的产业并分析原因。

提示：企业从事生产经营所需的各种资源一般都要从供应方处获得，供应者一般都要从价格、质量、服务等方面入手，以谋取更多的盈利，从而给企业带来压力。

第4章

计 划

如果你没有计划，步伐将变得混乱。

学习目标

- 懂得计划的定义和制订计划的基本程序；
- 掌握制订计划的方法；
- 懂得战略规划的重要性；
- 掌握目标管理的方法。

学习导航

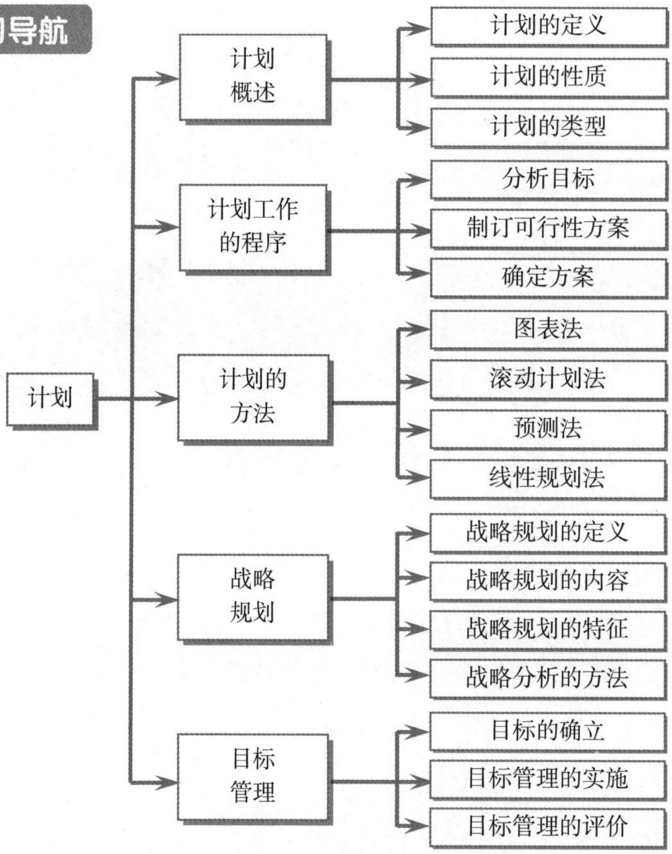

引导案例

隆中对

在《三国演义》中最著名也最重要的战略规划是诸葛亮第一次与刘备见面，在隆中的一段对话，后人称为“隆中对”，故事是这样的：

刘备去拜访诸葛亮，总共去了三次才见到。于是叫旁边的人避开，说：“汉王朝的统治崩溃，奸臣窃取了政权，皇上遭难出逃。我想为天下伸张大义，您说该采取怎样的办法呢？”

诸葛亮回答道：“曹操能够战胜袁绍，从弱小变为强大，不但是时机好，而且也是人的谋划得当，现在曹操已拥有百万大军，挟制皇帝来号令诸侯，不能与他正面较量。孙权占据江东，地势险要，民心归顺，重用贤能，可以联合他，而不可谋取他。荆州的北面控制汉、沔二水，从水路一直可通达南海，东面连接吴郡和会稽郡，西边连通巴、蜀二郡，这是兵家必争之地，但是它的主人刘表无能，这地方是老天用来资助将军的，将军难道没有占领的意思吗？益州有险要的关塞，有广阔肥沃的土地，自然条件优越，物产丰饶，但益州牧刘璋昏庸懦弱，将军您如果占据了荆州、益州，凭借两州险要的地势，西面和各族交好，南面安抚各部落，对外跟孙权结成联盟，对内改善国家政治，一旦形成势力，就派一名将军率领荆州的军队向南阳、洛阳进军，将军您亲自率领益州的军队攻打秦川，如果真的做到这样，霸业就可以成功，汉朝的政权就可以复兴了。”

刘备采纳了诸葛亮的意见，并在经过赤壁之战、借荆州、西进取川后，果真成了三国鼎立之势。

启示：计划是行动的前提，无论做什么事，都要做好计划、看准方向，才能充分发挥自己的有利条件。

4.1　计划概述

无论是单位还是个人，无论办什么事情，事先都应有个打算和安排。有了计划，工作就有了明确的目标和具体的步骤，就可以协调大家的行动，增强工作的主动性，减少盲目性，使工作有条不紊地进行。做好工作计划是建立正常的工作秩序、提高工作效率的重要手段。

4.1.1　计划的定义

计划是未来行动的蓝图，是为实现组织目标而对未来行动所做的综合的统筹安排。它是未来组织活动的指导性文件，提供从目前通向未来目标的道路和桥梁。计划包括确定组织的目标、制定全局战略，制定全面的分层计划体系以综合和协调各种活动。因此，计划涉及目标（做什么），也涉及达到目标的方法（怎么做）。

在管理学中，计划具有两重含义：从行动的角度理解，计划是工作，是指根据对组织外部环境与内部条件的分析，提出在未来一定时期内要达到的组织目标及实现目标的方案、途径。从形式的角度理解，计划是用文字和指标等形式所表述的组织及组织内不同部门和不同成员在未来一定时期内关于行动方向、内容和方式安排的管理事件。

4.1.2 计划的性质

计划工作具有承上启下的作用，一方面，计划工作是决策的逻辑延续，为管理活动的实施提供了组织实施保证；另一方面，计划工作又是组织、领导、控制和创新等管理活动的基础，是组织内不同部门、不同成员行动的依据。因此，我们可以从 6 个方面来考察计划的性质，如图 4.1 所示。

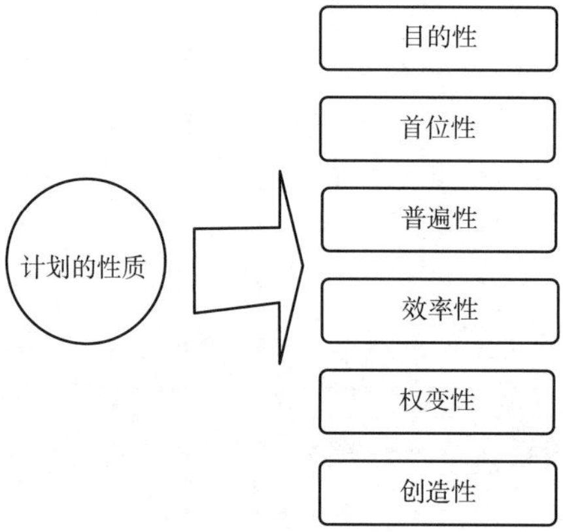

图 4.1　计划的性质

（1）目的性。每个计划及其辅助计划都是为了实现企业或各类组织的总目标或一定时期的目标服务的，没有计划，一个组织就不可能实现它的目标。计划设立了目标和标准以便于进行控制。如果我们不清楚要达到什么目标，如何判断我们已经达到了目标呢？在计划中我们设立目标，而在控制职能中，我们将实际的绩效与目标进行比较，发现可能发生的重大偏差，采取必要的校正行动。

（2）首位性。计划工作相对于其他管理职能处于首位。从管理过程的角度看，计划、组织、领导和控制等方面的管理活动都是为了实现企业的目标。计划工作必须先于其他管理职能。在实际工作中，所有职能交织成一个行动网络，但计划工作有它特殊的地位，因为它牵涉整个集体去努力完成的目标。此外，主管人员必须制订计划以了解需要什么样的组织关系和人员素质，按什么方针去领导下属工作人员，以及采用什么样的控制。因此，要使其他管理职能发挥效用，必须首先做好计划。

（3）普遍性。与计划的概念相对应，计划的普遍性也有两层含义：一是指社会各部门、各环节、各单位、各岗位，为有效实现管理目标，都必须具有相应的计划，上至国家，下至一个班组，甚至个人，无不如此；二是指所有管理者，从最高管理人员到第一线的基层管理人员都必须从事计划工作。虽然所有主管人员都做计划，但是基层管理人员的工作计划与高层主管人员制订的战略计划是根本不同的。在高层管理人员规划企业总方向的指导下，各级管理人员必须准备好自己的计划，这样才能保证全面完成组织的目标。

（4）效率性。计划工作的任务不仅要确保总目标的实现，而且要从众多方案中选择最优的资源配置方案，在实现总目标的过程中合理地利用资源和提高效率。计划工作的效率是以实现企业的总目标和一定时期的目标所得到的利益，扣除制订和执行计划所花的费用及预计不到的损失之后的总额来测定的。它一般是指投入与产出之间的比率，但这一概念不仅包括了按资金、工时或成本表示的投入产出比率，而且包括了组织和个人的满意程度这一类主观评价标准。所以，只有按合理的代价实现目标，这样的计划才是有效率的。

（5）权变性。俗话说，计划赶不上变化，这形象地说明了现实生活中可变因素的大量存在，若计划过于教条、不能与实际相结合就很难把所谓的计划落到实处，那么计划也就是个空计划，对于现实工作的指导作用不大。如果在计划中考虑可变因素，留有浮动空间，计划的可实施性就要大大增强，因而计划要有弹性。

（6）创造性。计划工作是针对需要解决的新问题和可能发生的新变化、新机会而做的，因而它是一个创造性的管理过程。正如一项新产品的成功在于创新一样，成功的计划也依赖创新。

4.1.3 计划的类型

计划的种类很多，可以按不同的标准进行分类。主要分类标准有计划的重要性、时间界限、明确性和表现形式等。但是依据这些分类标准进行划分，所得到的计划类型并不是相互独立的，而是密切联系的。比如，短期计划和长期计划、战略计划和战术计划等。

1．按计划的重要性分

从计划的重要性程度上来看，可以将计划分为战略计划和战术计划。应用于整体组织的，为组织设立总体目标和寻求组织在环境中的地位的计划，称为战略计划。规定总体目标如何实现的细节的计划称为战术计划。战略计划与战术计划在时间框架上、在范围上和在是否包含已知的一套组织目标方面是不同的。战略计划趋向于包含持久的时间间隔，通常为 5 年甚至更长，它们覆盖较宽的领域和不规定具体的细节。此外，战略计划的一个重要任务是设立目标；而战术计划假定目标已经存在，只是提供实现目标的方法。按计划的重要性分如图 4.2 所示。

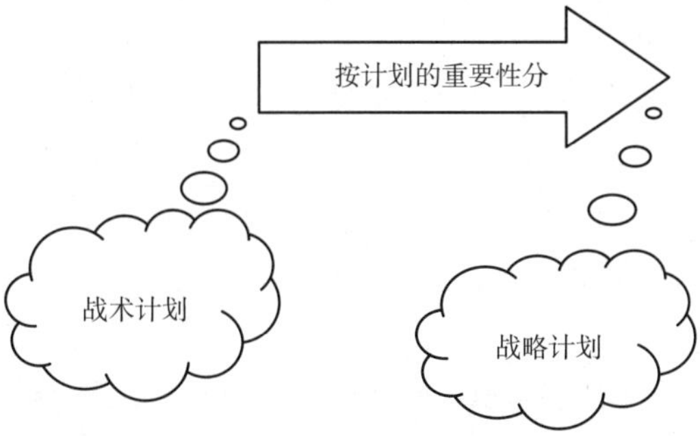

图 4.2　按计划的重要性分

2．按计划的时间界限分

长期计划描述了组织在较长时期（通常 5 年以上）的发展方向和方针，规定了组织的各个部门在较长时期内从事某种活动应达到的目标和要求，绘制了组织长期发展的蓝图。短期计划一般指 1 年以内的计划，具体地规定了组织的各个部门在目前到未来的各个较短的时期阶段，特别是最近的时段中，应该从事何种活动，从事该种活动应达到何种要求，因而为各组织成员在近期内的行动提供了依据，中期计划则介于两者之间。按计划的时间界限分如图 4.3 所示。

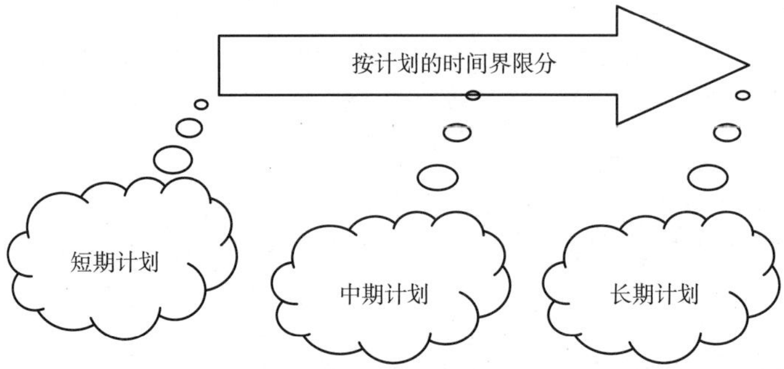

图 4.3　按计划的时间界限分

3．按计划内容的明确性分

根据计划内容的明确性指标，可以将计划分为具体计划和指导性计划。具体计划具有明确规定的目标，不存在模棱两可。例如，企业销售部经理打算使企业销售额在未来 6 个月中增长 15%，他会制定明确的程序、预算方案及日程进度表，这便是具体计划。指导性计划只规定某些一般的方针和行动原则，给予行动者较大的自由处置权，它指出重点但不把行动者限定在具体的目标或特定的行动方案上。比如，一个增加销售额的具体计划可能规定未来 6 个月内销售额要增加 15%，而指导性计划可能只规定未来 6 个月内销售额要增加 12%～16%。相对于指导性计划而言，具体计划虽然更易于执行、考核及控制，但缺少灵活性，它要求的明确性和可预见性条件往往很难满足。

4．按计划的表现形式分

哈罗德·孔茨和海因·韦里克从抽象到具体把计划划分为目的或使命、目标、战略、政策、程序、规则、方案和预算。

（1）目的或使命。它指明一定的组织机构在社会上应起的作用、所处的地位。它决定组织的性质，决定此组织区别于彼组织的标志。各种有组织的活动，如果要使它有意义，至少应该有目的或使命。例如，大学的使命是教书育人和科学研究，研究院所的使命是科学研究，医院的使命是治病救人，法院的使命是解释和执行法律，企业的使命是生产和分配商品和服务。

（2）目标。组织的目的或使命往往太抽象、太原则化，它需要进一步具体为组织一定时期的目标和各部门的目标。组织的使命支配着组织各个时期的目标和各个部门的目标。而且组织各个时期的目标和各部门的目标是围绕组织存在的使命所制定的，并为完成组织使命而努力。虽然教书育人和科学研究是一所大学的使命，但一所大学在完成自己的使命时会进一步具体化不同时期的目标和各院系的目标，如最近三年培养多少人才、发表多少论文等。

（3）战略。战略是为了达到组织总目标而采取的行动和利用资源的总计划，其目的是通过一系列的主要目标和政策去决定和传达一个组织期望自己成为什么样的组织。战略并不打算确切地概述组织怎样去完成它的目标，因为这是无数主要的和次要的支持性计划的任务。

（4）政策。政策是指导或沟通决策思想的全面的陈述书或理解书。但不是所有政策都是陈述书，政策也常常会从主管人员的行动中含蓄地反映出来。比如，主管人员处理某问题的习惯方式往往会被下属作为处理该类问题的模式，这也许是一种含蓄的、潜在的政策。政策能帮助事先决定问题处理方法，这一方面减少对某些例行问题处理的时间成本，另一方面又把其他计划统一起来了。政策支持了分权，同时也支持了上级主管对该项分权的控制。政策允许对某些事情处理的自由，一方面我们切不可把政策当成规则，另一方面我们又必须把这种自由限制在一定的范围内。自由处理的权限大小一方面取决于政策本身，另一方面取决于主管人员的管理艺术。

（5）程序。程序是制订处理未来活动的一种必需方法的计划，它详细列出必须完成某类活动的切实方式，并按时间顺序对必要的活动进行排列。程序与战略不同，它是行动的指南，而非思想指南。程序与政策不同，它没有给行动者自由处理的权利。处于理论研究的考虑，我们可以把政策与程序区分开来，但在实践工作中，程序往往表现为组织的政策。比如，一家制造企业的处理订单程序、财务部门批准给客户信用的程序、会计部门记载往来业务的程序等，都表现为企业的政策。组织中每个部门都有程序，并且在基层，程序更加具体化、数量更多。

（6）规则。规则没有酌情处理的余地。它详细、明确地阐明必须行动或无须行动，其本质是一种管理决策。规则通常是最简单形式的计划。规则不同于程序，第一，规则指导行动但不说明时间顺序；第二，可以把程序看成一系列的规则，但是一条规则可能是也可能不是程序的组成部分。例如，“禁止吸烟”是一条规则，但和程序没有任何联系；而一个规定为顾客服务的程序可能表现为一些规则，如在接到顾客需要服务的信息后 30 分钟内必须给予答复。规则也不等于政策。政策的目的是指导行动，并给执行人员留有酌情处理的余地；而规则虽然也起指导作用，但是在运用规则时，执行人员没有自行处理之权。必须注意的是，就其性质而言，规则和程序均旨在约束思想；因此只有在不需要组织成员使用自行处理权时，才使用规则和程序。

（7）方案。方案是一个综合的计划，它包括目标、政策、程序、规则、任务分配、要采取的步骤、要使用的资源及为完成既定行动方针所需要的其他因素。一项方案可能很大，也可能很小。通常情况下，一个主要方案可能需要很多支持计划。在主要计划进行之前，必须把这些支持计划制订出来，并付诸实施。所有这些计划都必须加以协调和安排。

（8）预算。预算是一份用数字表示预期结果的报表。预算通常是为规划服务的，其本身可能也是一项规划。

4.2 计划工作的程序

任何计划工作都要遵循一定的程序或步骤。虽然小型计划比较简单，大型计划比较复杂，但是管理人员在编制计划时，其工作步骤都是相似的，如图 4.4 所示。

4.2.1 分析目标

认识机会先于实际的计划工作开始以前，严格来讲，它不是计划的一个组成部分，却是计划工作的一个真正的起点。因为它预测到了未来可能出现的变化，清晰而完整地认识到组织发展的机会，搞清了组织的优势、劣势及所处的地位，认识到组织利用机会的能力，意识到不确定性因素对组织可能发生的影响程度等。认识机会，对做好计划工作十分关键。

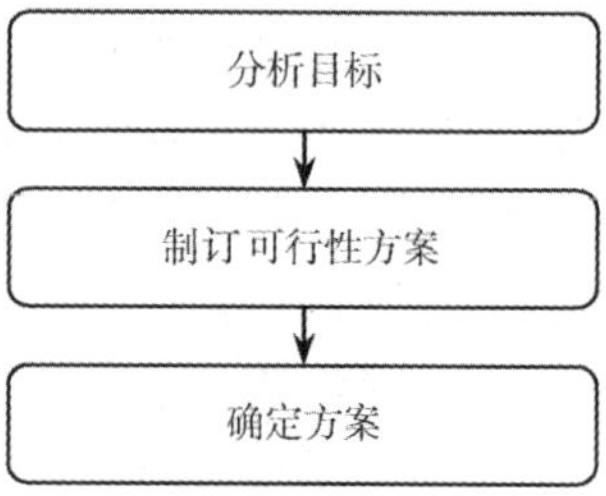

图 4.4 计划工作的程序

4.2.2 制订可行性方案

1. 计划的可行性

再好的方案，如果不能执行，也仅是空谈，负责计划工作的人员对计划前提了解得越细越透彻，并能始终如一地运用它，则计划工作也将做得越协调。按照组织的内外环境，可以将计划工作的前提条件分为外部前提条件和内部前提条件；还可以按可控程度，将计划工作前提条件分为不可控的、部分可控的和可控的三种。外部前提条件大多为不可控的和部分可控的，而内部前提条件大多是可控的。不可控的前提条件越多，不确定性越大，就越需要通过预测工作确定其发生的概率和影响程度的大小。

2. 拟订可供选择的可行方案

"条条大路通罗马" 描述了实现某一目标的方案途径是多条的。通常，最显眼的方案不一定就是最好的方案，对过去方案稍加修改和略加推演也不会得到最好的方案，一个不引人注目的方案或通常人们提不出的方案，效果却往往是最佳的，这里体现了方案创新的重要性。此外，方案也不是越多越好。编制计划时没有可供选择的合理方案的情况是不多见的，更加常见的不是寻找更多的可供选择的方案，而是减少可供选择方案的数量，以便可以分析最有希望的方案。即使用数学方法和计算机，我们还是要对可供选择方案的数量加以限制，以便把主要精力集中在对少数最有希望的方案的分析上面。

4.2.3 确定方案

1. 评价可供选择的方案

在找出了各种可供选择的方案和检查了它们的优缺点后，下一步就是根据前提条件和目标，权衡它们的轻重优劣，对可供选择的方案进行评估。评估实质上是一种价值判断，它一方面取决于评价者所采用的评价标准；另一方面取决于评价者对各个标准所赋予的权重。第一个方案看起来可能是最有利可图的，但是需要投入大量现金，而回收资金很慢；第二个方案看起来可能获利较少，但是风险较小；第三个方案眼前看没有多大的利益，但可能更适合公司的长远目标。应该用运筹学中较为成熟的矩阵评价法、层次分析法、多目标评价法进行评价和比较。

如果唯一的目标是要在某项业务里取得最大限度的当前利润，如果将来不是不确定的，如果无须为现金和资本可用性焦虑，如果大多数因素可以分解成确定数据，这样条件下的评估将是相对容易的。但是由于计划工作者通常都面对很多不确定性因素、资本短缺问题及各种各样的无形因素，评估工作通常很难进行，甚至比较简单的问题也是这样。一家公司想为了声誉而生产一种新产品，而预测结果表明，这样做可能造成财务损失，但声誉的收获是否能抵消这种损失仍然是一个没有解决的问题。因为在多数情况下，存在很多可供选择的方案，而且对很多应考虑的可变因素和限制条件的评估会极其困难。

评估可供选择的方案要考虑以下几点：第一，认真考察每一个计划的制约因素和隐患；第二，要用总体的效益观点来衡量计划；第三，既要考虑到每一个计划的有形的、可以用数量表示出来的因素，又要考虑到无形的、不能用数量表示出来的因素；第四，要动态地考察计划的效果，不仅要考虑计划执行所带来的利益，还要考虑计划执行所带来的损失，特别注意那些潜在的、间接的损失。

2. 确定方案

确定方案是最关键的一步，也是决策的实质性阶段——抉择阶段。可能遇到的情况是，有时会发现同时有两个以上可取方案。在这种情况下，必须确定出首先采取哪个方案，而将其他方案也进行细化和完善，以作为后备方案。

3. 编制预算

在做出决策和确定计划后，计划工作的最后一步就是把计划转变成预算，使计划数字化。编制预算，一方面是为了计划的指标体系更加明确，另一方面是使企业更易于对计划执行进行控制。定性的计划往往在可比性、可控性和进行奖惩方面比较困难，而定量的计划具有较硬的约束。

4.3 计划的方法

4.3.1 图表法

图表法又称甘特图法，是在 20 世纪初由亨利・L.甘特发明的，它表现为一种线条图，横轴表示时间，纵轴表示要安排的工作，线条表示在整个期间内计划和实际任务完成情况。图表法直观地表明计划任务的起始时间及实际进度与计划要求的对比。

使用图表法，管理者可极为便利地弄清一项任务（项目）什么时候开始，应该在什么时候完成，并且还能了解到还剩下哪些工作要做，从而评估工作是提前还是滞后，抑或正常进行。图表法也是一种理想的控制工具。

4.3.2 滚动计划法

滚动计划法是一种将短期计划、中期计划和长期计划有机地结合起来，根据近期计划的执行情况和环境变化情况，定期修订未来计划并逐期向前推移的方法。由于在计划工作中很难准确地预测未来发展的各种影响因素的变化，而且计划期越长，这种不确定性就越大，因此，若硬性地按几年前制订的计划实施，可能导致重大的损失。使用滚动计划法则可避免这种不确定性可能带来的不良后果。

滚动计划法的具体做法是：在制订计划时，同时制订未来若干期的计划，但计划内容采用近细远粗的办法，即近期计划尽可能详尽，远期计划的内容则较粗；在计划期的第一阶段结束时，根据该阶段计划执行情况和内外部环境变化情况，对原计划进行修订，并将整个计划向前滚动一个阶段；以后根据同样的原则逐期滚动。

4.3.3 预测法

预测是通过对客观事实的历史和现状进行科学的调查和分析，由过去和现在去推测未来，由已知去推测未知，从而揭示客观事实未来发展的趋势和规律。由于技术进步的步伐不断加快，从技术发明到投入大规模商品化应用的时间不断缩短、“产品生命周期”不断缩短，以及技术进步对一个国家或一个企业的生存与发展的决定作用不断加大、从技术进步中获取的经济效益和社会效益也越来越显著等，所有这些趋势都使得预测日益引起人们的重视，预测对计划工作的影响作用也日益增强，从而使它成为国家或企业计划工作中重要的基础性工作。

4.3.4 线性规划法

网络计划技术于 20 世纪 50 年代后期在美国产生和发展，目前在组织活动的进度管理，特别是企业管理中得到广泛应用。这种方法是以网络图的形式来制订计划，通过网络图的绘制和相应的网络时间的计算，了解整个工作任务的全貌，对工作过程进行科学的统筹安排，并通过组织和控制工作的进行，以达到预期的目标。

网络图是网络计划技术的基础。任何一项任务都可分解成许多步骤的工作，根据这些工作在时间上的衔接关系，用箭头表示它们的先后顺序，画出一个各项工作相互关联，并注明所需时间的箭线图，这个箭线图就称为网络图。图 4.5 便是一个简单的网络图。

分析图 4.5 可以发现，网络图由以下部分构成。

（1）“→”，工序，是一项工作的过程，有人力、物力参加，经过一段时间才能完成。图中箭线下的数字便是完成该项工作所需的时间。此外，还有一些工序既不占用时间，也不消耗资源，是虚设的，叫虚工序，在图中用“--➤”表示。网络图中应用虚工序的目的是避免工序之间含混不清，以正确表明工序之间先后衔接的逻辑关系。

（2）“○”，事项，是两个工序间的连接点。事项既不消耗资源，也不占用时间，只表示前道工序结束、后道工序开始的瞬间。一个网络图中只有一个起点事项、一个终点事项。

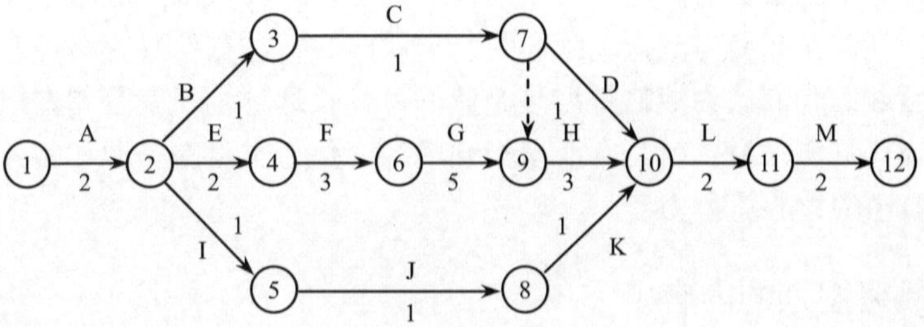

图 4.5 网络图

（3）路线，是网络图中由始点事项出发，沿箭头方向前进，连续不断地到达终点事项为止的一条通道。一个网络图中往往存在多条路线，如图 4.5 中从始点 1 连续不断地走到终点 12 的路线有 4 条，如图 4.6 所示。

（1）①→②→③→⑦→⑩→⑪→⑫

（2）①→②→③→⑦→⑨→⑩→⑪→⑫

（3）①→②→④→⑥→⑨→⑩→⑪→⑫

（4）①→②→⑤→⑧→⑩→⑪→⑫

图 4.6 路线图

比较各路线的路长，可以找出一条或几条最短的路线。这种路线被称为关键路线。关键路线上的工序被称为关键工序。关键路线的路长决定了整个计划所需要的时间。关键路线上各工序的完工时间提前或推迟都直接影响着整个活动能否按时完工。确定关键路线，据此合理安排各种资源，对各工序活动进行进度控制，是利用网络计划技术的主要目的。

利用网络技术制订计划，主要包括如下三个阶段的工作。

（1）分解任务。把整个计划活动分成若干个数目的具体工序，并确定各工序的时间，然后在此基础上分析并明确各工序时间的相互关系。

（2）绘制网络图。根据各工序之间的相互关系，根据一定规则，如两个事项之间只能由一条箭线相连，绘制出包括所有工序的网络图。

（3）根据各工序所需作业时间，计算网络图中各路线的路长，找出关键线路。

4.4 战略规划

每个企业都希望能成为百年老店，但是根据调查数据，90%的初创企业在 5 年内倒闭，只有 10%的企业能成长、壮大，企业成功的原因成千上万，失败的原因就那么几个，其中之一就是没有做好战略规划。

4.4.1 战略规划的定义

“战略”一词最早用于军事方面，指军事将领指挥军队作战的谋略。春秋时期孙武的《孙子兵法》被认为是中国最早对战略进行全局筹划的著作。在现代“战略”一词被引申至政治和经济领域，其含义演变为泛指统领性的、全局性的、左右胜败的谋略、方案和对策。

在管理学领域，我们认为战略规划是企业的一种长远计划，就是制定组织的长期目标并将其付诸实施。具体来说，就是企业根据环境的变化、本身的资源和实力选择适合的经营方式，形成自己的核心竞争力。

4.4.2 战略规划的内容

在 4.2 节中，介绍了计划制订的步骤：分析目标→制订可行性方案→确定方案，但是这里考虑的是现在的情况，或者说是不久的将来的情况。由于计划的短期性，我们可以做出最优的计划，以达到最好的指标。但作为长远的战略规划，组织需要处处体现平衡的思想，在平衡折中的基础上考虑回答以下四个问题。

（1）我们想要做什么？——确定目标。

（2）我们可以做什么？——确定方向。

（3）我们能做什么？——找到环境和机会与自己组织资源之间的平衡。

（4）我们应当做什么？——做出计划。

这些问题的回答均是领导个人基于对机会的认识，基于对组织长处和短处的个人评价，所有这些不仅限于现实，还要考虑到未来。

战略规划是分层次的，正如以上所说，战略规划不仅在最高层有，在中层和基层也应该有。一个企业一般应有三层战略，即公司级、竞争级和职能级。每一级均有三个要素即方向和目标、政策和约束、计划和指标。这九个因素构成了战略规划矩阵，也就是战略规划的框架结构。战略规划的层次如图 4.7 所示。

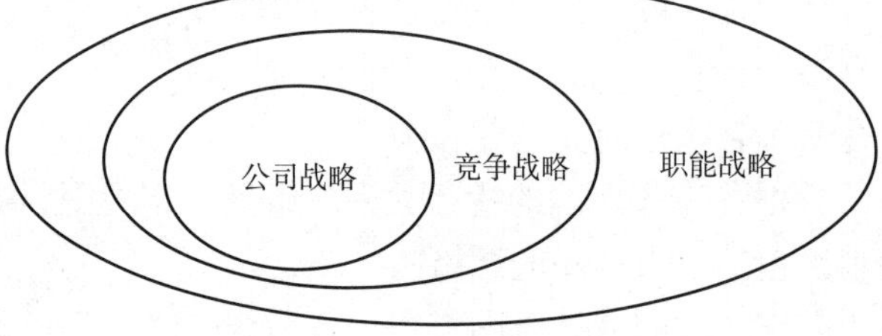

图 4.7　战略规划的层次

1．公司战略

公司战略的研究对象是一个由一些相对独立的业务或事业单位组合成的企业整体。公司战略是一个企业的整体战略总纲，是企业最高管理层指导和控制企业的一切行为的最高行动纲领。具体指公司的业务是什么，其战略行为一般涉及拓展新的业务，如事业单元、产品系列的增加（或剥离），以及在新的领域与其他企业组建合资企业等。概括地说，公司战略主要强调两个方面的问题：一是“我们应该做什么业务”，即确定企业的使命与任务、产品及市场领域；二是“我们怎么样去管理这些业务”，即在企业不同的战略事业单位之间如何分配资源及采取何种成长方向等。公司战略包括发展战略、稳定战略和收缩战略。

§案例

小米的饥饿营销

小米公司著名的饥饿营销战略是小米手机发家的重要法宝，但这种战略也使其为其他企业所诟病。

其实，小米真的想使用饥饿营销吗？小米建立之初，实力还比较弱小，资源有限，而小米为了突出自己的品牌，吸引消费者，必须使自己的产品价格低廉，质量上乘。刚建立的小米显然没有能力提供大量的产品。因此，在资源有限的情况下，小米必须运用资源配置的技巧，专注于手机的创新，如开发自己的 MIUI 系统，而非手机制造。

2．竞争战略

竞争战略也称事业部战略，或者分公司战略，是在企业公司战略指导下的子战略。竞争战略主要强调经营范围和资源配置两个因素，其目的从企业外部来看主要是建立一定的竞争优势，即在某一特定的产品与市场领域获得能力；从企业内部来看主要是获得一定的协同效应，即统筹安排和协调企业内部的各种生产、财务、研究开发、营销等业务活动。竞争战略主要研究的是产品和服务在市场上的竞争问题，包括在事业领域里如何进行竞争，事业层战略规定该事业单元提供哪些产品或服务，以及向哪些顾客提供产品或服务。竞争战略分为成本领先战略、差异化战略和集中化战略。

§案例

格兰仕微波炉的成本领先战略

格兰仕集团原来是一家羽绒制品生产企业，1992 年，格兰仕集团开始生产微波炉，经过短短不到 10 年的时间，格兰仕成为全球最大的微波炉生产企业。

1996 年，格兰仕率先在上海进行微波炉价格战，降价幅度超过 30%，由于降价幅度巨大，此举吸引了大量的消费者疯狂购买格兰仕微波炉，格兰仕微波炉销售量大幅增加，在上海市场的占有率由 30%上升到 50%以上，占领了微波炉市场的半壁江山。不到一个月的时间，格兰仕又在北京等全国各地展开微波炉价格战，降价幅度在 40%左右。由于格兰仕率先发动价格战，国内其他 100 多个微波炉制造商不得不进行价格跟进，纷纷降低价格，一时间，中国的微波炉市场竞争异常激烈。

在经历了 1996 年的微波炉价格战之后，格兰仕并不满足，它乘胜追击，又发动了一次大规模的促销活动。格兰仕实行“买一赠多”的促销策略，即买格兰仕微波炉可以获得电风扇、电饭煲等赠品。此举掀起了在全国范围内购买格兰仕微波炉的热潮。

在格兰仕一次又一次的强大攻势下，其竞争对手没有足够的力量同格兰仕抗衡，不得不败下阵来。有的退出微波炉市场，有的苟延残喘。与此同时，格兰仕微波炉的产量和国内市场占有率不断提升。

格兰仕发动的微波炉价格战不是不计成本和亏损的恶性价格战。格兰仕微波炉之所以能大幅度降价基于生产成本的大幅下降和生产规模的大幅上升。格兰仕通过加强企业内部管理，把生产、销售、服务等方面的成本压到最低，并且不断地扩大生产规模，真正实现了规模效益。

（资料来源：百度百科）

案例

海底捞的差异化战略

说起海底捞，大家印象最为深刻的就是它的服务了。海底捞是把服务做到极致的一家火锅餐饮企业，它之所以如此吸引消费者，除了好的味道，就是因为它与众不同的服务了。下面我们一起看看，海底捞的服务都有哪些特色。

最“常见”——去过海底捞的顾客就会发现，等待区等待就餐的顾客可自取免费水果、饮料和零食；如果是几个朋友一起，服务员会主动送上棋牌让顾客打发时间；女生还可以免费美甲；海底捞还设计出许多别出心裁的活动，如折纸抵减餐费，以减轻顾客等待时的焦躁情绪；点餐时，皮筋、手机袋、围裙会全部送到手边，服务员会随时为你续杯，更换热毛巾，饭后还会贴心地送上口香糖；让消费者感到方便的是，海底捞是24小时营业的。

最“惊喜”——有一次一位顾客在海底捞吃完饭，要赶火车却打不到车。门口的服务员小弟看到他带着行李箱，问了情况后转身离开，紧接着海底捞的店长把自己的SUV开出来，将他送到了火车站。

最“诚挚”——一个服务员上错了汤，为了表示歉意，随后为顾客送上了一个玉米饼，上面写着3个大字“对不起”。这一行为令顾客不仅不会指责他服务的小失误，反而感动于他的诚挚。

最“实惠”——有网友称，在海底捞欲将吃剩的西瓜打包，服务员笑言切片的西瓜不能打包，继而端上了整个西瓜。

（资料节选自：搜狐网，中国餐饮联盟 https://www.sohu.com/a/140682539_340901，有改写）

案例

“东方魔水”——健力宝的崛起和衰落

在20世纪90年代，健力宝一直是中国市场上知名度最高的饮料品牌，素有“东方魔水”之称。

健力宝创始人是原三水酒厂的厂长李经纬。有一次他去广州出差，喝了一罐可口可乐，由此产生灵感，也想生产这种饮料。但彼时这种类型的饮料生产者众多。于是李经纬突发奇想，想生产一种“能让运动员迅速恢复体力”的碳酸饮料，实际上这是一种含碱电解质的功能性饮料。这种集中化的战略选择，让健力宝获得巨大的成功。

当年的三水酒厂，一年利润不过万元，但李经纬胆大过人直接把目光瞄准了奥运会。第一批健力宝并没有直接投放在市场上，而是投放在亚足联广州会议上及奥运会上。健力宝的包装、口感、色泽、质量貌似都是为运动而生的。1984 年洛杉矶奥运会，中国奥运代表团拿下了多个运动项目的冠军，而作为奥运运动员的首选饮料——健力宝也获得前所未有的关注。

1984 年，健力宝年销售额为 345 万元，第二年跃升到 1 650 万元，再一年达到 1.3 亿元，此后的 15 年里，健力宝成为“民族饮料第一品牌”。据说在健力宝紧俏时，一车皮健力宝被炒到 2 万元，如同黄金一般。

在 1996 年之前，可口可乐等跨国公司刚刚完成中心城市布局，还没有全国化，大城市之外只有健力宝等极少数全国性品牌和多如牛毛的地方小企业。但 1996 年以后，中国饮料行业豪杰辈出、群雄逐鹿。娃哈哈、乐百氏、养生堂大举进入纯净水市场，康师傅推出茶饮料，统一集团推出低浓度果汁饮料，百事可乐、可口可乐也开始从一级城市向发达地区乡镇扩展，再加上各种功能性饮料纷纷投入市场。虽然健力宝也推出“天浪”牌纯净水、“超得能”功能饮料，但费用投入不足、产品无声无息。

当行业环境发生剧变时，健力宝的集中化战略再也无法帮助它吸引消费者，来不及转型的健力宝最终走向了没落。

（资料来源：百度百科）

3．职能战略

职能战略是为贯彻、实施和支持公司战略与竞争战略而在企业特定的职能管理领域制定的战略。职能战略一般可分为营销战略、人事战略、财务战略、生产战略、研究与开发战略、公关战略等。与公司战略和竞争战略相比，职能战略更为详细、具体和具有可操作性。实际上，职能战略是公司战略、竞争战略与实际达成预期战略目标之间的一座“桥梁”。

4.4.3　战略规划的特征

企业战略是设立远景目标并对实现目标的轨迹进行的总体性、指导性谋划，属宏观管理范畴，具有指导性、全局性、长远性、竞争性、系统性、风险性六大主要特征。

1．指导性

企业战略界定了企业的经营方向、愿景目标，明确了企业的经营方针和行动指南，并筹划了实现目标的发展轨迹及指导性的措施、对策，在企业经营管理活动中起着导向的作用。

2．全局性

战略的领导者和指挥者要把注意力摆在关照全局上面，处理好各种关系，抓住主要矛盾，解决关键问题；通过对政治、经济、文化及行业等经营环境的深入分析，结合自身资源，站在系统管理高度，对企业的远景发展轨迹进行全面的规划。

3. 长远性

“今天的努力是为明天的收获”，“人无远虑，必有近忧”。兼顾短期利益，企业战略着眼于长期生存和长远发展的思考，确立了愿景目标，并谋划了实现远景目标的发展轨迹及宏观管理的措施、对策。围绕愿景目标，企业战略必须经历一个持续、长远的奋斗过程，除根据市场变化进行必要的调整外，制定的战略通常不能朝夕令改，要具有长效的稳定性。

4. 竞争性

竞争是市场经济不可回避的现实，也正是因为有了竞争才确立了“战略”在经营管理中的主导地位。面对竞争，企业战略需要进行内外环境分析，明确自身的资源优势，通过设计适当的经营模式，形成特色经营，增强企业的对抗性和战斗力，推动企业长远、健康发展。

5. 系统性

立足长远发展，企业战略确立了远景目标，并需围绕远景目标设立阶段目标及各阶段目标实现的经营策略，以构成一个环环相扣的战略目标体系。同时，根据组织关系，企业战略需由决策层战略、事业单位战略、职能部门战略三个层级构成一体。决策层战略是企业总体的指导性战略，决定企业经营方针、投资规模、经营方向和远景目标等战略要素，是战略的核心。

6. 风险性

企业做出任何一项决策都存在风险，战略决策也不例外。市场研究深入，行业发展趋势预测准确，设立的远景目标客观，各战略阶段人、财、物等资源调配得当，战略形态选择科学，制定的战略就能引导企业健康、快速地发展。反之，仅凭个人主观判断市场，设立目标过于理想或对行业的发展趋势预测偏差，制定的战略就会产生管理误导，甚至给企业带来破产的风险。

4.4.4 战略分析的方法

1. SWOT 分析法

分析机会时我们通常采用 SWOT 分析法，SWOT 分析法是由美国哈佛商学院率先采用的一种经典方法。它根据企业拥有的资源，分析企业内部优势、劣势及企业外部环境的机会与威胁，进而选择适当的战略。

（1）SWOT 分析法的基本原理。SWOT 分析法是一种综合考虑企业内部条件和外部环境的各种因素，进行系统分析，从而选择最佳战略的常用方法。这里，S 是指企业内部的优势（Strengths），W 是指企业内部的劣势（Weaknesses），O 是指企业外部环境的机会（Opportunities），T 是指企业外部环境的威胁（Threats）。

内部环境因素包括优势因素和劣势因素，它们是组织在其发展中自身存在的积极和消极因素，属主动因素，一般归类为管理的、组织的、经营的、财务的、销售的、人力资源的等不同范畴，企业内部的优势和劣势是相对于竞争对手而言的。判断企业内部的优势和劣势一般有两项标准。一是单项的优势和劣势。例如，企业资金雄厚，则在资金上占优势，市场占有率低，则在市场上占劣势。二是综合的优势和劣势，为了评估企业的综合优势和劣势，应当选定一些重要因素加以分析打分，然后根据其重要程度按加权确定。

外部环境因素包括机会因素和威胁因素，它们是外部环境对组织的发展直接有影响的有利和不利因素，属于客观因素，一般归属为经济的、政治的、社会的、人口的、产品和服务的、技术的、市场的、竞争的等不同范畴。企业外部的机会是环境中对企业有力的因素，如政府支持、高新技术的应用、良好的购买者和供应商关系等。企业外部的威胁是环境中对企业不利的因素，如新竞争对手的出现、市场增长率缓慢、购买者和供应商讨价还价能力增强、技术老化等。这是影响企业当前竞争地位或影响企业未来竞争地位的主要障碍。

SWOT 分析法就是通过对外部环境、内部资源、战略能力及最有可能影响战略制定的主要问题进行总结，从而评估企业是否有机会进一步利用组织已有的独特资源和核心能力来实现企业新的发展。

（2）SWOT 分析矩阵。表 4.1 是 SWOT 分析的一种形式，在这种形式中，将企业所面临的外部环境的机会与威胁、内部条件的优势与劣势分别在纵坐标与横坐标中列出，然后，根据分析的结果分别以不同的组合制定出 SO、WO、ST、WT 四大战略。

表 4.1 矩阵结构 SWOT 综合分析

外部	内部	
	优势（S）	劣势（W）
机会（O）	SO 战略	WO 战略
威胁（T）	ST 战略	WT 战略

在完成环境因素分析和 SWOT 矩阵的构造后，便可以对企业线性战略进行分析或对制定出的多种战略进行评估，选择出最适合企业发展的经营战略。

当然也可以依据 SWOT 矩阵去制定与企业内部条件及外部环境相适应的行动战略。制定战略的基本思路是：发挥优势因素，克服弱点因素，利用机会因素，化解威胁因素；考虑过去，立足当前，着眼未来。运用系统分析的综合分析方法，将排列与考虑的各种环境因素相匹配并加以组合，得出一系列企业未来发展的可选择对策。

在认识机会的基础上，为整个组织及其所属的下级单位确定目标，目标是指期望达到的成果，它为组织整体、各部门和各成员指明了方向，描绘了组织未来的状况，并且作为标准可用来衡量实际的绩效。计划的主要任务就是将组织目标进行层层分解，以便落实到各个部门、各个活动环节，形成组织的目标结构，包括目标的时间结构和空间结构。

2．波士顿矩阵

波士顿矩阵又称市场增长率-相对市场份额矩阵，是由美国著名的管理学家、波士顿咨询公司创始人布鲁斯·亨德森于 1970 年首创的一种用来分析和规划企业产品组合的方法。这种方法的核心在于，要解决如何使企业的产品品种及其结构适合市场需求的变化，只有这样，企业的生产才有意义。同时，如何将企业有限的资源有效地分配到合理的产品结构中去，以保证企业收益，是企业在激烈竞争中能否取胜的关键。

波士顿矩阵的基本原理是将企业所有产品从销售增长率和市场占有率角度进行再组合。在坐标图上，以纵轴表示企业销售增长率，横轴表示市场占有率，将坐标图划分为四个象限，依次为“问题”“明星”“金牛”“瘦狗”。在使用中，企业可将产品按各自的销售增长率和市场占有率归入不同象限，使企业现有产品组合一目了然，同时便于对处于不同象限的产品做出不同的发展决策。其目的在于通过产品所处不同象限的划分，使企业采取不同决策，以保证其不断地淘汰无发展前景的产品，保持“问题”“明星”“金牛”产品的合理组合，实现产品及资源分配结构的良性循环。波士顿矩阵如图 4.8 所示。

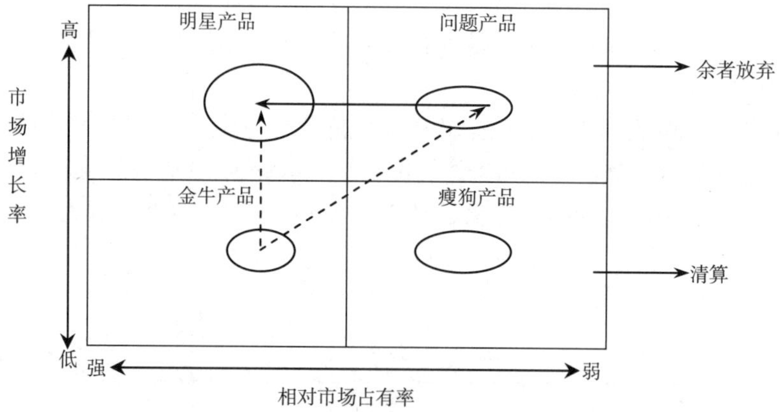

图 4.8　波士顿矩阵

（1）明星产品。它是指处于高增长率、高市场占有率象限内的产品群，这类产品可能成为企业的金牛产品，需要加大投资以支持其迅速发展。采用的发展战略是：积极扩大经济规模和市场机会，以长远利益为目标，提高市场占有率，加强竞争地位。发展战略及明星产品的管理与组织最好采用事业部形式，由对生产技术和销售两方面都很内行的经营者负责。

（2）金牛产品，又称厚利产品。它是指处于低增长率、高市场占有率象限内的产品群，已进入成熟期。其财务特点是销售量大、产品利润率高、负债比率低，可以为企业提供资金，而且由于增长率低，也无须增大投资。因而成为企业回收资金，支持其他产品，尤其是明星产品投资的后盾。对这一象限内的大多数产品，市场占有率的下跌已成不可阻挡之势，因此可采用收获战略，即所投入资源以达到短期收益最大化为限：把设备投资和其他投资尽量压缩；采用榨油式方法，争取在短时间内获取更多利润，为其他产品提供资金。对于这一象限内的销售增长率仍有所增长的产品，应进一步进行市场细分，维持现存市场增长率或延缓其下降速度。对于金牛产品，适合用事业部制进行管理，其经营者最好是市场营销型人物。

金牛业务是指低市场成长率、高相对市场份额的业务，这是成熟市场中的领导者，是企业现金的来源。由于市场已经成熟，企业不必大量投资来扩展市场规模，同时作为市场中的领导者，该业务享有规模经济和高边际利润的优势，因而给企业带大量财源。企业往往用金牛业务来支付账款并支持其他三种需大量现金的业务。如果公司只有一个金牛业务，说明它的财务状况是很脆弱的。因为如果市场环境一旦变化导致这项业务的市场份额下降，公司就不得不从其他业务单位中抽回现金来维持金牛的领导地位，否则这个强壮的金牛可能变弱，甚至成为瘦狗。

（3）问题产品。它是处于高增长率、低市场占有率象限内的产品群。前者说明市场机会大，前景好，而后者说明在市场营销上存在问题。其财务特点是利润率较低，所需资金不足，负债比率高。例如，在产品生命周期中处于引进期、因种种原因未能开拓市场局面的新产品即属问题产品。对问题产品应采取选择性投资战略，即首先确定对该象限中那些经过改进可能成为明星产品的产品进行重点投资，提高市场占有率，使之转变成“明星产品”；对其他将来有希望成为明星产品的产品则在一段时期内采取扶持的对策。因此，对问题产品的改进与扶持方案一般应列入企业长期计划。对问题产品的管理与组织，最好采取智囊团或项目组织等形式，选拔有规划能力、敢于冒风险、有才干的人负责。

（4）瘦狗产品，也称衰退类产品。它是处在低增长率、低市场占有率象限内的产品群。其财务特点是利润率低、处于保本或亏损状态，负债比率高，无法为企业带来收益。对这类产品应采用撤退战略：首先应减少批量，逐渐撤退，对那些销售增长率和市场占有率均极低的产品应立即淘汰；其次是将剩余资源向其他产品转移；再次是整顿产品系列，最好将瘦狗产品与其他事业部合并，统一管理。

4.5　目标管理

目标引导计划，计划指挥行动。目标相对比较缥缈，如何将缥缈的目标转化为可以实现的行动？计划就是中间的桥梁。随着目标而来的应该是一个围绕着目标的计划，计划中说明了每一个阶段目标应该做到什么样的程度及应该注意的问题。

目标管理是以目标为导向，以人为中心，以成果为标准，而使组织和个人取得最佳业绩的现代管理方法。目标管理也称“成果管理”，俗称责任制，是指在企业个体员工的积极参与下，自上而下地确定工作目标，并在工作中实行“自我控制”，自下而上地保证目标实现的一种管理办法。

4.5.1　目标的确立

1. 目标的性质

目标的性质如图 4.9 所示。

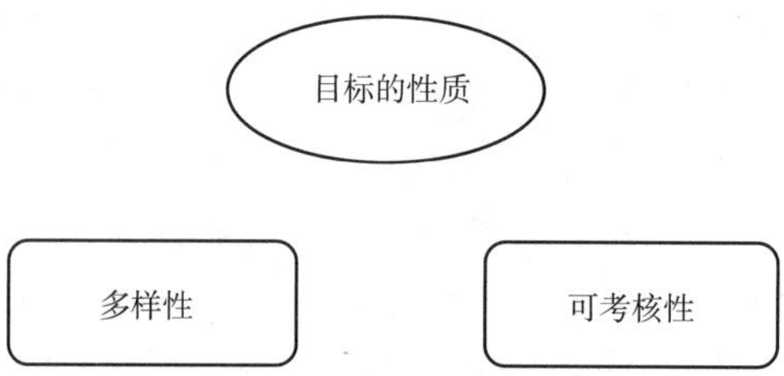

图 4.9　目标的性质

（1）目标的多样性。一个组织的目标具有多样性，即使组织的主要目标，一般也是多种多样的。例如，对工商企业来说，通常要在八个主要方面设立目标，它们是：市场地位、创新和技术进步、生产率、物质和财力资源、利润率、主管人员的绩效和发展、员工的工作质量和劳动态度、社会责任。

目标的多样性实际上使得总目标可以在许多方面具体化。问题是目标的多样性中相互之间不能有矛盾，否则总目标就变得不可理解。事实上，在组织目标层次体系中，当总目标具体化展开时，也将总目标的多样性具体化展开至每个层次或单位部门的具体目标之中，所以每个层次的具体目标也可能是多种多样的，即便最基层的组织成员，其目标也可能是多样性的，只不过在分工条件下这种多样性受到了削弱。例如，一个销售员不仅仅要把产品推销出去，而且还必须在推销的同时了解消费者对本企业产品的态度、意见，其他同类产品销售状况等信息，否则不能算达成组织交给的目标。

（2）目标的可考核性。我们强调目标必须是可考核的，而使目标具有可考核性的最方便的方法就是使之定量化。有一个可以量化的标准，或者是其表现形式以数字化来描述。尽量避免诸如“更好地”“更正确地”等含糊的表述形式。如果只能将目标定一个大致的量，或是一个大范围，那么你能实现的结果只能是这个量或范围的底线。但是许多目标是不宜用数量表示的，硬性地将一些定性的目标数量化和简单化的做法可能是危险的，其结果有可能将管理工作引入歧途。

在组织的经营活动中，定性目标是不可缺少的，主管人员在组织中的地位越高，其定性目标就可能越多。有时，提出一个定性目标可能比规定一个定量目标使主管人员处于更有利、更主动的地位。在某种意义上说，定性目标类似于模糊目标。大多数定性目标也是可以考核的，但定性目标不可能像定量目标一样考核得那么准确。一般定性目标在多数情况下是用“多好”的标准来衡量的。尽管确定可考核的目标是十分困难的，但任何定性目标都能用详细说明规划或其他特征和完成日期等方法来提高可考核的程度。

2. 目标确立的原则

目标确立的原则如图 4.10 所示。

（1）明确。目标应该具体、细致，明确如何做，这样才能有一个明确的结果。例如，当你并不清楚工作的结果是什么时，那么对现在该做什么就会很模糊，目标应该是一个实实在在的，应该能够用一句话或是一段很短的话表述出来的。无法用语言表达出来的目标通常都是含糊的、不明确的，而不能成为一个真正的目标。

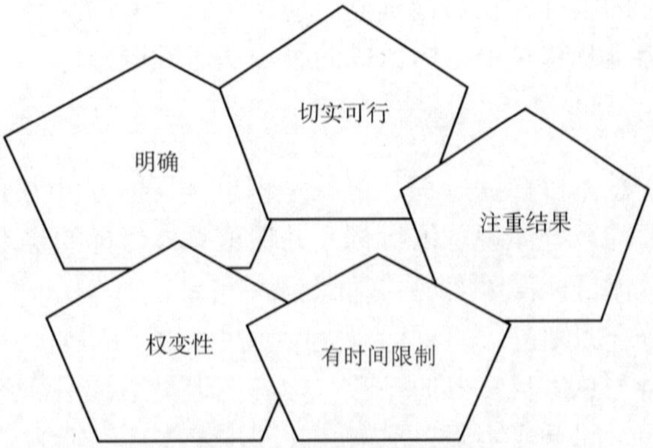

图 4.10　目标确立的原则

（2）切实可行。目标绝非越高越好，无法实现的目标，即使定得再高，也只是海市蜃楼，而且还会挫伤员工的工作积极性，从而难以完成工作。许多人在工作中雄心壮志，总是说一些豪言壮语，唱一些高调，可是到后来却又总是毫无结果。为什么呢？就是因为他们没有遵守最基本的一点——切合实际。如果目标只是在理论上可行，那又算什么目标呢？

（3）注重结果。重过程更要重结果，有苦劳更要有功劳。这是蒙牛企业著名的企业理念之一。毋庸置疑，任何一个企业都不可能不看重结果。以事实说话，以结果证明，已经是所有企业衡量员工能力水平的基本标准之一了。而员工如何在工作中实现自己的工作目标，最重要的一点就是要注重工作的结果。要知道，设定目标及围绕目标所开展的一系列工作，都是为了能达到预期的结果。

（4）有时间限制。任何目标的制定，都应该有一个时间的限制，什么时候开始，什么时候完成，甚至可以具体到某年某月的某一天。有了时间的限制，工作才会更有条理、更积极；反之，如果缺乏时间限制，极易使工作目标的完成变得遥遥无期。

（5）权变性。目标应该具有一定的稳定性，不应该出现一天一变的目标。变化过于频繁的目标会让执行者无所适从。但这并不是说目标不可以改变，当设定目标的基础条件已经不存在，或者目标已经不适合现实需要的时候，我们也需要调整自己的目标。

4.5.2 目标管理的实施

目标管理的实施可以分为目标建立、目标分解、目标控制、目标评定四个阶段。

1．目标建立

目标建立是目标管理的第一步，目标建立中要注意以下问题。

（1）要稍高于实际能力，但是不要过高。稍高一些是为了激发员工的潜力，不要过高是为了避免员工因认为目标不可能达成而放弃。

（2）分目标与总体目标相一致，个人的目标应该建立在团队的大目标之上，事实上个人的目标只是团队目标的细分。让员工先写个人的工作计划然后再宣布团队的工作计划是错误的。个人的目标是为团队目标服务的，是团队目标的一部分。应该让员工参与制定个人目标，了解个人工作目标的每一个细节，以便于事后的执行。

（3）预计实现目标的困难，在目标确立时应该进行风险的预测，仔细思考在目标执行时可能出现的问题、困难及其对于目标达成的影响从而进行预防。

2．目标分解

目标分解就是落实总体目标的过程，也就是将总体目标分解为不同层次、不同部门的分目标，各个分目标的综合有体现总体目标，并保证总体目标的实现。目标分解是明确目标责任的前提，是使总体目标得以实现的基础。

目标分解应按整分合原则进行。目标建立中要注意以下问题。

（1）分目标要保持与总体目标方向一致，内容上下贯通，保证总体目标的实现。同时各分目标之间在内容与时间上要协调、平衡，并同步发展，不影响总体目标的实现。

（2）鼓励员工参与分目标的设定，将目标分解由“要我做”变成“我要做”。

（3）目标分解中，要注意到各分目标所需要的条件及其限制因素，如人力、物力、财力和协作条件、技术保障等。

3．目标控制

目标控制是指由特定主体对目标执行过程和结果实施监督和检查，进而进行信息反馈和调节的控制方法。

目标控制中要注意以下问题。

（1）过程管理，在员工目标执行的过程中，领导应该做好管理工作和对员工的帮助、指导、激励工作，去发现员工目标执行过程中的问题，调整员工因目标执行未果而带来的各种心理问题。领导作为团队目标的管理人，应该知道每一个小目标进行到什么样的程度、下一步应该如何去做、应该避免什么样的问题。

（2）建立考核点，将目标进行分阶段进行，一般可以以月、季、年等为标准，对前一阶段的目标完成情况进行归口管理，掌握各阶段目标完成的情况，及时发现出现的新问题。

（3）充分发挥员工的积极性，将领导的充分信任与员工自检相结合，领导主要从事监管工作而不是指挥具体进程。

4．目标评定

目标管理的成效大小关键在于目标决策是否正确。因此，目标决策正确与否，可以用反馈控制方法进行评定。

目标评定中要注意以下问题。

（1）评定要及时。有两位心理学家曾做过一个著名的实验。他们把一个班的学生分成三组，每天学习后就进行测验，测验后分别给予不同的反馈方式：第一组每天告知学习结果，第二组每周告知一次学习结果，第三组只测验不告知学习结果。结果第一组的学习成绩最好，第三组最差。八周后将第一组和第三组的反馈方式对调，第二组的反馈方式不变，实验也进行八周。反馈方式改变后，第三组的成绩有突出的进步，而第一组的学习成绩逐步下降，第二组的成绩稳步上升。这个实验的结论是：学习者及时知道自己的学习成绩，对学习有促进作用。

（2）上级的评定要全面、公正。任何人均会受到情绪的影响，领导者也不例外，反馈时领导者需要从客观出发，对目标进行评定，避免主观因素的影响。

（3）目标评定与员工利益相结合。通过奖励、晋升、惩罚等方式优胜劣汰，鼓舞士气，或者总结经验教训。

4.5.3 目标管理的评价

目标管理作为一种管理方式与其他管理方式一样有优点与不足，这是一个组织在运用目标管理方式之前应该认识清楚的。

1. 目标管理的优点

（1）形成激励。当目标成为组织的每个层次、每个部门和每个成员未来某一时期内欲达到的一种结果，且实现的可能性相当大时，目标就成为组织成员的内在激励。特别是当这种结果实现时，组织还有相应的报酬时，目标的激励效用就更大。从目标成为激励因素来看，这种目标最好是组织每个层次、每个部门及组织每个成员自己制定的。

（2）有效管理。目标管理方式的实施可以切切实实地提高组织管理的效率。目标管理方式比计划管理方式在推进组织工作进展、保证组织最终目标完成方面更胜一筹。因为目标管理是一种结果式管理，不仅是一种计划的活动式工作。这种管理迫使组织的每一层次、每个部门及每个成员首先考虑目标的实现，尽力完成目标，因为这些目标是组织总目标的分解，故当组织的每个层次、每个部门及每个成员的目标完成时，也就是组织总目标的实现。在目标管理方式中，一旦分解目标确定，且不规定各个层次、各个部门及各个组织成员完成各自目标的方式、手段，反而给大家在完成目标方面一个创新的空间，这就有效地提高了组织管理的效率。

（3）明确任务。目标管理的另一个优点就是使组织各级主管及成员都明确了组织的总目标、组织的结构体系、组织的分工与合作及各自的任务。这些方面职责的明确，使得主管人员也知道，为了完成目标必须给予下级相应的权力，而不是大权独揽，小权也不分散。另外，许多着手实施目标管理方式的公司或其他组织，通常在目标管理实施的过程中会发现组织体系存在的缺陷，从而帮助组织对自己的体系进行改造。

（4）自我管理。目标管理实际上也是一种自我管理的方式，或者说是一种引导组织成员自我管理的方式。在实施目标管理过程中，组织成员不只是做工作、执行指示、等待指导和决策，组织成员此时已成为有明确规定目标的单位或个人。一方面，组织成员已参与目标的制定，并取得了组织的认可；另一方面，组织成员在努力工作实现自己的目标过程中，除目标已定以外，如何实现目标则是他们自己决定的事，从这个意义上看，目标管理至少可以算成自我管理的方式，是以人为本的管理的一种过渡性试验。

（5）控制有效。目标管理方式本身也是一种控制方式，即通过目标分解后实现最终保证组织总目标实现的过程就是一种结果控制的方式。目标管理并不是目标分解下去便没有事了，事实上组织高层在目标管理过程中要经常检查、对比目标，进行评比，看谁做得好，如果有偏差就及时纠正。从另一个方面来看，一个组织如果有一套明确的可考核的目标体系，那么其本身就是进行监督控制的最好依据。

2. 目标管理的不足

哈罗德·孔茨教授认为目标管理尽管有许多优点，但也有许多不足，对这样的不足如果认识不清楚，可能导致目标管理的不成功。

（1）强调短期目标。大多数目标管理中的目标通常是一些短期的目标，年度的、季度的、月度的等。短期目标比较具体、易于分解，而长期目标比较抽象、难以分解，另外，短期目标易迅速见效，长期目标则不然。所以，在目标管理方式的实施中，组织似乎常常强调短期目标的实现而对长期目标不关心。这样一种概念若深植于组织的各个部门、所有员工的行为中，对组织的发展没有好处。

（2）目标分解困难。真正可用于考核的目标很难设定，尤其是组织实际上是一个产出联合体，它的产出是一种联合的不易分解出谁的贡献大小的产出，即目标的实现是大家共同合作的成果，这种合作中很难确定你已做多少，他应做多少，因此确定可度量的目标也就十分困难。一个组织的目标有时只能定性地描述，尽管我们希望目标可度量，但实际上定量是困难的，例如，组织后勤部门有效服务于组织成员，虽然可以采取一些量化指标来度量，但有时候即使完成了这些指标，也不一定能达成“有效服务于组织成员”这一目标。

（3）不易权变。目标管理执行过程中目标的改变是不容易的，因为这样做会导致组织的混乱。事实上，目标一旦确定就不轻易改变，也正是如此使得组织运作缺乏弹性，不易适应变化多端的外部环境。中国有句俗话叫作“以不变应万变”，许多人认为这是僵化的观点，非权变的观点，实际上所谓不变的不是组织本身，而是客观规律，掌握了客观规律就能应万变，这实际上是真正的更高层次的权变。

相关知识

人生目标

某研究机构曾经做过一项“目标对人生的影响”的社会调研，以 25 年为期，调查一群同等学力、智力和环境下的年轻人，发现他们中有清晰长期目标的不超过 3%，有清晰短期目标的人占 10%，60%的人处于目标模糊状态，剩下 27%的人没有目标。25 年后，有长期目标的人成为创业家、行业领袖或社会精英；有短期目标的人成为专业人士；目标模糊的人处于中下游，相对稳定；而没有目标的人沦落为社会底层。这项调研至少从某种程度上证实了目标在人生中的重大意义。

（资料来源：严旭. 我奋斗在最残酷的战场上. 北京：中信出版社.）

思考与练习

一、判断题

1. 有了计划，工作就有了明确的目标和具体的步骤，就可以协调大家的行动，增强工作的主动性，减少盲目性，使工作有条不紊地进行，搞好工作计划，是建立正常的工作秩

序、提高工作效率的重要手段。(　　)

2. 根据计划内容的明确性指标，可以将计划分为具体计划和指导性计划。具体计划既可以有明确规定的目标，也可以模棱两可。(　　)

3. 认识机会先于实际的计划工作开始以前，严格来讲，它不是计划的一个组成部分，却是计划工作的一个真正的起点，因为它预测到了未来可能出现的变化。(　　)

4. 再好的方案，必须可以执行，否则就是空谈，负责计划工作的人员对计划前提了解得越细越透彻，并能始终如一地运用它，则计划工作也将做得越协调。(　　)

5. 评估实质上是一种价值颠覆，是完全脱离以前的思想前提下进行的，它一方面取决于评价者所采用的评价标准；另一方面取决于评价者对各个标准所赋予的权重。(　　)

二、单项选择题

1. 应用于整体组织的，为组织设立总体目标和寻求组织在环境中的地位的计划，称为(　　)。

A. 营销计划　　B. 战术计划　　C. 战略计划　　D. 管理计划

2. (　　)是一种将短期计划、中期计划和长期计划有机地结合起来，根据近期计划的执行情况和环境变化情况，定期修订未来计划并逐期向前推移的方法。

A. 移动计划法　　B. 滚动计划法　　C. 图表计划法　　D. 变化计划法

3. 在管理学领域，我们认为战略规划是企业的一种长远计划，就是制定组织的长期目标并将其付诸实施。具体来说，就是企业根据环境的变化、本身的资源和实力选择适合的经营方式，形成自己的(　　)。

A. 营销优势　　B. 生产优势　　C. 管理能力　　D. 核心竞争力

4. 我们强调目标必须是可考核的，而使目标具有可考核性的最方便的方法就是使之(　　)。

A. 定量化　　B. 组织化　　C. 行政化　　D. 定性化

5. 在(　　)中各分目标要保持与总体目标方向一致，内容上下贯通，保证总体目标的实现。同时各分目标之间在内容与时间上要协调、平衡并同步发展，不影响总体目标的实现。

A. 目标评定　　B. 目标激励　　C. 目标分解　　D. 目标实现

三、多项选择题

1. 计划工作的性质有(　　)。

A. 目的性　　B. 首位性　　C. 普遍性

D. 效率性　　E. 权变性　　F. 创造性

2. 按计划的时间界限可分为(　　)。

A. 长期计划　　B. 中期计划　　C. 短期计划　　D. 不定期计划

3. 战略规划的特征为(　　)。

A. 指导性　　B. 全局性　　C. 长远性

D. 竞争性　　E. 系统性　　F. 风险性

4. SWOT 分析法是一种综合考虑企业（　　）的各种因素，进行系统分析，从而选择最佳战略的常用方法。

A. 人员优势　　B. 内部条件　　C. 社会因素　　D. 外部环境

5. 波士顿矩阵的基本原理是将企业所有产品从（　　）角度进行再组合。

A. 销售增长率　　B. 市场占有率　　C. 合理性　　D. 合法性

四、简答题

1. 简述计划的定义。
2. 简述目标管理的内容。
3. 简述目标确立的原则。

实践与实训

利用 SWOT 分析法，假设自己计划创办一家生产型企业或开一家经营型的商店（从事的行业类型不限），分析优势与劣势、机会与威胁，做出 SWOT 分析表，将内容在同学间互相交流。

提示：从资金、人脉、对将要创办企业的行业是否熟悉、是否具备行业专业知识、自己的性格、家人的支持等方面进行。

（我们希望同学们做好自己的创业计划，如果你分析出来的结果是自己适合创办企业，请留意将来的创业机会，也许这是你成功的开始；如果你分析出来的结果是自己不适合创办企业，也没有关系，请用创业的心态去对待工作，同样会取得成功。）

第5章

组　　织

党的力量来自组织。

学习目标

- 理解组织的基本定义；
- 理解各类组织结构及其适用范围；
- 理解人员配备的原则；
- 了解团队精神建设的要点。

学习导航

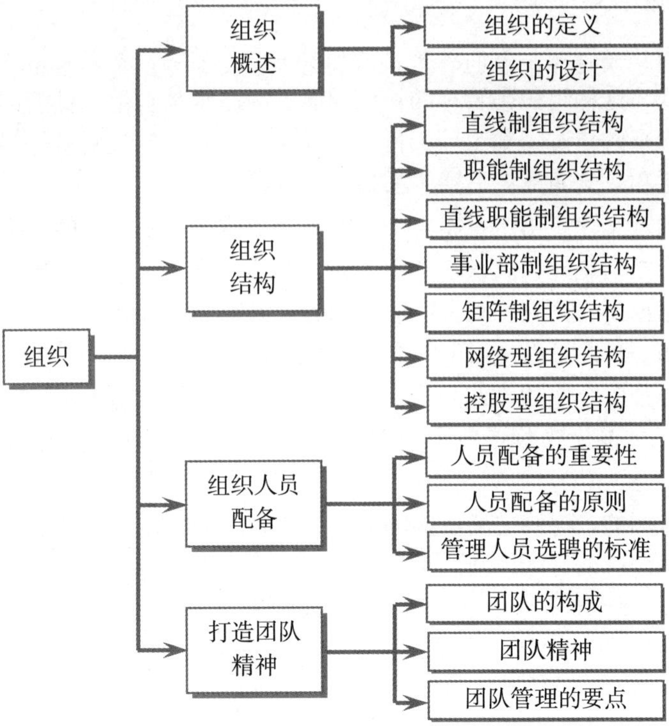

引导案例

分工合作的力量

大雁有一种合作的本能，它们飞行时都呈 V 形，且在飞行时定期变换领导者。科学家发现，大雁以这种形式飞行，要比单独飞行多出 12%的距离。

合作可以产生 1+1>2 的效果。据统计，诺贝尔获奖项目中，因协作获奖的占 2/3 以上。在诺贝尔奖设立的前 25 年，合作获奖占 41%，而现在跃居 80%。

启示：分工合作正成为一种企业中工作方式的潮流，被更多的管理者所提倡，如果我们能把容易的事情变得简单，把简单的事情也变得很容易，我们做事的效率就会倍增，合作就是简单化、专业化、标准化的一个关键，世界正逐步向简单化、专业化、标准化发展，于是合作的方式就理所当然地成为这个时代的产物。

一个由相互联系、相互制约的若干部分组成的整体，经过组织优化设计后，整体功能能够大于部分之和，产生 1+1>2 的效果。

（资料来源：新浪乐居论坛）

5.1 组织概述

“组织”一词在中国最早出自纺织品，古人云“经纬相交，织作布帛”；在西方则是出自人体器官，随着社会的发展，逐渐引申为社会活动。

5.1.1 组织的定义

组织可以从动态和静态两个方面理解，动态表示一种活动，就是有目的、有系统地集合起来，如组织群众，这种组织是管理的一种职能；静态则是表示一种结构，是按照一定的宗旨和目标建立起来的集体，如工厂、机关、学校、医院、各级政府部门、各个层次的经济实体、各个党派和政治团体等，这些都是组织。

管理学对组织的定义为：组织是指在群体基础上形成的，由一定的目标、任务和形式组建起来的一个社会结构单元，就是一个由个人、群体、群体内部关系构成的复杂系统。在组织中，大家互相合作、共同行动，通过集体的努力来实现目标。

对于组织的内涵，我们可以从以下几个方面来理解。

（1）组织是一个分工合作的群体。一个群体如果要产生更大的效用、更高的效率，就要分工明确，用组织的制度来规范每个组织成员，使整个组织协调运转，最终达到组织目标。

（2）组织是有目标的。组织之所以能够存在，就是因为它是按照特定目标设定的，组织所有的活动都会围绕这个目标展开，并且承担一定的社会功能。

§案例

国内几大著名企业的企业目标

企业文化到底是什么？借用乔布斯的表达：企业文化不是在纸面上怎么宣传，而是要信仰什么，如何思考，如何做事。简言之，企业文化就是企业里面一群什么人，用什么方式、什么样的思想做什么事情，决定这家企业文化的特质。

百度的使命：让人们最便捷地获取信息，找到所求。

腾讯的使命：　通过互联网服务提升人类生活品质。

阿里巴巴的使命：让天下没有难做的生意。

京东商城的使命：　让购物变得简单、快乐。

顺丰速运的愿景：成为最值得信赖的，基于物流的商业伙伴。

万科的愿景：成为中国房地产行业持续领跑者。

贵州茅台使命：弘扬国酒文化，创领生活梦想。

格力电器的使命：弘扬工业精神，追求完美质量，提供专业服务，创造舒适环境。

可见，每个企业都有自己的目标、使命和愿景。这样才能找准奋斗的方向，凝聚员工，激励员工，促使企业和员工共同发展进步。

（资料来源：MBA 智库百科）

（3）组织是有边界的。任何组织都处于一定的范围中，可能是地理范围，也可能是组织成员的精神、行为和作风所具备的个性特征，使自己的组织有别于其他组织。

（4）组织具有社会性。一个有效的组织形成一个团体，发挥整体的优势，产出大于个人的力量，组织内的人际关系是工作的需要，与群体之间亲密的关系有所不同。如果要按照一定的原则来指挥组织，需要管理者运用聪明才智来使组织中的人相互吸引、相互作用。

组织的内涵如图 5.1 所示。

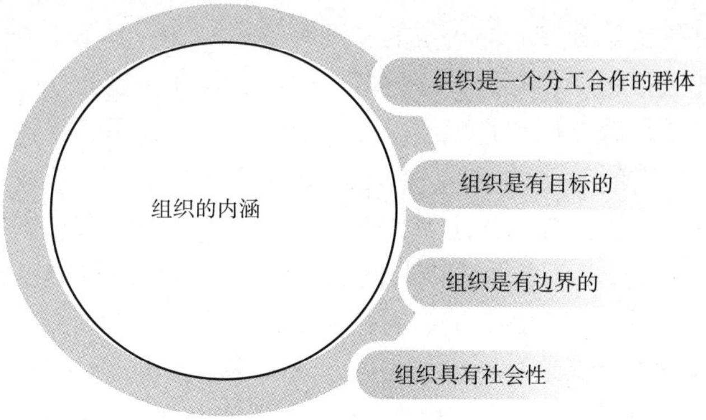

图 5.1　组织的内涵

5.1.2 组织的设计

1. 组织的分类

1）组织系统的法学分类。

（1）国家，就是阶级统治的政治组织。国家由领土、人口、主权三要素构成。国家主权是国家的核心要素，表现为对内的完全管辖权和对外的完全独立权。国家主权由系统的国家机构按照职能分工共同行使和维护。

（2）国际组织，就是两个以上国家或地区，为了共同的政治、经济、文化利益，通过条约或协议而建立的组织。国际组织只对其成员国有管辖效力。例如，联合国、国际法庭、欧盟等都属于国际组织。

（3）法人组织，就是依法具有民事权利能力和民事行为能力，能够独立享受民事权利和履行民事义务的组织。法人不是自然人，而是社会组织在法律上的人格化。法人必须具备如下四个法定条件：依法成立；有自己的名称、机构和住所；有独立的财产或经费；能够独立承担民事责任。凡是符合上述四个条件的企业单位、事业单位、国家机关、社会团体都是法人组织。

（4）非法人组织，就是不具备法人条件的社会组织。这些组织或者未经依法登记，或者没有独立的财产或经费，或者不能独立承担民事责任。例如，群众自发结社组织、企事业下属单位、国家机关内设机构、合伙企业都是非法人组织。

2）按满足心理需求分类。

（1）正式组织。正式组织是具有一定结构、同一目标和特定功能的行为系统。任何正式组织都是由许多要素、部分、成员，按照一定的联结形式排列组合而成的。它有明确的目标、任务、结构，相应的机构、职能和成员的权责关系及成员活动的规范。作为社会组织设计出来的正式组织，不论其规模大小和从事的是何种活动，其组建、运行都需要有三个基本要素，即等级结构明确、决策程序化、结果预期性强。

（2）非正式组织。非正式组织是“正式组织”的对称，是人们在共同的工作过程中自然形成的以感情、喜好等情绪为基础的松散的、没有正式规定的群体。人们在正式组织所安排的共同工作和在相互接触中，必然会以感情、性格、爱好相投为基础形成若干人群，这些群体不受正式组织的行政部门和管理层次等的限制，也没有明确规定的正式结构，但在其内部也会形成一些特定的关系结构，自然涌现出自己的“头头”，形成一些不成文的行为准则和规范。非正式组织的正面功能主要体现在：非正式组织混合在正式组织中，容易促进工作的完成；正式组织的管理者可以利用非正式组织来弥补成员间能力与成就的差异；可以通过非正式组织的关系与气氛获得组织的稳定；可以运用非正式组织作为正式组织的沟通工具；可以利用非正式组织来提高组织成员的士气等。非正式组织的负功能主要体现为可能阻碍组织目标的实现等。

2. 组织设计的原则

组织设计的原则如图 5.2 所示。

图 5.2　组织设计的原则

（1）目标统一原则。目标统一原则是指在建立组织结构时，要有明确的目标，并使各部门、员工的目标与组织的总体目标相一致。因此，每个组织和这个组织的每部分，都与特定的任务、目标有关，否则就没有存在的价值。组织外部和内部的目标、各项目标之间是互相影响、互相制约的。一个合理的组织必须是在一定时间内，在充分估量组织内部条件和外部环境因素的基础上，求得上述各项目标的最佳组合。在不同时期里，随着组织内部条件和外部环境的变化，目标组合将有明显的不同，这就要求组织的管理结构和活动不仅表现在静态上，更重要的是表现在动态上要有很强的适应性，都要有助于组织目标的实现。

（2）分工协作原则。分工协作原则是指组织内部既要分工明确，又要互相沟通、协作，以达成共同的目标，其主要成因是工作的专业化。组织结构应能反映为实现组织目标所必需的各项任务和工作分工，以及这些任务和工作之间的协调，组织的运行才能精干、高效。一方面要合理划分组织内部各职能部门的工作范围，另一方面要明确专业分工之间的相互关系，这样才有利于从组织上保证目标的实现。

（3）有效管理幅度原则。管理幅度又称管理宽度，是指一个主管人员直接有效指挥下属人员的数量。有效管理幅度原则是指组织中的主管人员直接管辖的下属的人数应是适当的，才能保证组织的有效运行。如果没有这个限度，一个人能直接和有效地指挥成百上千的人，那么在组织中只需设置一名领导者，全部管理职能都集中于一个人，就不需要管理机构了。但实际上是不可能的，因为受精力、体力、时间和知识的限制，被管理的人数太多，面太宽，既管不好，也管不了。此外，管理幅度还影响和决定着管理组织的层次和管理人员的数量，决定和影响组织结构横断面的划分和各种职能机构的设置等许多重要的问题。一般来说，管理幅度和管理层次成反比关系。

（4）最少层次原则。管理层次是组织结构中纵向管理系统所划分的等级数量。管理最少层次原则是指在保证组织合理、有效运转的前提下，应尽量减少管理层次。一方面可以减少信息传达过程中的失真，另一方面也是控制成本的手法，一般情况下，组织越大层次越多，但从高层领导到基层领导以 2～4 个层次为宜。

（5）责权对等原则。为保证组织结构的完善和组织工作的有效进行，在组织结构的设计过程中，职位的职权和职责要对等一致。责权对等原则也就是责权一致原则。所谓权力，从法律概念说是指在规定的职位上具有指挥和行事的能力。权力总是与职位相联系的，因此，习惯上也称职权。职权就是人们在一定职位上拥有的权力，主要是指决策或执行任务时的决定权。所谓责任就是在接受职位、职务时所应尽的义务，它也同职位、职务联系在一起，所以也称职责。职责就是在一定职位上完成任务的责任。有多大权力必须承担多大的责任，职权与职责相对应，这是理所当然的。权责对等虽然很难从数量上画等号，但从逻辑上来说，这是必然的结果。

（6）集权与分权相结合原则。在组织工作中必须正确处理好集权与分权的关系，以保证组织的有效运行。集权应以不妨碍下属履行职责，有利于调动积极性为宜；分权应以下级能够正常履行职责，上级对下级的管理不至于失控为准。对上级来说，必须对下级有一个正确的分工授权问题，对于下级来说，就不能要求超过职责范围以外的更多的职权。授权的主要目的是使组织工作成为可能。在组织中，如果职权全部集中于一个人，就意味着不需要下属管理人员，因而也无组织结构可言。应该说，一方面，一定程度的分权是所有组织的特征；另一方面，职权也不能绝对地分散，如果领导者把他的所有职权都委派出去，就意味着其本身职务的消失，因而这一层组织也就没有存在的必要。

（7）弹性结构原则。管理者必须在稳定与动态变化之间寻求一种平衡，既保证组织结构有一定的稳定性，又使组织有一定的发展弹性和适应性。平衡是相对的、暂时的，不平衡是绝对的。管理组织建立的时候是按照管理组织设计的原则进行的，是平衡的，但开始工作以后，由于外部环境、内部条件的变化，组织经营方针、经营目标的变化，就有可能使原来平衡的管理组织变得不平衡。部门之间忙闲不匀，人员素质不适应、不协调等情况相继产生，管理的组织职能，就要根据变化了的情况，及时采取措施，调整组织，形成新的平衡，只有这样才可以发挥最佳的管理效能。

3．影响组织设计的因素

由于市场竞争的日益激烈和外部环境的不断变化，权变的组织设计思想被广泛应用，它就是以系统、动态的观点来思考和设计组织。权变思想要求把组织看成一个与外部环境有着普遍直接联系的开放式系统。影响组织设计的因素如图 5.3 所示。

1）环境的影响。这里的环境指外部环境和特定环境。外部环境即对组织管理目标有间接影响的因素，如政治、经济、文化因素。特定环境即对管理有直接影响的因素，如政府、顾客、竞争对手因素。研究表明，环境的不确定性影响着企业组织的形态。不确定性低时，组织形态偏于机械型，着眼于眼前的运作。在不确定性高时，组织的形态偏于有机型，重视计划与预测。

图 5.3　影响组织设计的因素

达夫特教授关于环境影响企业组织形态的分析框架如下。

（1）低不确定性下的组织形态：机械结构、正规、集权；较少的部门；没有整合角色；着眼于眼前。

（2）低中不确定性：机械结构、正规、集权；部门多，有些跨边界；较少整合角色；有一些计划。

（3）高中不确定性：有机结构、团队工作、参与、分权；较多的部门，较多地跨边界；较多的整合角色；计划型。

（4）高不确定性：有机结构、团队、参与、分权；许多部门、差异化、广泛地跨边界；许多的整合角色；广泛的计划、预测。

环境的变化可能使组织中部门之间的地位及相互关系发生变化，即某些部门的地位变得重要起来或者某些部门的地位变得相对次要。在这种情况下，部门角色的变化可能加剧部门间的隔阂和冲突。因此，当环境不确定性因素增强时，横向协调是尤其必要的。

2）战略的影响。组织战略决定了组织发展方向、总目标及实现目标所应采取的行动。作为实现企业战略手段之一的组织结构，与组织战略的关系十分密切。组织结构是由组织战略决定的，组织结构是为组织战略服务的。如果一个企业的组织战略发生了重大变化，为其服务的组织结构也应做出相应的调整，以适应组织战略的变化。

迈克尔·波特曾在他的著作《竞争战略》一书中指出，大多数组织有三种竞争战略可供选择：成本领先战略，是指企业凭着高效率运营、低劳动力成本、经济规模等条件，加之对生产过程的紧密控制，而形成的比竞争对手更低的成本优势；差异战略，是指通过产品的创新设计等将产品或服务的独特性呈现于消费者眼前；集中战略，是指企业将焦点放在一个较狭窄而独立的市场，从不同方面去满足这个市场的顾客的需要。企业选择不同的战略，便会随之选择不同的组织结构形式。如果企业采用成本领先战略，就要严格控制成本，限制不必要的发明创新和营销费用，压低产品价格从而增强竞争实力，从而要求企业采取一种高效、稳定的组织结构形式；而采用差异化战略的企业，由于它强调的是产品的创新和标新立异，就要求企业采取一种有机、灵活的组织结构形式。

钱德勒认为组织战略发展有四个阶段，每个阶段都有相应的战略目标：数量扩大阶段，目标为扩大组织规模；地区开拓阶段，目标为建立新的组织结构协调各个业务单元；纵向联合发展阶段，在原有行业的基础上向其他领域扩展，需要建立与相关部门适应的职能部门；产品多样阶段，利用现有资源实施组织转型，这也要求创造转型所需的职能部门。

3）技术的影响。技术是在产品和服务的设计、生产和分销中所运用的技能、知识、工具和设备的结合。从传统角度来说，从小批量生产到流程生产，复杂程度越来越高，所需的组织结构也越发复杂。但使用先进信息技术的企业可以在精简的组织结构下实现复杂的生产。

琼・伍德沃德曾收集英国 100 家制造企业的数据来分析不同类型企业间是否在管理幅度、集权化、正规化等结构特征方面存在显著差异。她将这些企业的生产技术划分为三种类型：小批量单一产品生产技术、大批量生产技术、连续生产技术。以上三种生产技术的差异称为技术复杂性。技术复杂性指生产过程中将人排除在外的程度。在复杂的技术中，除监视机器设备外很少需要工人的直接参与。

研究发现，对于大规模生产技术而言，其组织的正规化和集权化程度较高。由于技术具有复杂性，相应的高级管理人员比例和间接人员（如维修人员）比例也相应上升。间接人员比例上升是因为机器设备的复杂性。在流水线上，工作具有很强的常规性，因此，1 个监工可以平均管理 48 个雇员。对于小批量生产或连续性流程而言，则恰恰相反，其管理幅度相应较小。从总体上看，小批量生产和连续性流程企业有着有机式的组织结构，而大批量生产企业有着机械式的组织结构。

琼・伍德沃德的结论是："所采用的技术不同，对个人和组织的要求也是不同的。组织结构也应与这种要求相适应。"她发现组织结构与生产技术间的关系同企业绩效直接相关。绩效低的企业趋向于偏离合适的组织结构。

4）组织规模与生命周期的影响。

（1）组织规模的影响。组织规模通常用雇员数目来衡量。研究发现，大型组织的结构形式远远不同于小型组织。小型组织通常是非正式的，劳动分工少，规章制度较少（正规化程度低），专业人员和办公人员少，甚至不存在正式的预算和业绩考核系统。大型组织则有着较多的分工、庞大的专业人员、大量的规章制度、业绩考核等内部系统。

大型组织和小型组织的区别主要体现在表 5.1 中。

表 5.1　大型组织和小型组织的区别

项　目	大型组织	小型组织
规范化程度	严格	松散
集权化程度	高	低
复杂化程度	高	低
人员结构比率	管理人员快速增长	管理人员减少

（2）生命周期的影响。虽然不同组织各有自己的生命周期，但是总体看来，任何组织都要经过如下几个阶段。

① 诞生期。在这一阶段，组织开始设立。其缔造者是位企业家，他与少数雇员一起完成组织的所有活动。组织非常不正规，任务是重叠的。没有专业人员，没有规章制度，也没有横向系统来进行计划、考核和协调。决策权集中于企业家手中。

② 成长期。在这一阶段，组织雇员增多，产品增加，并在市场上获得成功。因此，组织持续增长。业主不再单独控制一切。虽然控制仍是相对集中的，但若干被业主所信任的同僚参与决策制定。在这一阶段，劳动分工出现了，并由粗略变得日益细密。横向系统出现了，但仍是非正式的。这时也出现了规则与制度，并开始出现少量的专业人员和管理人员。

③ 成熟期。在这一阶段，组织繁荣昌盛，并且已发展得非常庞大。这时，组织开始像一个正规化的官僚组织。劳动分工几近完善，权责明确，政策配套。大量的规则、制度、工作说明书被用来指导雇员的活动。为支持生产与营销，组织雇用大量专业人员和办公人员来处理专业活动。组织设立了健全的业绩评估、预算、会计控制系统。高层管理者将许多职权下放到职能部门，但是组织的灵活性开始下降。

④ 衰退期。在这一阶段，组织极为庞大，而且是机械式的。组织的垂直结构过于强大，决策是集权化的。这时，组织面临着停滞不前的危险。这种状况经常出现在经历了一个阶段的成功与辉煌的大企业里，许多大企业的领导者会感觉到成熟的垂直系统抑制了组织灵活地对环境变化做出迅速反应的能力。为了避免这种危险，他们鼓励创新，竭力消除部门之间的界限，并开始对组织的业务流程进行重组。组织再造也可能导致组织的缩减——裁减一些职位、工作内容、职能、管理层次或业务单元。

案例

阿里巴巴的成长

阿里巴巴董事局执行副主席蔡崇信在阿里巴巴刚成立时加入，蔡崇信的到来，使公司真正开始规范化运作。蔡崇信放弃高额年薪的德国投资公司工作，千里迢迢来到杭州投奔马云，每月只拿 500 元人民币的薪水，帮马云管理公司。

在湖畔花园炎热的夏夜，蔡崇信挥着汗水对着白板和第一批员工讲股份讲权益，拿出 18 份完全符合国际惯例的英文合同，让马云和 18 罗汉签字画押。如果没有蔡崇信这样的人加入，阿里巴巴会是一个家族企业，会一直以“感情”“理想”和“义气”去维持团队，而不是靠规章制度去约束规范人员的行为。

蔡崇信到来以后，将阿里巴巴做成了真正的公司，有了最初的组织结构和职责划分，并以正式合同的形式，将最初 18 罗汉团队的利益绑到了一起。这其实是至关重要的一步，阿里巴巴因此而得以将最初的创业激情和团队文化一直维系八年之久。

现在的阿里巴巴早已不是当初那个名不见经传的小企业了。如今的阿里巴巴规模庞大，组织结构清晰，规章制度明确，且拥有众多团队，每个团队都有着明确的职责和分工。

阿里巴巴首席客户官（CCO）吴敏芝在 2017 年的杭州新网商峰会上揭秘了阿里集团最有“权力”的团队。

“在阿里有句话，说 CCO 是公司最有权力的团队。马老师（马云）有一天跟我说：‘敏芝，今后会有很多人要拍你马屁。’大家想不通，为什么别人会来拍我马屁？其实很简单，因为我负责的是客户体验。整个阿里平台上，所有体验好不好我都要去负责，所以公司给了我这个权力。”

每年阿里的组织大会上，会颁发一个很特别的奖项——给客户体验好的团队颁发红草莓奖，而客户体验不好的团队会得到一个烂草莓奖。“上台领奖的都是总裁级别的领导，但凡得到烂草莓奖的，都会在台上下定决心，明年一定要把烂草莓摘掉！”吴敏芝说，这样的奖项也在一定程度上激励了团队对用户体验的重视程度。

据吴敏芝介绍，阿里 CCO 体系近 3 000 名员工，直接服务客户的阿里员工只有 600 名，剩下 2 000 多名都是技术、产品、运营、数据分析人员。吴敏芝表示，在阿里，“店小二”可以关闭一家不守规则的店铺，也能决定让什么样的商家尝到“甜头”——这背后依托的就是来自平台上客户的评价和反馈体系。

用吴敏芝的话说，在阿里，服务绝不仅是具体某个团队的事，而是人人都是首席客户官、首席体验官，人人都是 CCO。

2017 年，阿里巴巴服务线推行了一项名为“亲听”的项目，让业务决策者深入服务一线解答客户问题，面对面倾听客户最真实的声音。如今，该项目已经成为阿里集团“百年湖畔”培训（针对阿里总监及以上）的必修课。阿里巴巴首席人力官（CPO）童文红、首席技术官（CTO）张建锋都是首批参与“亲听”的“学员”。而在随后的“亲听”计划中，阿里巴巴集团董事局主席马云也是最踊跃的报名者之一。

“这样做，不是让听得到炮火的人做决策，而是让能做决策的人听得到炮火。”吴敏芝说。

（资料部分节选自：佚名. 钱江晚报. https://baijiahao.baidu.com/s?id=1586906121708220615&wfr=spider&for=pc）

5.2 组织结构

5.2.1 直线制组织结构

1. 直线制组织结构的特点

直线制也叫军队制，是一种最早也是最简单的组织形式。它的特点是不设专门的职能机构，组织中各级行政单位从上到下实行垂直领导，下属部门只接受一个上级的指令，各级主管负责人对所属单位的一切问题负责。直线制组织要求组织领导者精明能干，具有多种管理专业知识和生产技能知识，如图 5.4 所示。

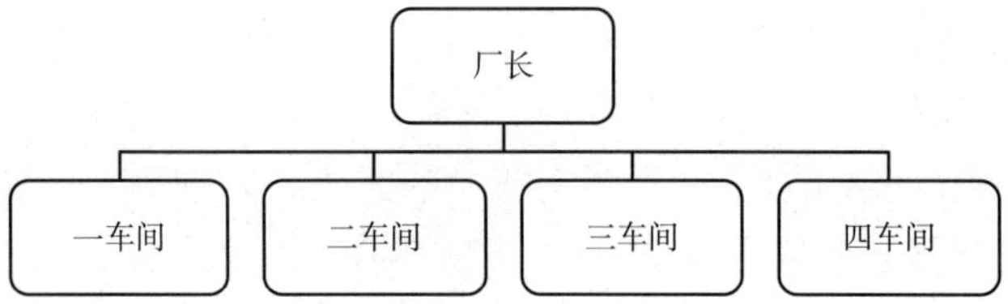

图 5.4 直线制组织结构

（1）组织中每位主管人员对其直接下属拥有直接职权。

（2）组织中的每个人只对他的直接上级负责或报告工作。

（3）主管人员在其管辖范围内，拥有绝对的职权或完全职权，即主管人员对所管辖的部门的所有业务活动行使决策权、指挥权和监督权。

2．直线制组织结构的优点

（1）权力集中，职权和职责分明、命令统一，信息沟通简捷方便，便于统一指挥。

（2）集中管理，管理机构简单，管理费用低。

（3）决策迅速，责任明确，指挥灵活。

（4）直接上级和下级关系十分清楚，维护纪律和秩序比较容易。

3．直线制组织结构的缺点

（1）各级行政首脑必须熟悉与本部门业务相关的各种活动（尤其是最高行政首脑，必须是全能管理者）。

（2）缺乏横向的协调关系，没有职能机构作为行政首脑的助手，容易使行政首脑产生忙乱现象。所以，一旦企业规模扩大，管理工作复杂化，行政首脑可能由于经验不足、精力不济而顾此失彼，管理工作简单粗放，难以进行有效的管理。

（3）雇员之间和组织之间横向联系差，信息流通容易延误和失真。

（4）难以找到继任者。

（5）权力高度集中，管理者容易独断专行，形成“长官意志”。

4．直线制组织结构的适用范围

直线制组织结构适用于组织规模不大，雇员人数不多，生产和管理工作都比较简单的情况或现场作业管理中。

5.2.2　职能制组织结构

1．职能制组织结构的特点

职能制组织结构按职能来组织部门分工，即从组织高层到基层，均把承担相同职能的管理业务及其人员组合在一起，设置相应的管理部门和管理职务。例如，把所有同销售有关的业务工作和人员都集中起来，成立销售部门，由分管市场营销的副总经理领导销售工作；研究开发、生产制造、工程技术等部门同样如此，如图 5.5 所示。

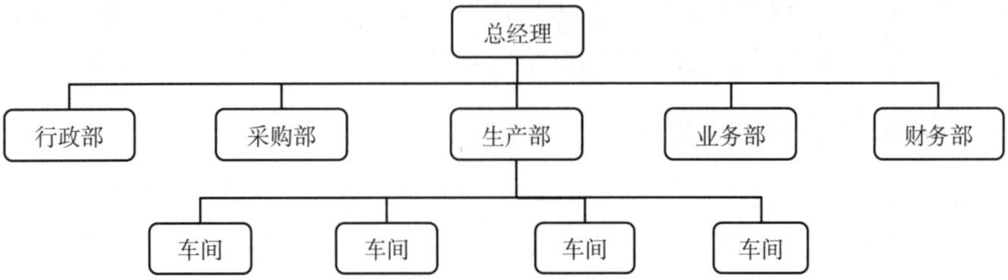

图 5.5　职能制组织结构

1）各级管理机构和人员实行高度的专业化分工，各自履行一定的管理职能。因此，每个职能部门所开展的业务活动将为整个组织服务。

2）实行直线-参谋制。整个管理系统划分为两大类机构和人员。

（1）一类是直线指挥机构和人员，对其直属下级有发号施令的权力。

（2）另一类是参谋机构和人员，其职责是为同级直线指挥人员出谋划策，对下级单位在其职权范围内发号施令，起业务上的指导、监督和服务的作用。

3）企业管理权力高度集中。由于各个职能部门和人员都只负责某个方面的职能工作，唯有最高领导层才能纵观企业全局，所以，企业生产经营的决策权必然集中于最高领导层，主要是经理身上。

2．职能制组织结构的优点

（1）由于按职能划分部门，其职责容易明确。

（2）每个管理人员都固定地归属于一个职能结构，专门从事某项职能工作，在此基础上建立起来的部门间的联系能够长期不变，这就使整个组织系统有较高的稳定性。

（3）各部门和各类人员实行专业化分工，有利于管理人员注重并能熟练掌握本员工作的技能，有利于强化专业管理，提高工作效率。

（4）管理权力高度集中，便于最高领导层对整个企业实施严格的控制。

3．职能制组织结构的缺点

（1）横向协调性差。高度的专业化分工使各职能单位自成体系，往往不重视工作中的横向信息沟通，加上狭窄的隧道视野和注重局部利益的本位主义思想，可能引起组织中的各种矛盾和不协调现象，对企业生产经营和管理效率造成不利的影响。

（2）企业领导负担重。在职能制组织结构条件下，部门之间的横向协调只有企业高层领导才能解决，加之经营决策权又集中在他们手中，企业高层领导的工作负担就很重，容易陷入行政事务之中，无暇深入研究和妥善解决生产经营的重大问题。

（3）适应性差。按职能分工的组织通常弹性不足，人们主要关心自己狭窄的专业范围内的工作，妨碍相互间的信息沟通，高层决策在执行中也往往被狭窄的部门观点和利益所曲解，或者受阻于部门隔阂而难以贯彻。这样，整个组织系统就不能对外部环境的变化及时做出反应，适应性差，对环境的变化反应比较迟钝。

（4）职能工作不利于培养综合管理人才。由于各部门的主管人员属于专业职能人员，工作本身限制着他们扩展自己的知识、技能和经验，而且养成了注重部门工作与目标的思维方式的行为习惯，使得他们难以胜任也不适合担任对企业全面负责的高层领导工作。

（5）员工接受多个部门的指令，造成多头领导，员工无所适从。

4．职能制组织结构的适用范围

职能制组织结构主要适用于中小型、产品品种比较单一、生产技术发展变化较慢、外部环境比较稳定的企业。具备以上特性的企业，其经营管理相对简单，部门较少，横向协调的难度小，对适应性的要求较低，因此职能制结构的缺点不突出，而优点能得到较为充分的发挥。当企业规模、内部条件的复杂程度和外部环境的不确定性超出了职能制组织结构所允许的限度时，固然不应再采用这种结构形式，但在组织的某些局部，仍可部分运用这种按职能划分部门的方法。例如，在分权程度很高的大企业中，组织的高层往往设有财务、人事等职能部门，这既有利于保持重大经营决策所需的必要的集权，也便于让这些部门为整个组织服务。此外，在组织的作业管理层，也可根据具体情况，程度不同地运用设置职能部门或人员的做法，以保证生产效率的稳定和提高。

5.2.3　直线职能制组织结构

1．直线职能制组织结构的特点

直线职能制组织结构也叫生产区域制或直线参谋制，它是在直线制和职能制的基础上，取长补短，吸取这两种形式的优点而建立起来的。目前，绝大多数企业都采用这种组织结构形式。这种组织结构形式是把企业管理机构和人员分为两类，一类是直线领导机构和人员，按命令统一原则对各级组织行使指挥权；另一类是职能机构和人员，按专业化原则从事组织的各项职能管理工作。直线领导机构和人员在自己的职责范围内有一定的决定权和对所属下级的指挥权，并对自己部门的工作负全部责任。职能机构和人员则是直线指挥人员的参谋，不能对直接部门发号施令，只能进行业务指导，如图 5.6 所示。

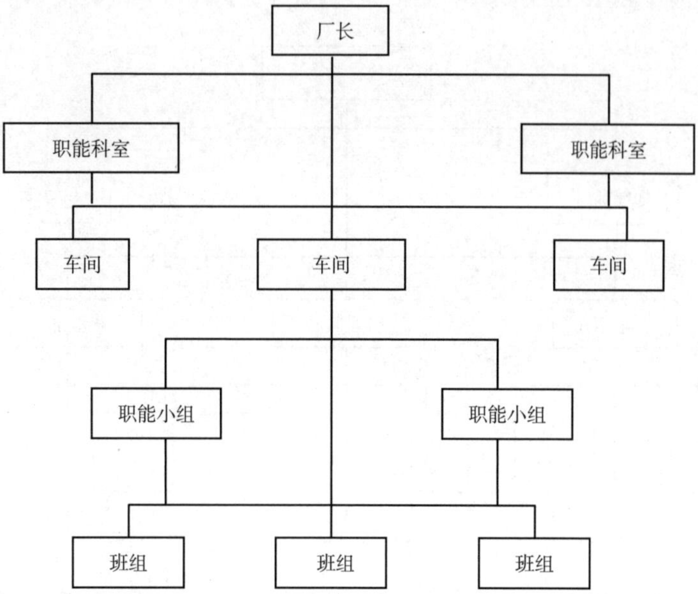

图 5.6　直线职能制组织结构

2．直线职能制组织结构的优点

直线职能制集中了直线制和职能制的优点，既保证了集中统一指挥，又能发挥各种专家业务管理的作用。

3. 直线职能制组织结构的缺点

（1）各职能单位自成体系，不重视信息的横向沟通，工作易重复，造成效率不高。

（2）若授权职能部门权力过大，容易干扰直线指挥命令系统。

（3）信息传递路线长，反馈慢，职能部门缺乏弹性，对环境变化的反应迟钝。

（4）可能增加管理费用。

4. 直线职能制组织结构的适用范围

中小企业普遍适用直线职能制，该组织结构在绝大多数企业尤其是面临较稳定环境的中小企业中得到了广泛采用。但对于规模较大，决策时需要考虑较多因素的组织不太适用。

5.2.4 事业部制组织结构

1. 事业部制组织结构的特点

事业部制就是按照企业所经营的事业，包括按产品、按地区、按顾客群体（市场）等来划分部门，设立若干事业部。事业部是在企业宏观领导下，拥有完全的经营自主权，实行独立经营、独立核算的部门，既是受公司控制的利润中心，具有利润生产和经营管理的职能，同时也是产品的责任单位或市场的责任单位，对产品设计、生产制造及销售活动负有统一领导的职能，如图 5.7 所示。

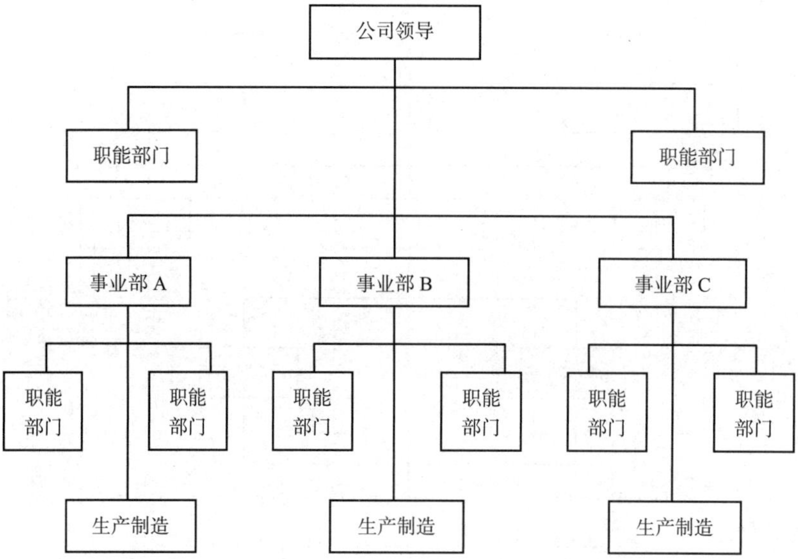

图 5.7　事业部制组织结构

事业部制组织结构的主要特点如下。

（1）专业化生产经营管理部门。按企业的产出将业务活动组合起来，成立专业化的生产经营管理部门，即事业部。如产品品种较多，每种产品都能形成各自市场的大企业，可按产品设置若干事业部，凡与该产品有关的设计、生产、技术、销售、服务等业务活动，均组织在这个产品事业部之中，由该事业部总管；在销售地区广、工厂分散的情况下，企业可按地区划分事业部。这样，每个事业部都有自己的产品或服务的生产经营全过程，为企业贡献出一份利润。

（2）集中政策，分散经营。在纵向关系上，按照“集中政策，分散经营”的原则，处理企业高层领导与事业部之间的关系。实行事业部制，企业最高领导层要摆脱日常的行政事务，集中力量研究和制定企业发展的各种经营战略和经营方针，而把最大限度的管理权限下放到各事业部，使它们能够依据企业的经营目标、政策和制度，完全自主经营，充分发挥各自的积极性和主动性。

（3）利润中心，实行独立核算。在横向关系方面，各事业部均为利润中心，实行独立核算。也就是说，实行事业部制，则意味着把市场机制引入企业内部，各事业部间的经济往来将遵循等价交换原则，结成商品货币关系。

（4）直线职能制结构组织设计。在事业部内部，仍然按照直线职能制结构进行组织设计。从企业高层组织来说，为了实现集中控制下的分权，提高整个企业管理工作的经济性，要根据具体情况设置一些职能部门，如资金统筹、公共关系等部门。从事业部来说，为了经营自己的事业，也要建立管理机构。事业部内部一般采用直线职能制结构。

2. 事业部制组织结构的优点

（1）每个事业部都有自己的产品和市场，能够规划其未来发展，也能灵活、自主地适应市场出现的新情况，并能迅速做出反应，所以，这种组织结构既有高度的稳定性，又有良好的适应性。

（2）有利于最高领导层摆脱日常行政事务和直接管理具体经营工作的繁杂事务，而成为坚强有力的决策机构，同时又能使各事业部发挥经营管理的积极性和创造性，从而提高企业的整体效益。

（3）事业部经理虽然只是负责领导一个比所属企业小得多的单位，但是由于事业部自成系统，独立经营，相当于一个完整的企业，所以，他能经受企业高层管理者面临的各种考验。显然，这有利于培养全面管理人才，为企业的未来发展储备干部。

（4）按产品划分事业部，便于组织专业化生产，形成经济规模，采用专用设备，并能使个人的技术和专业知识在生产和销售领域得到最大限度的发挥，因而有利于提高劳动生产率和企业经济效益。

（5）事业部作为利润中心，既便于建立衡量事业部及其经理工作效率的标准，各事业部门之间也可以有比较、有竞争。进行严格的考核，易于评价每种产品对公司总利润的贡献大小，用以指导企业发展的战略决策。

3. 事业部制组织结构的缺点

（1）由于各事业部利益的独立性，容易滋生本位主义思想。

（2）部门重复建设，如各事业部均有人力资源部，一定程度上增加了费用开支，造成资源浪费。

（3）公司总部将权力下放后，容易发生失控，所以对公司总部的管理工作要求较高。

§ 案例

事业部法宝——松下的舍弃

事业部制是“经营之神”松下幸之助在 1927 年始创的神来之举。“事业部”的创立曾被视为划时代的机构改革，并与“终身雇佣制”“年功序列”并称为松下制胜的“三大法宝”，一直被视为看家法宝。

当时，制造业是松下的主业，特别是松下幸之助发明“自来水”哲学后，“自来水管”里流出的大都为“超仿制品”，研发成分不高，但制造利润可观。随着产品的不断增加，幸之助一人已忙不过来了，于是就有了“全面委办制”。对于一项工作，幸之助总会说：“这件事就拜托你了。”

所拜托的内容则涵盖产品开发、生产、销售、服务等全盘工作，后来往往发展成为事业部。事业部就像一个独立公司，在当时充分发挥了人、财、物的投入优势。于是，拜托来拜托去，便“拜托”出了 200 多个事业部。

到 20 世纪 90 年代，事业部再也适应不了产业结构的变化。事业部制能很好地适应制造业的发展，但面对如今数字技术等新兴科技的发展，已经成明日黄花了。

由于过多地设置事业部，多多“拜托”之下，总部无力掌控它们——各事业部实行独立核算，为扩大各自的市场份额，彼此相互渗透，形成了严重的事业部重复设置等诸多弊端。例如，传真机便有两个事业部。家庭传真机事业部见专业传真机销路不错，便也研制出专业传真机进行生产和销售，而专业传真机事业部以其人之道还治其人之身，相应地推出了家庭传真机。两家做共同的市场，不但在做重复的工作，而且形成了松下 “窝里斗”的局面。松下电器（中国）有限公司总经理浅田隆司指出：“这还只是部分，其实在松下所有类别的产品，几乎都有两个或多个事业部在运作。”

“事业部重复设置不但造成了严重的内耗，更重要的是导致经营资源的分散。”公司某负责人对此深为惋惜，并进一步指出，“当前是数字时代，各种庞大的开发投资和技术革新都在飞速进行，资源分散使事业部根本无力独自承担庞大的研发费用。我们只有打破事业部制，将开发技术人员及经营资源有效地集中起来，才能更好地发挥松下集团的综合力量。”

（资料节选自：《21 世纪经济报道》王万军：松下公司摒弃看家法宝，“事业部制”末日来临？作者：王万军，有改写）

4．事业部制组织结构的适用范围

事业部制结构主要适用于产业多元化、品种多样化、各有独立的市场，而且市场环境变化较快的大型企业。

5.2.5 矩阵制组织结构

1．矩阵制组织结构的特点

矩阵制组织是为了改进直线职能制横向联系差、缺乏弹性的缺点而形成的一种组织形式。在一个机构的职能制组织类型下，为某种特别任务另外成立专门小组负责，此专门小组与原组织配合，在类型上有行列交叉之式，即矩阵制组织。在专门小组中，一名管理人员既同原职能部门保持组织与业务上的联系，又参加项目小组的工作。职能部门是固定的组织，项目小组是临时性组织，完成任务以后就自动解散，其成员回原部门工作。例如，组成一个专门的产品（项目）小组去从事新产品开发工作，在研究、设计、试验、制造各个不同阶段，由有关部门派人参加，力图做到条块结合，以协调有关部门的活动，保证任务的完成。这种组织结构形式是固定的，人员却是变动的，需要谁，谁就来，任务完成后就可以离开。项目小组和负责人也是临时组织和委任的，如图 5.8 所示。

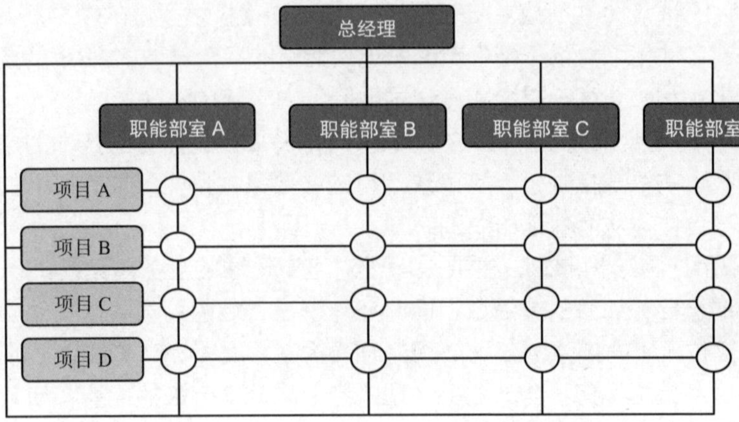

图 5.8　矩阵制组织结构

2．矩阵制组织结构的优点

（1）加强了横向联系，专业设备和人员得到了充分利用，各部门人员的不定期的组合有利于信息交流，增加互相学习的机会，提高专业管理水平。

（2）具有较大的机动性，针对特定的任务进行人员配置有利于发挥个体优势，集众家之长，提高项目的完成质量，提高劳动生产率。

（3）将企业的横向与纵向关系相结合，有利于协作生产，促进各种专业人员互相帮助，互相激发，从而相得益彰。

3．矩阵制组织结构的缺点

（1）人员双重管理的先天缺陷。项目负责人的责任大于权力，由于项目组成人员来自各个职能部门，当任务完成以后，仍要回原职能部门，因而容易产生临时观念，对工作有一定影响，所以项目负责人对他们管理困难，没有足够的激励手段与惩治手段，成员职位不固定，有临时观念，有时责任心不够强。

（2）对项目管理人员的要求高。由于项目一般涉及较多的专业，而项目负责人对项目的成败具有举足轻重的作用，所以要求项目负责人具有较高的协调能力和丰富的经验，但是优秀的项目负责人比较难找到。

4．矩阵制组织结构的适用范围

这种组织结构非常适用于横向协作和攻关项目，尤其是一些重大攻关项目。企业可采用矩阵制组织来完成涉及面广的、临时性的、复杂的重大工程项目或管理改革任务。特别是以开发与实验为主的单位，如科学研究，尤其是应用性研究单位等。

案例

ABB 集团的矩阵制组织结构

ABB 集团位列全球 500 强企业，集团总部位于瑞士苏黎世。ABB 由两个拥有 100 多年历史的国际性企业——瑞典的阿西亚公司(ASEA)和瑞士的布朗勃法瑞公司(BBC Brown Boveri) 在 1988 年合并而成。ABB 是电力和自动化技术领域的领导厂商，产品涉及从运输机械、自动化工程设备到发电、输电、配电的多个领域。ABB 的技术可以帮助电力、公共事业和工业客户提高业绩，同时降低对环境的不良影响。

ABB 集团采用的是典型的矩阵式结构，其突出的特点是具有专业技术的全球业务经理和各所在国经理的双重指挥链，其有效运行的必要条件是两条指挥链上的经理之间有良好的协调与合作，从而保证命令的统一。

ABB 集团采用这种结构形式，主要是出于对遍布全球的业务单元既进行统一管理，又能够保持调整业务项目的灵活性，同时还能够让各地的公司共享其他公司技术成果的考虑，建立位于不同国家的公司之间的学习机制，发挥提高整体效益的作用。

这种结构的优点是既保持了全球业务经理的专业化分工带来的优势，使各专业集团在各自的业务领域充分发挥专长做好做强，又保证了各个公司的业务能更加符合当地情况，有较高的灵活性与适应性，还能便利地调整其全球业务。

对于跨区域、多业务领域的大型公司来说，矩阵式结构是常用的组织结构，在内部具有良好协调机制的情况下，往往能取得较好效果。

（资料来源：百度文库）

5.2.6 网络型组织结构

1．网络型组织结构的特点

网络型企业是虚拟企业的一种，网络型组织是由多个独立的个人、部门和企业为了共同的任务而组成的联合体，它的运行不靠传统的层级控制，而是在定义成员角色和各自任务的基础上通过密集的多边联系、互利和交互式的合作来完成共同追求的目标。

在网络型企业组织结构中，企业各部门都是网络上的一个节点，每个部门都可以直接与其他部门进行信息和知识的交流与共享，各部门是平行对等的关系，而不是以往通过等级制度渗透的组织形式。密集的多边联系和充分的合作是网络型组织最主要的特点，而这正是其与传统企业组织形式的最大区别所在。这种组织结构在形式上具有网络型特点，即联系的平等性、多重性和多样性。

在企业的网络化变革过程中，必须通过大力推广信息技术的使用，使许多管理部门和管理人员让位于信息系统，取消中间管理层或使之大大精简，从而使企业组织机构扁平化，企业管理水平不断提高。采用网络型结构的组织所做的是通过公司内联网和互联网，创设一个物理和契约的“关系”网络，与独立的制造商、销售代理商及其他机构达成长期协作协议，使它们按照契约要求执行相应的生产经营功能。由于网络型企业组织的大部分活动都是外包、外协的，因此，公司的管理机构是一个精干的经理班子，负责监管公司内部开展的活动，同时协调和控制与外部协作机构之间的关系，如图5.9所示。

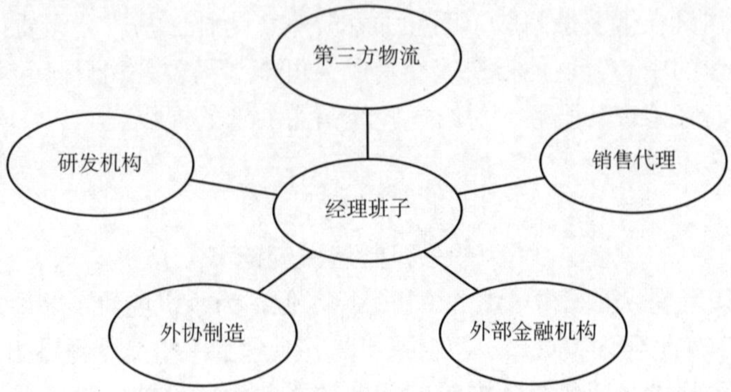

图5.9 网络型组织结构

2．网络型组织结构的优点

（1）组织结构简单、精练，由于组织中的大多数活动都实现了外包，降低了管理成本；这些活动更多地靠电子商务来协调处理，组织结构可以进一步扁平化，效率也更高了。

（2）由于网络的国际化，实现了企业全世界范围内供应链与销售环节的网络型组织结构整合。

（3）简化了机构和管理层次，实现了企业充分授权式的管理。组织结构具有更大的灵活性和柔性，以项目为中心的合作可以更好地结合市场需求来整合各项资源，而且容易操作，网络中的各个价值链部分也随时可以根据市场需求的变动情况增加、调整或撤并。

3．网络型组织结构的缺点

（1）依靠合约控制，控制力弱。网络型组织结构企业间主要依靠合约控制，其中的每一个组织单元都自主管理，如果不能正确规划和明晰权责，容易发生管理混乱的局面。在网络型组织内部，各个节点相对独立，如果某些节点发生问题，在这种网络型组织内的扩散非常快，不容易受到管理层的控制，而且网络的虚拟性更进一步加剧了经营风险。

（2）质量保障困难。网络型组织结构的管理活动缺乏传统组织所具有的那种强大的控制力，其供应的商品质量也难以预料。

（3）创新容易泄漏。网络型组织结构所取得的设计上的创新很容易被窃取，因为创新的产品一旦交由其他公司的管理当局去生产，要对创新加以严密的防卫是不太可能的，至少也是很困难的。

4．网络型组织结构的适用范围

网络型组织结构适合具有灵活性以对时尚的变化做出迅速反应的企业，如服装企业。网络组织结构同时也适合那些制造活动需要低廉劳动力的公司，如耐克公司发现，自己不拥有或只拥有少量的制造设施，只配备几百名员工，每年就可以售出几百万美元的产品，挣得相当有竞争力的收益。这些公司所做的就是创设一个关系网络，与独立的设计者、制造商、代理销售商联系，按照合同执行相应的职能。

网络组织还适用于软件服务行业。例如，马吉公司只有一个小车间制作图形拷贝，它依靠其他公司从事其他经营活动，在个人微机上使用图形软件的客户，可以通过电话线将数据传送到马吉公司设在俄亥俄州威尔明顿的办公室，为什么马吉公司要设在威尔明顿？因为那里是航空快运的中心，这使得快速交货成为可能。马吉公司自己并不进行营销，而依靠图形软件经销商来销售其服务，付给这些经销商一定的提成。

案例

华为的手机制造供应链

众所周知，华为是我国国内一流的手机品牌。但华为手机所有零部件并不都由其自行生产，有些零部件需要依赖进口。不仅是华为，其他的手机品牌也是如此。

能决定手机质量的核心零件通常是它的处理器芯片。目前除了华为，大部分国产手机的处理器芯片都是从国外进口的。高通处理器是国内手机厂商最偏爱的一款芯片，它的技术跑分在安卓机排行榜中一直处在第一位。然而，每个使用高通处理器的厂商必须支付高昂的专利费。华为是国内少数能够自主设计芯片的手机厂商，虽然与高通公司的技术相比还存在一定的差距。华为的麒麟处理器在技术上采用的是英国 RAM 的公版构架，因此麒麟处理器还不能算作完全的国产。

除了处理器，手机厂商们最在意的就是屏幕了。目前，市场上最好的屏幕制造厂商当属三星无疑，就连以自主研发著称的苹果手机，采用的都是三星的 OLED 屏幕，三星屏幕制造技术可见一斑。华为也是使用三星的屏幕，但近来京东方公司的屏幕制造逐渐崛起，渐渐成为各大手机厂商的首选。

除此之外，手机怎么能少了拍照这一功能？每款新型手机推出时，厂商都会在产品介绍中特别标明摄像头的像素、制造等信息。华为的 P20 Pro 更是在专业相机的评测上拿到了 114 的高分，比 iPhone X 和三星 S9 都要高出不少。不过，华为的徕卡三镜也不是自己研发生产的，而是由华为日本图像所、芬兰研究所和索尼三家组织共同探索研究出的系统，包含了能够满足现有架构和工业设计的最大限度的手机影像技术。摄像传感器则是从索尼进口的。

在手机生产方面，华为手机一部分由自己生产，另一部分则由其他企业代为加工生产，如富士康公司。

华为手机生产的全球供应链系统，很好地反映了当今组织结构的趋势：外包、联合、虚拟网络。

（资料来源：百度百科 https://baijiahao.baidu.com/s?id=1611588213694981448&wfr= spider&for=pc，有改写）

5.2.7 控股型组织结构

控股型组织是在非相关领域开展多种经营的企业所常用的一种组织结构形式。集团控股型组织结构是通过企业之间控股、参股，形成包括母公司、子公司和关联公司在内的企业集团，各个分部具有独立的法人资格，是总部下属的子公司，也是公司分权的一种组织形式。具体如图 5.10 所示。

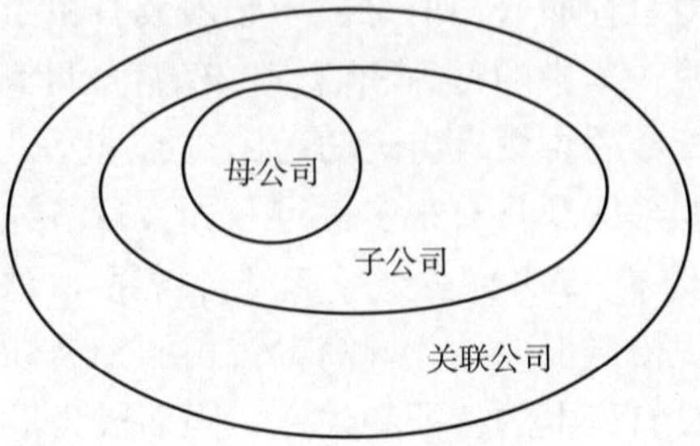

图 5.10 控股型组织结构

根据所持有股份的比例大小，对企业单位持有股权的大公司成为母公司，在公司中的地位划分如下。

（1）持股比例大于 50%的为绝对控股。

（2）持股比例不足 50%但对企业经营决策发生实质性影响的为相对控股。

（3）持股比例很低且对另一企业的生产经营没有实质性影响的为一般参股。

1. 控股型组织结构的优点

控股公司作为现代企业的一种组织形式，既具有公司制的特征，又与其他公司形式有所区别，其特征和优点如下。

（1）以资产为纽带把企业密切联系起来。控股公司是国外通常采用的一种产权经营组织。它不同于一般直接从事商品生产的企业，也不是简单的产品协作关系或企业间的合作关系，而主要是通过控股的形式，以股权关系为基础从事公司的产权管理和经营，或者以参股、控股或相互持股等形式去推动该集团的商品经营。实际上，这些控股公司形成了以资产关系为纽带的企业集团。

控股公司体制是一种十分便捷、有效的企业集中，即组建企业集团的方式。控股公司依据所有权凭证——股份，不仅享有其他公司的股息，还按其拥有的多数股的比例对其他公司的决策施加影响，行使股东权利。

（2）被控股公司具有法人资格。控股公司的另一个重要特点是母公司与被控股子公司之间在法律形式上彼此法人人格独立，并以资本的结合为基础而采用董事兼任制。这是控股公司与事业部制的重大区别。事业部制虽然是大公司所采取的高度分权的体制，但每个事业部一般无法人人格。而控股公司中都为独立法人，形成公司内的公司，每个子公司都是利润管理的彻底分权化的单位，具有独立的经营管理机构，并独自负有利润责任，拥有独立筹资能力。

（3）控股公司又是一个整体。尽管控股公司的母公司与子公司均为独立的法人实体，可以各自独立承担民事责任，享有民事权利，但事实上，由于母公司掌握了子公司的控股权，子公司的重大决策基本上由控制子公司董事会的母公司决定，所以子公司的行为势必体现母公司的意志，子公司的行为要受母公司的规范。这样事实上控股公司必然形成一个有自己利益的整体。因而，世界各国的大型控股公司都在不同程度上制定统一的发展战略，以整体优势参与经济竞争。

（4）具有相当的融资能力。控股公司的母公司必须具有相当的筹资融资能力和控制内部资金能力，这样才能形成统一集中的财力和信贷，有能力调整内部结构，支持重点产品和重点企业的发展，并通过资金的再投入与滚动运作，加速公司发展。

控股公司这一独特的组织形式还具有很多优点，如大量节约集团化所需资金；企业结合关系容易建立（只需购买股份，单方面就建立起结合关系）；法人人格彼此独立，有利于分散风险；获得企业发展的规模经济效益；提高母公司的知名度、活力及获得法律税收方面的利益等。由于控股公司具有以上的特征和优点，因而成为世界大公司发展的重要组织形式和趋势。

2．控股型组织结构的缺点

（1）公司规模庞大，成员结构也庞杂。

（2）公司股权分散，每个股东只占公司总资本的极小部分，股东虽对公司拥有部分所有权，但这对绝大多数小股东而言却无关紧要，而且股东的变动性也很大。

（3）公司股权分散，人数很多，但只要掌握一定比例的股票，就能控制公司的命脉。因此，公司董事会很容易对公司进行操纵和利用，损害众多小股东的利益。

3．控股型组织结构的适用条件

控股型组织结构适用于需要较大资金的投资项目，而本组织资金又不足的情况下，或者为了引入战略投资者的需要。控股公司不同于一般的公司，它是一个企业集合体，是一般公司发展到相当规模的结果。因为一家公司要对其他公司形成控股关系，必须拥有相当的实力，控股公司组建后，也就必然形成比单个公司更为强大的经济实体，所以国际上著名的大公司基本上都是控股公司，国内优秀的一些公司也正向控股经营方向发展。

案例

腾讯与京东

任何一家公司要想发展壮大，必然要接受各方资本的投资。否则，一旦资本投资了自己的对手，便会引发激烈的竞争。

2014 年，京东股票价格下跌，经营出现连续亏损，就在京东最为危急的时刻，腾讯向京东注资，购买了京东 15%的股份，并表示将会与京东展开战略合作。之后，小米手机开始入驻京东平台，京东的境况慢慢好转起来。

最初，腾讯本打算自己发展电商业务，但经过一系列尝试之后结果不尽如人意，于是果断放弃自行开发的念头，转而入股京东。得到腾讯注资的京东，获得了极大的发展。到 2016 年，腾讯所占京东的股份已经上升到了 21.25%，一跃成为京东最大的股东。很多网友表示，腾讯持有京东最大的股份，那么刘强东花费 20 年心血经营京东，反而沦为马化腾的员工?

然而事实并不是这样的。据媒体报道，目前，京东 CEO 刘强东是京东集团的第二大股东，但他拥有最多的投票权；腾讯公司身为第一大股东，却拥有较少的投票权。这是为什么呢?

原因就在于京东实行了境外架构中的“AB 股计划”（也称“牛卡计划”或“双股权结构”），即同股不同权。这种形式在美国很普遍，创始人持有的股权在股东大会上拥有数倍的投票权，从而掌控公司决策权，而大股东们只能参与分红。很多企业如阿里巴巴、百度、谷歌、Facebook 等都采用了这种股权结构。这就能保证，创业者即使为了融资将股份卖给其他人，也不会丧失对公司的绝对控制权。

（资料来源：百度百科）

5.3　组织人员配备

组织目标的确定为组织明确了工作方向，组织结构的建立为组织提供了实现目标的条件。但是要真正实现组织目标，还要靠组织中最主要的因素——人，没有人的组织是没有任何活力、任何功能的静态结构，也就无从谈起指导与领导及进行有效的控制。

5.3.1　人员配备的重要性

人员配置是企业为了实现生产经营的目标，采用科学的方法，根据岗得其人、人得其位、适才适所的原则，实现人力资源与其他物力、财力资源的有效结合而进行的一系列管理活动的总称。

（1）人员配备是组织有效活动的保证。人是组织中蕴藏着极大潜在能力的最重要资源，组织各部门是在任务分工基础上设置的，因而不同的部门有不同的任务和不同的工作性质，必然要求具有不同的知识结构和水平、不同的能力结构和水平的人与之相匹配。人员配备的首要任务就是根据岗位工作需要，经过严格的考查和科学的论证，找出或培训为自己所需的各类人员。

（2）促进组织结构功能的有效发挥。在复杂多变的环境中为从事组织活动所需要的主管人员做好准备，要使职务安排和设计的目标得以实现，让组织结构真正成为凝聚各方面力量、保证组织管理系统正常运行的有力手段，必须把具备不同素质、能力和特长的人员安排在适当的岗位上。只有使人员配备尽量适应各类职务的性质要求，从而使各职务应承担的职责得到充分履行，组织设计的要求才能实现，组织结构的功能才能发挥出来。

（3）充分开发组织的人力资源。现代市场经济条件下，组织之间的竞争的成败取决于人力资源的开发程度。在管理过程中，通过适当选拔、配备和使用、培训人员，可以充分挖掘每个成员的内在潜力，实现人员与工作任务的协调匹配，做到人尽其才、才尽其用，从而使人力资源得到高度开发。其中特别是主管人员在整个管理过程中起着举足轻重的作用，因此，有效地为组织机构配备各级主管人员是组织活动取得成效的最好保证之一。

5.3.2 人员配备的原则

组织人员配备工作的好坏关系到员工个人职业生涯的发展，关系到组织资源利用的效率，进而关系到组织的生存和发展。因此，做好人员配备工作，应该遵循一些基本原则，如图 5.11 所示。

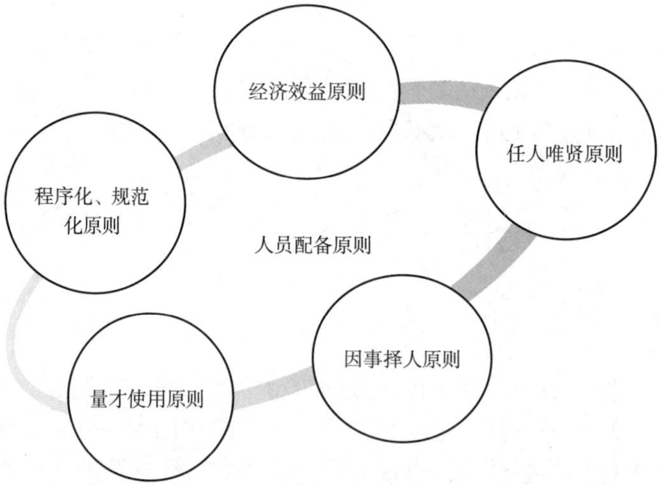

图 5.11 人员配备的原则

（1）经济效益原则。组织人员配备计划的拟订要以组织需要为依据，以保证经济效益的提高为前提；它既不是盲目地扩大员工队伍，更不是单纯为了解决员工就业，而是为了保证组织效益的提高。

（2）任人唯贤原则。在人事选聘方面，大公无私、实事求是地发现人才、爱护人才，本着求贤若渴的精神，重视和使用确有真才实学的人，这是组织不断发展壮大、走向成功的关键。

（3）因事择人原则。因事择人就是员工的选聘应以职位的空缺和实际工作的需要为出发点，以职位对人员的实际要求为标准，选拔、录用各类人员。

（4）量才使用原则。量才使用就是根据每个人的能力大小而安排合适的岗位。人的差异是客观存在的，一个人只有处在最能发挥其才能的岗位上，才能干得最好。

（5）程序化、规范化原则。员工的选拔必须遵循一定的标准和程序。科学、合理地确定组织员工的选拔标准和聘任程序是组织聘任优秀人才的重要保证。只有严格按照规定的程序和标准办事，才能选聘到真正愿为组织的发展做出贡献的人才。

5.3.3 管理人员的选聘标准

管理人员选聘是人员配备职能中最关键的一个步骤，不仅直接影响其他方面，而且对整个管理过程的进行，乃至整个组织的活动，也都有着极其重要和深远的影响。首先，要明白职位本身的要求，即要明确：这个职务是做什么的？需要一些什么知识和技能才能胜任？

管理人员的素质和能力总结如下。

1．管理欲望

强烈的管理欲望是管理者从事管理工作的前提，担任管理工作不仅意味着较高的报酬，同时也能取得较高的声望和地位，而且可以利用制度赋予的权力指挥他人劳动，一个对权力不感兴趣的人，是不能很好地运用权力的，所以，没有管理欲望的人不适合担任管理者。

2．道德品质

良好的道德品质是管理者应具备的基本素质，管理者担任重要职务并拥有较大的权力，而组织对其权力的运用很难全面监控，所以权力的运用在很大程度上取决于管理者个人良好的道德品质。

3．认知能力

认知能力主要指一个人从自我角色出发的分析和思考问题的能力。比如，解决问题的能力、决策能力、发现问题的能力、项目管理能力、时间管理能力、有效利用资源的能力等，这些能力不像具体的技术技能那样容易测量，但从某种意义上来讲这些能力更为重要。出色的管理者善于关注事情的细节，善于留意观察身边的人和事。他们善于抓住问题的要害，善于将问题“扼杀”在萌芽状态，但他们不会过分拘泥于小节，不会在意别人的一点小过错或小过失。

4．适应能力

在适者生存的法则下，管理人员要具备随着内外环境变化而懂得自我调节与校正的能力。比如，一个新应聘到岗的员工，在试用期如何融入企业中，以不断调节自我去适应该企业“软硬”环境的变化，从而逐步表现和发挥出自己过往的特长与工作能力。

5．协调能力

组织由多个职能部门构成，各职能部门有自己的利益，管理者需要合理调配人员、布置工作任务、平衡各方面利益、协调好内外关系，出色的管理者为人正直、表里如一，他们往往对人一视同仁，处事公平、公正。管理者不是扮演发号施令的“监工”角色，一个能让下属主动“追随”的管理者，依赖的是其个人魅力和领导力，而不是其手中的“权力”。

6. 沟通能力

沟通能力是与人际交往紧密联系的，而且是作为一个成功职业角色必不可少的技能。比如，在企业中，一名人事行政经理随时随地都需要与人打交道。

7. 目标与追求

出色的管理者一般都不会满足于当前的业绩，他们都有比较高远的目标和追求。他们不满足于现状，但绝不会脱离现实，他们总是一步一个脚印地为更高、更远的目标而奋斗。他们非常清楚自己的将来会是怎样的，而怎样才是他们想象中的将来。具有这样特征的管理者往往具有饱满的工作热情，并有持之以恒的工作动力。

5.4 打造团队精神

一个没有团队精神的组织将是一盘散沙，一个没有团队精神的民族将会难以强大。世界上少了战场上的硝烟，多了商场上的竞争，这是一个追求个人价值实现的时代，一个追求个人价值实现与团队绩效双赢的时代。个人单打独斗的时代已经远去，团队合作的时代已然到来，我们需要团队精神。

5.4.1 团队的构成

管理学家罗宾斯认为：团队就是由两个或两个以上相互作用、相互依赖的个体，为了特定目标而按照一定规则结合在一起的组织。团队的构成要素如图 5.12 所示。

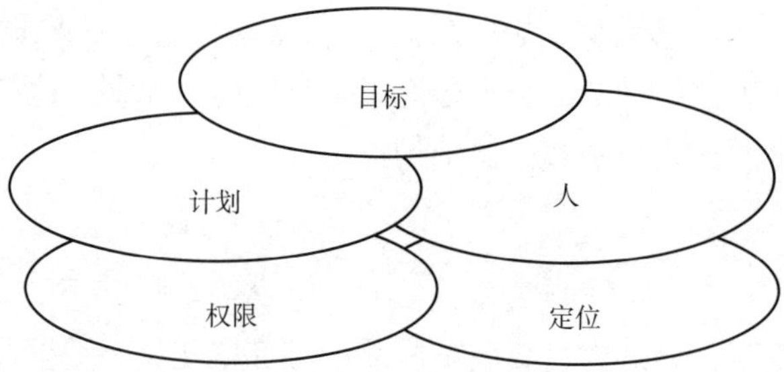

图 5.12　团队的构成要素

1. 目标

团队应该有一个既定的目标为团队成员导航，知道要向何处去，没有目标，这个团队就没有存在的价值。团队的目标必须跟组织的目标一致，此外，还可以把大目标分成小目标，再具体分到各个团队成员身上，大家合力实现这个共同的目标。同时，目标还应该有效地向大众传播，让团队内外的成员都知道这些目标，甚至可以把目标贴在团队成员的办公桌上、会议室里，以激励所有人为这个目标而努力。

2．人

人是构成团队最核心的力量，2 个（包含 2 个）以上的人就可以构成团队。目标是通过人员具体实现的，所以人的选择是团队中非常重要的一个部分。在一个团队中，需要有人出主意，有人订计划，有人实施，有人协调不同的人一起去工作，还有人去监督团队工作的进展、评价团队最终的贡献。不同的人通过分工来共同完成团队的目标，在用人时要考虑其能力如何，技能是否互补，其经验如何。

3．定位

团队的定位包含两层意思：①团队的定位，团队在企业中处于什么位置，由谁选择和决定团队的成员，团队最终应对谁负责，团队采取什么方式激励下属？②个体的定位，作为成员在团队中扮演什么角色？是订计划还是具体实施或评估？

4．权限

团队中领导者的权力大小跟团队的发展阶段相关。一般来说，团队越成熟，领导者所拥有的权力相应越小，在团队发展的初期，领导权相对比较集中。

5．计划

提前制订计划，可以保证团队工作的顺利进行。只有在计划的安排下团队才会一步一步地贴近目标，从而最终实现目标。目标的最终实现，需要一系列具体的行动方案，可以把计划理解成实现目标的具体工作的程序。

案例

阿里巴巴的团队合作

1999 年，马云与另外 18 个人在中国杭州市创建了阿里巴巴批发网。2014 年 9 月，阿里巴巴集团在美国挂牌交易。马云曾经说他搞销售、搞技术都不行，但他有一支优秀的团队。阿里巴巴非常注重团队，团队合作被纳入公司的核心价值观。

其包括：乐意接受同事的帮助，配合团队完成工作；决策前积极发表建设性意见，充分参与团队讨论，决策后，无论个人是否有异议，必须从言行上完全予以支持；积极主动分享业务知识和经验；主动给予同事必要的帮助；善于利用团队的力量解决问题和困难；善于和不同类型的同事合作，不将个人喜好代入工作，充分体现“对事不对人”的原则等内容。

（资料来源：刘晓航，赵文.马云：我的团队永不言败[M]. 武汉：华中科技大学出版社，2010.）

5.4.2 团队精神

团队精神是团队所有成员都认可的一种集体意识。团队精神是高绩效团队中的灵魂，简单来说，就是大局意识、服务意识和协调意识“三识”的综合体。团队精神反映团队成员的士气，是团队所有成员价值观与理想信念的基石，是凝聚团队力量、促进团队进步的内在力量。同时，团队精神也尊重每个成员的兴趣和成就，要求团队的每个成员都以提高自身素质和实现团队目标为己任。

所以说，团队是一种精神力量，是一种信念，是一个现代企业不可或缺的精神灵魂。而良好的企业团队精神来自正确的管理文化，没有良好的从业心态和自我牺牲的精神，就不会有坚实的团队精神。团队精神具体体现在以下几个方面。

1．统一的目标

目标是团队的前提，没有目标就称不上团队，因为先有了目标才会有团队。有了团队目标只是团队目标管理的第一步，更重要的是第二步——统一团队的目标，就是要让团队的每个人都认同团队的目标，并为达成目标而共同努力。

2．统一的规则

一个团队必须有规则，规则是告诉团队成员该做什么，不该做什么。不能做什么是团队行事的底线，如果没有设定底线就没有约束，一个没有约束的组织是不能称其为团队的。

3．统一的行动

一个团队在行动的时候要相互沟通与协调，让行动统一有序，使整个流程合理地衔接，每个细节都能环环紧扣。

4．统一的声音

团队在做出决策后声音一定要相同，不能开会不说，会后乱说，当面一套，背后一套。一个团队噪声太多会大大降低团队的效率。在团队内部有观念的冲突是合理的，但在决议形成后大家只能有一种声音。在这一点上，有的企业做得非常好，管理层推动大家在会上激烈地争吵，甚至可以和总经理争吵，但会上产生的决议大家都要严格地执行，不能有任何不协调的声音。

§ 案例

松下电器的团队精神

团队精神不仅是对员工的要求，更应该是对管理者的要求，管理者的执行力绝对不是个人的勇往直前、孤军深入，而是带领下属共同前进。

“经营之神”松下幸之助在 1945 年就提出：“公司要发挥全体员工的勤奋精神。”他不断向员工灌输“群智经营”的思想。这种思想认为：“松下的经营，是用全体员工的精神、肉体和所出资本集结成一体的综合力量进行的。”在他看来，员工的能力和潜力是无限的，只是缺乏必要的激励和调动。只要给予相应的激励和支持，他们就会努力起来。

为打造强大的团队，直至 20 世纪 60 年代，松下公司还在每年正月的一天，由松下幸之助带领全体员工，头戴头巾、身着武士上衣、挥舞着旗帜，把货物送出。在目送几百辆货车壮观地驶出厂区的过程中，每一位工人都会为自己是这一团队的成员由衷地感到骄傲和自豪。

（资料来源：余世维．有执行力的人的九个特点[EB/OL]．[2011-2013]．http://wenku.baidu.com/view/ 424317cd05087632311212f2.html.）

5.4.3 组织团队管理的要点

1．优秀的团队领导者

（1）品德高。一个优秀的人才拥有良好的品格，可以让成员觉得众望所归，可以成为团队的精神领袖，可以带领大家克服困难，迎来一个又一个成功。

（2）能力强。要想保证团队的同心同德，让大家心平气和地工作在一个有效的平台上，这个企业或组织优选出来的团队负责人一定要具备某一专长，也就是要有突出的能力，突出的能力必然带来突出的业绩，只有在能力、业绩上，而不是学历上超越下属，大家才能心服口服，才能避免出现内讧或者内耗，让下属能够安心地工作与处事，这个负责人可能是技术型的，也可能是管理型的，甚至有可能是从低到高发展起来的实干型的。

（3）多领导，少管理。作为一个团队领导者，如果仅依靠组织所授予的职权来管理下属，这是治标不治本的。通过组织授权是团队建设与管理的基础，但通过“领导”的方式，也就是通过个人内在涵养提升，展现自己严于律己等人格魅力，才能摈弃由于通过组织授权而采取“高压管理”而带来的缺乏人性化的弊端。

案例

左手抗疫，右手“领奖”，董明珠被“封神”实至名归

2 月 12 日，福布斯中国发布最杰出商界女性排行榜，董明珠位列榜首，成为中国商界最杰出女性。

对董明珠被“封神”，外界并不意外，早在 2017 年，董明珠就已问鼎榜首。她一次又一次地被评为中国商界最杰出女性，与她独特的价值观是分不开的。

对于一个企业家来说，让人记住的最好方式就是对社会有贡献，对国家有担当。

“新冠”疫情暴发以来，董明珠身先士卒，捐款捐物，体现出一个企业家应有的担当。正是这样的责任和担当，让董明珠一次次被媒体盛赞，给予极高的荣誉。

得知武汉要建火神山医院，董明珠主动请缨，组织人员加入该项目的建设中，承担起空调安装的重任，还无偿捐赠大量设备。2020 年 2 月 2 日，她又加大力度，派出技术团队加入雷神山医院的建设中，将格力最好的“无风界”空调支援到此，为抗击疫情捐赠总计价值 1 000 多万元的物资，为火神山和雷神山的如期完工做出了必要的贡献。

此后，疫情升级，作为格力电器董事长兼总裁，董明珠宣布，未来将为武汉抗击疫情捐款 1 亿元。一时间网络点赞无数。

在捐款捐物的同时，为了响应国家号召，加大医疗物资的生产，董明珠举格力之力加入“健康”智造领域，以“救人如救火”的速度加紧生产温度计、口罩生产设备、护目镜、杀病毒空气净化器等一系列抗疫产品。

为了给奋战在武汉的员工打气，2 月 12 日，董明珠在致武汉员工的慰问信中说：“我代表格力 9 万名员工，向奋战在武汉抗疫前线的你们致敬！”

（资料节选自：新浪微博. 电商报. 吴昕）

2．共同的事业愿景

（1）找到团队存在的价值和意义。人过留名，雁过留声，人在世上走一遭，总要留下点什么，一个找不到活着理由的人，注定犹如行尸走肉，而空虚度过一生。

（2）实现事业的团队分工与责任。为了达成企业的事业愿景或者使命，团队成员要有各自的组织分工，要明晰自己承担的事业责任，明确各自的职责，大家齐心协力，才能更好地落实组织的长远规划。

3．清晰的团队目标

（1）制定团队的经营目标。

（2）制定团队成员个人的利益目标。

4．互补的成员类型

（1）团队成员的个性互补。团队成员的个性互补，就像这个世界上有男有女方为和谐一样，一个团队的成员个性类型一定是互补型的，性格都较强或者都较弱，会让团队成为“争吵”的平台，或者让团队成为“绵羊”，而缺乏活力或者柔性，因此，团队的性格类型应该强、弱、柔互补。

（2）能力互补。战国时期的平原君赵胜为何能够顺利解除“邯郸之围”？这与其所养的拥有各类能力的“门客”有关。

§案例

乔布斯和库克，你更喜欢谁?

2011 年 10 月 5 日，史蒂夫·乔布斯因患胰腺癌病逝，享年 56 岁。他在去世前 2 个月，指定时任苹果首席营运官的库克接替他出任苹果 CEO。库克和乔布斯在公司面临危机时的表现也非常不同。乔布斯常常被视为攻击性很强的管理者，而库克的行事作风更倾向于理解他人和为他人着想。

乔布斯偏执、狂躁且掌控欲强，常常因为工作上的事大发雷霆甚至爆粗口。很多人觉得乔布斯过于咄咄逼人，蛮不讲理。但正是他这种较真和特立独行的个性，使苹果如此成功。

库克则温和很多。他会给人一种非常真诚的感觉，总是用一种温暖而友好的方式去表达自己的观念。在面对乔布斯强大的“扭曲力”时，库克可以做到不被扭曲。库克拥有天生的人格吸引力，是一位魅力型领导者。

众所周知，乔布斯是典型的产品主义者，库克则是营销主义者。乔布斯是一个偏执狂，尤其在产品上面，他要一手掌握，一切按照自己的意志去做，对产品有着严苛的追求。也正因为这种追求，使“乔布斯出品，必属精品”。而库克更多的是在乔布斯的产品主义哲学下，做出更好的营销，即在尽量保证生产出好产品的前提下，为公司创造更多的利润。所以在库克治下，苹果的营收、利润节节高升，市值更是突破万亿美元。

可以说，没有乔布斯就没有今天的苹果，而没有库克，就没有苹果的今天。

（资料来源：百度百科）

5．合理的激励考核

（1）建立合理而有挑战性的薪酬考核体系。在具备竞争力的前提下，按贡献大小予以合理分配薪酬，只有建立一套公平、公正、公开的薪酬体系，大家才能在同一套制度下，施展才华，建功立业。

（2）团队的成立阶段，要多奖励、少惩治。奖励是激扬人性，惩治是压抑个性，因此，为了避免大家离心离德，甚至分崩离析，就要多采取正面激励。

6．系统的学习提升

（1）创建学习型团队。知识改变命运，学习决定未来。只有打造学习型团队，保持决策的先进性、前瞻性，企业的流程才不会“僵死”，才会实现“大企业的规模，小企业的活力”，这种学习型团队，一定是自上而下的，团队成员每一个人都要有一种学习的动力与渴望，确保让学习成为企业的“驱动力”。

（2）打造学习型个人。作为组织要想方设法地为团队个人提供学习和成长的平台，打造学习的良好氛围。

相关知识

看得见、摸得到的组织文化

组织文化必须让员工“亲身体验”到，让员工感觉文化就在身边，与自己的工作息息相关。要做到这种境界，组织可以采取“三步走”：看得见、感受到、自己做。

1．组织文化要让员工“看得见”

组织文化要出现在组织的各个角落，不但要有能够体现组织文化的办公环境、建筑和设施，在办公区、会议室、板报、内刊、局域网等传播媒介和公众场合，更要注意时时宣扬和阐释组织的文化，尤其是组织文化理念。

2．组织文化要让员工“感受到”

文化不是“水中月、镜中花”，文化只有“落地”才能发挥效用。文化的“落地”，就是要转化为组织的日常管理和员工的工作行为。

员工的感受来自切身的工作，组织文化中与自己工作相关的因素有哪些？这些因素包括领导风格、职责权限、绩效考核、激励机制、团队关系、工作流程、培训体系、制度和规范。

不少企业的文化理念里都有“以人为本”，但真正做到以人为本的企业少之又少，有些企业很想塑造“以人为本”的文化，但是不知道如何去做。其实很简单，从员工接触公司的第一天、见到的第一个人起，他就在感受公司的文化了。面试时有没有人热情接待，考官的态度，进入公司后主管和同事是否真心帮助他，是否让他感觉到公司的温馨，这些还都是初步和浅层次的文化融合。当他在公司工作了一段时间，业务开始熟悉后，就会深刻体会到公司的流程、制度、规范、考核、激励机制等，这些是组织文化的深层次表现形式，也会使他逐步形成自己对文化的理解。公司只有在这些环节上都体现出“以人为本”，才能让员工认同。

3．组织文化要让员工“自己做”

（1）“品尝”文化。文化塑造的关键是让员工改变观念、按照组织文化的要求行动起来。人都有惰性或者叫惯性，都不愿意改变，要改变这种情况，除要积极进行沟通和培训外，重要的是让员工行动起来，即使带一定强制性，也必须按照要求做，也就是进行“文化体验”。在体验时，应该给员工一些利益，如轻松的沟通环境、灵活的激励机制、发些小礼品、有鼓舞性的庆典活动等，这些细节可以让员工在实际工作中感受到文化的力量，就像促销活动中的“尝一尝”。

（2）体会和感悟，总结和提升。很多企业的领导者都有这样的感觉，每天从早忙到晚，不停地讨论、计划和协调，做的好像都是下属应该做的工作，根本没有时间静下心来思考企业的战略、文化、团队建设这些至关重要的问题。

对于企业管理者来说，只是让员工“尝一尝”是不够的，还要让他们结合自己的工作和生活，对文化进行感悟，找到自己的差距和不足，让大家通过研讨和交流说出文化的“味道”。企业领导者要在组织中推行学习的文化，经常与下属沟通和交流。在这里，借助中国“禅学”的思想，强调文化要去“悟”，就是要定期进行反思和感悟。文化不是制度，不是要求大家整齐划一，而是人的一种心理契约，要靠大家静下心来，放弃喜怒哀乐这些情绪的影响，认真地思索：“我为什么在这里工作？为什么我要拥护组织文化？组织文化跟我有什么关系？我如何体现组织文化？”我们可以借助潜能开发里的方法如冥想、打禅等，进行反思和感悟，这样才能真正领会到文化的真谛。

（3）形成自己的思维模式和工作行为。根据心理学的观点，人的行为是其思维模式的体现，因此，文化塑造关键还在于让员工形成新的思维模式，自觉、自愿地认同组织文化，并体现在实际工作中。

要形成思维模式，首先要进行反思，发现自己思维中的盲点和死结，进而改善自己的心智模式，然后产生顿悟，达到自我超越的目的；其次要结合组织文化，重新思考自己的工作和生活，制订改善的方案和策略。

（资料来源：韦华伟. 中国管理传播网）

思考与练习

一、判断题

1. 组织的目标统一原则是指在建立组织结构时，要有明确的目标，并使各部门、员工的目标与组织的总体目标相一致。(　　)

2. 职能制也叫军队制，是一种最早也是最简单的组织形式。它的特点是不设专门的职能机构，企业各级行政单位从上到下实行垂直领导，下属部门只接受一个上级的指令，各级主管负责人对所属单位的一切问题负责。(　　)

3. 职能制组织结构由于按职能划分部门，其职责容易明确规定。(　　)

4. 矩阵制组织是在一个机构的职能式组织类型下，为某种特别任务，另外成立专门小组负责，此专门小组与原组织配合，在类型上有行列交叉之式，即矩阵式组织。(　　)

5. 组织目标的确定为组织明确了工作方向，组织结构的建立为组织提供了实现目标的条件。但是要真正实现组织目标，还要靠组织中最主要的因素——生产资料，没有生产资料的组织是没有任何活力、任何功能的静态结构，也就无从谈起指导与领导及进行有效的控制。(　　)

二、单项选择题

1. 为保证组织结构的完善和组织工作的有效进行，在组织结构的设计过程中，职位的职权和职责要（　　）。

A. 分清重点　　B. 对等一致　　C. 大小有别　　D. 放在第二位

2. 网络型组织结构简单、精练，由于组织中的大多数活动都实现了（　　），降低了管理成本，这些活动更多地靠电子商务来协调处理，组织结构可以进一步扁平化，效率也更高了。

A. 计划　　B. 控制　　C. 外包　　D. 决策

3. 控股公司是国外通常采用的一种产权经营组织。它不同于一般直接从事商品生产的企业，也不是简单的产品协作关系或企业间的合作关系，主要是通过控股的形式，以(　　)为基础从事公司的产权管理和经营。

A. 股权关系　　B. 营销关系　　C. 人事关系　　D. 财务关系

4. 强烈的（　　）是管理者从事管理工作的前提，担任管理工作不仅意味着较高的报酬，同时也能取得较高的声望和地位，而且可以利用制度赋予的权力指挥他人劳动，一个对权力不感兴趣的人，是不能很好地运用权力的。

A. 计划欲望　　B. 决策欲望　　C. 利益欲望　　D. 管理欲望

5. 一个组织的成员个性类型，一定是（　　），性格都较强或者都较弱，会让团队成为“争吵”的平台，或者让团队成为“绵羊”，而缺乏活力或者柔性。

A. 互补型的　　B. 互斥型的　　C. 互通型的　　D. 互联型的

三、多项选择题

1. 组织按满足心理需求可分为（　　）。

A. 正式组织　　B. 虚拟组织

C. 实体组织　　D. 非正式组织

2. 影响组织设计的因素有（　　）。

A. 环境的影响　　B. 战略影响

C. 技术的影响　　D. 组织规模与生命周期的影响

3. 迈克尔·波特曾在他的著作《竞争战略》一书中指出，大多数组织有三种竞争战略可供选择，它们是（　　）。

A. 人才领先战略　　B. 成本领先战略
C. 差异战略　　D. 集中战略

4. 职能制结构主要适用于（　　）企业。

A. 中小型　　B. 产品品种比较单一的
C. 生产技术发展变化较慢的　　D. 外部环境比较稳定的

5. 事业部制就是按照企业所经营的事业，包括按产品、按地区、按顾客（市场）等来划分部门，设立若干事业部。事业部是在企业宏观领导下，拥有完全的经营自主权，实行（　　）的部门，既是受公司控制的利润中心，具有利润生产和经营管理的职能，同时也是产品的责任单位或市场的责任单位，对产品设计、生产制造及销售活动负有统一领导的职能。

A. 独立经营　　B. 独立核算
C. 独立财务　　D. 独立人事

四、简答题

1. 简述组织的定义。
2. 简述直线职能制组织结构的特点。
3. 简述团队精神的要点。

实践与实训

观察本校的组织结构，画出其组织结构图，说明各部门大概的工作内容，以及这样设置组织结构的优劣。

你认为哪些部门是可以取消的？哪些部门是可以合并的？哪些部门是必须保留的？说明你的理由。

第6章

领　导

卓有成效的管理者善于用人之长。

学习目标

- 懂得领导的基本理论；
- 掌握人性假设的基本理论；
- 懂得领导者需要具备的素质；
- 掌握领导艺术。

学习导航

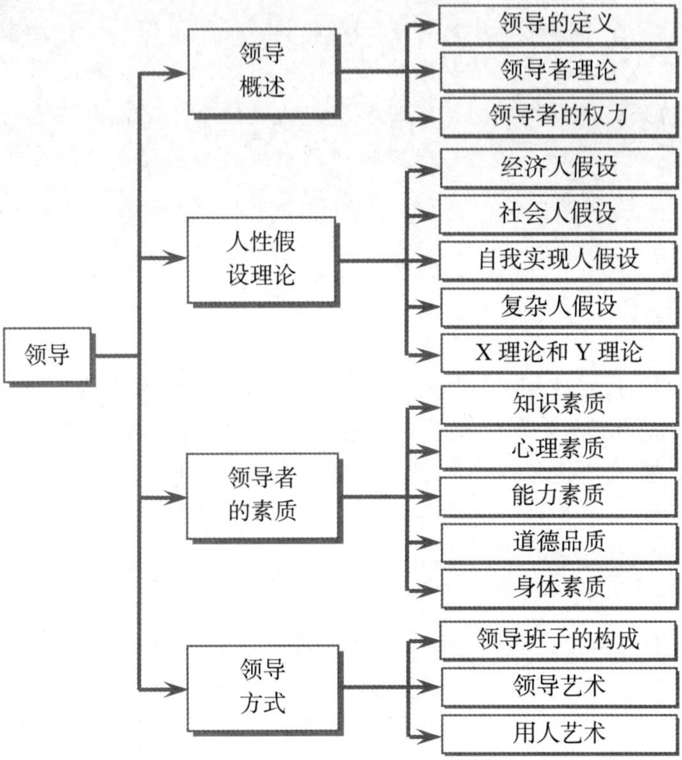

引导案例

汉高祖刘邦用人

司马迁在《史记·高祖本纪》中有一段话，其原文如下。

高祖置酒雒阳南宫。高祖曰："列侯诸将无敢隐朕，皆言其情。吾所以有天下者何？项氏之所以失天下者何？"高起、王陵对曰："陛下慢而侮人，项羽仁而爱人。然陛下使人攻城略地，所降下者因以予之，与天下同利也。项羽妒贤嫉能，有功者害之，贤者疑之，战胜而不予人功，得地而不予人利，此所以失天下也。"高祖曰："公知其一，未知其二。夫运筹于帷帐之中，决胜于千里之外，吾不如子房。镇国家，抚百姓，给馈饷，不绝粮道，吾不如萧何。连百万之军，战必胜，攻必取，吾不如韩信。此三者，皆人杰也，吾能用之，此吾所以取天下也。项羽有一范增而不能用，此其所以为我擒也。"

翻译如下。

高祖在洛阳南宫摆设酒宴。高祖说："列侯和各位将领，你们不能瞒我，都要说真心话。我之所以能取得天下，是因为什么呢？项羽之所以失去天下，又是因为什么呢？"高起、王陵回答说："陛下傲慢而且好侮辱别人；项羽仁厚而且爱护别人。可是陛下派人攻打城池夺取土地，所攻下和降服的地方就分封给人们，跟天下人同享利益。而项羽妒贤嫉能，有功的就忌妒人家，有才能的就怀疑人家，打了胜仗不给人家授功，夺得了土地不给人家好处，这就是他失去天下的原因。"高祖说："你们只知其一，不知其二。如果说运筹帷幄之中，决胜于千里之外，我比不上子房（张良）；镇守国家，安抚百姓，供给粮饷，保证运粮道路不被阻断，我比不上萧何；统率百万大军，战则必胜，攻则必取，我比不上韩信。这三个人都是人中的俊杰，我却能够使用他们，这就是我能够取得天下的原因所在。项羽虽然有一位范增却不信用，这就是他被我擒获的原因。"

启示：领导的关键在于用人，组织目标实现的关键在于下属，用人的前提是识人断人，用人的目的是通过激励、动员等手段来达到组织目标实现途径的最优化。用人是一种技巧，古今中外，凡是优秀的领导者，都是用人专家。

6.1 领导概述

组织是由人构造的，组织的目标也是由人来实现的。通过管理的计划、组织和控制活动，形成了管理活动的基本轮廓，但是以此还不足以有效地实施组织的目标。只有把领导者的领导活动同计划、组织和控制结合起来，才能有效地协调个人之间、群体之间的努力，才能使目标有效实现。

6.1.1 领导的定义

名词的领导是指领导者；动词的领导则是指领导活动。两者结合，所谓领导，我们认为：领导是一种影响力，是领导者为实现组织的目标而运用权力向其下属施加影响力的一种行为或行为过程。而领导者是实施领导的人，我们需要注意把领导同领导者区分开来。

1. 领导的要素

（1）领导行为具有明确的目的，并可以通过影响下属来实现这个目的。

（2）领导者必须拥有影响追随者的能力，这个能力包括组织赋予的权力和个人的人格魅力。

（3）领导者必须有下属，自己领导自己则不成其为领导。

2. 领导的作用

领导的作用是领袖和导师的艺术结合，如图 6.1 所示。

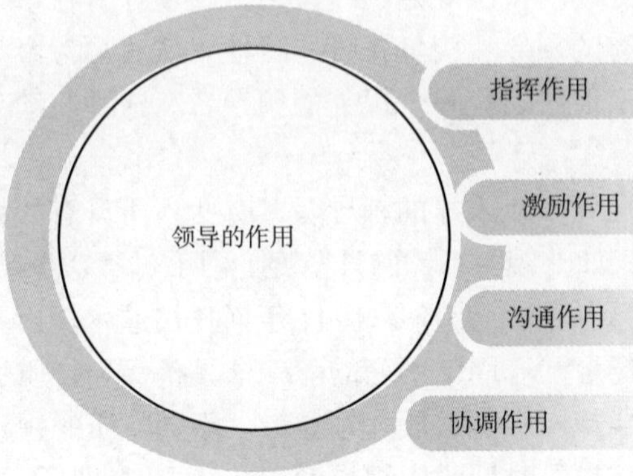

图 6.1 领导的作用

（1）指挥作用。在完成目标确立和实施目标任务的计划制订后，下一步的任务是在贯彻、实施目标任务过程中，但并不是每个人都明确地知道自己应该如何行动，才能符合组织的目标，这就需要领导者进行指挥。

指挥是通过命令、指示及指导、说服使被领导者协调而积极地实现组织目标的过程。在实施方案开始时，根据方案要求做出的力量部署和任务分配，是指挥；随后根据情况变化采取调整等随机处理措施，这仍然是指挥。指挥一般包括命令、指示、说服、示范等方式。

（2）激励作用。人们为了达到一定的目的的精神状态，犹如弓箭上弦。当人处于激励状态的时候，就会去努力实现某种行为。既然激励是通过满足人们的需求来引导人们做出预期的行为，那就意味着领导者要对下属实施激励，首先就要了解下属的需求是什么，然后通过满足他们的需求，使他们的行为朝着自己预期的方向来实现预期的目标。

（3）沟通作用。领导者在经营管理活动中必须及时向下属、同层次人员、上级或其他人员传达信息。要使对方理解其信息，使组织成员对目标的理解一致，就必须进行有效沟通。沟通能使领导者在组织内赢得和谐的人际关系，从而为领导工作的顺利开展提供条件。

（4）协调作用。组织内部各部门有各自的利益，各人分工完成的工作有先有后，而个人的力量又总是有限的。这些都需要领导者进行协调，使整个组织配合协调同步，领导者要履行好自己的职责，必须把周围人员的积极性调动起来、潜能发挥出来，靠集体的力量攻克难关。因此，协调是领导的重要作用之一。

6.1.2 领导者理论

1. 领导特质理论

领导特质理论着重研究优秀而成功的领导者的品质和特性（如形象、气质、语言、心理、观念、行为方式等）与领导成就大小的关系。研究依据和方法是从优秀的人物身上寻找共同之处，人们希望了解：为什么他们能够成为领导者？什么是领导力的决定因素？领导者区别于普通人的到底是什么？

该理论认为：领导效率的高低主要取决于领导者的特质，那些成功的领导者也一定有某些共同点。根据领导效果的好坏，找出好的领导者与差的领导者在个人品质或特性方面有哪些差异，由此就可确定优秀的领导者应具备哪些特性。然后再考察某个组织中的领导者是否具备这些特性，就能断定他是不是一个优秀的领导者。这种归纳分析法成了研究领导特质理论的基本方法。

最初的特质理论认为：存在天生或天才的领导者。有些人所具有的特殊形象、特殊个性或特殊出身使其成了领导者，如外貌特征“两耳坠肩、两手过膝、鼻梁通天”“血统论”。这种研究方法在 20 世纪中期受到质疑。特别是 1948 年斯托格迪尔提出：领导者与非领导者在特质方面的差异，在各种场合并非固定不变的。一个具备领导特质的人，在某种场合可能成为领导者，在另一种场合却未必能够成为领导者。不同特质的领导者却能够在相同情境下取得成功。例如，有人在战争时期成为领导者，在和平时期却不行。内行未必都是成功的领导者，外行也未必不能领导内行。不同群体期待不同的领导特质。但近年来发现，个性特质与领导知觉确有联系。优秀的领导者总是能够发现别人不能发现的问题，能够洞察别人无法感知的现象。

案例

任正非、马云、马化腾、雷军的日常：每天都是劳动节

管理界曾有一本流传甚广的经典图书《只有偏执狂才能生存》，这也是华为创始人任正非的座右铭。不只任正非，包括雷军、马化腾和马云等多位科技大佬，在业界看来都是勤奋和“偏执”的工作狂。

1.“劳模”雷军

雷军在科技圈素有“IT 劳模”之称，单是以“劳模雷军”为题的文章，在百度资讯中就有超过 900 条搜索结果。从金山到小米，雷军每次的创业态度都是“All in”。1990 年，雷军为了带领金山团队与微软竞争，主动放弃了所有节假日，几乎全天工作，采用 16×7 小时的工作时间。创办小米后，雷军的工作强度才有稍许改变，“现在我和我的员工都是一天工作 12 小时左右，我自己争取 11 点前能休息”。在一次央视节目上，雷军曾自曝说：“我现在基本每天中午饭只花三分钟的时间。”

潘石屹曾评价雷军说：“我从没见过一个企业家像雷军这么勤奋的。”他形容说，雷军对产品的考虑可以细致到手机外包装的塑料纸，而且在任何场合都在拿着小米手机、插线板产品推销，“我见过好几次，他就说你看我这个做得多好多好”。

2．“凌晨出没”马化腾

2018年的5月6日这天，科技圈曾闹过一场乌龙：在一篇名为《腾讯没有梦想》的文章走红后，有人晒出马化腾在凌晨2:39分时发出的一条200余字的微信，对该文章进行评论，这一评论在科技圈内快速发酵。在该截图被证明是假的之前，甚至连腾讯公关都曾回复称，这是马化腾本人所说。尽管这一乌龙事件在数小时后被证明是假的，不过，这次“凌晨评论”之所以能够迷惑众人，与马化腾一向在凌晨出没的工作习惯不无关系。

早在十多年前，马化腾凌晨不下班、凌晨3点回邮件等事迹，就已经在各种报道中流传开。吴晓波曾在《腾讯传》中写道，有一个程序员在半夜2点发邮件给马化腾，本想发完就睡了，没想到20多分钟后，就收到了马化腾的回复邮件。另一个流传甚广的例子是，马化腾在凌晨4点半发的邮件，经过总裁、副总裁和总经理的邮件讨论，在当晚10点，就发出了该项目的详细排期，全程用时18小时。

在无数个工作的深夜中，马化腾所做的，可能不仅是具体工作，也有对互联网未来发展的种种思考。2018年10月的一天深夜，他在知乎上写下这样一个问题：“未来十年哪些基础学科突破会影响互联网科技产业？产业互联网和消费互联网融合创新，会带来哪些改变？”

3．“高度焦虑”任正非

在科技圈，华为历来是“加班重灾区”，内部有著名的“床垫文化”，即员工在办公桌下备好床垫，加班工作太累时，可以抽出来直接睡，睡醒继续工作。这种“习以为常”的加班气氛，最初源于华为创始人任正非——在他的办公室中，也摆放着一个简单小床，用于加班时睡觉。

任正非的工作态度，可能来自他的“焦虑感”，相比其他科技大佬，生于1944年的任正非年纪较大，创立华为时已43岁，在创业之前，他刚刚经历了被公司除名和夫妻离婚，背负着200万元的债务。任正非在《一江春水向东流》一文中写道：“我是在生活所迫、人生路窄的时候，创立华为的。”

因此，在创业30余年中，任正非始终对事业保持高度的危机感。2002年，在华为遭遇增长危机时，他因为无力控制公司，“有半年时间都是噩梦，梦醒时常常哭”，甚至宣称“研发失败就跳楼”。

在任正非另一篇流传甚广的《华为的冬天》一文中，他直率地写道：“十年来，我天天思考的都是失败，对成功视而不见，也没有什么荣誉感、自豪感，而是危机感。也许是这样才存活了十年，我们大家要一起来想，怎样才能活下去，也许才能存活得久一点。”

4．“马不停蹄”Jack Ma

近年来，马云的确逐渐将阿里巴巴的管理工作放权至他的高管团队，自己开始向改善行业环境、公益等方向转身。不过，“放权”和“退休”，并不意味着马云就已削减了工作量而正式“隐居”。事实上，马云正在把“工作狂”的态度转移到公益、教师、社会责任等领域。

在 2015 年的瑞士达沃斯论坛上，马云首次提出了 eWTP 理念，eWTP 中文译为电子世界贸易平台，旨在促进跨境电子商务发展。

第二年，为推广 eWTP，马云累计飞行 800 多小时，访问 33 个国家。假设平均每次飞行时间 5 小时，意味着每两三天，就要飞行一次。这个数字已经接近职业飞行员的飞行里程，我国民航法规规定，飞行员每年飞行时间不得超过 1 000 小时。在一次内部会议上，马云调侃自己称，“飞行员飞完后可以睡觉了，我们还得继续干活”。

不久前，马云公开发表对当前互联网公司工作时长“996”的看法，引起众多争议。他称，只有更加努力工作才能够创造出更好的生活。如果不去努力工作，那么公司就会关闭，自己也会失业。

（资料来源：佚名. 快科技. https://baijiahao.baidu.com/s?id=1632291104925566631&wfr= spider&for=pc）

2．领导行为理论

1）俄亥俄州立大学的研究。美国俄亥俄州立大学的研究人员弗莱西曼和他的同事们关于领导方式的比较研究的结果进一步分为两个维度，即领导方式的关怀维度和定规维度。

美国俄亥俄州立大学的研究人员从1945 年起，以国际收割机公司的一家卡车生产厂为调查对象，对领导问题进行了广泛的研究，一般称为“俄亥俄学派理论”或“二维构面理论”。他们发现，领导行为可以用两个维度加以描述。

（1）关怀维度，是指一位领导者对其下属所给予的尊重、信任及互相了解的程度。这种领导的特征是体谅下属，与员工互相沟通，并处处顾及员工福利等。从高度关怀到低度关怀，中间可以有无数不同程度的关怀。

（2）定规维度，是指领导者构建任务，为了达到组织目标，领导者界定和构造自己与下属的角色的倾向程度。这种领导的特征是下命令、制订计划、强调时间完成界限并为工作制定详细的进度表。

因此，二维结构可构成一个领导行为坐标，如图 6.2 所示，大致可分为四个象限或四种领导方式。在生产部门，绩效与定规正相关，而与关怀程度负相关；但在非生产部门，这种关系恰相反。一般来说，高定规和低关怀的领导方式效果最差。

2）管理方格论。美国管理学家布莱克和穆顿于 1964 年设计了一个巧妙的管理方格图，可醒目地表示主管人员对生产的关心程度和对人的关心程度。横坐标与纵坐标分别表示对生产和对人的关心程度。每个方格就表示“关心生产”和“关心人”这两个基本因素以不同程度相结合的不同领导方式。对生产的关心表示为主管者对各种事物所持的态度，如政策决定的质量与过程，研究的创造性，职能人员的服务质量、工作效率及产品产量等。对人的关心的含义也很广泛，例如，个人对实现目标所承担的责任，保持员工的尊严，建立在信任而非顺从基础上的职责，保持良好的工作环境及只有满足感的人际关系等。这和上述“二维构面理论”极为相似。

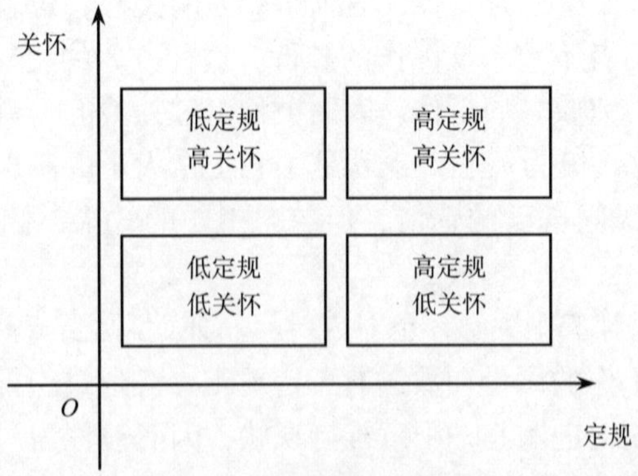

图 6.2　二维领导行为坐标

（1）它也采取二维面来说明领导方式，即对人的关心程度和对工作的关心程度。

（2）它也以坐标方式表现上述二维面的各种组合方式，各有 9 种程度，因此可以有 81 种组合，形成 81 个方格。

管理方格图就是所谓的“管理方格”，其中有5 种典型的组合表示典型的领导方式，如图 6.3 所示。

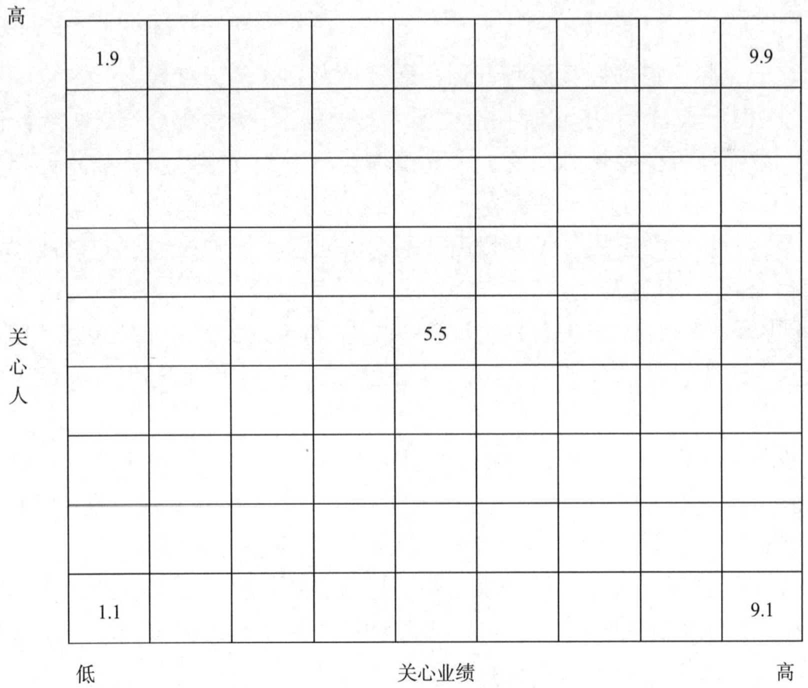

图 6.3　管理方格图

1.1 型方式：表示对工作和人都极不关心，采用这种方式的领导者只做维持自己职务的最低限度的工作，也就是只要不出差错，多一事不如少一事，因而被称为“贫乏型的管理”。

9.1 型方式：表示对工作极为关心，但忽略对人的关心，也就是不关心工作人员的需求和满足，并尽可能使后者不致干扰工作的进行。这种方式的领导者拥有很大的权力，强调有效地控制下属，努力完成各项工作，因而被称为“独裁的、重任务型的管理”。

1.9 型方式：表示对人极为关心，也就是关心工作人员的需求是否获得满足，重视搞好关系，强调同事和下级同自己的感情，但忽略工作的效果，因而被称为“乡村俱乐部型的管理”。

5.5 型方式：表示既对工作关心，也对人关心，兼而顾之，程度适中，强调适可而止。这种方式的领导者既对工作的质量和数量有一定要求，又通过引导和激励去使下属完成任务。但是这种领导往往缺乏进取心，乐意维持现状，因而被称为“中庸型的管理”。

9.9 型方式：表示对工作和对人都极为关心。这种方式的领导者能使组织的目标与个人的需求最有效地结合起来，既高度重视组织的各项工作，又能通过沟通和激励，使群体合作，下属人员共同参与管理，使工作成为组织成员自觉、自愿的行动，从而获得高的工作效率，因而被称为“战斗集体型的管理”。这种管理方式充分显示在管理过程中，指导与领导工作的表现使组织更有效、更协调地实现既定目标。也就是说，充分调动组织成员的积极性，把个人与组织的目标结合起来，形成人人为组织目标的实现而努力的局面。其关键在于如何协调个人与组织的目标。

案例

腾讯最新股权激励计划，最多可发 624 亿元红包

腾讯控股 2019 年 11 月 25 日晚在港交所发布公告称：为表彰获选参与者所做的贡献，并吸引、激励及挽留获选参与者，公司董事会已采纳受限制股份奖励计划。根据该计划，可能授出的股份数目不得超过于采纳日期已发行股份的 2%，且可向任何一名获选参与者授出的股份数目最多不得超过于采纳日期已发行股份的 1%。该计划初步将于采纳日期起 15 年内有效及生效。

如果按照腾讯 11 月 25 日 338.8 港元/股的收盘价，95.52 亿港元总股本，3.24 万亿港元总市值，上述股份奖励计划中，1%则意味着 324 亿港元市值，2%即意味着 648 亿港元市值。

此前，腾讯曾分别于 2007 年、2013 年提出过员工股份计划盘子，分别拟授出不超过当时总股份的 2%、3%的股份。最近一次即 2019 年 7 月执行的就是 2013 年的员工股份奖励计划，大手笔地发了大约 120 亿港元市值的股票奖励红包。

2019 年 7 月，腾讯公告称，向 23 271 位奖励人士授予共计 3 418.22 万股新股。按照腾讯 2019 年 7 月 8 日的收盘价 351 港元/股计算，此次发出的奖励股份的总值约为 120 亿港元，人均奖励约 51.5 万港元。

关键是，获得股份奖励的员工自己还不用花钱支付对价，由腾讯公司利用自有资源帮助这些员工购买股份。

腾讯在香港上市 15 年来，股价涨势大家有目共睹，未来 15 年内腾讯将创造怎样的市场表现，又将有多少员工会成为亿万富翁呢？

除了股份奖励，腾讯在给员工薪酬方面也不吝啬。根据腾讯 2019 年三季报，截至 9 月 30 日，公司有 6.09 万名雇员，比一年前增加了 8 248 名员工。而第三季度单季总酬金成本为 135.80 亿元，按照三季度期末员工数量简单折算，第三季度单季腾讯员工平均薪酬为 22.31 万元，平均月薪达 7.44 万元。

只能说有钱就是任性！当然在腾讯工作也是相当辛苦的，但有如此丰厚的奖励，辛苦也是值得的。

可以看出，腾讯通过股权激励计划，很好地将企业目标和员工个人目标结合起来，充分调动了员工的积极性，让员工自觉自愿地为企业的目标而努力，从而获得高的工作效率。

（资料来源：百度百科）

应该指出，上述典型的领导方式也仅是理论上的描述，都是极端的情况。在实际生活中，很难出现纯之又纯的典型领导方式。

3．领导权变理论

“权变”一词有“随具体情境而变”或“依具体情况而定”的意思。领导权变理论主要研究与领导行为有关的情境因素对领导效力的潜在影响。该理论认为，在不同的情境中，不同的领导行为有不同的效果，所以又被称为领导情境理论。

1）费德勒模式。1962 年，心理学家费德勒提出了一个“有效领导的权变模式”，即费德勒模式。费德勒认为，一个领导者，无论他采取何种领导方式，其最终目的都是获取最大的领导效能，要想取得理想的领导效能，必须使一定的领导方式和与之相适应的人际环境相配合，即领导情势，也称“团体-任务”情境，是指发生领导行为所处的人际环境，它包括三个要素。

（1）职位权力。职位权力指的是与领导者职位相关联的正式职权与从上级和整个组织各个方面所得到的支持程度，这一职位权力由领导者对下属所拥有的实有权力所决定。领导者拥有这种明确的职位权力时，组织成员将更顺从他的领导，有利于提高工作效率。

（2）任务结构。任务结构是指工作任务明确程度和有关人员对工作任务的职责明确程度。当工作任务本身十分明确、组织成员对工作任务的职责明确时，领导者对工作过程易于控制，整个组织完成工作任务的方向就更加明确。

（3）上下级关系。上下级关系是指下属对一位领导者的信任、爱戴和拥护程度，以及领导者对下属的关心、爱护程度。这一点对履行领导职能是很重要的。因为职位权力和任务结构可以由组织控制，而上下级关系是组织无法控制的。

在费德勒看来，一个领导者要想取得理想的领导效能，必须通过一定的领导方式来对领导情势实施有效的控制，而领导者对领导情势的控制程度又决定于领导者使领导情势三因素相互配合的状况。根据这三个因素不同的配合情形，可以看出领导对情势的控制程度有多高。

费德勒模式的最大优点在于它吸收了过去有关领导行为的研究成果，分清了不同的领导方式能够发挥领导效能的情境。

2）赫塞和布兰查德的情景理论。该理论认为下属的“成熟度”对领导者的领导方式起重要作用。所以，对不同“成熟度”的员工采取的领导方式应有所不同。

所谓“成熟度”，是指人们对自己的行为承担责任的能力和愿望的大小。它取决于两个要素：工作成熟度和心理成熟度。工作成熟度包括一个人的知识和技能，工作成熟度高的人拥有足够的知识、能力和经验完成他们的工作任务而不需要他人的指导。心理成熟度指的是一个人做某事的意愿和动机。心理成熟度高的个体不需要太多的外部激励，他们靠内部动机激励。

在管理方格图的基础上，根据员工的成熟度不同，将领导方式分为四种，即命令式、说服式、参与式和授权式。

（1）命令式。表现为高工作低关系型领导方式，领导者对下属进行分工并具体指点下属应当干什么、如何干、何时干，它强调直接指挥。因为在这一阶段，下属缺乏接受和承担任务的能力和愿望，既不能胜任又缺乏自觉性。

（2）说服式。表现为高工作高关系型领导方式。领导者既给下属以一定的指导，又注意保护和鼓励下属的积极性。因为在这一阶段，下属愿意承担任务，但缺乏足够的能力，有积极性但没有完成任务所需的技能。

（3）参与式。表现为低工作高关系型领导方式。领导者与下属共同参与决策，领导者着重给下属以支持及内部的协调沟通。因为在这一阶段，下属具有完成领导者所交给任务的能力，但没有足够的积极性。

（4）授权式。表现为低工作低关系型领导方式。领导者几乎不加指点，由下属自己独立地开展工作，完成任务。因为在这一阶段，下属能够而且愿意去做领导者要他们做的事。

根据下属成熟度和组织所面临的环境，领导生命周期理论认为，随着下属从不成熟走向成熟，领导者不仅要减少对活动的控制，而且要减少对下属的帮助。当下属成熟度不高时，领导者要给予明确的指导和严格的控制，当下属成熟度较高时，领导者只要给出明确的目标和工作要求，由下属自我控制和完成。

3）“目标-路径理论”。领导方式的“目标-路径理论”是领导权变理论的一种，由多伦多大学的组织行为学教授罗伯特·豪斯最先提出。“目标-路径理论”来源于激励理论中的期望理论。期望理论认为，个人的态度取决于他的期望值的大小（目标效价）及通过自己努力得到这一期望值的概率高低（期望概率）。

“目标-路径理论”同以前的各种领导理论的最大区别在于，它立足于下属，而不是立足于领导者。在豪斯眼里，领导者的基本任务就是发挥下属的作用，而要发挥下属的作用，就得帮助下属设定目标，把握目标的价值，支持并帮助下属实现目标。在实现目标的过程中提高下属的能力，使下属得到满足。

（1）“目标-路径理论”的两个基本原理。

① 领导方式必须是下属乐于接受的方式，只有能够给下属带来利益和满足的方式，才能使他们乐于接受。

② 领导方式必须具有激励性，激励的基本思路是以绩效为依据，同时以对下属的帮助

和支持来促成绩效。也就是说，领导者要能够指明下属的工作方向，还要帮助下属排除实现目标的障碍，使其能够顺利达到目标，同时在工作过程中尽量使其需要得到满足。

（2）豪斯确定的四种领导行为。

① 指导型领导。领导者对下属需要完成的任务进行说明，包括对他们有什么希望、如何完成任务、完成任务的时间限制等。指导型领导者能为下属制定出明确的工作标准，并将规章制度向下属讲得清清楚楚。指导不厌其详，规定不厌其细。

② 支持型领导。领导者对下属的态度是友好的、可接近的，他们关注下属的福利和需要，平等地对待下属，尊重下属的地位，能够对下属表现出充分的关心和理解，在下属有需要时能够真诚帮助。

③ 参与型领导。领导者邀请下属一起参与决策。参与型领导者能同下属一道进行工作探讨，征求他们的想法和意见，将他们的建议融入团体或组织将要执行的决策中去。

④ 成就取向型领导。领导者鼓励下属将工作做到尽量高的水平。这种领导者为下属制定的工作标准很高，寻求工作的不断改进。除对下属期望很高外，成就导向型领导者还非常信任下属有能力制定并完成具有挑战性的目标。

在现实中究竟采用哪种领导方式，要根据下属特性、环境变量、领导活动结果的不同因素，以权变观念求得同领导方式的恰当配合，如图6.4所示。

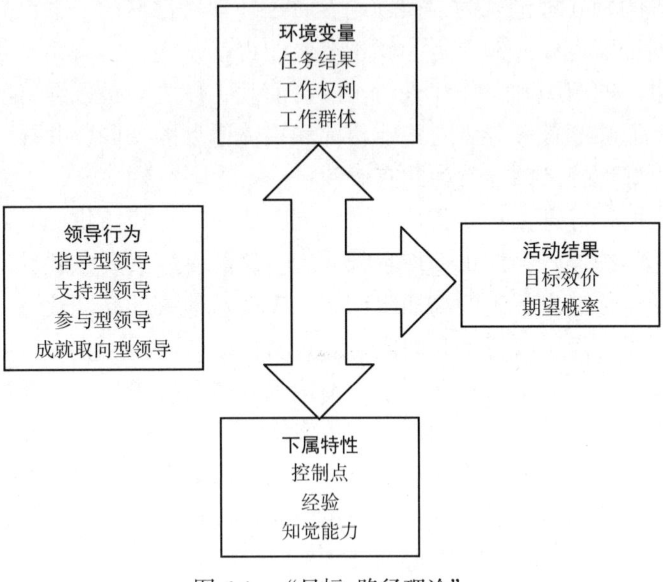

图6.4　“目标-路径理论”

（3）“目标-路径理论”的应用。和费德勒不同，豪斯主张领导方式的可变性。他认为，领导方式是有弹性的，这四种领导方式可能在同一个领导者身上出现，因为领导者可以根据不同的情况斟酌选择，在实践中采用最适合下属特征和工作需要的领导风格。豪斯强调，领导者的责任就是根据不同的环境因素来选择不同的领导方式。如果强行用某一种领导方式在所有环境条件下实施领导行为，必然会导致领导活动的失败。

如果下属是教条的和权力主义的，任务是不明确的，组织的规章和程序是不清晰的，那么指导型领导方式最适合。

对于结构层次清晰、令人不满意或者是令人感到灰心的工作，那么领导者应该使用支持型方式。当下属从事机械重复性的和没有挑战性的工作时，支持型方式能够为下属提供工作本身所缺少的“营养”。

当任务不明确时，参与型领导效果最佳，因为参与活动可以澄清达到目标的路径，帮助下属懂得通过什么路径和实现什么目标。另外，如果下属具有独立性，具有强烈的控制欲，参与型领导方式也具有积极影响，因为这种下属喜欢参与决策和工作建构。

如果组织要求下属履行模棱两可的任务，成就导向型领导方式的效果最好。在这种情境中，激发挑战性和设置高标准的领导者，能够提高下属对自己有能力达到目标的自信心。事实上，成就导向型领导可以帮助下属感到他们的努力将会导致有效的成果。

（4）以价值为基础的领导理论——“目标-路径理论”的发展。随着时代的发展，豪斯也没有固守着“目标-路径理论”而止步不前。20 世纪 90 年代中期，豪斯和他的同事们根据多年的实证研究，在“目标-路径理论”的基础上，综合了领导特质理论、领导行为理论及权变理论的特点，以组织愿景替换并充实原来的“目标-路径”，围绕着价值这个核心概念，阐述了什么样的行为能有效地帮助领导者形成组织的共同价值，以及这些行为的实施条件，提出了以价值为基础的领导理论。

以价值为基础的领导理论认为：被领导者对领导者所信奉的，并已融入企业文化中的价值的共享和认同程度越高，领导行为就越有效。也就是说，持有明确价值观的领导者，通过明确表达愿景，向组织和工作注入自己的价值观，使之与被领导者所持有的价值观和情感发生共鸣，从而唤起被领导者对集体目标和集体愿景的认同，并导致被领导者自我价值的提高，进而更好地提高领导行为的有效性。

以价值为基础的领导理论还认为，有一系列行为对于形成组织的共同价值非常有效，包括：清楚地表达组织愿景；向员工展示领导者自己的良好素质，领导者自己对愿景的不懈追求和牺牲精神；传达对员工的高档次期望，表达对他人的高度信心；树立追求组织愿景的个人榜样；用智慧的手段将富有创造性的人团结在自己周围。

这种激励效果比采用简单的物质奖励、地位提升或惩罚更加持久和有效。以价值为本的领导行为，能使组织成员自觉地朝着共同价值指引的方向去努力，而且成员之间为了实现共同价值会加强沟通，这样就容易形成一种氛围。与共同价值取向相一致的行为会得到大家的赞许和认同，能为组织做贡献将被视为个人自我价值提升的一种表现。这种组织，将是克服了组织与个人对立状态、取得和谐共生的组织。

值得注意的是，组织成员达成价值共识，意味着组织中的技术创新、组织变革会更加容易被接受。所以，以共同价值为基础的领导行为，能使组织更加适应环境的变化。

6.1.3 领导者的权力

领导者的权力分为两种，一种是法定权，是指单位或上级主管领导为领导者所任职的工作岗位赋予的职务权力，一旦领导者不再从事该职位，则该领导者所拥有的职位权将发生变化或被取消；另一种是非法定权，是指领导者在组织中的威信、威望，是一种非强制性的“影响力”。权威不是法定的，不能靠别人授予。权威主要取决于领导者个人的品质、思想、知识、能力和水平；取决于同组织人员思想的共鸣、感情的沟通，这种“影响力”一旦形成，各种人才和广大员工都会被吸引到领导者周围，心悦诚服地接受领导者的引导和指挥。

领导者不仅需要法定权，也需要非法定权，并协调好两者的关系。因此，作为领导者，一定要努力提高自己的专家权和声誉权的分量，让下属在自己的“能力”和“人格魅力”的感召下，不令而行，如图 6.5 所示。

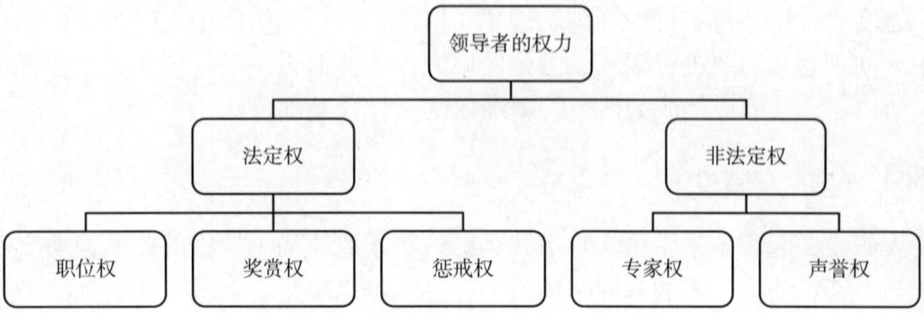

图 6.5　领导者的权力

1．法定权

（1）职位权。职位权是指单位或上级主管领导为领导者所任职的工作岗位赋予的职务权力。这些权力包括领导者对下属的薪酬决定、任务分工、工作安排、指挥等。职务权是外界授予的，与领导者所任职的职位息息相关。

（2）奖赏权。奖赏权是指领导者对下属进行表扬、奖励、晋升、加薪、休假或提供其他机会（如外派培训）等的权力。奖赏权是职位权派生出来的，因此也是外部授予的一种权力。一般来讲，拥有一定职位权的领导者同时拥有一定限度的奖赏权。

（3）惩戒权。惩戒权是指领导者对下属进行斥责、降职、罚款甚至解雇等的权力。惩戒权也是职位权派生出来的，因此同样也是外部授予的一种权力。这样，拥有一定职位权的领导者同时也拥有一定限度的惩戒权。惩戒意味着对被惩戒者某项工作某种程度的否定。

2．非法定权

（1）专家权。专家权是指领导者自身所拥有的知识、技能等所展示出来的一种综合能力，它是一种“隐性”的权力，是领导者自身所拥有的，与职位无关。一般来讲，下属都比较“尊敬”专家型上司，这样上司就能通过这一“隐性”的权力，让下属“自觉”行动，从而产生良好的管理效果。因此，专家权是不需要领导者刻意去“运用”的，它能自动发挥作用。

（2）声誉权。声誉权是指领导者自身个性、人格魅力、感召力、个人声誉、以身作则的为人风范等综合表现出来的一种权力。这种权力与专家权一样，也是一种“隐性”的权力，是领导者自身所拥有的，与职位无关。如果说专家权是领导者的“硬技能”所致，那么声誉权就是领导者的“软技能”所致。“声誉权”良好的领导者，能更多地得到他人的支持和尊重，从而让领导者的绩效更出色。

6.2 人性假设理论

人性假设是指领导者在管理过程中对人的本质属性的基本看法，管理的本质在于通过对人性的正确认识而采取适宜的组织行为以提高组织绩效。个体的人是构成组织的核心要素，人是影响管理绩效的决定性因素。而正式组织中的人的行为依存于人的选择、动机、价值观、态度、效用评价、行为准则、理想。因而，要了解组织中人的行为，就必须对管理活动中人的观念和需要进行深入、细致的研究。人性假设正是管理者关于被管理者需要的观念，所以，人性假设就成为研究管理绩效的人性论基础。

6.2.1 经济人假设

经济人假设，起源于享受主义哲学和英国经济学家亚当·斯密的关于劳动交换的经济理论。亚当·斯密认为：人的本性是懒惰的，必须加以鞭策；人的行为动机源于经济和权力，维持员工的效力和服从。

泰勒是"经济人"观点的典型代表。泰勒主张把管理者与生产工人严格分开，反对工人参加企业管理。他写道："一切计划工作，在旧制度下都是由劳动者来做的，它是凭个人经验办事的结果；在新制度下则绝对必须由管理部门按照科学规律来做，这是因为，即使劳动者熟悉工作进展情况并善于利用科学资料，要一个人在机器旁劳动，同时又在办公桌上工作，事实上是不可能的。显然，在多数情况下，需要有一类人先去制订计划，另一类完全不同的人去实施计划。"

泰勒所提倡的"时间-动作"分析，虽然有其科学性的一面，但其基本出发点是考虑如何提高生产率，而不考虑工人的思想感情。他认为，如果工人能按照他所设计的标准动作进行工作，工作效率就会提高。

根据经济人假设而采取相应的管理策略，可以归纳为以下三点。

（1）管理工作的重点在于提高生产率、完成生产任务，而对于人的感情和道义上应负的责任是无关紧要的。简单地说，就是重视完成任务，而不考虑人的情感、需要、动机、人际交往等社会心理因素。从这种观点来看，管理就是计划、组织、经营、指导、监督。这种管理方式叫作任务管理。

（2）管理工作只是少数人的事，与广大工人无关。工人的主要任务是听从管理者的指挥，拼命工作。

（3）在奖励制度方面，主要是用金钱来刺激工人的生产积极性，同时对消极怠工者采用严厉的惩罚措施，即"胡萝卜加大棒"的政策。

6.2.2 社会人假设

社会人假设的理论基础是人际关系学说，这一学说是由霍桑实验的主持者梅奥提出来的，之后又经英国塔维斯托克学院煤矿研究所再度验证。社会人假设认为在社会上活动的员工不是各自孤立存在的，而是作为某一个群体的一员有所归属的“社会人”。人具有社会性的需求，人与人之间的关系和组织的归属感比经济报酬更能激励人的行为。“社会人”不仅有追求收入的动机和需求，在生活、工作中还需要得到友谊、安全、尊重和归属等。

根据社会人假设而采取相应的管理策略，可以归纳为以下五点。

（1）管理人员不应只注意完成生产任务，而应把注意的重点放在关心人和满足人的需要上。

（2）管理人员不能只注意指挥、监督、计划、控制和组织等，而更应重视员工之间的关系，培养和形成员工的归属感和整体感。

（3）在实际奖励时，提倡集体的奖励制度，而不主张个人奖励制度。

（4）管理人员的职能也应有所改变，他们不应只限于制订计划、组织工序、检验产品，而应在员工与上级之间起联络人的作用。一方面，要倾听员工的意见和了解员工的思想感情；另一方面，要向上级反映员工的这些情况。

（5）提出“参与管理”的新型管理方式，即让员工和下级不同程度地参与企业决策的研究和讨论。

§案例

海底捞的团队式激励

海底捞是一家以经营川味火锅为主、融汇各地火锅特色为一体的大型餐饮集团。在海底捞，公司没有费尽心思地对员工进行考核，员工却尽心尽力地去工作，这与公司管理层所倡导的“客户满意”和“员工满意”理念是分不开的。海底捞的管理层认为，餐饮行业的成功秘诀在于客户满意，客户满意的秘诀在于新鲜可口的食品和良好的服务。对于火锅店来说，食品的新鲜可口可以通过完善的流程来保证，而良好服务的前提在于确保员工的满意。

海底捞的激励制度的成功之处在于：他们了解到，客户的满意不是某一个人能够决定的，而是由整个服务团队来决定的。因此，虽然公司不对每个人进行考核，却让每个员工非常清楚自己的目标是让客户满意。为此，在工作方法上，公司提供了培训，并给予员工相应的授权，让员工有能力提供优质的服务；在生活上，对员工提供关怀，解决其后顾之忧，让员工有意愿提供优质服务。因此，不论分工是什么，每个人都在自己的工作范围内尽职尽责。这种“润物细无声”的激励方式，岂不是比“胡萝卜加大棒”式的“激励”更好？

（资料来源：赵国祥. 管理心理学——理论、实务、案例、实践（第 2 版）. 东北财经大学出版社，2016.）

6.2.3 自我实现人假设

自我实现人假设是由马斯洛等人提出的。所谓自我实现，指的是人都有一种想充分运用自己的各种能力，发挥自身潜力的欲望，每个人都需要发挥自己的潜力，表现自己的才能，只有人的才能充分表现出来，人才会感到最大的满足。

根据自我实现人假设而采取相应的管理策略，可以归纳为以下三点。

1．鼓励员工自我实现的制度

自我实现人假设把注意的重点从人的身上转移到管理制度上，但重视因素与经济人假设的重视工作任务不同，重点不是放在计划、组织、指导、监督、控制上，而是要创造适宜的管理制度、工作条件，使人们能在这种环境下充分挖掘自己的潜力，充分发挥自己的才能，也就是说，能够充分地自我实现。

2．启发式管理

从自我实现人假设出发，管理者的主要职能既不是生产的指导者，也不是人际关系的调节者，而只是一个启发者。他们的主要任务在于如何为发挥人的智力创造适宜的条件，减少和消除员工自我实现过程中所遇到的障碍。

3．内在的奖励

麦格雷戈等人认为，对人的奖励可划分为两大类，一类是外在奖励，如工资、提升、良好的人际关系；另一类是内在的奖励，内在奖励是指人们在工作中能获得知识、增长才干、充分发挥自己的潜力等。只有内在奖励才能满足人们的自尊和自我实现的需要，从而极大地调动起员工的积极性。正如麦格雷戈所说："管理的任务只是在于创造一个适当的工作环境——一个可以允许和鼓励每位员工都能从工作中得到'内在奖励'的环境。"

6.2.4 复杂人假设

复杂人假设认为：每个人的需要都各不相同，需要的层次也因人而异，而且这些需要随着人的发展和客观条件的变化而发生变化。

复杂人假设使人性认识多元化，促进了管理科学理论的多样化，导致了"管理理论丛林"现象。如社会系统学派代表人物巴纳德认为，人是有自由意志、个性人格和决策能力的"决策人"。决策理论学派代表人物西蒙认为，人不是一种只会完成指定工作的工具，也不是仅会进行理性分析的机械人，人的学习、记忆、习惯等心理因素是影响决策的重要因素，人是"管理人"。

根据复杂人假设而采取相应的管理策略，我们认为：领导者根据具体的人的不同情况，灵活地采取不同的管理措施。也就是说，要因人而异、因事而异、因时而异地实行富有弹性的领导与管理。

6.2.5 X 理论和 Y 理论

X 理论和 Y 理论是管理学中关于人们工作源动力的理论，由美国心理学家道格拉斯·麦格雷戈 1960 年在其所著的《企业中人的方面》一书中提出来。这是一对基于两种完全相反假设的理论，X 理论认为人们有消极的工作原动力，而 Y 理论认为人们有积极的工作原动力。

1. X 理论的人性假设

（1）人生来就是懒惰的，只要可能就会逃避工作。

（2）人生来就缺乏进取心，不愿承担责任，宁愿听从指挥。

（3）人天生就以自我为中心，漠视组织需要。

（4）人习惯于守旧，本性就反对变革。

（5）只有极少数人才具有解决组织问题所需要的想象力和创造力。

（6）人缺乏理性，容易受外界的影响。

信奉 X 理论的领导者认为，企业目标和员工个人目标不可能是同一的，企业要求员工刻苦工作，而人天生都是好吃懒做的，因此在工作时都容易讨厌工作，尤其是逃避艰苦困难的工作。因此，要想企业各项工作得以完成，唯有对员工制定严格的纪律，采取强制、监管、惩罚等措施。在这种氛围中，俯首帖耳、老老实实工作的员工便是好员工。信奉 X 理论的领导者对下属的行动非常警觉，对他们的一言一行都非常敏感。他们更倾向于采取军队式的管理方法，要求下属对上级的指令绝对地服从，否则就要对他们实行责罚。

2. Y 理论的人性假设

（1）要求工作是人的本性。

（2）在适当条件下，人们不但愿意，而且能够主动承担责任。

（3）个人追求满足欲望的需要与组织需要没有矛盾。

（4）人对于自己参与的工作能实行自我指挥与自我控制。

（5）大多数人都具有解决组织问题的丰富想象力和创造力。

Y 理论跟中国古代认为“人之初，性本善”的观点很相似，认为人都是有良心和自觉性的，只要条件合适，员工一般会卖力地工作。要求员工有良好的工作表现和结果，不能仅靠苛刻的管理制度和惩罚措施。如果企业能够采取正确的激励措施，员工不仅能够在工作中约束自己，自觉地完成所分配的工作任务，还会发挥自己的潜能。持有这种信念的管理者往往采用松散诱导的管理方式，通过与员工一起制定目标的方式，促使员工参与管理，从而达到完成工作任务的目的。

6.3 领导者的素质

领导者的素质是指在先天禀赋的生理和心理基础上，经过后天的学习和实践锻炼而形成的在领导工作中经常起作用的那些基础条件和内在要素的总和。在领导科学理论的研究中，领导者的素质如图 6.6 所示。

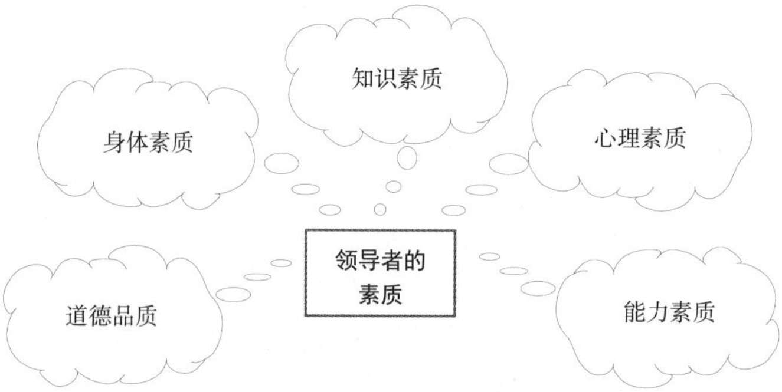

图 6.6　领导者的素质

6.3.1 知识素质

广博的知识和完整的知识结构会对人的判断力和思维方式产生潜移默化的影响，如果领导者的知识结构不够合理，面对新媒体带来的知识爆炸，就无法辨别信息的真假、分析信息中的矛盾，很难做到对信息的全面正确理解。只有掌握各种新媒体应用及信息社会的学习方法，不断完善知识结构，更新自己的知识体系，才能从根本上提高传播信息的鉴别、研判能力，提升对信息的吸纳能力和使用能力，及时发现经济和社会发展中的得失，为科学决策提供丰富翔实的资讯。

知识素质包括如下方面。

（1）宽广的知识面。当代科学技术发展的特点是高度分化又高度综合为主的整体化趋势。新兴科学不断涌现，边缘学科、交叉学科如雨后春笋，新的发明创造层出不穷。领导者具有宽广的知识面是创新的基础。

（2）管理知识。领导者处在管理者的角度，科学的企业管理方法需要科学的管理知识做指导，科学的管理知识是企业的一项重要的无形资产。管理知识包括企业管理方法、企业经营战略、人力资源管理、企业市场营销等，是领导者必须掌握的知识。

（3）本职专业知识。社会分工决定了企业生产的专业性，领导者要加强业务知识学习，不断提高专业素质，努力成为精通本职业务的“行家里手”；只有懂得本行业的基本知识，才不会瞎指挥、闹笑话，才能真正赢得基层群众的尊重和信任。

（4）社会实践知识。社会实践指在日常工作中不断培养自己各方面的素质，提高协调能力、办事能力和处理棘手问题的能力，理论和实践相结合。

6.3.2 心理素质

在管理学上，我们认为心理素质是一种面对突发事件或巨大压力时情绪的稳定性，心理素质以生理素质为基础，是心理潜能、能量、特点、品质与行为的综合。一个人的心理素质是在先天素质的基础上，经过后天的环境与教育的影响而逐步形成的。

心理素质包括如下方面。

1. 稳定的情绪

稳定的情绪指情绪状态比较平稳，情绪反应不强烈。情绪稳定的人，能积极地调节、控制自己的情绪，在短时间内没有大起大落的变化，一般不因外界刺激而产生强烈的反应，即使遇到突发事件时，也能控制自己的情绪。情绪稳定一般被看成一个人心理成熟的重要标志。很多人都有这种体验：在情绪良好时思路开阔，思维敏捷，学习和工作效率高；而在情绪低沉或郁闷时，则思路阻塞，操作迟缓，无创造性，学习和工作效率低。

2. 坚强的意志

人的活动，尤其是实践活动，离不开意志的作用。因此，人们广泛使用“意志”一词。坚强的意志就是做事情有耐心，不急躁；一旦确定了目标，就要坚持不懈地把它完成；遇到挫折时，努力想办法解决，直到将它克服。

3. 开朗的性格

性格是一个人在对现实的稳定的态度和与之相适应的行为方式中表现出来的人格特征，是一个人的品德，它受人的价值观、人生观、世界观的影响。体现为人们对现实和周围世界的态度，并通过对自己、对别人、对事物的态度和所采取的言行上表现出来。性格是在后天社会环境中逐渐形成的，是人的核心的人格差异。性格有好坏之分，能最直接地反映出一个人的道德风貌。

6.3.3 能力素质

能力素质也叫胜任力，能力从广义上来说，是人们认识、改造客观世界和主观世界的本领。从狭义上来说，是指胜任某种工作的主观条件。它表现为顺利完成某项活动且直接影响活动效率所必备的心理特征。领导干部的能力是领导干部从事管理活动必须具备的并直接和活动效率有关的基本心理特征。它是胜任领导工作，行使其权力，承担责任的主观条件。领导干部的能力素质是一个综合的概念，它是技术能力、决策能力和交往协调能力等各种能力的有机结合。它包括科学决策能力、组织领导能力、交往协调能力及识人用人的能力等。就能力的主体而言，不同的领导岗位需要的能力素质不一样，高层的领导主要需要科学决策能力。中层领导干部主要需要较强的交往协调能力，而基层领导干部偏重于技术方面的能力。

美国劳工部对劳动力市场进行了分析和调查后，提出了五种能力和三种素质。

1. 五种能力

（1）合理利用与支配各类资源的能力。时间——选择有意义的行为，合理分配时间，计划并掌握工作进展；资金——制定经费预算并随时做必要调整；设备——获取、储存与分配利用各种设备；人力——合理分配工作，评估工作表现。

（2）处理人际关系的能力。能够作为集体的一员参与工作，向别人传授新技术，诚心为顾客服务并使之满意，坚持以理服人并积极提出建议，调整利益以求妥协，能与背景不同的人共事。

（3）获取信息并利用信息的能力。获取信息和评估、分析与传播信息，使用计算机处理信息。

（4）综合与系统分析能力。理解社会体系及技术体系，辨别趋势，能对现行体系提出修改建议或设计替代的新体系。

（5）运用特种技术的能力。选出适用的技术及设备，理解并掌握操作设备的手段、程序；维护设备并处理各种问题，包括计算机设备及相关技术。

2．三种素质

（1）基本技能。阅读能力——会收集、理解书面文件；书写能力——正确书写书面报告、说明书；倾听能力——正确理解口语信息及暗示；口头表达能力——系统地表达想法；数学运算能力——基本数学运算以解决实际问题。

（2）思维能力。创造性思维，能有新想法；考虑各项因素以做出最佳决定；发现并解决问题；根据符号、图像进行思维分析；学习并掌握新技术；分析事物规律并运用规律解决问题。

（3）个人品质。有责任感，敬业精神；自重，有自信心；有社会责任感、集体责任感；自律，能正确评价自己，有自制力；正直、诚实、遵守社会道德行为准则。

6.3.4 道德品质

道德品质是指以善恶为标准，通过社会舆论、内心信念和传统习惯来评价人的行为，调整人与人之间及个人与社会之间相互关系的行为规范的总和。道德包含着客观和主观两个方面的内容。道德的客观方面指一定的社会关系对社会成员的客观要求，包括道德关系、道德理想、道德标准、道德原则和规范等。它贯彻到社会生活的各个领域，表现为政治道德、职业道德、婚姻家庭道德和社会公共生活准则等。道德的主观方面包括道德行为或道德活动主体的道德意识、道德判断、道德信念、道德情感、道德意志、道德修养和道德品质等。这方面的内容构成了道德原则和规范，要求转化为个人道德的实践。

领导者应该具有良好的道德品质。贪污受贿，任人唯亲等，不仅得不到广大员工的认可，而且会让自己锒铛入狱，受到惩罚。

6.3.5 身体素质

身体素质是人最基本的素质。没有健全的体魄和良好的身体素质，领导者就失去了事业成功的最起码的条件。身体素质包括体质、体力、体能、体形和精力。身体素质的测评大都可以通过现代医学手段进行，通过体检，可以测试出领导干部的身体健康状况。

6.4 领导方式

领导方式是指领导者实施领导行为所采用的具体形式和手段，有些领导严厉，有些领导宽容，不同的人有不同的表现方式，它直接影响着领导效能。了解和认识领导方式，并且善于随着时代的变化转变领导方式，是实现领导目标、做好领导工作的重要条件。

6.4.1 领导班子的构成

领导班子的构成指一个领导班子在知识、年龄、个性、能力、互补等方面的布局和搭配情况，是一个多序列、多层次、多要素的动态结合体。最佳的领导班子结构应该具有梯形的年龄结构、合理的专业结构、较高的智能结构、协调的素质结构等。合理的领导班子结构，可以通过成员间的有效组合，提高领导班子工作效率，最大限度地发挥领导班子成员的个体能力，产生领导的群体效能，使领导班子整体效能大于个体效能之和。

领导班子的构成要求如图 6.7 所示。

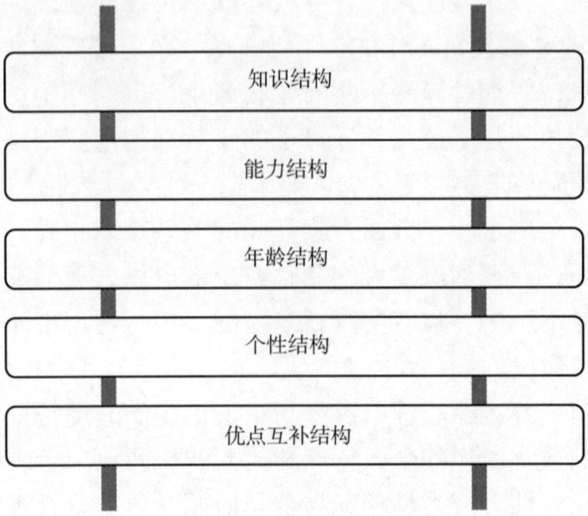

图 6.7　领导班子的构成要求

（1）知识结构。作为起“龙头”作用的领导班子，具有较高的知识结构势在必行，否则就无法驾驭全局工作。但仅有较高的理论水平还不行，一方面，有些文化水平较高的人，虽然有较系统的理论知识，但缺乏实践经验；另一方面，有些人虽然文化程度不高，但经过长期的刻苦自学和实际工作的锻炼，无论是理论知识还是工作能力都已达到甚至超过了有文凭的人，在企业中起到了顶梁柱的作用。所以，在配备各级领导班子时，我们不能一提专业化就只想到“科班”，一提知识化便只考虑文凭。只有坚持讲文凭而又不唯文凭，重在真才实学，把“秀才”与“干才”有机地结合在一起，才能使领导班子结构形成一个动态平衡的有机体，企业才能有朝气。

（2）能力结构。凡是战斗力强的企业领导班子，都应当是具有全面组织领导能力的“一把手”和精通专门业务知识的助手的合理搭配。这是因为，任何一个单位的工作都不应是单一发展的，如果没有深谋远虑、处事果断、能统筹全局的人担任主要领导，这个单位的工作就可能出现各行其是、一盘散沙的状况。主要领导要当好“班长”，就应该很好地学习和研究，如果不注意向自己的“一班人”做宣传工作和组织工作，不善于处理自己和委员之间的关系，就很难把这“一班人”指挥好。如果这“一班人”动作不整齐，就不能带领广大员工搞好企业。相反，如果一个班子没有几个有专业特长的人作为“一把手”的助手或参谋，把主要领导的决心和工作计划付诸有效的实施，同样也搞不好工作。俗话说，一个好汉三个帮，何况是一级领导班子呢？以子公司的领导班子为例：在配备一把手时，必须考察他们是否具有领导所属企业的管理工作能力。而在配备其他班子成员，特别是职能部门的领导时，要求和标准就要有所区别，主要看他们的专业水平能否胜任本员工作、精通本职业务。这样，才能使领导班子的配置做到主次分明、结构合理，有较强的适应性和自我调节能力，从而保证完成各项工作任务。

（3）年龄结构。企业领导班子年龄结构的梯次搭配是指企业领导班子中应有一个与领导和管理层次相适应的年龄比例。合理的企业领导班子年龄结构应当是以中青年为主体的梯次结构。中年人有着较丰富的经验和阅历，各方面都趋于成熟，便于对青年人进行传帮带，使其尽快成长；同时，青年人能保证领导人才的继承性和连续性，以防止出现领导层“青黄不接”的现象。企业是做经济工作的，不像军队、政府部门对年龄要求那么高，但它仍然对年龄有一定的要求，假如领导班子年龄老化严重，也同样担负不起现代化建设的重任。因此，不管是集团公司还是子公司领导班子的年龄结构都应当是老、中、青的梯次搭配。这是因为，企业干部流动量小、变化少，如果把一些“过渡性”的干部，年龄、工龄、资历相当的干部配进同一个班子，一方面，相互间的关系难以相处，有的甚至还会出现互不服气的现象；另一方面，一遇到班子大的调整或干部退休，就会造成“一锅端”的不良后果，这对企业的发展是不利的。只有实行新老搭配，传、帮、带才会有新的内容，才有利于企业各级班子的自身建设。

（4）个性结构。所谓个性，在心理上讲是指个人稳定的心理特征，如性格、兴趣、爱好、气质等，也就是我们通常所说的个人特点和给人的总印象。合理的领导班子结构，讲究构成领导班子的成员在个性上应当是相互吻合与协调一致的，否则就会出现“各唱各的调，各吹各的号”的现象。领导者个性的协调一致，是建立在领导成员的不同个性的基础上的，因为不同个性的领导人才在一起工作，就能互相弥补不足。例如，有的领导属于“粗犷型”的，这就要搭配同“暴躁型”性格相反的领导来弥补这个缺点。否则，如果搭配同一类型性格的领导，这个班子一般来说处理问题就容易偏激。

（5）优点互补结构。人的优点与缺点总是相互交织、彼此伴生的。在企业领导班子中，有企业管理专长的，有党建思想政治工作专长的；有的擅长策划，有的擅长实施，等等。因此，在一个班子中，要相互拾遗、彼此补漏，使缺点得以克服、优点得以发扬光大。一般来说，党政“一把手”应德才兼备，以全求精，应具有较强的组织、协调和统率能力。对副职，宜以才求德、以精求全。俗话说：有德无才会误事，有才无德会坏事。因此，在配备企业领导班子时，一定要正确处理好“德”与“才”的关系，合理使用干部，使其各得其所、各尽其才。

6.4.2 领导艺术

领导艺术是指在领导的方式方法上表现出的创造性和有效性。领导艺术有规律可循，这些规律就是领导行为模式。领导模式就是领导方法。哪位领导者在错综复杂的矛盾中抓住了主要矛盾，他就能把领导艺术演绎得出神入化。这里我们借用李开复先生的文字来说明领导的艺术。

1. 愿景比管控更重要

在著名的《基业长青》一书中，作者吉姆·柯林斯指出，那些真正能够留名千古的宏伟基业都有一个共同点：有令人振奋并可以帮助员工做重要决定的“愿景”。愿景就是公司对自身长远发展和终极目标的规划和描述。缺乏理想与愿景指引的企业或团队会在风险和挑战面前畏缩不前，他们对自己所从事的事业不可能拥有坚定的、持久的信心，也不可能在复杂的情况下，从大局、从长远出发，果断决策，从容应对。

一些人错误地认为，企业领导者的工作就是将 100%的精力放在对企业组织结构、运营和人员的管理和控制上。这种依赖自上而下的指挥、组织和监管的模式虽然可以在某些时候起到一定效果，但它会极大地限制员工和企业的创造力，并容易使企业丧失前进的目标，使员工对企业未来的认同感大大降低。相比之下，为企业制定一个明确的、振奋人心的、可实现的愿景，对于一家企业的长远发展来说，其重要性更为显著。处于成长和发展阶段的小企业可能将更多精力放在求生存、抓运营等方面，即便如此，领导者也不能轻视愿景对于凝聚人心和指引方向的重要性；对于已经发展、壮大的成功企业而言，是否拥有一个美好的愿景，就成为该企业能否从优秀迈向卓越的重中之重。

2. 信念比指标更重要

每个企业的领导者都应当把坚持正确的信念，恪守以诚信为本的价值观放在所有工作的第一位，不能只片面地追求某些数字上的指标或成绩，或者一切决策都从短期利益出发，而放弃了最基本的企业行为准则。相比之下，正确的信念可以带给企业可持续发展的机会；反之，如果把全部精力放在追求短期指标上，虽然有机会获得一时的成绩，却可能导致企业发展方向的偏差，使企业很快丧失继续发展的动力。

成功的企业总能坚持自己的核心价值观。例如，谷歌公司的核心价值观之一是“永不满足，力求最佳”。谷歌创始人之一拉里·佩奇指出：“完美的搜索引擎需要做到确解用户之意，解决用户之需。”对于搜索技术，谷歌不断通过研究、开发和革新来实现长远的发展，并致力于成为这一技术领域的开拓者。尽管已是全球公认、业界领先的搜索技术公司，谷歌仍然矢志不渝地坚持“永不满足”的信念，不断实现对自己的超越，奉献给用户越来越好的搜索产品。

3. 团队比个人更重要

在任何一家成功的企业中，团队利益总要高过个人。企业中的任何一级管理者都应当将全公司的利益放在第一位，部门利益其次，个人利益放在最后。这样的道理说起来非常明白，但放到实际工作中，就不那么好把握了。例如，许多部门管理者总是习惯性地把自己和自己的团队作为优先考虑的对象，而在不知不觉中忽视了公司的整体战略方向和整体利益。这种做法是非常错误的，因为如果公司无法在整体战略方向上取得成功，公司内部的任何一个部门，任何一个团队就无法获得真正的成功，而团队无法成功的话，团队中的任何个人也不可能取得哪怕是一丁点的成功。

好的管理者善于根据公司目标的优先级顺序决定自己和自己部门的工作目标及目标的优先级。例如，出于部门利益考虑，也许某个产品的研发无法在短期内获得足够的市场收益，部门管理者似乎应该果断放弃对该产品研发的投入，否则部门在该年度的绩效数据（如果仅以市场收益衡量的话）就有可能不是那么出色。如果从公司整体的角度出发，假设该产品是帮助公司在未来 2～3 年赢得潜在市场的关键因素，或者该产品的推广对于提高公司的企业形象有重要的帮助，那么对于该产品的投入是符合公司整体利益的，部门对于该产品研发目标及其优先级的设定就应该符合公司的整体安排。

4．授权比命令更重要

21 世纪的管理需要给员工更多的空间，只有这样才能更加充分地调动员工本人的积极性，最大限度地释放他们的潜力。放权的管理会越来越接近员工的期望，是最为聪明的管理方式。因为当企业聚集了一批足够聪明的人才之后，如果只是把这些聪明人当成齿轮来使用，让他们事事听领导指挥，那只会造成如下几个问题：一是员工的工作满足感降低；二是员工认为自己不受重视，工作的乐趣和意义不明显；三是员工很难在工作中不断成长；四是员工个人的才智和潜能没有得到充分发挥。

但是管理者该如何做好授权呢？这其中最重要的就是权力和责任的统一，即在向员工授权时，既定义好相关工作的权限范围，给予员工足够的信息和支持，也定义好它的责任范围，让被授权的员工能够在拥有权限的同时，可以独立负责和彼此负责，这样才不会出现管理上的混乱。也就是说，被授权的员工既有义务主动、有创造性地处理好自己的工作，并为自己的工作结果负责，也有义务在看到其他团队或个人存在问题时主动指出，帮助对方改进工作。

5．平等比权威更重要

在企业管理的过程中，尽管分工不同，但领导者和员工应该处于平等的地位，只有这样才能营造出积极向上、同心协力的工作氛围。

平等的第一个要求是重视和鼓励员工的参与，与员工共同制定团队的工作目标。这里所说的共同制定目标，是指在制定目标的过程中，让员工尽量多地参与进来，允许他们提出不同的意见和建议，但最终仍然由领导者做出选择和决定。这种鼓励员工参与的做法可以让员工对公司的事务更加支持和投入，对领导者也更加信任。虽然不代表每一位员工的意见都会被采纳，但当他们亲身参与到决策过程中，当他们的想法被聆听和讨论时，即使意见最终没有被采纳，他们也会有强烈的参与感和认同感，会因为被尊重而拥有更多的责任心。

平等的第二个要求是领导者要真心地聆听员工的意见。作为领导者，不要认为自己高人一等，事事都认为自己是对的。应该平等地听取员工的想法和意见。在复杂情况面前，领导者要在综合权衡的基础上果断地做出正确的决定。

6．真诚比体面更重要

真诚是所有卓越的管理者共同的品质。管理者应当学会以诚待人，尊重员工，让员工知道你理解并且感谢他们的工作。一些领导者为了“面子”，处处维护自己所谓的“权威”，不愿将自己真实的一面暴露给员工。殊不知，这种遮遮掩掩的领导者是很难得到员工的真正信任和支持的。对领导者来说，最重要的一点是要体谅和重视员工的想法，要让员工觉得你是一个非常在乎他们的领导。真诚意味着领导者需要对员工充分信任，不要对员工指手画脚，也不要任意干涉员工的行为方式。既要坦诚地面对自己，也要坦诚地面对他人，努力赢得同事或下属的信任。信任是一切合作、沟通的基础。如果团队缺乏合作，或者欠缺效率，那么最重要的原因很可能就是团队成员之间缺乏信任。

在互相信任的基础上，团队也需要有建设性的冲突。中国人传统上喜欢避免冲突，息事宁人，但是一个好的团队必须坦诚地面对各种问题。如果大家都能够对事不对人，那么公开的辩论会更有效率。只有把所有的信息放到桌面上，一个团队才能够更快、更有效地做出最好的决定。一个领导在带领团队的过程中，应该鼓励每个人开放地听取并接纳别人的正确意见，鼓励建设性的冲突和辩论，引导团队达成共识。当共识无法达成的时候，则引导团队做一个智慧的选择，而不是为了安抚大家而做简单的折中。

6.4.3 用人艺术

领导用人艺术如图 6.8 所示。

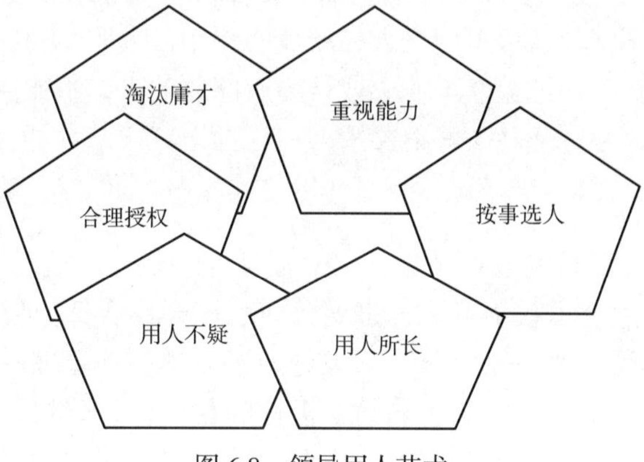

图 6.8 领导用人艺术

1．重视能力

我们已经进入知识经济社会，这是一个建立在人的素质和动力基础上的社会。人力资本从未像今天这样成为经济社会发展最为核心的要素。从关注和强调作为其载体的人的能力出发，讨论开发、评价和利用这一要素资本就显得特别重要。什么样的人力资本素质可以被称为“能力”？什么样的人是“人才”？社会对此的认识开始经历由用“好人”，向具备实现社会发展战略目标所需的技能的“有能力的人”转变。传统“好人”的观念是，忠诚、苦干、投入、具备专长；新的“有用的人”的观念是，具备较强的口头表达能力、人际关系处理能力、团队精神、职业精神、分析能力、实施能力、新事物接受和运用能力。可见，能力导向已成为一种主流。

2. 按事选人

领导者在搭班子组建领导团队时，到底是应该因人设事，还是应该因事设职呢？这在很大程度上决定了组织机构的运作效率，对组织的发展影响很大。西晋的哲学家傅玄在其著作《傅子 · 安民》篇中说："量时而置官，则吏省而民供。吏省则精，精得当才而不遗力。"意指：要根据现实情况设置职位，这样官员就会减少，百姓容易供养得起。官员减少则会精干，官员精干才会使他们的才能与职务相称，并得到充分发挥。傅玄是主张"因事设职"的。

3. 用人所长

用人所长是用人艺术的核心。不同的工作岗位对人才有不同的要求；不同的人对岗位也有不同的适应性。量才用人，需要根据不同人才的素质才智，安排相应的岗位。既要防止大材小用，浪费人才，也要防止小材大用，虚占其位，贻误事业。可见，"用人如器"。俗话说，"金无足赤，人无完人""瓜无滚圆，人无十全"。任何一个人都不可能十全十美，聪明的领导在于扬其长，避其短。

4. 用人不疑

俗话说："用人不疑，疑人不用。"这里的"疑"，是不分明，不确定，不相信，有疑心。大概意思是：对感觉不错的认为可用之人，就放心使用、大胆使用，在使用过程中也不必有疑虑；对感觉靠不住、没把握、不放心或认为有问题的人，不能使用。还可以解释为：用了人就不要对人不放心，怀疑人就不要用人。

5. 合理授权

在管理学中，集权与分权是两个彼此对立而又互相依存的概念，不存在绝对的集权，也没有绝对的分权；过度集权不可取，过度分权也同样不合适。所以，集权与分权，不能用"好"与"坏"简单地加以区分。从理论上讲，集权的管理模式有利于提高效率和改进合作，但是集权又不利于激发下属的积极性和创造性；分权无疑对培养下属的积极性和创造性大大有益，但是过分分权，往往会导致失控。管理者需要在集权与分权之间寻求平衡。

6. 淘汰庸才

庸才、愚才要及时淘汰。人非圣贤，孰能无过。在用人过程中，再高明的领导者也有失误的时候。这并不可怕，关键是一旦发现庸才、愚才虚占其位，就要坚决而得法地将其撤换。如果在任期内频繁地更换下属，问题可能就是领导者的了。发现庸才、愚才不及时撤换，或者频繁地更换下属，既影响工作，又会给领导者带来负面的影响，还容易起到不良的导向作用。

相关知识

诸葛亮选人

诸葛亮的“知人”方法对于经营者在用人上是大有帮助的。其方法如下。

“问之以是非，而观其志。”就是要亲自与下级讨论对各类事物是非对错的看法，来观察他的立场、观点、信仰、志向是否明确、坚定。

“穷之以辞辩，而观其变。”就是要求领导者就工作中某些现实问题的处理意见同下级不断地进行辩论，提出质疑，以此来考察他的智慧与应变能力。

“咨之以计谋，而观其识。”就是不断地向下级提出咨询，请他们对一些重大问题提出谋略和决策方案，以考察他是否有能力和见识。

“告之以祸难，而观其勇。”就是告诉下级可能面临的灾祸和困难，来识别他是否能临难而出，勇往争先，义无反顾，救国救民。

“醉之以酒，而观其性。”就是领导在与下级同宴时可以劝他饮酒，以观察他是否贪杯、酒后能否自制及表露出来的本来性格如何，是否表里如一，等等。

“临之以利，而观其廉。”就是把下级放在有利可图或者可以得到非分利益的工作岗位上，看他是廉洁奉公、以人民利益为重，还是贪图私利或者只顾小集团的利益，见利忘义。

“期之以事，而观其信。”就是委托下级独立自主地去完成某种工作，看他是恪尽职责、克服困难，想办法把事情办好，还是欺上瞒下、应付了事，来考察下级是否忠于职守、恪守信用。

（资料来源：高国政. 卡耐基经商之道）

思考与练习

一、判断题

1. 只有把领导者的领导活动同计划、组织和控制结合起来，才能有效地协调个人之间、群体之间的努力，才能使目标有效实现。(　　)

2. 领导特质理论着重研究优秀而成功的领导者的品质和特性（如形象、气质、语言、心理、观念、行为方式等）与领导成就大小的关系。(　　)

3. 在领导管理方格论中，1.1 型方式，表示对工作和对人都极为关心。这种方式的领导者能使组织的目标与个人的需求最有效地结合起来，既高度重视组织的各项工作，又能通过沟通和激励，使群体合作。(　　)

4. 社会人假设认为：人具有社会性的需求，人与人之间的关系主要依靠经济报酬激励人的行为。“社会人”追求收入的动机和需求。(　　)

5. Y 理论认为人们有消极的工作原动力，而 X 理论认为人们有积极的工作原动力。(　　)

二、单项选择题

1. 领导权变理论主要研究与领导行为有关的（　　）对领导效力的潜在影响，该理论认为，在不同的情境中，不同的领导行为有不同的效果，所以又被称为领导情境理论。

A. 内在因素　　B. 领导因素　　C. 情境因素　　D. 控制因素

2.（　　）是“经济人”观点的典型代表，他主张把管理者与生产工人严格分开，反对工人参加企业管理。

A. 泰勒　　B. 梅奥　　C. 法约尔　　D. 吉米

3.（　　）是指在先天禀赋的生理和心理基础上，经过后天的学习和实践锻炼而形成的在领导工作中经常起作用的那些基础条件和内在要素的总和。

A. 劳动能力　　B. 领导者素质

C. 学习能力　　D. 工作能力

4. 领导艺术是指在领导的方式方法上表现出的创造性和有效性，领导艺术有规律可循，这些规律就是领导（　　）。

A. 计划模式　　B. 决策模式　　C. 利益模式　　D. 行为模式

5. 不同的工作岗位，对人才有不同的要求；不同的人，对岗位也有不同的适应性，（　　）需要根据不同人才的素质才智，安排相应的岗位。

A. 过度用人　　B. 量才用人

C. 任人唯亲　　D. 用有能力的“超人”

三、多项选择题

1. 领导的作用有（　　）。

A. 指挥作用　　B. 激励作用　　C. 沟通作用　　D. 协调作用

2. 领导二维构面理论将领导行为从两个构面加以描述，这两个构面是（　　）。

A. 环境维度　　B. 关怀维度　　C. 定规维度　　D. 组织维度

3. 领导者的权力分为（　　）两种。

A. 法定权　　B. 惩罚权　　C. 奖励权　　D. 非法定权

4. 领导班子的构成指一个领导班子在（　　）等方面的布局和搭配情况，是一个多序列、多层次、多要素的动态结合体。

A. 知识　　B. 年龄　　C. 个性　　D. 能力

E. 互补

5. 领导的心理素质要求包括（　　）。

A. 稳定的情绪　　B. 坚强的意志

C. 对财务的掌控意识　　D. 开朗的性格

四、简答题

1. 简述领导的定义。

2. 简述领导者知识素质的重要性及包括的内容。

3. 简述领导班子搭配年龄结构的重要性。

实践与实训

假设你是本班的班长，在校运会上，本班有运动员参加比赛，作为啦啦队的本班同学出现在运动场上的却不多，看到别的班热火朝天的情景，你作为班长非常气愤，再也控制不住自己的情绪，在第二天的班会上，发了很大的火。

你觉得问题出在哪里？怎样解决？

（也可以讨论本班其他工作安排中遇到的困难，作为班干部，应该怎么对待与处理？）

第 7 章

控　　制

成功的企业领导不仅是授权高手，更是控权高手。

学习目标

- ❍ 懂得控制的定义和类型；
- ❍ 懂得控制的整个过程；
- ❍ 懂得人员控制方法、作业控制方法、绩效控制方法。

学习导航

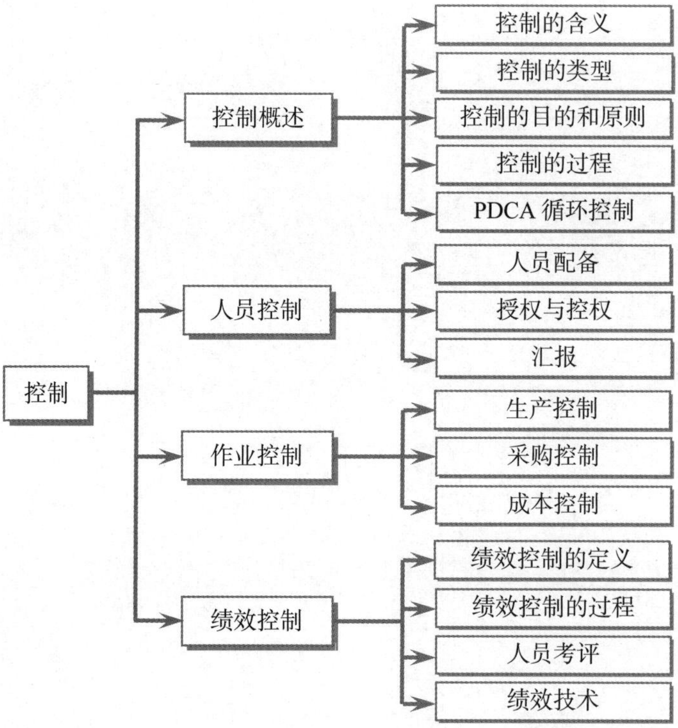

引导案例

扁鹊的医术

魏文王问名医扁鹊说："你们家兄弟三人，都精于医术，到底哪一位最好呢？"

扁鹊答："长兄最好，中兄次之，我最差。"

文王再问："那么为什么你最出名呢？"

扁鹊答："长兄治病，是治病于病情发作之前。由于一般人不知道他事先能铲除病因，所以他的名气无法传出去。中兄治病，是治病于病情初起时。一般人以为他只能治轻微的小病，所以他的名气只及本乡里。而我是治病于病情严重之时。一般人都看到我在经脉上穿针管放血、在皮肤上敷药等大手术，所以以为我的医术高明，名气因此响遍全国。"

启示：事后控制不如事中控制，事中控制不如事前控制，可惜大多数的企业经营者均未能体会到这一点，等到造成了重大的损失才寻求弥补，而往往是即使请来了名气很大的"空降兵"，也于事无补。

（资料来源：百度知道）

7.1 控制概述

随着全球经济一体化进程的加快，企业在激烈的市场竞争环境下面临的不确定性越来越大。企业为了生存和发展，纷纷加强了自身的有效管理，重视由外向内的反馈管理，因此，迫切需要建立一个有效的内部管理控制系统，以保证企业战略目标的实现。

7.1.1 控制的含义

管理中的控制就是按设定的标准去衡量计划的执行情况，并通过对执行偏差的纠正来确保计划目标的实现。

我们从四个方面来理解控制，如图 7.1 所示。

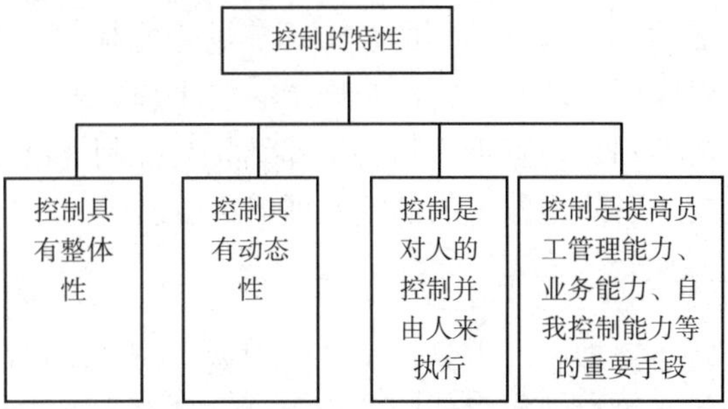

图 7.1 控制的特性

（1）控制具有整体性。所有管理人员均参与到控制中，同时控制包含组织的各个方面（如人员的士气与作风、工作程序、产品质量、资金成本、物料消耗、工作或学习业绩等）。

（2）控制具有动态性。企业所处的环境是不断变化的，控制目标、手段和方法也要相应地进行变化。

（3）控制是对人的控制并由人来执行。人是企业最关键的因素，控制包含对机器设备的控制和对人的控制，但管理学里面讲的控制主要是对人的控制。

（4）控制是提高员工管理能力、业务能力、自我控制能力等的重要手段。企业运行出现偏差后，没有控制，就无法及时纠正错误。通过控制手段，促使员工提高业务水平和规范自身行为。

7.1.2 控制的类型

在实际管理过程中，按照不同的标志，可把控制分成多种类型，各种不同类型的控制有其不同的特点、功能与适应性，控制的类型如图 7.2 所示。

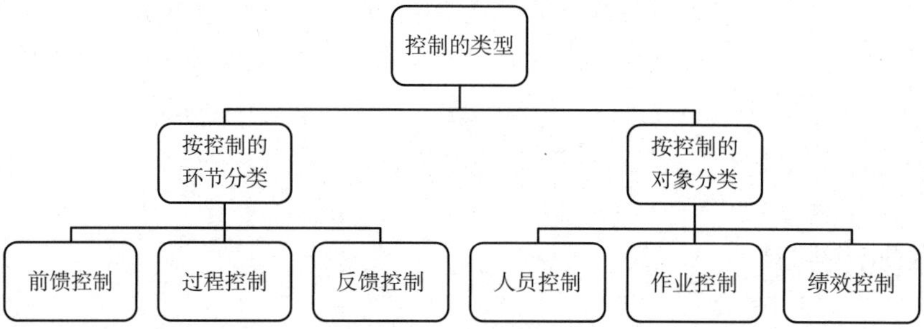

图 7.2 控制的类型

1. 按控制的环节分类

（1）前馈控制。前馈控制又称预先控制，是面向未来的控制，是计划实施前采取预防措施防止问题的发生，而不是在实施中出现问题后的补救。管理人员常通过用获取的最新信息结合上一个控制循环中的经验教训，反复地对可能出现的结果进行认真预测，估计未来可能出现的问题，提前采取措施，将可能发生的偏差消除在萌芽状态，为避免在未来不同发展阶段可能出现的问题而事先采取的措施。

（2）过程控制。过程控制是指在某项活动或者工作过程中，管理者在现场监督检查、指导和控制下属人员的活动，对执行计划的各个环节进行控制，当发现不符合标准的偏差时立即采取纠正措施，以保证活动和行为按照规定的程序和要求进行的管理活动。

（3）反馈控制。反馈控制是指管理人员将工作结果与控制标准相比较，发现偏差所在并找出原因，拟定纠正措施以防止偏差的继续发展或再度发生。

2. 按控制的对象分类

（1）人员控制。在企业管理中，人是最灵活的因素，对于人员的控制是企业成败的关键所在。人既可以成为企业成功的决定性因素，也可能是企业倒闭的原因。领导的大部分时间都在考虑人员控制的问题，人员控制的主要内容就是授权和激励。

（2）作业控制。任何一个企业都是通过一系列的作业系统实现原材料的输入到产成品的输出过程，通过生产作业、采购作业、物流作业、质量管理、成本控制等来完成既定目标的，只有各作业系统正常运转，才能保障企业的正常经营活动。

（3）绩效控制。绩效控制是员工和领导就绩效问题所进行的双向沟通的过程。在这个过程中，领导与员工在沟通的基础上，帮助员工订立绩效发展目标。在此基础上，作为一段时间绩效的总结，领导通过科学的手段和工具对员工的绩效进行考核，确立员工的绩效等级，找出员工绩效的不足，进而制订相应的改进计划，帮助员工改进绩效提高中的缺陷和不足，使员工朝更高的绩效迈进。

7.1.3　控制的目的和原则

1. 控制的目的

（1）为管理工作制定明确的标准。管理标准是企业为了保证与提高产品质量，实现总的质量目标而规定的各方面经营管理活动、管理业务的具体规定。标准化是制度化的最高形式，可运用到生产、开发设计等管理的各个方面。

（2）用标准衡量实际管理工作结果找出偏差。做任何事都可能同最初的计划有所偏差，但偏差究竟有多大，更有甚者完全同原来的计划相反，控制就是要找出这个差距。

（3）采取措施纠正偏差。纠正工作偏差是组织持续进行的工作，发现偏差，寻找原因，持续改进是确保工作能按照预先设计完成的重点。

2. 控制的原则

控制的原则如图 7.3 所示。

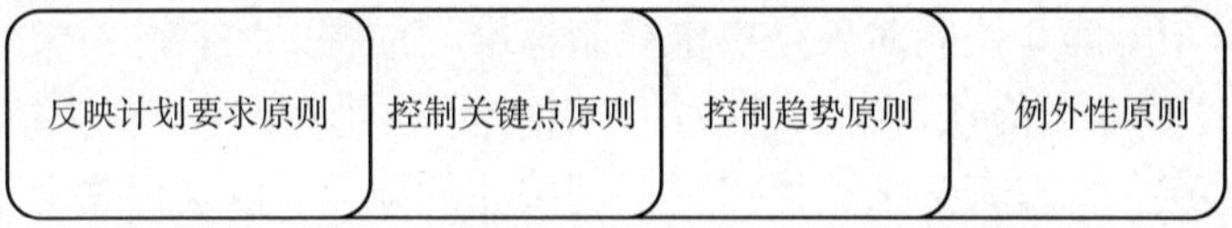

图 7.3　控制的原则

（1）反映计划要求原则。控制是实现计划的保证，控制的目的是实现计划，计划越明确、全面、完整，所设计的控制系统越能反映这样的计划，则控制工作也就越有效。确定什么标准，控制哪些关键点和重要参数，收集什么信息，采用何种方法评定成效及由谁来控制和采取纠正措施等，都必须按不同计划的特殊要求和具体情况来设计。

（2）控制关键点原则。为了进行有效的控制，需要特别注意在根据各种计划来衡量工作成效时具有关键意义的那些因素。对一个管理人员来说，随时注意计划执行情况的每个细节，通常是浪费时间、精力和资源，是没有必要的，也是不可能的。他们应当也只能够将注意力集中于计划执行中的一些主要影响因素上。事实上，控制住了关键点，也就控制住了全局。有效的控制方法是指那些能够以最低的费用或其他代价来探查和阐明实际偏离或可能偏离计划的偏差及其原因的措施。

（3）控制趋势原则。对控制全局的管理者来说，重要的是现状所预示的趋势，而不是现状本身。控制变化的趋势比仅改变现状要重要得多，也困难得多。一般来说，趋势是多种复杂因素综合作用的结果，是在一段较长的时期内逐渐形成的，并对管理工作成效起着长期的制约作用。趋势往往容易被现象所掩盖，控制趋势的关键在于从现状中揭示倾向，特别是在趋势刚显露苗头时就觉察，并给予有效的控制。

（4）例外性原则。在控制过程中，管理者应该只注意一些重要的例外偏差，也就是说，把主要注意力集中在那些超出一般情况的特别好或特别坏的情况，这样控制工作就会更有效。事实上，例外原则必须与控制关键点原则相结合，即要多注意关键点的例外情况。

7.1.4 控制的过程

控制的过程如图 7.4 所示。

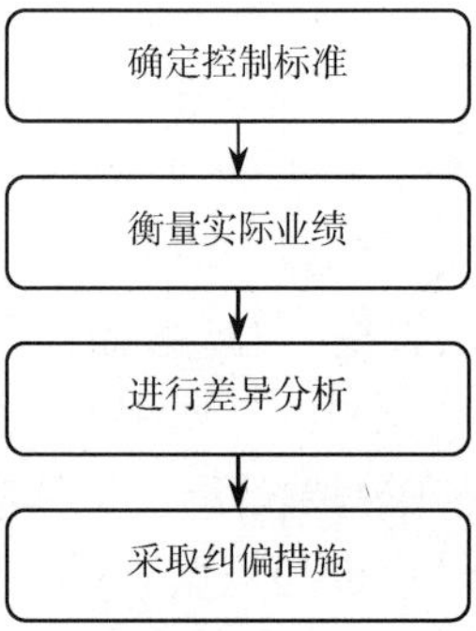

图 7.4　控制的过程

1. 确定控制标准

1）确立控制对象。确立控制对象是决定控制标准的前提。控制的对象一般有组织的人员、财务活动、生产作业、信息及组织绩效等。组织活动的成果应该成为控制的重点对象。

2）选择控制重点。管理者必须选择需要特别关注的地方，以确保整个工作按计划要求执行。因此需要特别关注的控制点应当是关键性的，它们或是经营活动中的限制因素，或者能够比其他因素更清楚地体现计划是否得以有效实施。

控制原理中一条最为重要的原理——关键点控制原理，强调有效控制要求关注哪些关键因素，并以此对业绩进行控制。标准大致有实物标准、成本标准、资本标准、收益标准、计划标准、无形标准、指标标准及作为策略控制点的策略计划。

从管理控制工作职能的角度看，除要求信息的上述标准以外，还要求如下标准。

（1）信息的及时性。及时有两层含义，即对那些过期就不能追忆和不能再现的重要信息要及时记录；信息的加工、检索和传递要快。

（2）信息的可靠性。信息的可靠性除与信息的精确程度有关外，还与信息的完整性相关。要提高信息的可靠性，最简单的办法是尽可能多地收集有关信息。

（3）信息的适用性。信息适用性有两个基本要求，即管理控制工作需要的是适用的信息；信息必须经过有效的加工、整理和分析，以保证在管理者需要的时候能够提供精练而又满足控制要求的全部信息。

3）制定标准方法。最理想的是以可考核的目标直接作为标准，但更多的情况往往是将某一计划目标分解为一系列的控制标准。进一步可分为定量标准和定性标准，前者是控制标准的主要形式，后者主要是有关服务质量、组织形象等难以量化的标准。在工业企业中，最常用的定量控制标准有四种，即时间标准（如工时、交货期等）、数量标准（如产品数量、废品数量）、质量标准（如产品等级、合格率）和成本标准（如单位产品成本）。组织中所有作业活动都可依据这四种标准进行控制。对于一项工作，人们总是可以近似或准确地找出数量、质量、时间及成本间的内在联系。如生产控制往往注重质量和时间控制，而销售控制更多地侧重于成本和数量控制。

常用的制定标准的方法有三种，即利用统计方法来确定预期结果，根据经验和判断来估计预期结果，在客观的定量发现的基础上建立工程（工作）标准。

2. 衡量实际业绩

控制活动应当跟踪工作进展，及时预示脱离正常或预期成果的信息，及时采取矫正措施。在衡量的过程中应注意以下问题。

（1）通过衡量成绩，检验标准的客观性和有效性。利用预先制定的标准去检查各部门、各阶段和每个人工作的过程，同时也是对标准的客观性和有效性进行检验的过程。

检验标准的客观性和有效性，是要分析对标准的执行情况，取得符合控制需要的信息。

（2）确定适宜的衡量额度。额度是指数量，有效的控制要求确定适宜的衡量额度，即衡量额度不仅要体现在控制对象的数量上（控制目标的数量上），而且体现在对同一标准的测量次数或频度上。适宜的衡量额度取决于被控制活动的性质、控制活动的要求。对那些长期的较高水平的标准，适用于年度控制。对产量、出勤率等短期、基础性的标准，则需要比较频繁的控制。

（3）建立信息反馈系统。为纠正偏差，应该建立有效的信息反馈网络，使反映实际工作情况的信息既能迅速收集上来，又能适时地传递给管理人员，并能迅速地将纠偏指令下达给相关人员，使之能与预定标准相比较，及时发现问题，并迅速地进行处置。

有两类反馈控制的形式：可自我纠正的，即不需从外界采取纠偏措施进行干预就能自我调节的反馈控制形式；不能自我纠正的，即在纠正措施发生之前需要外界干预的反馈控制形式。

3. 进行差异分析

通过将实际业绩与控制标准进行比较，可确定这两者之间有无差异。若无差异，工作按原计划继续进行。若有差异，首先要了解偏差是否在标准允许的范围之内，在分析偏差原因的基础上进行改进；若差异在允许范围之外，则应深入分析产生偏差的原因。

（1）找出偏差产生的主要原因。有些偏差可能是由于计划本身和执行过程中的问题造成的，而另一些偏差可能是由于偶然的、暂时的局部性因素引起的，不一定会对组织活动的最终结果产生重要影响。在采取纠正措施以前，必须对反映偏差的信息进行评估和分析。

管理者必须把精力集中于查清问题的原因上，既要查内部的因素，也要查外部环境的影响，寻找问题的本质。评估和分析偏差信息时，首先要判别偏差的严重程度，判断其是否会对组织活动的效率和效果产生影响；其次要探寻导致偏差产生的主要原因。

（2）确定纠偏措施的实施对象。在纠偏过程中，需要纠正的可能是企业的实际活动，也可能是指导这些活动的计划或衡量活动的标准。因此，纠偏的对象可能是进行的活动，也可能是衡量的标准，甚至是指导活动的计划。

计划目标或标准的调整是由两种原因决定的：一种原因是最初制订的计划或标准不科学，过高或过低，有必要对标准进行修正。另一种原因是所制订的计划或标准本身没有问题，但由于客观环境发生了变化，或者一些不可控制因素造成的大幅度偏差，使原本适用的计划或标准变得不合时宜，有必要重新调整原有的计划或标准。

4．采取纠偏措施

1）纠偏工作中采取的主要方法。针对产生偏差的主要原因，在纠偏工作中采取的方法主要有：对于由工作失误而造成的问题，控制工作主要是加强管理、监督，确保工作与目标的接近或吻合；对于因为计划或目标不切合实际造成的问题，控制工作主要是按实际情况修改计划和目标；若组织的运行环境发生重大变化，使计划失去客观依据，控制工作主要是启动备用计划或重新制订新的计划。

管理人员可以运用组织职能重新分派任务来纠正偏差，还可以采用增加人员，更好地选拔和培训下属人员，或者最终解雇、重新配备人员等办法来纠正偏差。以外，管理人员还可以对工作做出更全面的说明和采用更为有效的领导方法来纠正偏差。

2）纠偏措施的类型。具体的纠偏措施有两种：一种是立即执行的临时性应急措施；另一种是永久性的根治措施。对于那些迅速、直接地影响组织正常活动的急迫问题，多数应立即采取补救措施。例如，某种规格的部件一周后如不能生产出来，其他部门就会受其影响而出现停工待料情况，此时，不应花时间考虑该追究什么人的责任，而要采取措施确保按期完成任务。管理者可以凭借手中的权力，采取如下行动：要求工人加班加点，短期突击；增添工人和设备；派专人负责指导等。危机缓解以后，则可转向永久性的根治措施，如更换车间管理人员，变更整个生产线，或者重新设计部件结构等。现实中不少管理者在控制工作中常常局限于充当“救火员”的角色，没有认真探究“失火”的原因，并采取根治措施消除偏差产生的根源和隐患。长此以往，必将自己置于被动的境地。

3）需要注意的问题。

（1）使纠偏方案双重优化。使纠偏方案双重优化的第一重优化，是指考虑纠偏工作的经济性问题。如果管理人员发现纠偏工作的成本大于偏差可能带来的损失，管理人员将放弃纠偏行动。若要纠偏，应使纠偏的成本小于偏差可能带来的损失。第二重优化是在此基础上，通过对各种纠偏方案的比较，找出其中追加投入最少、成本最小、解决偏差效果最好的方案来组织实施。

（2）充分考虑原先计划实施的影响。由于对客观环境认识能力的提高，或者由于客观环境本身发生了变化而引起的纠偏需要，可能导致对原先部分计划，甚至全部计划的否定，从而要求对企业活动的方向和内容进行重大的调控。这种调整类似于“追踪决策”的性质。

追踪决策是相对于初始决策而言的。初始决策是指所选定的方案尚未付诸实施，没有投入任何资源，客观对象与环境尚未受到决策的影响和干扰，因而是以零为起点的决策。

进行重大战略调整的追踪决策则不然。企业外部的经营环境或内部的经营条件已经由于初始决策的执行而有所改变，是"非零起点"。因此，在制订和选择追踪决策的方案时，要充分考虑到伴随着初始决策的实施已经消耗的资源，以及这种消耗对客观环境造成的种种影响和人员思想观念的转变。

（3）注意消除组织成员对纠偏措施的疑虑。控制人员要充分考虑到组织成员对纠偏措施的不同态度，特别是要注意消除执行者的疑虑，争取更多的人理解、赞同和支持纠偏措施，以避免在纠偏方案实施过程中可能出现的人为障碍。

7.1.5 PDCA 循环控制

PDCA 循环是管理学中的一个通用模型，最早由休哈特于 1930 年构想，后来被美国管理专家戴明在 1950 年再度挖掘出来，并加以广泛宣传和运用于持续改善管理活动的全部过程，就是计划的制订和组织实现的过程，这个过程就是按照 PDCA 循环不停顿地周而复始地运转的。

1. PDCA 循环详细解读

PDCA 循环（见图 7.5）是能使任何一项活动有效进行的一种合乎逻辑的工作程序。P、D、C、A 四个英文字母所代表的意义如下。

（1）P（Plan）——计划。包括方针和目标的确定及活动计划的制订。

（2）D（Do）——执行。执行就是具体运作，实现计划中的内容。

（3）C（Check）——检查。就是要总结执行计划的结果，分清哪些对了，哪些错了，明确效果，找出问题。

（4）A（Act）——行动（或处理）。对总结检查的结果进行处理，对成功的经验应加以肯定，并予以标准化，或者制定作业指导书，便于以后工作时遵循；对于失败的教训也要总结，以免重现。对于没有解决的问题，应提供给下一个 PDCA 循环中去解决。

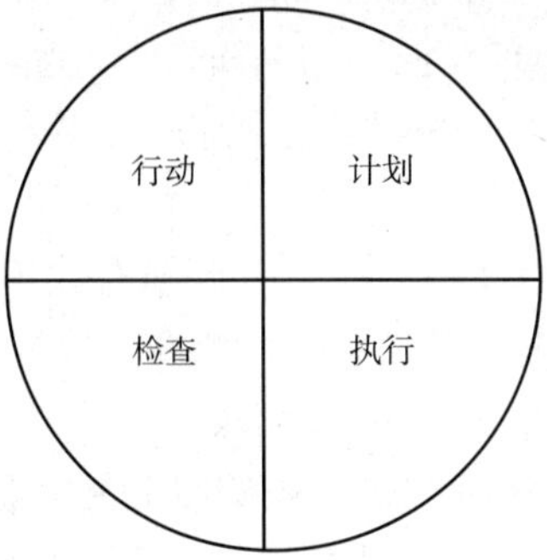

图 7.5　PDCA 循环

管理活动的运转离不开管理循环的转动，也就是说，改进与解决问题，赶超先进水平的各项工作，都要运用 PDCA 循环的科学程序。不论是提高产品质量，还是减少不合格品，都要先提出目标，即质量提高到什么程度，不合格品率降低多少，都要有个计划；这个计划不仅包括目标，也包括实现这个目标需要采取的措施；计划实施之后，就要按照计划进行检查，看是否实现了预期效果，有没有达到预期的目标；通过检查找出问题和原因；最后就要进行处理，将经验和教训制定成标准、形成制度。具体如图 7.6 所示。

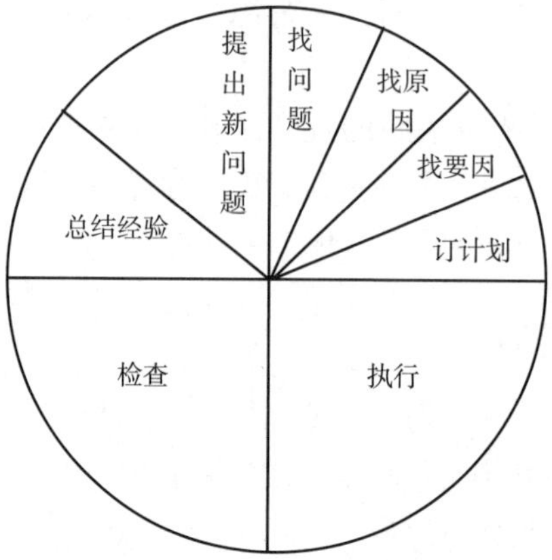

图 7.6　PDCA 循环的步骤

PDCA 循环作为管理体系运转的基本方法，其实施需要收集大量数据资料，并综合运用各种管理技术和方法。

PDCA 循环的四个阶段——“计划→执行→检查→行动”循环的管理模式，体现着科学认识论的一种管理手段和一套科学的工作程序。一个循环完了，解决了一部分的问题，可能还有其他问题尚未解决，或者又出现了新的问题，再进行下一次循环。PDCA 管理模式的应用对我们提高日常工作的效率有很大的益处，它不仅在质量管理工作中可以运用，同样也适合其他各项管理工作。

2．PDCA 循环的特点

（1）大环套小环。大环套小环，一环扣一环，小环保大环，推动大循环。

在 PDCA 循环的四个阶段中，每个阶段都有自己小的 PDCA 循环。比如，ISO 9001:2000 标准的管理职责和资源管理是 PDCA 循环的 P 阶段，产品实现是 D 阶段，测量、分析是 C 阶段，改进是 A 阶段。而“改进”中的“纠正措施”是该标准大的 PDCA 循环中 A 阶段的小 PDCA 循环。

应当指出，PDCA 循环中的 A 是关键环节。若没有此环节，已取得的成果无法巩固（防止问题再发生），人们的质量意识可能没有明显提高，也提不出上一个 PDCA 循环的遗留问题或新的质量问题。所以，应特别关注 A 阶段，如图 7.7 所示。

（2）循环前进，阶梯上升，持续改进。若按照 PDCA 循环前进，就能达到一个新的水平；在新的水平上再进行 PDCA 循环，便能达到一个更高的水平。

在管理体系中，PDCA 循环是一个动态的循环，它可以在组织的每个过程中展开，也可以在整个过程的系统中展开。它与产品实现过程及管理体系其他过程的策划、实施、控制和持续改进有密切的关系，如图 7.8 所示。

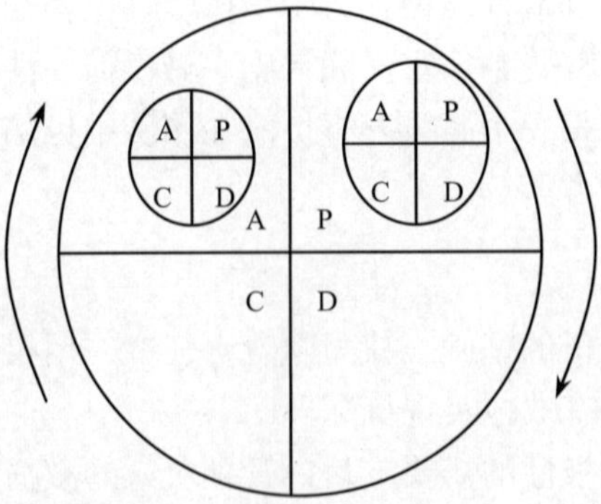

图 7.7　大循环套小循环

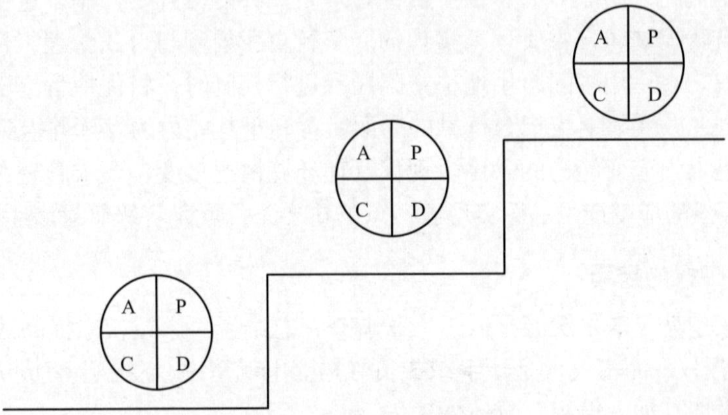

图 7.8　一环比一环有提高

7.2　人员控制

现代企业要快速发展，内部的协调运作是基础，而有效的人员控制是保证公司内部协调运作的重要手段，建立一个公正、公平、有效的人员管理制度，实行合理的人员分工与授权是必要的。

7.2.1　人员配备

该部分详细内容见第 5.3 节，此处不再赘述。

7.2.2　授权与控权

组织中的不同层级有不同的职权，授权指领导者将职权或职责授给某位下属负担，并责令其管理相关事务。授权是领导者的重要任务之一，同时有效的授权是一项重要的管理技巧，充分、合理的授权能使领导者不必亲力亲为，从而把更多的时间和精力投入企业发展上。一方面，若有责无权，凡事都必然得请示，上级过多地向下级发指示，这意味着下级不必负责任，只需照做就行了。其结果必然是下级凡事请示，由上级来负责，忙坏了上级的同时，下级的主动性、创造性便被扑灭了，依赖性也就在此过程中滋长起来。另一方面，有责无权会使下属的自尊受到伤害。如果副手做任何一件事都要请示“一把手”批准的话，那么副职充其量只能是一个高级办事员。在团队中也是如此，要想调动团队的积极性，也必须赋予其一定的权力。

1．授权的作用

（1）授权是完成目标责任的基础。权力随着责任者，用权是尽责的需要，权责对应或权责统一，才能保证责任者有效地实现目标。

（2）授权是调动下属积极性的需要。目标管理对人的激励，是通过激发人员的动机，将人们的行为引向目标来实现的。目标是激发这种动机的诱因，而权力是条件。

（3）授权是提高下属能力的途径。目标管理是一种能力开发体制，这主要是通过目标管理过程中的自我控制、自主管理来实现的。实行自我控制与自我管理，目标责任者必须有一定的自主权。在运用权限自主地决定问题和进行控制时，将促使目标责任者对全盘工作进行总体规划，改变靠上级指令行事的局面，有利于其能力的发挥并得到不断提高。

（4）授权是增强应变能力的条件。现代管理环境情况多变，要求管理组织系统要有很强的适应性，很强的应变能力，而实现这一点的重要条件就是各级管理者手中要有自主权。

2．授权与控权的技巧

管理学专家鲍勃·卡尔沃博士通过大量调查，总结了一个授权来提高效率的方法。

1）真正地授权，而不仅仅是让组织成员参与。也就是说，授予组织成员独立决策的权力，而非仅仅邀请其加入组织。具体做法如下。

（1）准许组织做出长期的、战略性的决定，而不仅是程序上的决定。

（2）让组织成员选择领导者。

（3）让组织成员决定其目标及义务。

（4）确定对组织所有成员都有影响。

2）除去矛盾的根源。虽然试图授权给下属，领导者却又常常不愿意忍受授权的结果，这时要心甘情愿地发起一个组织，并做好接受其结果的准备。具体做法如下。

（1）承认并解决个人矛盾。

（2）防止势力保护和中层领导者的反对。

（3）尽力统一领导者与组织成员的观点。

（4）减轻压力，进行工作改进。

（5）准许组织成员做出更多的决策。

3）改变其他影响组织效率的重要因素。这些因素中的每项都暗示着企业并没有真正授权给雇员，应试着改变这种情形。具体做法如下。

（1）允许组织惩戒绩效不好的成员。

（2）在实现更高的小组绩效标准的过程中，尽量减少同事的压力。

（3）像培训经理和领导者一样，多培训组织成员。

7.2.3　汇报

工作汇报是下级对过去的工作予以总结，总结成绩，找出差距，对于领导，则是根据工作汇报了解下属的工作情况，为控制工作提供依据。工作汇报需要注意的问题如下。

（1）客观公正，有支撑材料。一定要实事求是，成绩不夸大，缺点不缩小，更不能弄虚作假，做到工作汇报的内容有依有据。汇报的具体写作，可先议论，然后由专人写出初稿，再行讨论、修改。

（2）条理清楚、突出重点。汇报的内容要详略得当，剪裁得体。汇报是写给人看的，条理不清，人们就看不下去，即使看了也不知所云，这样就达不到汇报的目的。

7.3　作业控制

7.3.1　生产控制

生产是一个输入原材料、输出产成品的过程，生产控制最重要的任务是控制在制品的进度，也就是生产流量库存，即平衡输入和输出。通过生产周期监控，减少脱期（计划生产周期和实际生产周期的偏差）情况的发生。

生产作业控制是按照生产计划的要求，组织生产作业计划的实施，在产品投产前的准备到产品入库的整个过程中，从时间和数量上对作业进度进行控制，在实施中及时了解计划与实际之间的偏差并分析原因，认真调整生产进度，调配劳动力，合理利用生产能力，控制物料供应及运送，保质保量地完成任务的过程。

生产作业控制是生产控制的基本方面，狭义的生产控制就是指生产进度控制。因此，生产作业控制又称生产进度控制。生产作业控制是实现生产作业计划的重要保证，是整个生产过程的重要组成部分。

1．实施生产作业控制的关键环节

进度控制与整个生产过程有关，生产过程任意一个环节出现延误，都将影响生产作业计划的进度。生产作业控制主要是从生产进度与计划进度的对比中发现偏差，观察生产运行状态，分析其原因，采取相应的措施纠正偏差。生产作业控制的关键点有三个，如图7.9所示。

（1）投入进度控制。原材料投入、各车间的半成品投入及装配车间的零件投入均在此列。要保证产品按计划出产，必须做好投产前的各项准备工作（包括技术、物资、设备、动力、劳动力等）控制，按其在各环节的投入提前期，保证其在各环节按计划准时投产。

（2）过程进度控制。在投料运行后，对各环节的加工进度进行控制，包括关键工序的进度控制。各环节能否按时完工，决定了产品最后能否准时完工交货。这种控制主要用于单件小批量类型的生产及多品种中小批量类型的生产。

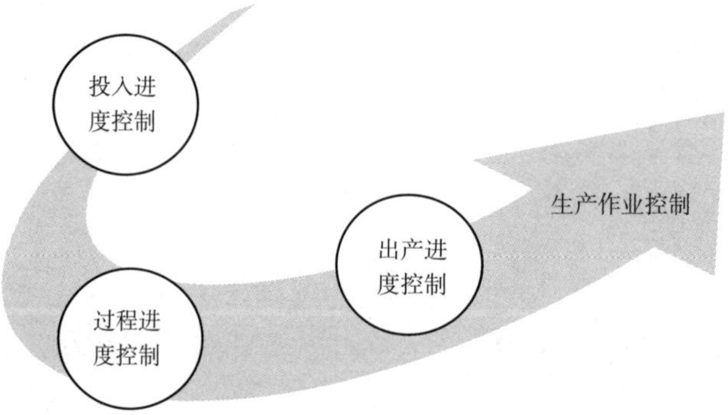

图 7.9　生产作业控制的关键点

（3）出产进度控制。出产进度控制是生产作业控制的最终目的，包括产品（包括零件、部件）出产时间和数量的控制、零部件出产进度控制，其目的是保证能按时、连续、均衡地生产产品，完成生产作业计划规定的任务。

2. 生产作业控制的手段

（1）生产调度工作。生产调度工作就是组织执行生产作业计划的工作。它包括检查、督促、协助有关部门做好生产作业计划准备工作，检查、了解、控制生产环节的生产进度（投入进度、出产进度、工序进度），对计划完成情况进行统计分析。

（2）生产作业核算。生产作业核算是指在实施生产作业计划过程中，对生产各阶段、各环节中的原材料投入、在制品流转和产品出产，以及设备运转、维修时间消耗、分析检验等所进行的核算，是为保证作业计划实现而进行的日常统计、汇总、对比分析工作。

（3）在制品管理。在制品管理是生产作业控制的辅助性手段，是指对在制品的计划、协调和控制工作的总称。它起着调节各车间、工作地、工序之间连续、协调、平衡生产的重要作用。在制品管理工作体现在对在制品的投入、产出、领用、发放、保管、周转等方面，做到“有数、有据、有手续、有制度、有秩序”。

3. 生产作业控制的程序

（1）确定控制标准。做好控制工作的首要任务是确立标准。生产作业控制标准要根据生产目标，并参照拟订生产计划和生产作业计划来制定。除计划规定的各种目标外，还要包括工人的额定工时标准、机器生产率等。

（2）监督检查。监督检查就是依据已经确立的标准对实际生产活动进行监督和检查。这个阶段的主要工作是评价和比较，一是将实际生产进程与计划进度进行比较；二是将实际达到的成绩与订单要求的目标进行比较。对生产实际信息的把控是这个阶段的核心问题。

（3）纠正偏差。生产作业控制的意义就在于采取合理的措施来解决或纠正偏差。找出偏差出现的环节和产生的原因，采取调整生产组织或劳动组织结构、重新分配资源投放等方法纠正偏差，以便完成预定生产任务。

7.3.2 采购控制

采购控制是计划下达、采购订单生成、采购订单执行、到货接收、检验入库、采购发票的收集到采购结算的采购活动的全过程，对采购过程中物流运动的各个环节状态进行严密的跟踪、监督，实现对企业采购活动执行过程的科学管理。

1. 采购工作的流程

（1）建立供应商档案。运行采购管理系统时首先应建立供应商档案，同时对首选、次选等供应商加以分类，并建立供应商的供应货物明细（如品种、价格、供应期、运输方式等），资料必须进行最终确认才有效。系统在执行采购订单下达时，要读入相应的供应商资料，并且初始化供应商的有关账务资料，初始化完成之后才能处理采购业务，供应商资料是采购子系统的基本资料。

（2）生成采购申请。根据物料需求计划生成的采购申请，同时综合考虑物料的订货批量、采购提前期、库存量、运输方式及计划外的物料申请，进行系统自动物料合并，也可以人工干预和修改。另外，有些原材料的采购提前期很长（有的进口件要半年以上的采购周期），因此有可能超过主生产计划制定周期。这类采购的采购计划应经过销售、财务与计划等部门的综合讨论与评估来确定所需的数量和时间，然后制定物料的中期或长期采购申请。

（3）审批并下达订单。根据订货批量、采购提前期、库存量、运输方式、用款计划及计划外的物料申请进行物料合并，生成采购订单。经过审批后即可进行订单输出，最后下达给供应商，也可以网上发布订单。对于临时追加的采购任务，可以通过与供应商协商直接下达采购订单。

（4）采购订单跟催。采购业务人员对下达的采购订单按计划进行跟踪，系统可以设置跟踪的时间周期，形成订单跟催计划。在跟催过程中，要了解供应商的生产进度及质量情况，并及时对供应商给予支持。

（5）货物验收。由采购业务员对供应商所供货物按订单进行验收，做好数量与质量的核查，并录入收货单；也可以根据系统集成的特点与企业的实际流程直接由货物管理员对货物按订单进行验收，并对不按计划交货的供应商（如拖期、提前）进行管理控制。

（6）采购订单结清。在采购订单交货、收货、入库、付款和考核后，要及时结清采购订单。系统可提供自动结清功能，可选择交货、收货、入库、付款、考核等结清方式。一般系统按付款结清的方式处理。采购部门应配合财务部门根据物料的采购结算单据核对采购各种费用的分摊，计算出物料的采购成本。

2. 采购中需要注意的问题

1）防止合同法律风险。在实际工作中，合同的法律风险无处不在，当事人之间的利益博弈往往成为合同争议案件的焦点。

（1）了解对方当事人的基本情况，避免合同无效或者诉讼请求被驳回的风险。保留对方营业执照复印件，如果合作方是个人，应详细记录其身份证号码、家庭住址、电话，便于我方更好地履行合同，同时，当出现纠纷的时候，有利于我方的诉讼和法院的执行。

（2）明确具体交易标的，防止以次充好，避免引起争议或者歧义。如果交易标的是特定物，则要写明标的物的详细特征，如名称、种类或者品种、规格、型号、等级、花色等；如果是不动产，则要标明四至、面积或门牌号等。

（3）交易数量及其计量方式要明确，约定标的物多或少的处理方式。产品的数量应以国家统一的标准计量单位表示，没有统一计量单位的，产品数量的表示方法由双方确定，但必须具体明确，切不可用含混不清的计量概念表述，如一件、一箱、一打等，并应对双方使用的计量方法进行具体解释。

（4）标的物的技术标准（含质量要求）具体，验收方式和标准科学、合理。明确具体质量标准，是国家标准，还是行业标准，抑或是企业标准。成套产品的，不但要明确主件的质量标准，还要明确附件的质量标准。建议明确产品外在质量及内在质量异议的期限及其处理方式。

（5）价款或报酬要明确支付方式与支付时间，以便及时催讨。采取协商定价的方式，尽量避免执行国家定价或者浮动定价。明确约定货款、运费及其他费用的结算方式和逾期付款的违约责任。建议按照合同规定的开户银行、账户名称和账号进行结算。

（6）履行期限、地点和方式要明确，避免逾期交货或者提货。明确约定交货的具体方式、地点和期限，实际交、提货日期早于或迟于合同规定的期限，即视为提前或逾期交、提货，并约定当事人提前或逾期交、提货的处理方式及追责方式。

（7）明确具体履行条款的违约责任，便于合同履行及追责。违约责任应根据违约方具体的违约情况约定相应的违约责任，并明确违约金的具体计算方式。如“姓名不实”应支付违约金多少元，标的物、质量不符合约定应如何处理等。

（8）争议解决方式要约定，争取在我方所在地诉讼或者仲裁。仲裁或者诉讼作为争议解决的两种方式，可由双方当事人选择一种。仲裁更多地考虑公平性，诉讼更多地考虑合法性。对方违约可能性比较大的，建议仲裁；我方违约可能性比较大的，建议诉讼。

（9）约定合同解除及生效条款，便于尽早解决争议。明确约定一方可行使合同解除权的具体情形，规定解除时的通知义务及责任的分担。合同一般可约定双方签字（盖章）时生效，但也可约定附条件或附时间生效，并注意签字生效，签字、盖章生效，签字加盖章生效的区别。

（10）注意诉讼期限及证据的收集，避免丧失法律的保护。买卖合同纠纷适用两年诉讼期限的规定，如对方违约，建议在规定的期限内向法院提起诉讼，以维护我方的合法权益。同时，建议保存合同原件，将往来函件及时归档，并制定管理制度，以规范合同管理，防范风险。

2）确定合格的供应商。确保供应商有良好的供货能力。对于大型制造企业而言，这点尤为重要，因为供应商的稳定供货能力对于企业的稳定生产具有关键性的作用，因此这些企业有一个合格供应商名录，采购只能限于名录内的供应商，而且要由企业的技术和标准化部门来核定这个名录。

3）制定采购价格形成机制。为了对采购价格进行有效管理，通常企业要有一个价格小组来核定采购物品的价格上限，这个小组的成员应该由高层主管、财务和采购部门共同组成，从而防止采购业务人员与供应商在价格上有合谋私利的行为。

7.3.3 成本控制

成本控制是企业根据一定时期预先建立的成本管理目标，由成本控制主体在其职权范围内对企业在生产经营过程中发生的各种耗费进行计算、调节和监督的过程，同时也是一个发现薄弱环节、挖掘内部潜力的过程，以保证成本管理目标实现的管理行为。

1．会计学成本

会计学成本是根据实际成本原则和权责发生制的要求，按照成本计算对象受益的情况汇集和分配所发生的生产费用计算出的一定数量的产品或劳务的个别劳动耗费的补偿价值。它可以用来计量企业生产经营性资金耗费、计算企业损益、考核企业耗费水平、限定生产经营性耗费补偿的范围和数量等。会计学上的成本具有以下特点。

（1）围绕企业生产过程进行研究，重点研究生产成本。不涉及企业与外界和企业内部组织之间的费用。

（2）是对历史的反映。只关心实际发生的成本，不关心未来的产出。

（3）能够以货币加以计量。只核算企业成本中可以在货币支出形态上直接反映出来的部分，不包括应计入而不能在货币形态上直接反映出来的成本。

（4）计量实物资本成本，不计量人力资本成本。

2．成本控制的程度

成本控制就是在产品的制造过程中，对成本形成的各种因素按照事先拟定的标准严格加以监督，发现偏差就及时采取措施加以纠正，从而对过程中的各项资源的消耗和费用开支限定在标准规定范围之内的过程。成本控制的基本工作程序如下。

1）制定成本标准。成本标准是成本控制的准绳，成本标准首先包括成本计划中规定的各项指标。但成本计划中的一些指标都比较综合，还不能满足具体控制的要求，这就必须规定一系列具体的标准。确定这些标准的方法，大致有如下三种。

（1）计划指标分解法，即将大指标分解为小指标。分解时，可以按部门、单位分解，也可以按不同产品和各种产品的工艺阶段或零部件进行分解，若更细致一点，还可以按工序进行分解。

（2）预算法，就是用制定预算的办法来制定控制标准。有的企业基本上是根据季度的生产销售计划来制定较短期的（如月份）费用开支预算，并把它作为成本控制的标准。采用这种方法特别要注意从实际出发来制定预算。

（3）定额法，就是建立起定额和费用开支限额，并将这些定额和限额作为控制标准来进行控制。在企业里，凡是能建立定额的地方，都应把定额建立起来，如材料消耗定额、工时定额等。实行定额控制的办法有利于成本控制的具体化和经常化。在采用上述方法确定成本控制标准时，一定要进行充分的调查研究和科学计算。同时还要正确处理成本指标与其他技术经济指标的关系（如和质量、生产效率等指标的关系），从完成企业的总体目标出发，经过综合平衡，防止片面性。必要时，还应搞多种方案的择优选用。

2）监督成本的形成。这就是根据控制标准，对成本形成的各个项目经常进行检查、评比和监督。不仅要检查指标本身的执行情况，还要检查和监督影响指标的各项条件，如设备、工艺、工具、工人技术水平、工作环境等。所以，成本日常控制要与生产作业控制等结合起来进行。成本日常控制的主要方面如下。

（1）材料费用的日常控制。车间施工员和技术检查员要监督按图纸、工艺、工装要求进行操作，实行首件检查，防止成批报废。车间设备员要按工艺规程规定的要求监督设备维修和使用情况，不合要求不能开工生产。供应部门材料员要按规定的品种、规格、材质实行限额发料，监督领料、补料、退料等制度的执行。生产调度人员要控制生产批量，合理下料，合理投料，监督批量标准的执行。车间材料费的日常控制一般由车间材料核算员负责，他要经常收集材料，分析对比，追踪原因，并会同有关部门和人员提出改进措施。

（2）工资费用的日常控制。主要是车间劳资员对生产现场的工时定额、出勤率、工时利用率、劳动组织的调整、奖金、津贴等的监督和控制。此外，生产调度人员要监督车间内部作业计划的合理安排，要合理投产，合理派工，控制窝工、停工、加班、加点等。车间劳资员（或定额员）对上述有关指标负责控制和核算，分析偏差，寻找原因。

（3）间接费用的日常控制。车间经费、企业管理费的项目很多，发生的情况各异。有定额的按定额控制，没有定额的按各项费用预算进行控制，如采用费用开支手册、企业内费用券（又叫本票、企业内流通券）等形式来实行控制。各个部门、车间、班组分别由有关人员负责控制和监督，并提出改进意见。

上述各费用的日常控制，不仅要有专人负责和监督，而且要使费用发生的执行者实行自我控制。还应当在责任制中加以规定。这样才能调动全体员工的积极性，使成本的日常控制有群众基础。

3）及时纠正偏差。针对成本差异发生的原因，查明责任者，分别情况，分别轻重缓急，提出改进措施，加以贯彻执行。对于重大差异项目的纠正，一般采用下列程序。

（1）提出课题。从各种成本超支的原因中提出降低成本的课题。这些课题首先应当是那些成本降低潜力大、各方关心、可能实行的项目。提出课题的要求，包括课题的目的、内容、理由、根据和预期达到的经济效益。

（2）讨论和决策。课题选定以后，应发动有关部门和人员进行广泛的研究和讨论。对重大课题，可能要提出多种解决方案，然后进行各种方案的对比分析，从中选出最优方案。

（3）确定方案实施的方法步骤及负责执行的部门和人员。

（4）贯彻执行确定的方案。在执行过程中也要及时加以监督检查。方案实现以后，还要检查方案实现后的经济效益，衡量是否达到了预期的目标。

7.4 绩效控制

绩效控制的背后是根据绩效考评的结果对员工进行激励，从而使企业从总经理到部门经理再到普通员工，都能承担公司经营目标实现的责任，从各自不同的角度（主要体现在岗位职责的要求方面）为公司战略的实现做出自己的贡献。

7.4.1　绩效控制的定义

绩效控制是指各级管理者和员工为了达到组织目标共同参与的绩效计划制订、绩效辅导沟通、绩效考核评价、绩效结果应用、绩效目标提升的持续循环过程，绩效控制的目的是持续提升个人、部门和组织的绩效。

绩效控制的概念告诉我们：它是一个管理者和员工保持双向沟通的过程，在过程之初，管理者和员工通过认真、平等的沟通，对未来一段时间（通常是一年）的工作目标和任务达成一致，确立员工未来一年的工作目标，绩效控制强调组织目标和个人目标的一致性，强调组织和个人同步成长，形成“多赢”的局面；绩效控制体现着“以人为本”的思想，在绩效控制的各个环节中都需要管理者和员工的共同参与。

7.4.2　绩效控制的过程

绩效控制实际上是一种自上而下传递绩效压力及分散工作任务的过程，即围绕企业的长期发展战略将企业在一段时期中的经营目标自上而下地进行分解，因此，为了保证绩效控制的有效实施，从绩效压力的产生到压力的传递再到压力的承担，必须有一个完整的链条，任何一个环节的缺失都会导致所有的绩效控制努力付诸东流。

绩效控制过程是一个完整的系统，一般由五个环节组成，如图 7.10 所示。

（1）绩效计划。它是绩效控制过程的起点，企业的战略要落实，必须先将战略分解为集体的任务或目标，落实到各个岗位上，然后再对各个岗位进行相应的职位分析、工作分析、人员资格条件分析。这些工作完成后，考评者就应该和被考评者一起根据本岗位的工作目标和工作职责来讨论，搞清楚在绩效计划周期内员工应该做什么工作，做到什么地步，何时应该完成，以及员工的权力大小和决策权限等。

（2）绩效实施。制订绩效计划之后，被考评者就开始按照计划开展工作，在工作的过程中，领导者要对被考评者的工作进行指导和监督，对发现的问题及时纠正，并随时根据实际情况对绩效计划进行调整。在这个过程中，领导者要不断地与被考评者进行持续的沟通。

（3）绩效考核。绩效考核是按照事先确定的工作目标及其衡量标准，考察员工实际完成的绩效情况的过程，发现绩效与标准之间的“差距”。

（4）绩效反馈。绩效反馈是绩效控制能否取得成功的关键一步，恰恰正是不少企业最薄弱的环节。绩效控制的过程并不是为考核打出一个分数就结束了，领导者还需要与员工进行一次或多次的面对面的交谈。通过面谈，使员工了解领导者对自己的期望，了解自己的绩效，认识自己有待改进的方面，同时，员工也可以提出自己在完成绩效中遇到的困难，请求上级的指导。由于绩效反馈在绩效考核结束后实施，而且是考评者和被考评者之间的直接对话，因此，有效的绩效反馈对绩效控制起着至关重要的作用。

（5）绩效改进。绩效控制的目的不仅是将考核的结果作为确定员工的薪酬、奖惩、晋升或降级的标准，还将要求员工的能力不断提高及绩效的持续改进和发展作为其根本的目的，寻找改进方法，作为下一循环的开始，从而不断提高。

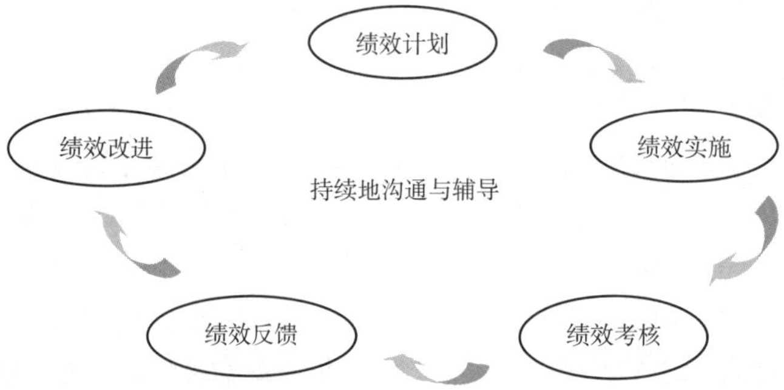

图 7.10　绩效控制流程

7.4.3 人员考评

1. 人员考评的作用

（1）考评可以了解人员的工作质量。只有通过考评所反映出来的各级各类人员的工作质量的信息，组织才能及时采取相应措施，帮助和指导各级各类人员，使他们的活动始终沿着组织的方向和目标进行。

（2）考评是选拔和培训人员的需要。在人员的选拔时，为了避免误用庸才，小材大用；浪费人才，大材小用；做到人尽其才，人适其事，用人所长，就必须依靠正确的考评，对组织中的每位成员进行客观、公正、科学、有效的考评。同时，考评又是对人员进行有针对性的培训的需要。根据人员考评所提供的信息，可以明确哪些人员在哪些方面存在哪些缺点和不足，需要就哪些对象、哪些内容，采取哪些方式进行培训等，人员考评是人员培训的基础。此外，考评也是检查培训效果的唯一工具。通过考评可以知道被培训者在哪些方面已有提高，哪些方面尚有不足，什么培训方式更有效等。

（3）考评是完善组织工作的需要。通过考评可以看出一个组织的组织工作做得如何。人员工作效率不高，既可能是人员自身的原因，也可能是组织工作方面的问题。例如，组织内部的相互关系不明确、信息渠道比较混乱等。通过考评，可以发现组织工作中存在的问题，从而采取措施完善组织工作，保证组织工作的有效性。此外，通过考评，可以及时调整组织中的人员结构，能者上，庸者下，使组织内部人员结构不断得到优化。

（4）考评是人员奖励的合理依据。对人员的奖罚，是调动人员积极性的重要手段。而各种奖罚的依据就是考评。只有通过对员工工作情况的准确考核与评价，才有可能真正起到鼓励先进、鞭策落后的作用。对人员的考评也只有和奖惩制度紧密结合起来，才能使考评工作切实有效。

2. 人员考评的内容

要进行一项考评，首先要确定考评什么，即考评的内容。当对一个人进行评价时，若就其整体状况进行分析，是很难操作也是很难全面而准确的。通常的做法是分解出几种要素，然后分别按着这几种要素去评价。

1）按照考评的内容划分为业绩、能力、态度三方面。

（1）业绩考评。业绩考评就是考评组织内的成员对组织的贡献，或者对组织内的成员的价值进行评价。人们普遍认为，成绩和业绩具有客观可比性，唯有依靠成绩和业绩对人进行评价才是公平的，才有可能是公正的。对一个企业的经营者来说，希望每一个员工的行为能够有助于企业经营目标的实现，为企业做贡献，而通过考评可以掌握员工对企业贡献的大小、价值的大小。因此，对组织而言，业绩就是任务的数量、质量及效率方面的具体体现。

（2）能力考评。能力指一个人从事某项工作所需要的基本技能与素质。对一个组织来说，不仅要追求现实的效率，还要追求未来可能的效率，希望把一些有能力的人提到更重要的岗位，希望使现有岗位上的人发挥其能力。所以，能力考评不仅仅是一种公平评价的手段，而且也是充分利用企业人力资源的一种手段。业绩充其量只能回答员工在现岗位上干得如何，但回答不了现岗位是否适合他。能力考评则是考评员工在职务工作中发挥出来的能力，诸如某员工在工作中判断是否正确、迅速，协调关系如何等，依据他在工作中表现出来的“能力”，参照标准或要求，确定他能力发挥得如何，对应于所担任的工作、职务，能力是大是小、是强是弱等，做出评定。

（3）态度考评。工作态度是工作能力向工作成绩转换的“中介”，它指的是员工勤奋敬业的精神，主要指人员的工作积极性、创造性、主动性、纪律性和出勤率等。目前许多单位通用的德、能、勤、绩四项考评要素的划分中，对于勤的考评，这种理解过于简单，出勤率高是勤的一种表现，但并非内在的东西，一般来说，能力越强，成绩越好，可是有一种现象使你无法把两者等同起来，这就是在企业中常可见到的现象：一个人能力很强，但出工不出力；另一个人能力不强，却兢兢业业，做得很不错。两种不同的工作态度就产生了截然不同的工作结果，这与能力无关，与工作态度有关。所以，需要对“工作态度”进行考评，企业是不能容忍缺乏干劲、缺乏工作热情的员工存在的。因此，在人员考评中应重点考评员工的敬业精神，将形式、表面的考勤与实质、内在的考勤结合起来。

2）按照企业人员结构分为高层管理人员考评、中层管理人员考评、基层员工及其直接主管考评。

（1）高层管理人员考评。公司高层主管资源配置，而且对某方面行使主导意见，他们工作的内容重在方针、目标、战略和远景，典型代表就是总经理。

高层管理人员应该对企业经营效益的好坏承担主要责任，具体表现在资源分配要合理、投资方向不能有重大失误、促进建立良好的企业文化。对于高层管理人员的绩效考核，只要他能够把目标、方针、战略规划、远景描绘等工作内容做好，重点不在于细枝末节的问题，应该允许其犯一些小错误，对这类人员的评价要客观，没有必要把所有的内容都放进去。有趣的是：在企业中，高层管理人员的某方面具体能力越强，往往相对应的部门的绩效就会越差。因为高层管理者过多地参与具体事务，会极大地影响下属思维的活跃性。因此，要尽量避免对高层管理人员在具体事务上的考核。

（2）中层管理人员考评。中层管理人员是指企业里面负责一个部门、某个职能的人员，典型代表就是部门经理等中层管理人员。他们承担企业里面具体工作的指挥任务，管理内容重在计划、组织、领导、协调和控制，绩效考核对于他们的要求是比较高的，要求他们不仅要制定而且还要去执行。在这个过程中，这类人员的压力比较大，相对而言，对他们的考核也应该是全面、具体的。从实际的情况来看，这个层次的人员也是最难以考核的。

首先要考核的是工作成绩。工作成绩根据岗位具体情况尽量量化为具体的指标，不能量化的尽量用易于判断的语句来描述。

其次是工作态度。工作态度一般是上级的主观评价；还有一种工作态度评价方法是 360°评价，就是上级、下级、周围同事对其进行评价。

至于客观指标和主观指标权重的比例，本书建议 8∶2 为合适，但也要根据实际情况来进行调整。

由于业务人员和研发人员工作性质特殊，而且他们的考核日常多见，我们在这里列为中层管理人员进行讲述。

① 业务人员，业务人员的重点在于量化的指标，如销售收入、销售费用等。但需要特别指出的是，这些量化指标只是考核的主体内容而不是全部，以营销人员为例，随着企业的发展，对他们的考核可能还需要考虑客户档案的健全程度、销售组织的培训力度及客户的满意度。因此，对业务人员的考核应该是以量化指标为主，其他的相关指标为辅。

② 研发人员。与业务人员相比，设定对研发人员的考核内容相对要复杂和麻烦得多，原因在于研发人员普遍具有以下特点：个性和自尊心极强；拥有自己的价值观，对行业中技术能手的认同多过直接的行政领导；强调价值的认同，蔑视权威。

综合考虑他们的这些特点，设定考核内容时应侧重其有效工作时间，以及其开发的产品推向市场后受欢迎的程度，并注意将其收益与市场营销的状况挂钩。

（3）基层员工及其直接主管考评。生产工人及其直接主管是企业里面从事具体事务性工作的人员，对他们的考核主要以产量和质量为主，辅以工作态度。一般工作态度以上级评价的形式，根据企业具体情况确定客观指标和主观指标的权重比例，本书建议 9∶1 为合适。

3．克服员工对绩效控制的抵触情绪和管理者的畏难情绪

对于基层员工，一方面，由于被考评员工意识到轻松无压力的工作转变为紧张的压力式的工作，担心绩效考核结果的运用对自己产生不利；另一方面，员工不仅在实际的考核过程中会花费大量的时间，而且有可能因统计错误导致绩效考核指标数据统计和运算不准确。另外，担心绩效考核方案的设计和主观评定因素缺乏公平、公正。总之，他们认为绩效考核是为企业管理者服务的，是给他们戴上了“紧箍咒”。上述的这些因素均会使被考评阶层产生抵触情绪，并不断制造出抵触绩效体系实施的方法和行动，成为绩效控制体系实施的障碍。

对于管理者，尽管目前很多管理者口头上强调绩效控制的重要性，但是他们自己不能做到根据绩效控制的要求制定工作目标并实施严格的绩效考核，这里面的原因是：一方面，绩效控制需要花费大量的统计、审核成本，另一方面，被考评员工的抵触情绪也是管理者不得不考虑的因素之一。在企业的高层不能将工作绩效压力实实在在地传递给中层管理人员，不能客观、公正地对所属中层管理人员的绩效进行评价的情况下，中层管理人员对于

员工的绩效控制也就同样会敷衍了事，而员工在没有感到有真正的绩效压力的情况下，通常也不会积极主动、高标准严要求地去完成工作。

针对上述问题，管理者要摆好心态，不要幻想立竿见影，特别是在民营企业中的推行更要循序渐进，然后，做好各种形式的宣传和研讨工作，一定要取得各部门主管的支持；同时管理者应该让员工了解绩效控制并非单纯的绩效考核，绩效控制是希望帮助员工实现自己的目标，这样企业也能实现自身的目标，同样，有了绩效控制体系他们的努力工作便能够得到相应的回报。

同样，适合的绩效方案就是最棒的，考核方案的制订一定要在结合自身的实际情况上去引用，不要说哪个国际公司做得好，就全部照抄，到头来也许适得其反，方案的选择做到被考核者与考核者共同参与，经过多次上下级对绩效方案的反复，试用，并根据实际情况调整设计绩效控制系统，尽可能以实际的数据说话，才能够保证绩效考核的公平、公正，消除员工的抵触情绪。

7.4.4 绩效技术

1. 关键绩效指标法

关键绩效指标法是指将企业战略目标经过层层分解产生的可操作性战术方法。关键绩效指标体系是衡量企业战略实施效果的关键指标，其目的在于建立一种有效的监测机制，将企业战略转化为具体可操作的过程和活动，并以此指标来对执行结果进行评价，通过这种方式，不断增强企业的核心竞争力，持续地取得高效益。从这个意义上说，评估体系不仅是一种激励约束手段，更是一种战略实施工具。

2. 平衡计分卡

平衡计分卡也叫“综合计分卡”，平衡计分卡的核心思想是通过财务、客户、内部经营过程、学习与成长四个方面的指标之间相互作用，实现从绩效评估到战略实施的目的。它一方面通过财务指标保持对企业短期绩效的关注，另一方面通过员工学习、新技术的运用和产品、服务创新来提高客户的满意度，共同驱动企业长期的绩效成长。

3. 目标管理

目标管理是一种程序或过程，它使企业中的上级和下级一起协商，根据企业的使命确定一定时期内企业的总目标，由此分解出上、下级的责任和分目标，并把这些目标作为对企业贡献的标准进行考核。

4. 标杆超越

标杆超越是不断寻找和研究业内外一流的企业的管理过程与成就，以此为标杆，将本企业的产品、服务和管理等方面的实际情况与这些标杆进行量化比较，分析这些标杆企业达到优秀水平的原因，结合自身实际加以创造性地学习、借鉴并选取改进的最优策略，从而赶超一流企业或创造高绩效的不断循环提高的过程。

📖 绩效控制实例

某公司装配部员工绩效考核方案

（2019年4月修订）

1）目的：为了适应公司的快速发展，进一步提高装配部的管理水平，充分调动员工的工作积极性，全面、客观、公正地评价每位员工，特制订本方案。

2）考核对象：装配工、装配组长、领料员。

3）考核方式：考核指标量化，设定基本分，根据奖罚等情况对各项考核指标进行统计，所得总分为该员工考核期内的综合得分。

4）考核指标如表7.1所示。

表7.1　考核指标

岗　位	考核指标							
装配工	装配合格率	交货及时性	工作表现	5S执行	奖励	—	—	—
装配组长	装配合格率	交货及时性	工作协调能力	连带责任	5S执行	管理能力	团队精神、敬业精神	奖励
领料员	备货准确率	备货及时性	工作表现	5S执行	团队精神、敬业精神	奖励	—	—

各考核指标的详细说明，达到要求获得分数由于各企业情况不同，根据实际情况制定要求和权重，故本实例省略。

5）考核说明。

（1）每月月初将统计结果张榜公布，考核结果作为上个月工资的评定依据。

（2）员工违反考核规定进行扣分，责任明确的直接扣到个人，责任不明确的由该工序人员共同负责，各项分数扣完为止。

（3）装配合格率以检测中心的《装配产品返工通知单》每月统计各组的返工次数、返工原因作为扣分依据。质检部门的投诉（包括车间管理员的意见）均作为考核员工的依据。

（4）产品全部完成后，质检抽查发现问题，不能明确责任的，由全组负责，每人扣1分。

（5）现场5S执行情况以《5S执行检测表》的综合评分为依据。

（6）装配发现不合格奖励以《装配部产品质量更换记录》每月统计数据而来，此项在月底同组员工中进行分配。

（7）备货准确率及备货及时性以各仓库的投诉次数及车间管理人员的评定为依据。

（8）装配工、装配组长、领料员因其他错误等原因，给公司造成损失的按公司要求另行扣罚，并视情况的严重性在绩效考核中扣除1～5分。

（9）每月根据各装配工、领料员的考核结果进行排名，将装配组、领料组计件工资分为四个等级：组长、领料员为一级，装密封元件者为二级，其余人员为三级，评分每上升或（下降）5分者升（降）一个等级，上升不含组长、领料员，如表7.2所示。

表 7.2 工资级别与计算公式

工资级别	计算公式
一级工资	装配组或领料组本月平均计件工资 × 1.1
二级工资	装配组或领料组本月平均计件工资 × 1.05
三级工资	装配组或领料组本月平均计件工资 × 1.0
四级工资	装配组或领料组本月平均计件工资 × 0.9

（10）新员工第一个月不参与本月的考核，其计件工资额按照《储运部装配车间计件管理方案》的规定执行。

（11）装配工、装配组长及装配领料员请假所扣工资额按照其平均计件工资的基数处理。

（12）年终将根据员工上年度各月的综合考核结果对其进行评审。

（13）其他福利均遵照《储运部装配部计件管理方案》的规定执行。

（14）其他奖罚按公司相关制度执行。

本考核方案从 2019 年 4 月开始实施。

装配部

2019 年 4 月 7 日

思考与练习

一、判断题

1. 做任何事都可能同最初的计划有所偏差，但偏差究竟有多大，更有甚者完全同原来的计划相反，决策就是要找出这个差距。（　　）

2. 有些偏差可能是由于计划本身和执行过程中的问题造成的，而另一些偏差可能是由于偶然、暂时的局部性因素引起的，都一定会对组织活动的最终结果产生重要影响。（　　）

3. 对于由工作失误而造成的问题，控制工作主要是加强管理、监督，确保工作与目标接近或吻合；而对于因为计划或目标不切合实际造成的问题，控制工作主要是按实际情况修改计划和目标。（　　）

4. PDCA 循环的四个阶段——“计划→执行→检查→行动”循环的管理模式，体现着科学认识论的一种管理手段和一套科学的工作程序。一个循环完了，解决了一部分的问题，可能还有其他问题尚未解决，或者又出现了新的问题，再进行下一次循环。（　　）

5. 在采购工作中，合同的法律风险无处不在，当事人之间的利益博弈则往往成为合同争议案件的焦点。（　　）

二、单项选择题

1. 管理者必须选择需要特别关注的地方，以确保整个工作按计划要求执行。因此需要特别关注的（　　）应当是关键性的，它们或是经营活动中的限制因素，或者能够比其他因素更清楚地体现计划是否得以有效实施。

A. 成功点　　B. 领导人物　　C. 控制点　　D. 结果评定

2. 信息的（　　）除与信息的精确程度有关外，还与信息的完整性相关。要提高信息的（　　），最简单的办法是尽可能多地收集有关信息。

A. 可靠性，可靠性　　B. 普遍性，普遍性

C. 适用性，适用性　　D. 完整性，完整性

3. 生产作业控制是按照（　　）的要求，组织生产作业计划的实施，在产品投产前的准备到产品入库的整个过程中，从时间和数量上对作业进度进行控制。

A. 将竞争对手置于死地　　B. 领导者个人愿望

C. 员工的愿望　　D. 生产计划

4. 成本控制，就是在产品的制造过程中，对成本形成的各种因素，按照事先拟定的标准严格监督，发现偏差就及时采取措施加以纠正，从而对过程中的各项资源的消耗和费用开支限定在（　　）的范围之内。

A. 企业能承受　　B. 标准规定

C. 适当可以超标　　D. 非常紧

5. 要进行一项考评，首先需要确定考评什么，即考评的内容。当对一个人进行评价时，若就其整体状况进行分析，是很难操作也是很难全面而准确的。通常的做法是分解出几种要素，然后分别按着这几种主要的要素方面去评价。按照考评的内容划分为（　　）、能力、态度三方面。

A. 业绩　　B. 思想　　C. 任人　　D. 超能力

三、多项选择题

1. 按控制的环节分类有（　　）。

A. 前馈控制　　B. 激励控制　　C. 过程控制　　D. 反馈控制

2. 控制工作的原则有（　　）。

A. 反映计划要求　　B. 控制关键点　　C. 控制趋势　　D. 例外性

3. 在工业企业中，最常用的定量控制标准有（　　）。

A. 时间标准　　B. 质量标准　　C. 数量标准　　D. 成本标准

4. 工作汇报是下级对过去的工作予以总结，总结成绩，找出差距，对于领导者，则是根据工作汇报了解下属的工作情况，为控制工作提供依据，工作汇报需要注意（　　）。

A. 多向几个领导者反映问题，使问题得到更多领导者的关注

B. 适当地夸大是必要的

C. 客观、公正，有支撑材料

D. 条理清楚、突出重点

5. 绩效控制流程是一个完整的系统，一般由（　　）等环节组成。

A. 绩效计划　　B. 绩效实施

C. 绩效考核　　D. 绩效反馈

E. 绩效改进

四、简答题

1. 简述控制的含义。
2. 简述授权的必要性和作用。
3. 简述绩效控制的定义。

实践与实训

针对某工厂玻璃质量报表（见表7.3），写出质量控制的PDCA循环的顺序（第一次循环要解决的问题，第二次循环要解决的问题，第三次循环要解决的问题……）。

表7.3　玻璃质量报表

产生质量问题的原因	统　计	频　数	排　序
尺寸不良	—	4	3
气泡	—	10	1
掉角	—	6	2
裂纹	—	2	4
合计		22	

提示：从影响质量最大的因素开始解决，作为PDCA循环，每次循环解决影响最大的问题，下一次循环解决次要的问题，最后将问题全部解决。

第8章

激　励

财散人聚，财聚人散。

学习目标

- 懂得激励的定义和实质；
- 懂得激励的基本理论；
- 掌握激励的方法。

学习导航

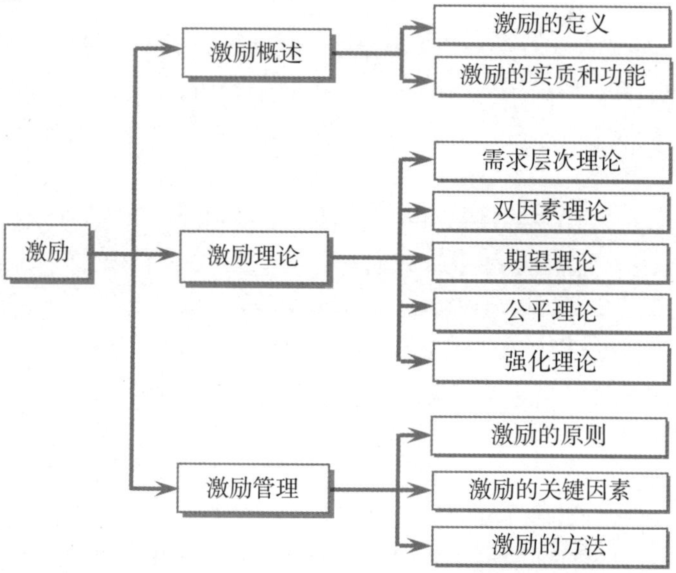

引导案例

王爷和厨师的故事

某王爷手下有个著名的厨师，他的拿手好菜是烤鸭，深受王府里人的喜爱，尤其是王爷，更是倍加赏识。不过这个王爷从来没有给予厨师任何鼓励，使得厨师整天闷闷不乐，以为自己做得不好。

有一天，王爷有客从远方来，在家设宴招待贵宾，点了数道菜，其中一道是王爷最喜爱的烤鸭。厨师奉命行事，然而，当王爷夹了一条鸭腿给客人时，却找不到另一条鸭腿，他便问身后的厨师说："另一条腿到哪里去了？"

厨师说："禀王爷，我们府里养的鸭子都只有一条腿！"王爷感到诧异，但碍于客人在场，不便问个究竟。

饭后，王爷便跟着厨师到鸭笼去查个究竟。时值夜晚，鸭子正在睡觉。每只鸭子都只露出一条腿。

厨师指着鸭子说："王爷你看，我们府里的鸭子不全都是只有一条腿吗？"

王爷听后，便大声拍掌，吵醒鸭子，鸭子当场被惊醒，都站了起来。

王爷说："鸭子不全是两条腿吗？"

厨师说："对！对！不过，只有鼓掌拍手，才会有两条腿呀！"

从此，王爷不时地对厨师表扬和奖励，厨师的烤鸭越做越香，也不再闷闷不乐了。

启示：要使员工始终处于施展才干的最佳状态，有效的方法就是表扬和奖励，身为领导者要知道，不仅是表扬佳绩者，即便工作成绩不突出的员工也需要鼓励，要关心员工的发展与成长，需建立沟通和反馈机制，激励员工继续奋斗，使他们对自己和工作充满信心和热情。

8.1 激励概述

"明察秋毫而不见车薪，是不为也，非不能也。"意思是："一个人如果眼睛能发现细微的毫毛，却坚持说自己看不见一车柴薪，是因为他不想这么干，并不是因为他没有这个能力。"一个人能力再高，如果激励水平很低，缺乏足够的自动力，也必然不会有好的工作绩效；反之，一个人能力一般，如果受到充分的激励，发挥出巨大的热情，会有出色的表现。由此可见，激励对工作人员积极性的调动有着极为重要的影响。

8.1.1 激励的定义

激励是指激发员工的工作动机，也就是说，用各种有效的方法去调动员工的积极性和创造性，使员工努力去完成组织的任务，实现组织的目标。激励是个体内部的心理状态，即激发自身的动机，变组织目标为个人目标，这种过程可以概括为：外界推动力（要我做）→激发→内部自动力（我要做）。

我们从以下几点来理解激励。

（1）激励的出发点是满足组织成员的各种需要，即通过系统地设计适当的外部奖酬形式和工作环境来满足企业员工的外在性需要和内在性需要。

（2）科学的激励工作需要奖励和惩罚并举，既要对员工表现出来的符合企业期望的行为进行奖励，又要对不符合企业期望的行为进行惩罚。

（3）激励贯穿企业员工工作的全过程，包括对员工个人需要的了解、个性的把握、行为过程的控制和行为结果的评价等。因此，激励工作需要耐心。

（4）激励的最终目的是在实现组织预期目标的同时，也能让组织成员实现其个人目标，即达到组织目标和员工个人目标在客观上的统一。

8.1.2 激励的实质和功能

1．激励的实质

行为学家一般认为，所有人类行为都具有一定的动机性，也就是说，不存在无目标导向的人类行为。而人的动机多起源于人的需求欲望，一种没有得到满足的需求是激发动机的起点，也是引起行为的关键，因为未得到满足的需求会造成个人的内心紧张，从而导致个人采取某种行为来满足需求以解除或减轻其紧张程度。激励的实质如图 8.1 所示。

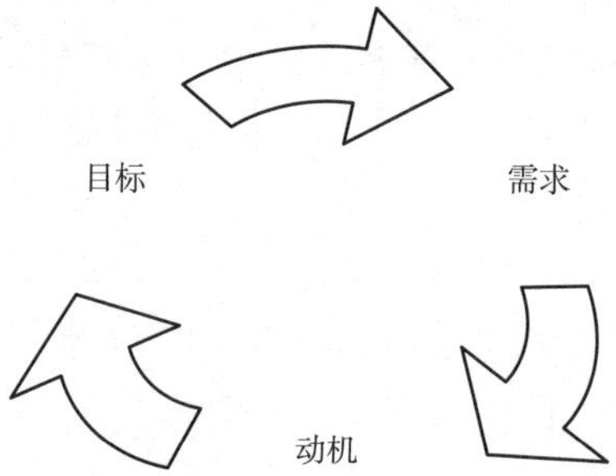

图 8.1　激励的实质

（1）需求。需求是指人们在欲望驱动下的一种追求，这种追求使欲望达到有限的最大满足，当人们缺乏需求的事物时，就会产生得到这种事物的冲动。

（2）动机。动机是在需求的基础上产生的，人从事任何活动，总是由于他有从事这一活动的愿望。愿望总是指向未来的能够满足他的需要的某种事物或行动。它既表现为想要追求某一事物或开始某一活动的意念，也表现为想要避开某一事物或停止某一活动的意念。引起动机的内在条件是需求，引起动机的外在条件是诱因，凡是个体趋向诱因而得到满足时，这种诱因称为正诱因；凡是个体因逃离或躲避诱因而得到满足时，这种诱因称为负诱因。

（3）目标。目标是人的行为所期望产生的结果。人们的行为总是为了实现某种目标。目标的实现使人的需要得到满足，心理的紧张不安消除，从而结束一个行为过程。目标的实现既是行为的结果，又是满足需要的条件。

由此可见，需求、动机、目标三者既相互独立，又相互联系，按照所处各阶段顺次联系，对行为产生激励作用，由此构成一个完整的激励过程，处于起点的是人的需求，当需求得不到满足时，人们就产生了满足这个需求的动机，在动机的驱使下，人们为自己设定一定的目标并采取行动，从而使需求得到满足。当上一需求得到满足后，人们在此基础上又产生新的需求，新的需求又导致新的激励过程的开始。

我们要注意将外在的推动力转化为员工的自动力，在一般情况下，激励表现为外界所施加的吸引力与推动力。这种推动力，只有被个体自身消化和吸收，才会产生出一种自动力，而这种转化正是激励的本质所在，即通过多种形式对个体的需求予以不同程度的满足或限制。

2．激励的功能

（1）有利于鼓舞员工士气。行为学家通过大量的调查发现，绝大多数组织在激发工作人员动机方面都具有很大的潜力。哈佛大学的威廉·詹姆士就曾发现，部门员工一般仅需发挥出 20%～30%的个人能力，就足以保住“饭碗”而不被解雇；如果受到充分的激励，其工作能力能发挥出 80%～90%，其中 50%～60%的差距是激励的作用所致的。研究表明，员工的工作绩效是员工能力和受激励程度的函数，即绩效=F（能力×激励）。遗憾的是，大多数部门的领导者，每当出现困难情况影响工作任务完成时，总是首先考虑现有设备和环境条件的改进。殊不知，在他们身边还有如此大的潜力未被开发，如果他们能把自己的注意力集中在运用激励手段鼓舞员工士气上，那么即使在同样的设备和环境条件下，也会取得难以想象的巨大效果。

（2）吸引和留住优秀人才。彼得·德鲁克认为，每个组织都需要三个方面的绩效：直接的成果、价值的实现和未来的人力发展。缺少任何一方面的绩效，组织注定非垮不可。因此，每位管理者都必须在这三个方面均有贡献。在三方面的贡献中，对“未来的人力发展”的贡献就来自激励工作。在一些竞争力强、实力雄厚的企业，通过各种优惠政策、丰厚的福利待遇、快捷的晋升途径来吸引企业需要的人才。

§ 案例

别人家的公司！腾讯又给员工送股票，互联网大佬的员工福利大 PK

2017 年 7 月 12 日腾讯发布公告称，将发行合计 17 870 595 股新股，奖励 10 800 名员工。按照 7 月 10 日腾讯控股收盘股价 271.6 港元计算，这笔奖励价值 48.5 亿港元。按照这一数字来计算的话，人均能够获得 45 万港元的股票，约合人民币 39 万元。

这种奖励方式，腾讯员工都习惯了。腾讯不止一次有过股权激励：2008 年向 184 位员工奖励 101.605 万股新股；2009 年奖励 1 250 位员工 818.118 万股股票，股权激励的员工占全体员工近 1/4。2015 年 7 月，腾讯宣布向 5 839 名“非关联人士”赠股 23.6 亿港元，人均分得 32 万元。腾讯 18 周年纪念日当天，向员工授予每人 300 股腾讯股票，按照目前股价计算约合人民币 5.3 万元。

腾讯 2016 年年末约有 3.1 万名员工，这次股票奖励员工数大约占 34%，还有大约 2 万名员工没有奖励。该公告称，旨在嘉许奖励人士所做贡献并吸引及挽留本集团持续经营及发展所需人才。

如此酷炫的“公司福利”，居然还不止腾讯才有，只能说：有钱都任性。看看还有哪些豪气的公司。

败家女的天堂——阿里巴巴

阿里巴巴十分了解刚需族的痛楚，阿里巴巴的每位员工可以获得 30 万元贷款，3 年免息，工龄满两年的员工可以在买首套住房时申请该贷款。2016 年，阿里巴巴在杭州总部附近新建 380 套高级公寓，而房价只有市面价格的 60%。

据阿里巴巴的员工爆料，曾有一位月薪 2 万多元的员工年终奖为 15 万元人民币现金和 3 000 股阿里巴巴股票。折算下来，这位员工的年终奖总额为 207 万元人民币，相当于月薪的 100 倍。

无人自驾上五环的百度

前不久坐无人驾驶汽车上五环的李彦宏曾说过，百度奖金无上限。曾有员工获得相当于 50 个月工资的“百度最高奖”，且 2015 年共有 5 支团队获得总计 500 万美元的现金奖励。除最高奖外，百度每年还设“季度创新奖”和“百度骄傲奖”。据悉，至今“百度最高奖”已经累计发出近 1 亿元人民币。

中国最好的“猪场”——网易

爱养猪的丁磊，员工的福利怎么能少得了猪肉呢。网易农场养殖出的猪肉，一部分会送往网易食堂，供员工免费食用。

网易没有年终奖，都是季度奖，奖金和年限有关，年限越长，奖金也会越多。据说有些员工一年的奖金能达到 18 个月工资的水平。

电器首选的网站——苏宁

苏宁推出“1 200 员工购房借款项目”，为内部的应届毕业生人才梯队提供购房借款，借款额度为 50 万元，期限分为 3 年和 5 年两种，由员工根据个人还款能力自由选择。苏宁的贷款年利率仅 1.5%，较当时市面上 4.9%的贷款利息低出不少，更是比金融机构 7%左右的利率低了七成。不仅如此，苏宁还对员工实行第一年免还款政策。

万人年薪百万——华为

华为员工的高福利待遇无人不知。华为 CEO 任正非曾表示，在华为，年薪超过 100 万元的员工有 1 万人。只要在华为做满 3 年，都会有 15 万元左右的年终奖，表现优秀者，20 万元年终奖不成问题。

（资料来源：佚名. 搜狐网. https://www.sohu.com/a/156650763_505802）

（3）有利于员工素质的提高。个人的素质既有先天的因素，又有后天的影响，但从根本意义上讲，主要还是决定于后天的学习和实践。通过学习和实践，人的素质才能得到提高。人的行为与其他受本能支配的动物行为不同，是完全可以改变的，是具有可塑性的。个体为了达成目标，不但能改变其手段，而且通过学习能改变其行为的内容。这种改变也意味着人的素质从一种水平发展到更高的水平。当然，学习和实践的方式与途径是多种多样的，但激励是其中最能发挥效用的一种。通过激励来控制和调节人的行为趋向，会给学习和实践带来巨大的动力，从而导致个人素质的不断提高。比如，对忠于职守、业务熟练、工作中有突出贡献的员工进行一定的奖励，对不懂业务又不肯钻研、工作中有重大失误的员工给予适当的惩罚。无疑能发挥奖一励百、惩一儆百的作用，有助于全体员工业务素质的提高。

（4）能够加强一个组织的凝聚力。行为学家们通过调查和研究发现：对一种个体行为的激励，会导致或消除某种群体行为的产生。也就是说，激励不仅直接作用于个人，而且间接影响其周围的人。激励有助于形成一种气氛，对整个组织都有着至关重要的影响。现举发生在某速递公司里的一件事为例。一次，公司的一名职员在把一批邮件送上飞机之后忽然发现了一封遗漏的信件。按照速递公司的规定，邮件必须在发出后 24 小时之内送到收件人手中，可这时飞机已经起飞，怎么办？在这种情况下，来不及进行更多的考虑，为确保公司的声誉不受损害，这个职员毅然用自己的钱购买了第二班飞机的机票，根据信上的地址，亲自把这封信送到了收信人手中。后来，公司了解了这件事的经过后，对这位职员给予丰厚的奖赏，以表彰他这种认真负责的主人翁态度。这件事被永远地载入了公司的史册，它对形成良好的企业文化起了非常巨大的作用。由此，速递公司员工以工作为己任、视公司声誉为生命的行为蔚然成风，使整个公司的凝聚力得到了充分体现。

（5）造就良性的竞争环境。科学的激励制度包含一种竞争精神，它的运行能够创造出一种良性的竞争环境，进而形成良性的竞争机制。在具有竞争性的环境中，组织成员就会感受到环境的压力，这种压力将转变为员工努力工作的动力。正如麦格雷戈所说："个人与个人之间的竞争，才是激励的主要来源之一。"在这里，员工工作的动力和积极性成了激励工作的间接结果。

3．影响激励效果的因素

影响激励效果的因素如图 8.2 所示。

图 8.2　影响激励效果的因素

（1）外在推动力的大小。推动力与个体行为的积极程度是成正比的，这个道理非常浅显，汽车发动机马力越大，能装载的东西越多。外在激励越强，人们越会努力工作，不管这种工作努力程度是自愿的，还是外在力量强迫产生的。

（2）个体自身内在因素的影响。虽然自动力的大小，与推动力的强度有关，但也离不开个体自身因素的影响。同样强度的推动力，对于不同的人可能产生强弱悬殊的自动力，从而对其行为产生极为不同的影响。正如树上没有两片完全相同的树叶一样，世界上也不存在两个完全相同的人，这种复杂的差异赋予激励以更大的弹性。

由激励所激发的自动力是一个内在的变量，虽然这种心理状态是一种看不见、摸不着的东西，无法通过精确的计算来进行预测——控制与调节，但可以通过在其作用下的行为表现来加以观察。例如，在能力相当的前提下，员工甲的工作效率始终高于员工乙的工作效率，我们就可以推断出甲的工作自动力高于乙。

8.2 激励理论

激励理论可以归纳为内容型激励理论和过程型激励理论。

内容型激励理论着重研究激发动机的诱因。这类理论表明，要使员工出现企业期望的行为，须在员工的行为与员工需要的满足之间建立起必要的联系，即从内因入手。内容型激励理论主要包括需求层次理论、双因素理论。过程型激励理论着重研究人从动机产生到采取行动的心理过程。弄清人们对付出劳动、功效要求和奖酬价值的认识，即从外在的诱因入手研究激励问题。过程型激励理论主要包括期望理论、公平理论、强化理论。

8.2.1 需求层次理论

1. 人类的需求

马斯洛的代表作《人类动机理论》在前人的基础上提出了人类需求层次论，马斯洛把人的基本需求分为五大类，如图 8.3 所示。

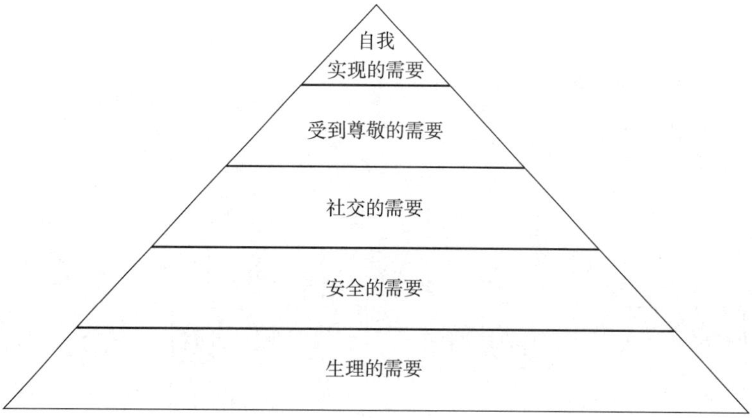

图 8.3　马斯洛需求层次论

（1）生理的需要。生理的需要是一切需要之中最基本的需要。具体来说，对一个非常贫困的人来说，能够吃饱饭、能够穿暖和是他最强烈的生理需求，他对食物和基本保暖的要求比对其他任何要求更为强烈，其最主要的动机是满足生理需要而不是其他需要。

（2）安全的需要。安全的需要是对人身安全、就业保障、工作和生活环境安全、经济上的保障等的追求。如果生理的需要已经得到一定满足，就会出现新的需要，从其他更广的方面说，这种谋求安全与稳定的企图还表现在人们普遍地喜爱熟悉的和已知的事物，而不喜爱陌生的和未知的事物。

（3）社交的需要。社交的需要是指人希望获得友谊和爱情、得到关心和爱护的需要。

如果生理需要和安全需要都已经很好地得到满足，那么就会出现感情及归属的需要。例如，个人期望得到朋友、妻子或儿女等，并渴望同他人建立感情的联系。

（4）受到尊敬的需要。受到尊敬的需要是指希望自己有稳固的地位、得到别人高度的评价或受到他人的尊重。在现实社会中，所有人都有一种需要或欲望，就是要求对自己有一种高度的评价，要求保持自尊和自重，并得到别人的尊敬。受到尊敬的需要得到满足，会使人感到自信并适合生存。如果这种需要得不到满足，则使人感到低人一等，软弱或无能为力。

（5）自我实现的需要。即使以上各种需要都得到了满足，我们还可能常常感到自己必须做一些适合自己的事，否则很快就会产生一种新的不满足或不安定的情绪。自我实现的需要是促使其潜在能力得到实现的愿望，即希望成为自己所期望的人，完成与自己的能力相称的一切事情，是高层次的一种需求。

2. 各需求层次之间的关系

（1）这些基本需要是等级分层的，呈阶梯式逐级上升。只有在低层次需要得到满足以后，才会进一步追求高层次的需要。但基本需要有等级也不是说这个顺序是固定不变的，而是根据特殊情况有所变化。如有些人认为自尊似乎比爱情更为重要，或者有些人具有天赋创造性，认为创造比任何其他因素更为重要，或者有些人愿意永远保持低下的程度，只要有了足够食物就感到心满意足等。这些特殊情况的存在表明，人的需求层次并不是固定的等级顺序。

（2）马斯洛认为需求的逐级形成机制会让我们有个错觉，即只有低级的某种需要百分之百地满足了，才会出现次一种需要。而实际情况是，社会成员不是每种需要都能够得到满足，某些基本需要只要得到部分满足就会产生上一级需要。人的需要是交叉在一起的，不是非此即彼，而是共同存在的。在低级需要部分满足的情况下，个人也会追求上一级的需要。这种情况称为“相对满足”。

（3）人的各种需要存在文化上的普遍性和特殊性。一方面，人类文化存在许多共性，使我们得以理解组织中个人需要的共同性；另一方面，不同文化也会导致不同的基本需求，从而使领导者需要考虑这种特殊性对激励的影响。

案例

欧莱雅集团的激励措施

在巴黎欧莱雅总部，对刚生完孩子的女性员工，除政府规定要给的四个半月的薪水外，欧莱雅公司还给这些员工多加一个月的薪水，并可以在 2 年之内的任何时候领取。欧莱雅的 8 000 名经理中，2 000 名已有购股权。如此优厚的员工福利，使欧莱雅的人才流失率保持在很低的水平，欧莱雅员工平均在公司工作 14 年。欧莱雅负责人力资源关系的副总裁 Francois Vachey 说：“员工的忠诚度对于公司来说非常重要。他们来了，加入了我们，然后留了下来。”

欧莱雅建立了由薪资、福利、奖金、利润分享、股权、培训等众多激励方式组成的激励体系，这种大大超出市场平均水平的优厚的薪资福利，灵活机动的晋升机制，内部员工股权认购、年终分红、利润共享的激励策略，正符合了内容型激励理论的基本要义，所以才能吸引全球各地的人才带着热情与智慧投入欧莱雅的怀抱。

8.2.2 双因素理论

双因素理论是由美国心理学家赫茨伯格提出的，其全称为“激励-保健因素理论”，简称为双因素理论。20 世纪 50 年代末期，赫茨伯格曾在匹兹堡地区的 11 家工商企业机构中，对 200 多名工程师、会计师进行了调查研究。调查中他设计了许多问题，例如，“什么时候你对工作特别满意”“什么时候你对工作特别不满意”“原因是什么”等，请受访者一一回答。赫茨伯格根据调查所得的大量材料，发现使员工感到不满意的因素和使员工感到满意的因素是不同的。前者往往是由外界工作环境引起的，后者通常是由工作本身产生的。

1. 双因素理论的基本内容

赫茨伯格经过研究认为，引起人行为动机的因素主要有：一种叫保健因素，如工作条件、人事关系、工资待遇等；另一种叫激励因素，如工作责任的大小、个人成就的高低、工作成绩的认可等，如图 8.4 所示。

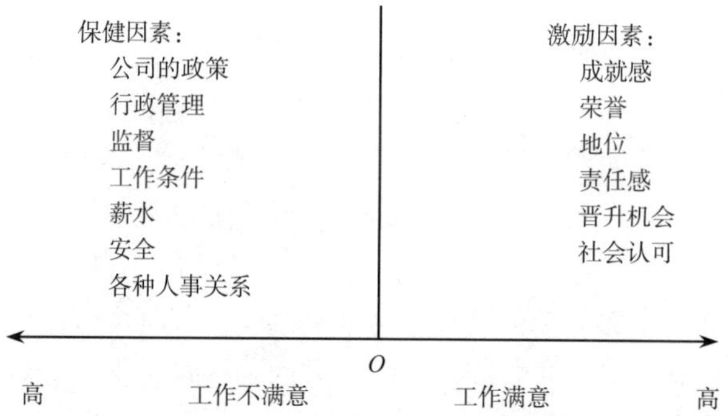

图 8.4　赫茨伯格双因素理论

（1）保健因素。赫茨伯格从 1 844 个案例调查中发现，造成员工不满的原因，主要是由于公司的政策、行政管理、监督、工作条件、薪水、安全及各种人事关系处理不善。这些因素的改善虽不能使员工变得非常满意，真正地激发员工的积极性，却能解除员工的不满，故这种因素称为保健因素。研究表明，如果保健因素不能得到满足，往往会使员工产生不满情绪、消极怠工，甚至引起罢工等对抗行为。

（2）激励因素。赫茨伯格从另 1 753 个案例的调查中发现，使员工感到非常满意的因素主要是工作富有成就感、工作本身带有挑战性、工作的成绩能够得到社会的认可，以及职务上的责任感和职业上能够得到发展和成长，等等。这些因素的满足，能够极大地激发员工的热情，对于员工的行为动机具有积极的促进作用，它常常是一个领导者调动员工积极性、提高劳动生产效率的好办法。研究表明，这类因素解决不好，也会引起员工的不满，它虽无关大局，却能影响工作的效率。因此，赫茨伯格把这种因素称为激励因素。

通过对回答进行分类，赫茨伯格得出结论，当人们感觉工作好时的回答与感觉工作不好时的回答截然不同。如图 8.4 所示，某些特性一直与工作满意相联系，而另一些因素似乎总与工作不满意相联系。赫茨伯格在研究的过程中还发现，在两种因素中，如果把某些激励因素如表扬和某些物质的奖励等变成保健因素，或者任意扩大保健因素，都会降低一个人在工作中所得到的内在满足，引起内部动机的萎缩，从而导致个人工作积极性的降低。赫茨伯格认为，传统的“满意-不满意”的观点，认为满意的对立面是不满意是不正确的。他认为“满意”的对立面应该是“没有满意”，“不满意”的对立面应该是“没有不满意”。

2. 双因素理论的实际应用

根据赫茨伯格理论，管理者在调动员工积极性方面主要采取了以下两种基本做法。

（1）直接满足法。这种满足是通过工作本身和工作过程中人与人的关系得到的。它能使员工学习到新的技能和知识，产生兴趣和热情，使员工具有光荣感、成就感和责任心。因而可以使员工受到内在激励，产生极大的工作积极性。对于这种激励方法，管理者应该给予充分重视，这种激励的措施虽然有时需要的时间很长，但是员工的积极性一旦激励起来，不仅可以提高生产效率，而且能够持久。

（2）间接满足法。间接满足又称为工作任务以外的满足。这种满足不是从工作本身获得的，如福利待遇（如奖金、食堂、托儿所、员工学校、俱乐部等）属于间接满足。间接满足虽然也与员工所承担的工作有一定的联系，但它不是直接与个人努力程度挂钩的。

在实际工作中，借鉴这种理论来调动员工的积极性，不仅要充分注意保健因素，使员工不至于产生不满情绪；更要注意利用激励因素去激发员工的工作热情，使其努力工作。如果只顾及保健因素，仅满足于员工暂时没有什么意见，是很难创造出一流工作成绩的。双因素理论还可以用来指导我们的奖金发放。虽然许多公司正在使用奖金作为一种激励因素，但是必须指出，在使用这种激励因素时，必须与企业的效益或部门及个人的工作成绩挂起钩来。如果奖金不与部门及个人的工作成绩相联系，一味地“平均分配”，久而久之，奖金就会变成保健因素，再多也起不了激励作用。

双因素理论的科学价值不仅对搞好奖励工作具有一定的指导意义，而且对如何做好人的思想工作提供了有益的启示。既然在管理理论和实践中，人们都没有单纯地追求物质刺激，那么在现实管理中就更不应该把调动员工积极性的希望只寄托于物质鼓励方面，在管理中，就应该注意处理好物质鼓励与精神鼓励的关系，充分发挥精神鼓励的作用。

需求层次理论和双因素理论应用的比较如表 8.1 所示。

表 8.1　需求层次理论和双因素理论应用的比较

需要的层次	双因素理论	追求的目标	管理策略
生理的需要	保健因素	工资 健康的工作环境 各种福利	待遇、奖金 医疗保健制度 工作时间多少 住房等福利设施

续表

需要的层次	双因素理论	追求的目标	管理策略
安全的需要	保健因素	职业保障 意外事故的防止	雇用保证 劳保制度 退休金制度
社交的需要	保健因素	友谊（良好的人际关系） 团体的接纳 组织的认同	团体活动计划 互助金制度 群众组织 利润分享计划 教育培训制度
受到尊敬的需要	激励因素	地位、名次 荣誉 权力、责任 与他人收入的比较	人事考核制度 晋升制度 表彰制度 选拔进修制度 参与制度 奖励制度
自我实现的需要	激励因素	能发挥个体特长的环境 具有挑战性的工作	决策参与制度 提案制度 革新小组

案例

沃尔沃的工作再设计

沃尔沃是全球汽车制造企业中的佼佼者，该公司的管理原本一直沿用传统办法，重技术、重效率、重监控。直到 1969 年，工人的劳动态度问题已变得十分尖锐，使该公司不得不考虑改革管理办法。因此，沃尔沃试图通过用自动机器取代较繁重艰苦的工作，来向工人表明，公司是尊重人的。但随即发现此办法治标不治本。这时，公司才觉醒，认为在工作方面要治本，必须进行彻底的工作再设计。

公司在设计卡尔玛轿车厂时，希望能体现以人而不是以物为主的精神，决定取消传统的装配传送带。以人为中心来布置工作，就是要使人能在行动中互相合作、讨论，自己确定如何来组织。管理要从激励着眼，而不是从限制入手。所以，该厂工人都自愿组成 15～25 人的作业组，每组分管一定的工作，如车门安装、电器接线、车内装潢等。组内可以彼此换工，也允许自行跳组。小组可自行决定工作节奏，只要能跟得上总的生产进程即可。何时暂歇、何时加快可以自定。每组各设有进、出车体缓冲存放区。

据 1976 年的调查，几乎该厂全体员工都表示喜欢这种新方法。装配的效率大大提高，工人的满意度也大增，离职率从 40%～50%下降到 25%，质量有所上升。工作再设计给沃尔沃带去了丰厚的利润。

（资料来源：百度文库）

8.2.3 期望理论

期望理论是美国心理学家弗洛姆在其 1964 年出版的《工作与激励》一书中提出的。

1. 期望理论的基本思想

期望理论认为：人是理性的人，对于生活与事业的发展，他们有既定的信仰和基本的预测；一个人决定采取何种行为与这种行为能够带来什么、结果对他来说是否重要有关，人就是根据他对某种行为结果实现的可能性和相应奖酬的重要性的估计来决定其是否采取某种行为的，即人们的努力与其期待的最终奖酬和能否实现目标的可能性有关，如果努力没有导致结果，努力就白费了。一个人绝不会浪费时间去追求他不擅长的任务。同时，一个有技术的人也不愿意花时间从事他得不到奖励的任务，即使他可能完成它。激励是一个动态的过程，当一个人对期望值、效价的估计发生变化时，其积极性也将随之变化。

激励程度用公式表示为：

$$激励力量=效价\times期望值$$

激励力量即动机的强度，它表明一个人愿意为达到目标而努力的程度。

效价是指某人对目标价值的估计。对同一个目标，由于各人的需要不同，所处的环境不同，他对该目标的价值估计也往往不同。效价反映了一个人对某一结果的偏爱程度。某人对某种结果越是向往，此结果对该人而言效价就越大；如果这一结果对他来说无足轻重，对结果也漠不关心，那么此结果的效价对他来说也接近于零；如果他害怕这一结果的出现，那么效价就是负值。

期望值是指某人对实现某一目标的可能性的主观估计。一个人往往是根据过去的经验来判断一定行为能够导致某种结果或满足某种需要的可能性大小的，如果他认为某一目标是完全可能实现的，有 100%的可能，那么期望值为 1；反之，若认为此目标根本不可能实现，则期望值为 0。在一般情况下，期望值往往介于 0 和 1 之间。

只有当期望值和效价都比较高时，才会产生较大的激励力量。也就是说，只有当当事人认为自己的努力可以取得较好的业绩，好的业绩又会带来某种特定的奖励，且这种奖励对本人具有很大吸引力时，激励作用最大。

2. 期望理论在管理中的启示

（1）管理人员应当通过提问题，观察对不同奖励的反响和询问员工追求的奖励，发现员工追求什么结果。记住需求和追求变化是很重要的，有必要定期反复研究。

（2）管理人员应当研究他们追求的表现种类，他们应当确定什么行为是好的，什么行为只是足够的。

（3）管理人员应当确定所追求的表现水平是可以得到的，也是合理的。

（4）表现水平和员工追求的结果之间应当有一种直接关系。

（5）管理人员要确信，不存在阻止员工追求高尚表现的争斗（如对产出的非正式组织的限制）。

（6）对结果或奖励的改变是通过激励行为的改变来实现的。

8.2.4 公平理论

公平理论又称社会比较理论，由美国心理学家约翰·斯塔希·亚当斯提出。

1. 公平理论的基本思想

公平理论指出：人的工作积极性不仅与个人实际报酬多少有关，而且与人们对报酬的分配是否感到公平的关系更为密切。人们总会自觉或不自觉地将自己付出的劳动代价及其所得到的报酬与他人进行比较，并对公平与否做出判断。公平感直接影响员工的工作动机和行为。因此，从某种意义来讲，动机的激发过程实际上是人与人进行比较，做出公平与否的判断，并据以指导行为的过程。公平理论研究的主要内容是员工报酬分配的合理性、公平性及其对员工产生积极性的影响。

亚当斯认为：员工的积极性取决于他所感受的分配上的公正程度（公平感），而员工的公平感取决于一种社会比较或历史比较。所谓社会比较，是指员工对他所获得的报酬（包括物质上的金钱、福利和精神上的受重视程度、表彰奖励等）与自己工作的投入（包括自己受教育的程度、经验，用于工作的时间、精力和其他消耗等）的比值与他人的报酬和投入的比值进行比较。所谓历史比较，是指员工对他所获得的报酬与自己工作的投入的比值同自己在历史上某一时期内的这个比值进行比较。

每个人都会自觉或不自觉地进行这种社会比较，同时也要自觉或不自觉地进行历史比较。当员工对自己的报酬进行社会比较或历史比较的结果表明收支比率相等时，便会感到受到了公平待遇，因而心理平衡、心情舒畅、工作努力。如果认为收支比率不相等时，便会感到自己受到了不公平的待遇，产生怨恨情绪，影响工作的积极性。当认为自己的收支比率过低时，会产生报酬不足的不公平感，比率差距越大，这种感觉越强烈。这时员工就会产生挫折感、义愤感、仇恨心理，甚至产生破坏心理。少数时候，也会因认为自己的收支比率过高，产生不安的感觉或感激心理。

当员工感到不公平时，他可能千方百计地进行自我安慰，如通过自我解释，主观上造成一种公平的假象，以减少心理失衡或选择另一种比较基准进行比较，以便获得主观上的公平感；还可能采取行动，改变对方或自己的收支比率，如要求把别人的报酬降下来、增加别人的劳动投入或要求给自己增加报酬、减少劳动投入等；还可能采取发牢骚、讲怪话、消极怠工、制造矛盾或弃职他就等行为，公平理论比较如图 8.5 所示。

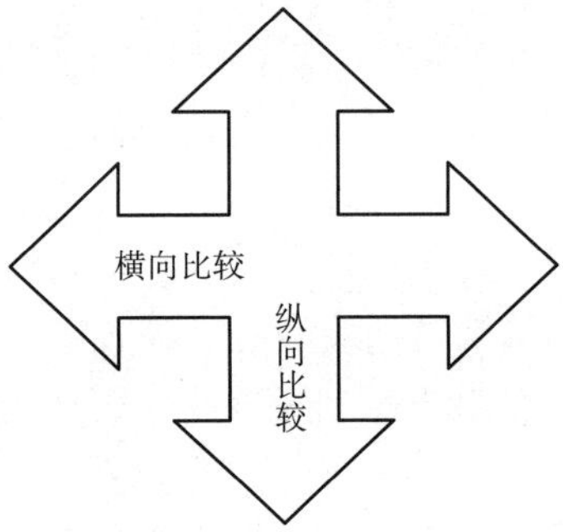

图 8.5 公平理论比较

1）横向比较。横向比较即员工要将自己获得的“报偿”（包括金钱、工作安排及获得的赏识等）与自己的“投入”（包括教育程度、所做的努力、用于工作的时间、精力和其他无形损耗等）的比值与组织内其他人做比较，只有相等时，他才认为公平，如下所示：

$$OP/IP=OC/IC$$

式中 OP——对自己报酬的感觉；

IP——对自己投入的感觉；

OC——对他人报酬的感觉；

IC——对他人投入的感觉。

当上式为不等式时，可能出现以下两种情况。

（1）$OP/IP<OC/IC$。在这种情况下，他可能要求增加自己的收入或减小自己今后的努力程度，以便使左方增大，趋于相等；第二种办法是他可能要求组织减少比较对象的收入或者让其今后增大努力程度以便使右方减小，趋于相等。此外，他还可能另找人作为比较对象，以便达到心理上的平衡。

（2）$OP/IP>OC/IC$。在这种情况下，他可能要求减少自己的报酬或在开始时自动多做些工作，但久而久之，他会重新估计自己的技术和工作情况，终于觉得他确实应当得到那么高的待遇，于是产量便又会回到过去的水平了。

2）纵向比较。除横向比较之外，人们也经常做纵向比较，即把自己目前投入的努力与目前所获得报偿的比值同自己过去投入的努力与过去所获报偿的比值进行比较。只有相等时他才认为公平，如下所示：

$$OP/IP=OH/IH$$

式中 OP——对自己现在报酬的感觉；

IP——对自己现在投入的感觉；

OH——对自己过去报酬的感觉；

IH——对自己过去投入的感觉。

当上式为不等式时，也可能出现以下两种情况。

（1）$OP/IP<OH/IH$。当出现这种情况时，人也会有不公平的感觉，这可能导致工作积极性下降。

（2）$OP/IP>OH/IH$。当出现这种情况时，人不会因此产生不公平的感觉，但也不会觉得自己多拿了报偿，从而主动多做些工作。调查和试验的结果表明，不公平感的产生，绝大多数是由于经过比较认为自己目前的报酬过低而产生的。

2．公平理论在管理中的应用

公平理论为组织领导者公平对待每个员工提供了一种分析处理问题的方法，对于组织管理有较大的启示意义。

（1）领导者要引导员工形成正确的公平感。员工的社会比较客观存在，并且这种比较往往凭个人的主观感觉，因此，领导者要多做正确的引导，使员工形成正确的公平感。在人们的心理活动中，往往会过高估计自己的贡献和作用，压低他人的绩效和付出，总认为自己报酬偏低，从而产生不公平心理的现象。随着信息技术的发展，人们的社会交往越来越广，比较范围越来越大，以及收入差距增大的社会现实，都增加了员工产生不公平感的可能性。组织管理者要引导员工正确进行比较，多看到他人的长处，认识自己的短处，客观、公正地选择比较基准，多在自己所在的地区、行业内比较，尽可能看到自己报酬的发展和提高，避免盲目攀比而造成不公平感。

（2）员工的公平感将影响整个组织的积极性。事实表明，员工的公平感不仅对员工个体行为有直接影响，而且还将通过个体行为影响整个组织的积极性。在组织管理中，管理者要着力营造一种公平的氛围，如正确引导员工言论，减少因不正常的舆论传播而产生的消极情绪；经常深入员工中，了解员工工作、生活中的实际困难，及时帮助解决；关心照顾弱势群体。

（3）领导者的管理行为必须遵循公正原则。领导行为是否公正将直接影响员工对比较对象的正确选择，如领导处事不公，员工必将选择受领导“照顾者”做比较基准，以致增大比较结果的反差而产生不公平心理。因此，组织领导者要平等地对待每个员工，公正地处理每件事情，依法行政，避免因情感因素导致管理行为的不公正。同时，也应注意，公平是相对的，是相对于比较对象的一种平衡，而不是平均。在分配问题上，必须坚持“效率优先，兼顾公平”的原则，允许一部分人通过诚实劳动和合法经营先富起来，带动后富者不断改变现状，逐步实现共同富裕，否则就会产生“大锅饭”现象，使组织运行机制失去活力。

（4）报酬的分配要有利于建立科学的激励机制。对员工报酬的分配要体现“多劳多得，质优多得，责重多得”的原则，坚持精神激励与物质激励相结合的办法。在物质报酬的分配上，应正确运用竞争机制的激励作用，通过合理拉开分配差距体现公平，在精神上，要采用关心、鼓励、表扬等方式，使员工体会自己受到了重视，品尝到成功的欣慰与自我实现的快乐，自觉地将个人目标与组织目标整合一致，形成无私奉献的职业责任感。

3．公平理论在薪酬设计中的应用

将公平理论应用于薪酬制度，可以得到三种公平的表现形式，即内部公平、外部公平和过程公平。员工对于企业的不满主要表现为上述三方面的原因，其中内部公平和外部公平是薪酬设计的关键考虑因素，过程公平虽然难以从外部表现来衡量，但对于员工积极性的影响也是实实在在的，如图 8.6 所示。

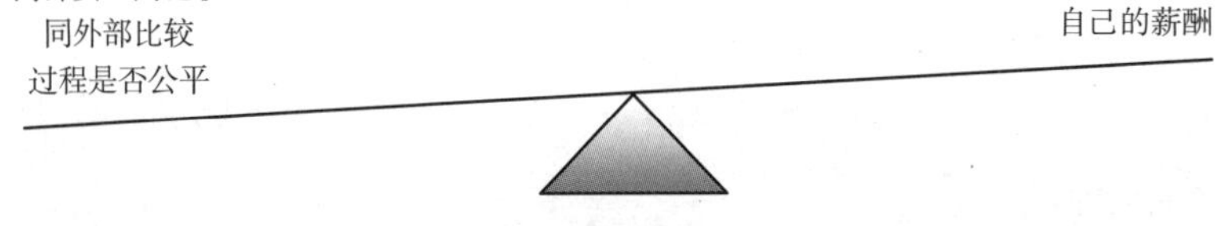

图 8.6　公平理论应用于薪酬制度

1）内部公平的应用。所谓内部公平就是公司的职位与职位之间的等级必须保持相对公平，就是薪酬政策中的内部一致性。在设计薪酬制度的时候，工资结构的制定就是为了解决内部公平性。工资结构指的是企业内不同职位等级之间的工资差别及工资政策线的形状和条数。据此，就应该进行基本的工作分析和职位评估，依据各种工作对组织整体目标实现的相对贡献大小来支付报酬。完成某一工作所需要的知识和技能越多，得到的报酬也越多；从事这种工作时所处的环境越不好，这种工作得到的报酬也应该越高；工作中对实现组织整体目标的贡献越大，这种工作得到的报酬也应该越多。

2）外部公平的应用。所谓外部公平，即公司的整体薪酬水平必须充分考虑市场的整体薪酬水平和薪酬实践趋势。它所强调的是本企业薪酬水平同其他组织的薪酬水平相比较时的竞争力，这种外部竞争力关注的是组织之间薪酬水平的相对高低。

获取外部公平的方法主要是获取外部市场薪酬调查数据，通过各种调研方法收集市场上其他竞争对手薪酬水平的信息，并通过对这些信息的比较分析来确定本企业员工的薪酬水平，从而判断公司的整体薪酬水平与外部市场相比的整体竞争力如何。

从市场的角度来看，一个企业选择工资水平可以采用领先、滞后、跟随及混合的方法，这要根据企业的发展战略及薪酬观念来决定。

（1）领先政策，即一个企业比其他同行业竞争者支付更高的工资水平。高工资能从外部劳动力市场吸引到更多优秀人才。从人力资本的角度来看，高工资不一定是高成本，因为优秀员工的市场效率更高。从经济投入产出比来看，高工资不一定降低了企业的利润，人才不能简单地作为人工成本。领先政策有利于增强员工的公平感。

（2）滞后政策，即一个企业比其他同行业竞争者支付较低的工资。这样一来，员工很容易感到不公平，从而对企业的运作造成影响。

（3）跟随政策，即支付同行业竞争者相当的工资水平。许多企业都采用工资跟随政策，这在维持员工公平感，减少员工不满意程度和员工离职方面会有一定作用。但由于与竞争对手相比没有优势，因此在实际过程中还是会遇到一些困难的。

（4）混合政策，即在现实情况下，企业以各类岗位的社会平均工资为基础，对供过于求的人员相应降低工资水平，而对社会紧缺人才采取高于社会平均工资水平的政策。

3）过程公平的应用。要保证过程公平，需要事先说明工资制定规则，建立制度的契约或心理的契约，目的是双方都明白相互的权利和义务。重要且比较容易判断其对公司贡献的岗位宜采用业绩导向的薪酬，常见的有销售人员、市场人员及独立核算单位的负责人等。员工薪酬的一部分应该与公司、部门或个人绩效结合起来，体现绩效文化，保证个人绩效越好的员工，其报酬也越高。但是对于创业团队来说，建立一个比较清晰的制度契约往往是不可能的，这时候更需要一种心理的契约，创业领头人的个人诚信便十分重要。

研究表明，过程公平相对结果公平来讲，更容易影响员工的组织承诺度、对管理者的信任和流动意图。如果张三看到公司的薪酬政策制定的程序非常公平，即使他比李四每月少拿 200 元，虽然有些不满意，但他可能也会以积极的态度对待管理者和企业，可能反观自我找出一些自己在经验、能力或者业绩等方面与李四的差距，从而来安慰自己。如果张三认为公司的薪酬政策制定的程序不公平，那么他与李四每月 200 元的工资差距就会导致他对领导者产生不信任感，感觉自己受到歧视，这时，张三往往就会采取辞职的方式来表达自己的不满。

§ 案例

李明的年终福利

李明出任强力公司总经理时，正逢金融危机，公司财务状况不如以前。时逢春节，往年经营状况好的时候，年底公司的福利和年终分红很多，员工们期待今年也会收益多多。但李明确是巧妇难为无米之炊，他通过和好友联系，得知同行业的公司今年也基本上没有年终分红之类的福利后长出一口气。但李明是有想法、有抱负的人，他想把不利的环境变成对自己有利的条件。春节越来越近，强力公司的员工们却压力越来越大，因为公司传言，由于公司财务状况很差，为了明年更好地发展，公司要裁掉一半管理者和基层员工。在压力和惴惴不安中，公司员工等到了李明总经理开全体员工大会，会上李明宣布，考虑到大家对公司的贡献，尽管公司很困难，但也希望和大家团结一致，不再裁员了。员工们击掌相庆，纷纷表示宁愿减薪降薪也要留在公司。李明又说，考虑到在过去一年中大家的成绩和明年的工作任务，公司高层想方设法地筹集资金，决定给大家发一些年终福利。员工们欢呼雀跃，纷纷表示要以更加努力的工作来回报公司。公司办公室主任老方说："前几年，公司效益好，发的钱多奖金多，但从没有见过他们如此高兴，李总真是个有办法的人。"

（资料来源：赵国祥. 管理心理学——理论、实务、案例、实践（第 2 版）. 东北财经大学出版社，2016.）

8.2.5 强化理论

强化理论是美国的心理学家和行为科学家斯金纳、赫西、布兰查德等人提出的一种理论，也称为行为修正理论或行为矫正理论，如图 8.7 所示。

图 8.7　强化理论

1. 强化理论的基本原理

斯金纳等人认为：人是没有尊严和自由的，人们做出某种行为，不做出某种行为，只取决于一个影响因素，那就是行为的后果。他提出了一种"操作条件反射"理论，认为人或动物为了达到某种目的，会采取一定的行为作用于环境。当这种行为的后果对他有利时，这种行为就会在以后重复出现；不利时，这种行为就减弱或消失。人们可以用这种正强化或负强化的办法来影响行为的后果，从而修正其行为。强化包括正强化、负强化和自然消退三种类型。

（1）正强化，又称积极强化。当人们采取某种行为时，能从他人那里得到某种令其感到愉快的结果，这种结果反过来又成为推进人们趋向或重复此种行为的力量。例如，企业用某种具有吸引力的结果（如奖金、休假、晋级、认可、表扬等），以表示对员工努力进行安全生产的行为的肯定，从而增强员工进一步遵守安全规程进行安全生产的行为。

（2）负强化，又称消极强化。它是指通过某种不符合要求的行为所引起的不愉快的后果，对该行为予以否定。若员工能按所要求的方式行动，就可减少或消除令人不愉快的处境，从而也增大了员工符合要求的行为重复出现的可能性。例如，企业安全管理人员告知工人不遵守安全规程，就要受到批评，甚至得不到安全奖励，于是工人为了避免此种不期望的结果，而认真按操作规程进行安全作业。惩罚是负强化的一种典型方式，即在消极行为发生后，以某种带有强制性、威慑性的手段（如批评、行政处分、经济处罚等）给人带来不愉快的结果，或者取消现有的令人愉快和满意的条件，以表示对某种不符合要求的行为的否定。

（3）自然消退，又称衰减。它是指对原先可接受的某种行为强化的撤销。由于在一定时间内不予强化，此行为将自然下降并逐渐消退。例如，企业曾对员工加班加点完成生产定额给予奖酬，后经研究认为这样不利于员工的身体健康和企业的长远利益，因此不再发给奖酬，从而使加班加点的员工逐渐减少。

正强化是用于加强所期望的个人行为；负强化和自然消退的目的是减少和消除不期望发生的行为。这三种类型的强化相互联系、相互补充，构成了强化的体系，并成为一种制约或影响人的行为的特殊环境因素。

案例

艾默瑞公司的管理

艾默瑞公司（Emery Air Freogjt，是联邦快递的一部分）出于经济考虑，希望工人尽量使用运输专用的金属箱。当管理人员询问工人搬运的货物中有多少是用金属箱时，工人的回答一律是 90%，但事实上比例仅有 45%。

为了鼓励员工使用金属箱，管理层建立了一种反馈和强化方案。每个装运工接受指导并记录他每天的装运量，每天结束工作后由专人计算金属箱使用率，并据此发放奖励。如若累计一个月的使用率不达标，公司将取消奖金，甚至解雇员工。该制度实施的第一天，金属箱的使用率猛增到 90%，并一直保持该水平。据公司称，这项措施在 3 年内为公司节省了 200 万美元。

2．强化理论在管理中的应用

（1）因人而异。采用不同的强化方式。由于人的个性特征及其需要层次不尽相同，不同的强化机制和强化物所产生的效应会因人而异。因此，在运用强化手段时，应采用有效的强化方式，人们的年龄、性别、职业、学历、经历不同，需要就不同，强化方式也应不一样。如有的人更重视物质奖励，有的人更重视精神奖励，就应区分情况，采用不同的强化措施。

（2）及时反馈。一般而论，及时强化可提高安全行为的强化反应程度，及时反馈就是通过某种形式和途径，及时将工作结果告诉行动者。要取得最好的激励效果，就应该在行为发生以后尽快采取适当的强化方法。一个人在实施了某种行为以后，即使领导者表示“已注意到这种行为”这样简单的反馈，也能起到正强化的作用。

如果领导者对这种行为不予注意，这种行为重复发生的可能性就会减小以致消失。所以，必须利用及时反馈作为一种强化手段。但须注意及时强化并不意味着随时都要进行强化。不定期的非预料的间断性强化往往可取得更好的效果。

（3）正强化更有效。在强化手段的运用上，应以正强化为主；同时，必要时也要对坏的行为给以惩罚，做到奖惩结合。例如，在企业中设置鼓舞人心的安全生产目标，是一种正强化方法，但要注意将企业的整体目标和员工个人目标、最终目标和阶段目标等相结合，并对在完成个人目标或阶段目标中做出明显绩效或贡献者，给予及时的物质和精神奖励（强化物），以求充分发挥强化作用。

强化理论只讨论外部因素或环境刺激对行为的影响，忽略人的内在因素和主观能动性对环境的反作用，具有机械论的色彩。但是许多行为科学家认为，强化理论有助于对人们行为的理解和引导。因为一种行为必然会有后果，而这些后果在一定程度上会决定这种行为在将来是否重复发生。那么，与其对这种行为和后果的关系采取一种碰运气的态度，不如对其加以分析和控制，使大家都知道应该有什么后果更好。这并不是对员工进行操纵，而是使员工有一个更好的机会在各种明确规定的备择方案中进行选择。因而，强化理论已被广泛地应用在激励和人的行为的改造上。

8.3 激励管理

在现实生活中，一些能力并不怎么强的人，往往通过自己的主观努力而晋升到较高的地位，取得较大的成绩，就是由于他们通过强烈的内驱力而获得的。而领导能否带出高绩效的团队，关键在于其是否成功激发下属的内驱力，其中包括激励的方法是否合适，激励的时机是否恰当，只有使用正确的激励方式，才能起到良好的效果。

8.3.1 激励的原则

每个公司由于实际情况不同，都会有自己的激励政策和措施，激励政策与其他政策的不同之处在于：激励政策有更大的风险性，如果它不给公司带来正面的影响，就很可能带来负面的影响，所以在制定激励政策时，我们要注意多方面的原则。

1．物质激励与精神激励相结合的原则

物质激励与精神激励作为激励的两种不同类型，是相辅相成、缺一不可的，只强调物质激励而忽视精神激励或只强调精神激励而忽视物质激励都是片面和错误的。在实际工作中，一些人总以为有钱才会有干劲，有实惠才能有热情，精神激励是水中月、镜中花，中

看却不中用。正是这种片面的理解，致使一部分人斤斤计较、唯利是图，甚至弄虚作假、违法乱纪，给组织环境和社会风气都带来极大的危害。另有一些人总爱把大道理挂在嘴边，只讲贡献不讲需要，只讲觉悟不讲利益，以为大家靠喝西北风也能有干劲，这些人恰恰忘了，“思想一旦离开利益，就一定会使自己出丑”。为了避免以上两种片面性的发生，防止“单打一”现象的出现，在激励中一定要坚持物质激励与精神激励相结合的方针。

强调物质激励与精神激励相结合，并不是说不需要有所侧重，人们的物质需要和精神需要在层次与程度上受多种因素的制约，并随主客观条件的发展而不断变化。从社会角度来看，一般来说，社会经济文化发展水平比较低，人们的物质需求就会比较强烈，而在社会经济、文化发展水平比较高的条件下，人们的精神需要则会占主导地位。从个人角度来看，一个人受教育的程度、所从事的工作性质及其自身的品德修养也会对需要产生很大程度的影响。

2．正激励与负激励相结合的原则

正激励是从正方向予以鼓励，负激励是从反方向予以刺激，它们是激励中不可缺少的两个方面。俗话说“小功不奖则大功不立，小过不戒则大过必生”，讲的就是这个道理。在实际工作中，只有做到奖功罚过、奖优罚劣、奖勤罚懒，才能使先进受到奖励、后进受到鞭策，真正调动起人们的工作热情，形成人人争先的竞争局面。如果良莠不分、是非不明，势必造成“干多干少一个样，干与不干一个样”的不良局面，使激励无的放矢，得不到好的效果。所以，只有坚持正激励与负激励相结合的方针，才会形成一种激励合力，真正发挥激励的作用。

正激励是主动性激励，负激励是被动性激励，就二者的作用而言，正激励是第一位的，负激励是第二位的，所以在激励中应该坚持以正激励为主、以负激励为辅的原则。国内的一些科学工作者曾经在天津对两所小学的 30 名田径队员进行过一次试验。30 名田径队员被分成两组：一组称“挫折组”，即无论如何努力，都注定要挨批评，如“跑的姿势不对”“动作不协调”“态度不认真”“技术没过关”等，接受减力刺激；另一组称“鼓励组”，即无论动作如何，都一律受表扬，如“跑的姿势正确”“动作协调”“态度认真”“技术规范”等，接受增力刺激。试验是在绝对保密的情况下进行的，在试验的前一天，对被试者进行了测试，把这个成绩作为试验的比较。测试项目是 400 米跑，采用两人一起跑的形式，其中一个曾受表扬，另一个曾挨批评。到达终点时记录成绩，和前一天成绩相比。试验结果表明：受批评引起减力情绪（以消极效用为特点的情绪）者，成绩多数稍有下降；受鼓励引起增力情绪（以积极效果为特点的情绪）者，成绩多数有明显提高。实验形象地体现出激励力量的明显不同。它从一个侧面说明：在激励过程中，宜多采用正激励的方式，以唤起人的增力情绪，调动其积极情感；少采用负激励的方式，以减少人的减力情绪，克服其消极情感。

3．内激励与外激励相结合的原则

从人的感性认识角度来看，一个人若在强大外界奖酬或处罚下采取行动，他多半会认为自己是受外部控制的，所以，行为是外激励的。但若外部因素不强烈、不突出，他就多半会认为自己的行为是对活动本身的兴趣所致的，所以行为是内激励的。

内激励和外激励一般情况下是正相关的，如外部奖励越大，人们从事这项工作的热情越高。但也有内激励和外激励负相关的情况：行为学家曾设计过一种实验，叫一群大学生来做性质相似但趣味相异的两种智力测验游戏，一半人玩的游戏非常有趣，另一半人玩的游戏则平淡乏味，组织者答应前者玩满20分钟发给一定数量的报酬，而对后者不予付酬，这样二者活动的内容相似，但前者附加了兴趣的刺激和一定的外酬，事后调查他们对工作的评价及态度（是否愿意再玩？再玩多久？），结果证实“理由过分”（既好玩又给外酬）时，内激励与外激励成负相关关系，即原来认为游戏有趣，引入外酬后，兴趣反而下降了，不想多玩了；而没有外酬的学生普遍表示满意且愿意多玩。

内激励与外激励的正相关关系，体现了二者结合的必要性且符合人们的常识，常用来指导激励的实践。而二者的负相关关系，体现了内激励的主导作用，超出了常识之外，容易被人们所忽视，从而导致错误的激励措施。例如，在学校中，许多学习任务对学生本身是有很大的内在乐趣的，可以在无外力影响下自行完成；但若给以时间限制或用考试和评分来施加压力，活动便成为指派的任务，使原有的兴趣荡然无存，自觉性也就消退了。所以，为了维持学生的内激励，必须谨慎控制外酬的使用，只对乏味的、一般不会自动去做的作业采用外酬。要尽量以内激励手段为主，如鼓励学生自主地安排学习，帮助他们认识学习的重要性、学习的目的和责任，及时向学生反馈学习结果，使学习活动丰富多彩等。

8.3.2 激励的关键因素

激励中起关键性作用的一些因素如图8.8所示。它的功能集中表现在对激励的效果有着直接和显著的影响，所以认识和了解激励的机制，对搞好激励工作是大有益处的。

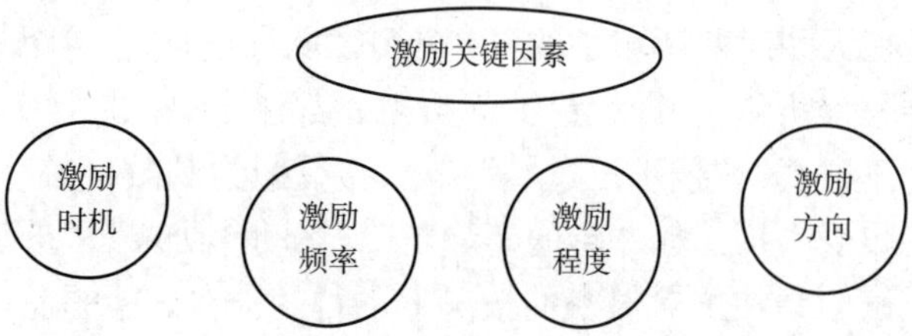

图8.8　激励关键因素

1. 激励时机

激励时机是激励关键因素的一个重要因素。激励在不同时间进行，其作用与效果是有很大差别的。超前的激励可能使工作人员感到无足轻重；迟来的激励可能让工作人员觉得多此一举，使激励失去意义，发挥不了应该发挥的作用。那么，到底应该在什么时候激励为好呢？当然，这是一个比较复杂的问题，不能简单、机械地下结论。激励如同化学实验中的催化剂，何时该用、何时不该用，都要根据具体情况进行具体分析。根据时间上快慢的差异，激励时机可分为及时激励与延时激励；根据时间间隔是否规律，激励时机可分为规则激励与不规则激励，根据工作的周期，激励时机又可分为期前激励、期中激励和期末激励。激励时机既然存在多种形式，就不能形而上学地强调一种而忽视其他，而应该根据多种客观条件，进行灵活的选择，有时候还要加以综合的运用。总之，激励时机是非常重要的，选择得当才能有效地发挥激励的作用，这就如同指挥员在战场上调兵遣将，时机掌握不好，就不可能取得胜利。

2．激励频率

所谓激励频率是指在一定时间里进行激励的次数，它一般是以一个工作周期为其时间单位的。激励频率的高低是由一个工作周期里激励次数的多少所决定的。激励频率与激励效果之间并不完全是简单的正比关系。在某些特殊的条件下，二者成一定的反比关系。所以，只有区别不同情况，采取相应的激励频率，才能有效地发挥激励的作用。激励频率的选择受多种客观因素的制约，这些客观因素包括工作的内容和性质、任务目标的明确程度、激励对象的素质情况、劳动条件和人事环境等。一般来说，对于工作复杂性强，比较难以完成的任务，激励频率应当高，对于工作比较简单、容易完成的任务，激励频率就应该低。对于任务目标不明确、较长时期才可见成果的工作，激励频率应该低；对于任务目标明确、短期可见成果的工作，激励频率应该高。对于各方面素质较差的工作人员，激励频率应该高；对于各方面素质较好的工作人员，激励频率应该低。在劳动条件和人事环境较差的部门，激励频率应该高；在劳动条件和人事环境较好的部门，激励频率应该低。当然，上述几种情况，并不能理解成绝对机械的划分。应该有机地联系起来看，只有对具体情况进行综合分析，才能确定恰当的激励频率。

3．激励程度

所谓激励程度，是指激励量的大小，即奖赏或惩罚标准的高低。它是激励关键因素的重要因素之一，与激励效果有着极为密切的联系。能否恰当地掌握激励程度，直接影响激励作用的发挥。超量激励和不足量激励不但起不到激励的真正作用，有时甚至还会起反作用，造成对工作热情的严重挫伤。比如，过分优厚的奖赏，会使人感到得来轻而易举，用不着进行艰苦的努力；过分严厉的惩罚，可能导致人的破罐破摔心理，使他们失去上进的勇气和信心；过于吝啬的奖赏，会使人感到忙碌半天结果徒劳一场，从此消沉下去，提不起干劲；过于轻微的惩罚，可能导致人的无所谓心理，认为小事一桩、无足轻重，不但不思悔改，反而变本加厉。所以从量上把握激励，一定要做到恰如其分，激励程度不能过高也不能过低。有一些人认为，激励程度越高，鼓舞士气的作用就越大，激励程度越低，鼓舞士气的作用就越小。也就是说，激励程度与激励效果成正比。我们认为，这种提法是不准确的。激励程度并不是越高越好，它是具有一定限度的，超出了这一限度，就无激励作用可言了，正所谓"过犹不及"。

4．激励方向

所谓激励方向，是指激励的针对性，即针对什么样的内容来实施激励，它对激励效果也有显著影响。马斯洛的需求层次理论有力地表明，激励方向的选择与激励作用的发挥有着非常密切的关系。当某一层次的需要基本上得到满足时，激励的作用就难以持续，只有把激励方向转移到满足更高层次的优势需要，才能更有效地达到激励的目的。例如，对一个具有强烈自我表现欲望的大学生来说，如果要对他所取得的成绩予以奖励，奖给他奖金和实物不如为他创造一次能充分表现自己才能的机会，使他从中得到更大的鼓励。还有一点需要指出的是，激励方向的选择是以优势需要的发现为其前提条件的，但怎样才能发现不同阶段的优势需要呢？怎样才能正确区分个体优势需要和群体优势需要呢？这些都是激励工作中不得不面对的问题，只有通过深入的调查研究和认真的分析思考，才能找到需要的答案。

8.3.3 激励的方法

一提起员工激励，很多人都会想到涨工资或发奖金。实际上激励是对员工需求的满足，员工的需求是多种多样的，所以激励的途径也是多种多样的。物质激励（涨工资或发奖金）只是其中的一种途径，激励的途径如图 8.9 所示。

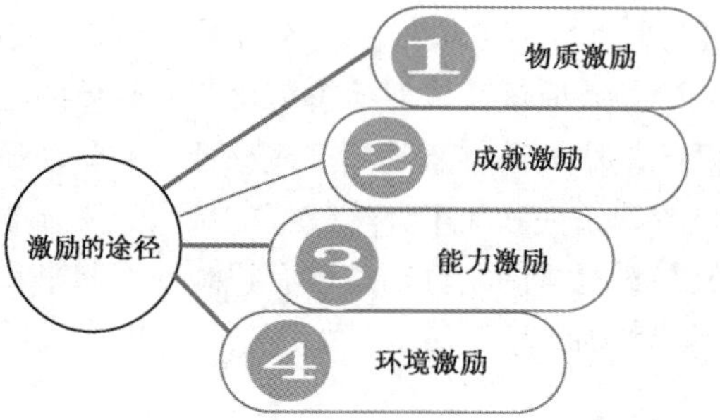

图 8.9 激励的途径

1. 物质激励

物质激励的内容包括工资奖金和各种公共福利。它是一种最基本的激励手段，因为获得更多的物质利益是普通员工的共同愿望，它决定着员工基本需要的满足情况。同时，员工收入及居住条件的改善，也影响着其社会地位、社会交往，甚至学习、文化娱乐等精神需要的满足情况。

2. 成就激励

随着社会的发展，人们生活水平得到提高，越来越多的人在选择工作时已经不仅仅是为了生存。对知识型员工而言，工作更多的是为了获得一种成就感。所以成就激励是员工激励中一个非常重要的内容。根据作用不同，我们可以把成就激励分为组织激励、榜样激励、荣誉激励、绩效激励、目标激励和理想激励六个方面。

（1）组织激励。在公司的组织制度上为员工参与管理提供方便，这样更容易激励员工提高工作的主动性。管理者首先要为每个岗位制定详细的岗位职责和权利，让员工参与制定工作目标的决策。在工作中，让员工对自己的工作过程享有较大的决策权。这些都可以达到激励的目的。

（2）榜样激励。群体中的每位成员都有学习性。公司可以将优秀的员工树立成榜样，让员工向他们学习。虽然这个办法有些陈旧，但实用性很强。就像一个坏员工可以让大家学坏一样，一位优秀的榜样也可以改善员工的工作风气。

（3）荣誉激励。为工作成绩突出的员工颁发荣誉称号，代表着公司对这些员工工作的认可。让员工知道自己是出类拔萃的，更能激发他们工作的热情。

（4）绩效激励。在绩效考评工作结束后，让员工知道自己的绩效考评结果，有利于员工清醒地认识自己。如果员工清楚公司对自己工作的评价，就会对他产生激励作用。

（5）目标激励。为那些工作能力较强的员工设定一个较高的目标，并向他们提出工作挑战。这种做法可以激发员工的斗志，激励他们更出色地完成工作。这种工作目标挑战如果能结合一些物质激励，效果会更好。

（6）理想激励。每位员工都有自己的理想，如果他发现自己的工作是在为自己的理想而奋斗，就会焕发出无限的热情。管理者应该了解员工的理想，并努力将公司的目标与员工的理想结合起来，实现公司和员工的共同发展。

3．能力激励

为了让自己将来生存得更好，每个人都有发展自己能力的需求。我们可以通过培训激励和工作内容激励满足员工这方面的需求。

（1）培训激励。培训激励对青年人尤为有效。通过培训，可以提高员工实现目标的能力，为承担更大的责任、更富挑战性的工作及提升到更重要的岗位创造条件。在许多著名的公司里，培训已经成为一种正式的奖励。

（2）工作内容激励。用工作本身来激励员工是最有意思的一种激励方式。如果我们能让员工干其最喜欢的工作，就会产生这种激励。管理者应该了解员工的兴趣所在，发挥各自的特长，从而提高效率。另外，管理者还可以让员工自主选择自己的工作。通过这种方式安排的工作，工作效率也会大大提高。

4．环境激励

（1）政策环境激励。公司良好的制度、规章等都可以对员工产生激励。这些政策可以保证公司员工的公平性，而公平是员工的一种重要需要。如果员工认为他在平等、公平的公司中工作，就会减少由于不公而产生的怨气，提高工作效率。

（2）客观环境激励。公司的客观环境，如办公环境、办公设备、环境卫生等都可以影响员工的工作情绪。在高档次的环境里工作，员工的工作行为和工作态度都会向“高档次”发展。

案例

目标的激励作用

曾经有人做过这样一个实验：组织三组人，让他们沿着公路步行，分别向 10 公里外的三个村子行进。

甲组不知道去的村庄叫什么名字，也不知道它有多远，只告诉他们跟着向导走就是了。这个组刚走了两三公里时就有人叫苦了，走到一半时，有些人几乎愤怒了，他们抱怨为什么要大家走这么远，何时才能走到。有的人甚至坐在路边不愿再走了。越往后人的情绪越低，七零八落，溃不成军。

乙组知道去哪个村庄，也知道它有多么远，但是路边没有里程碑，人们只能凭经验大致估计需要走两小时。这个组走到一半时才有人叫苦，大多数人想知道他们已经走了多远，比较有经验的人说："大概刚刚走了一半的路程。"于是大家又簇拥着向前走。当走到 3/4 的路程时，大家情绪低落，觉得疲乏不堪，而路程似乎还长着呢！而当有人说快到了时，大家又振作起来，加快了脚步。

丙组最幸运。大家不仅知道所去的是哪个村子，它有多远，而且路边每公里有一块里程碑。人们一边走一边留心看里程碑。每看到一个里程碑，大家便有一阵小小的快乐。这个组的情绪一直很高涨。走了七八公里以后，大家确实都有些累了，但他们不仅不叫苦，反而开始大声唱歌、说笑，以消除疲劳。最后的两三公里，他们越走情绪越高，速度反而加快了。因为他们知道，那个要去的村子就在眼前了。

（资料来源：肖剑涛. 审判你自己　珍惜你自己. 八斗文学—文集）

思考与练习

一、判断题

1. 在完整的激励过程中，处于起点的是人的行动，当需求得不到满足时，人们就产生了行动。（　　）

2. 期望理论的激励程度用公式表示为：激励力量=效价×期望值。（　　）

3. 物质激励与精神激励作为激励的两种不同类型，物质激励往往比精神激励更起作用，所以我们更重视物质激励。（　　）

4. 激励在不同时间进行，其作用与效果是有很大差别的。超前的激励可能使工作人员感到无足轻重；迟来的激励可能让工作人员觉得多此一举，使激励失去意义，发挥不了应该发挥的作用。（　　）

5. 每位员工都有自己的理想，如果他发现自己的工作是在为自己的理想而奋斗，就会焕发出无限的热情。管理者应该了解员工的理想，并努力将公司的目标与员工的理想结合起来，实现公司和员工的共同发展。（　　）

二、单项选择题

1.（　　）是指人们在欲望驱动下的一种追求，这种追求使欲望达到有限的最大满足，当人们缺乏需求的事物时，就会产生得到这种事物的冲动。

A. 决策　　B. 领导　　C. 控制　　D. 需求

2. 内容型激励理论着重研究激发动机的（　　），这类理论表明，要使员工出现企业期望的行为，须在员工的行为与员工需要的满足之间建立起必要的联系，即从内因入手。

A. 诱因　　B. 过程　　C. 钱的因素　　D. 外在表现

3. 公平理论指出：人的工作积极性不仅与个人实际报酬多少有关，而且与人们对报酬的分配是否感到公平的关系更为密切，人们总会自觉或不自觉地将自己付出的劳动代价及其所得到的报酬与他人进行（　　），并对公平与否做出判断。

A. 商讨　B. 比较　C. 交换　D. 讨价还价

4. 物质激励是一种最基本的激励手段，因为获得更多的物质利益是普通员工的共同愿望，它决定着员工的（　　）满足情况。

A. 精神需要　B. 紧急需要　C. 基本需要　D. 家庭需要

5. 能否恰当地掌握（　　），直接影响激励作用的发挥。超量激励和不足量激励不但起不到激励的真正作用，有时甚至还会起反作用，造成对工作热情的严重挫伤。

A. 激励效果　B. 思想激励　C. 经济激励　D. 激励程度

三、多项选择题

1.（　　）三者既相互独立，又相互联系，按照所处各阶段顺次联系，对行为产生激励作用，由此构成一个完整的激励过程。

A. 过程　B. 需求　C. 动机　D. 目标

2. 影响激励效果的因素有（　　）。

A. 外在推动力的大小　B. 心情

C. 骄傲感　D. 个体自身内在因素

3. 双因素理论认为，引起人行为动机的因素主要分两种，即（　　）。

A. 态度因素　B. 激励因素

C. 经济因素　D. 保健因素

4. 公平理论在薪酬设计中提醒我们需要注意（　　）。

A. 心理公平　B. 内部公平

C. 外部公平　D. 过程公平

5. 强化包括（　　）三种类型。

A. 正强化　B. 负强化

C. 通用强化　D. 自然消退

四、简答题

1. 简述激励的定义。
2. 简述马斯洛的需求层次理论。
3. 简述正激励与负激励相结合的要求。

实践与实训

对比图 8.10 和图 8.11，说说它们分别采用了什么样的激励方式，说说这两种方式的理论依据。

图 8.10　图示（一）

图 8.11　图示（二）

第9章

决　　策

世界上每100家破产倒闭的大企业中，有85家是由于企业管理者的决策不慎造成的。

学习目标

- 懂得决策的定义；
- 掌握决策的过程；
- 懂得影响决策的因素和决策的方法；
- 了解信息管理的重要性。

学习导航

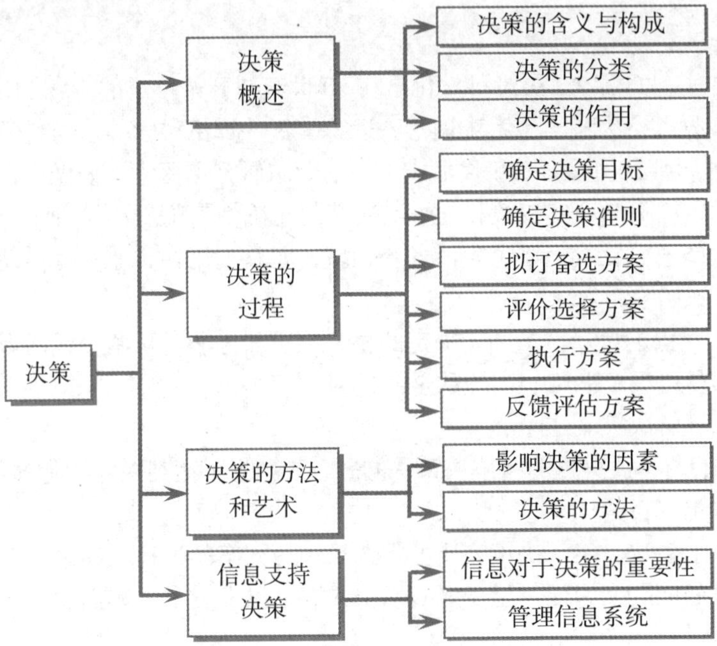

引导案例

决策失误

很久以前，一个人偷了一袋洋葱，被人捉住后送到了法官面前。法官提出了三个惩罚方案让这个人自行选择：第一，一次性吃掉所有的洋葱；第二，鞭打 100 下；第三，缴纳罚金。

这个人选择了一次性吃掉所有的洋葱，可吃下几个洋葱之后，他的嘴像火烤一般，鼻涕不停地流淌，他说："我一口洋葱也吃不下了，你们还是鞭打我吧。"

可是，在被鞭打了几十下之后，他再也受不了了，哭喊道："不能再打了，我愿意交罚金。"

后来，这事成了全城人的笑柄，因为他本来只需要接受一种惩罚，却将三种惩罚都尝遍了，所谓"偷鸡不成——蚀把米"。

启示：在管理决策时，人们往往看到目前的最大利益或最小损失，而忽略了企业长远的发展。

9.1 决策概述

关于做出决策可以归纳为一句话："鱼和熊掌不能兼得。"为了得到我们喜爱的一件东西，通常就不得不放弃另一件我们喜爱的东西。做出决策要求我们在一个目标与另一个目标之间有所取舍。

9.1.1 决策的含义与构成

1. 决策的含义

决策是人类社会自古就有的活动，决策科学化是在 20 世纪初开始形成的。第二次世界大战以后，决策研究在吸收了行为科学、系统理论、运筹学、计算机科学等多门科学成果的基础上，结合决策实践，到 20 世纪 60 年代形成了一门专门研究和探索人们做出正确决策规律的科学——决策学。决策学研究决策科学性与决策的正确性。随着决策理论与方法研究的深入与发展，决策渗透到社会经济、生活各个领域，尤其应用在企业经营活动中，从而也就出现了经营管理决策。

决策是指为了实现某一特定目标，借助于一定的科学手段和方法，从两个或两个以上的可行方案中选择一个最优方案，并组织实施的全部过程。

我们从以下几个方面理解决策。

（1）决策要有明确的目标。决策是为了解决某一问题，或者为了达到一定清楚的目标。没有明确的目标，决策将是盲目的。

（2）决策要有两个以上备选方案。决策实质上是选择行动方案的过程。如果只有一个备选方案，就不存在决策的问题。因而，至少要有两个或两个以上方案，人们才能从中进行比较、选择，最后选择一个满意方案为行动方案。

（3）选择后的行动方案需付诸实施。如果选择后的方案，束之高阁，不付诸实施，这样，决策也等于没有决策。决策不仅是一个认识过程，也是一个行动过程。

2．决策的构成

从系统的观点看，决策的构成如图 9.1 所示。

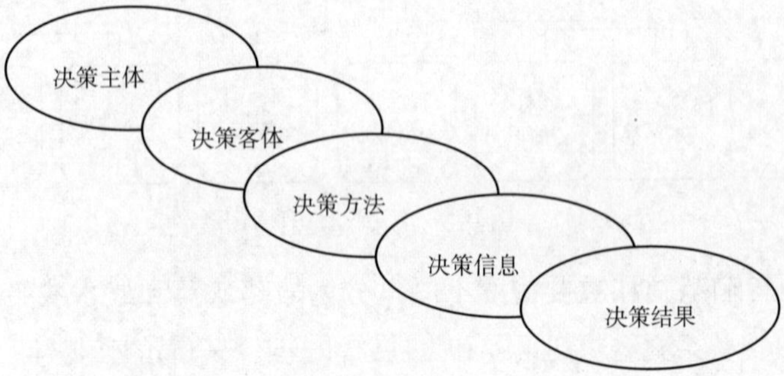

图 9.1　决策的构成

（1）决策主体。决策主体是指参与决策的领导者、参谋者及决策的执行者。决策主体可以是个人，也可以是组织——决策机构。决策主体是决策系统的灵魂和核心，决策能否成功取决于决策主体的素质。

（2）决策客体。决策客体是指决策对象和决策环境。决策对象是指决策主体能影响和控制的客体事物。如一个企业中某项业务的经营目标、经营规划、某项产品研究开发等。决策环境则指制约决策对象按照一定规律发展变化的条件。决策对象与决策环境的特点、性质决定着决策活动的内容及其复杂程度。

（3）决策方法。决策离不开决策方法，决策方法的功能在于将现代科学技术成果运用于决策过程，从整体上提高经营管理决策活动的科学性，减少和避免决策结果的偏差与失误。比如，遵循科学的决策程序，采用适宜的决策方法，把定性和定量分析相结合。

（4）决策信息。信息是经营管理决策的前提和基础。要保证经营管理决策的正确性，拥有大量、丰富的信息是必不可少的条件。决策主体只有掌握充分、准确的信息才有可能做出正确的决策。

（5）决策结果。决策的目的是得到正确的决策结果。没有决策结果的决策不算决策，决策结果是决策的构成要素。

9.1.2　决策的分类

现代企业经营管理活动的复杂性、多样性决定了经营管理决策有多种不同的类型，决策的类型如图 9.2 所示。

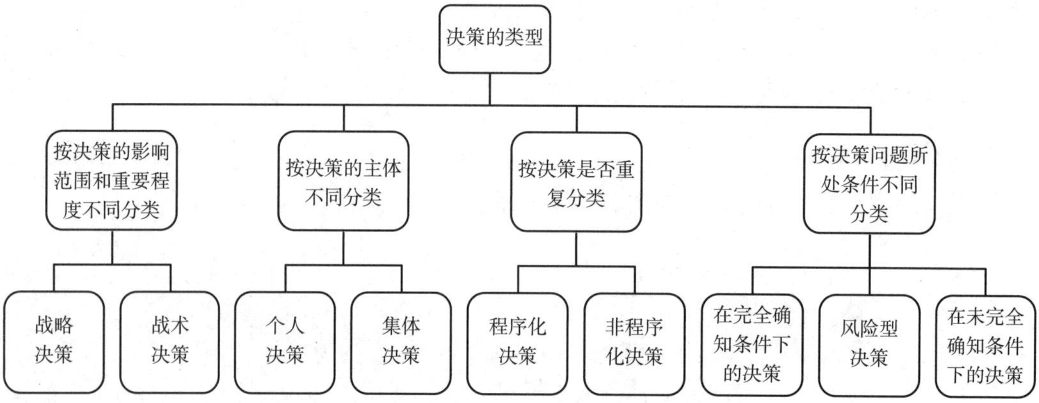

图9.2　决策的类型

1．按决策的影响范围和重要程度不同，分为战略决策和战术决策

战略决策指直接关系到组织的生存和发展，涉及组织全局的长远性、方向性的决策，如对企业的经营方向、经营方针、新产品开发等决策。战略决策由企业最高层领导做出。一般需要长时间才可看出决策结果，所需解决问题复杂，环境变动较大，不过分依赖数学模式和技术，定性、定量并重，对决策者的洞察力和判断力要求高，它的正确与否直接决定企业的兴衰成败，决定企业发展的前景。

战术决策又称管理决策，是指企业为保证战略决策的实现而对局部经营管理业务工作做出的决策，属于战略决策过程的具体决策。如企业原材料和机器设备的采购，生产、销售的计划、商品的进货来源、人员的调配等均属此类决策。战术决策一般由企业中层管理人员做出。战术决策要为战略决策服务，不直接决定组织的命运，但会影响组织目标的实现和工作效率的高低。

2．按决策的主体不同，分为个人决策和集体决策

个人决策是在最后选定决策方案时，由企业领导者凭借个人的智慧、经验及所掌握的信息进行的决策。决策速度快、效率高是其特点，适用于常规事务及紧迫性问题的决策。个人决策的最大缺点是带有主观性和片面性。

集体决策是指由两个或以上的群体做出的决策。如通过董事会、经理扩大会、员工代表大会等权力机构集体成员共同做出的决策。集体决策的优点是能充分发挥集团智慧，集思广益，决策慎重，从而保证决策的正确性、有效性；缺点是决策过程较复杂，耗费时间较多。它适宜制定长远规划、全局性的决策。

3．按决策是否重复，分为程序化决策和非程序化决策

程序化决策是指决策的问题是经常重复发生的，已经有了处理的经验、规则，可以按已规定的程序来解决。故程序化决策也称为常规决策。例如，企业生产的产品质量不合格如何处理，商店销售过期的食品如何解决，就属程序化决策。

非程序化决策是指管理中首次出现的或偶然出现的非重复性的决策。无先例可循，没

有固定的模式、经验去解决，要靠决策者做出新的判断来解决。非程序化决策也叫非常规决策。如企业开辟新的销售市场、商品流通渠道调整、选择新的促销方式等均属于非常规决策。

4. 按决策问题所处条件不同，分为在完全确知条件下的决策、风险型决策和在未完全确知条件下的决策

（1）在完全确知条件下的决策。在完全确知条件下的决策是指决策过程中，提出各备选方案在确知的客观条件下，每个方案只有一种结果，比较其结果优劣做出最优选择的决策。确定型决策的条件是确定的，决策者对被决策问题的性质、后果都有充分的了解。这类决策的关键在于选择肯定状态下的最佳方案。

（2）风险型决策。风险型决策是指可供选择的方案中，存在两种或两种以上的备选方案，每个方案都有几种不同结果可以知道，每种状态所发生概率的大小是可以估计的，在这样条件下的决策，就是风险型决策。例如，某企业为了增加利润，提出两个备选方案：一个方案是扩大老产品的销售；另一个方案是开发新产品。不论哪一种方案都会遇到市场需求高、市场需求一般和市场需求低等可能性，它们发生的概率都可测算，若遇到市场需求低，企业就要亏损，不论选择哪种方案，都存在一定的风险性。因而在上述条件下决策，就称为风险型决策。

（3）在未完全确知条件下的决策。指在可供选择的方案中存在两种或两种以上的备选方案，每个方案有几种不同的结果可以知道，但这些自然状态所发生的概率是无法估计的。在这样条件下，决策就是未确定型的决策。它与风险型决策的区别在于：在风险型决策中，每一方案产生的几种可能结果及其发生概率都知道，未确定型决策只知道每一方案产生的几种可能结果，但发生的概率并不知道。这类决策是由于人们对市场需求的几种可能客观状态出现的随机性规律认识不足，增大了决策的不确定。

9.1.3 决策的作用

人们认为，管理的重心是经营，经营的重心在决策，这说明决策是经营管理活动的关键。事实上，无论是经营还是管理，都离不开决策。这是因为，从经营的角度看，企业要根据企业面临的内外条件，决定生产什么、销售什么、销售多少、销售给谁；用何种办法和手段进入市场，这需要做经营决策。从管理角度看，管理工作有计划、组织、控制三大职能，每项职能的执行，都要以决策为前提，企业内部机构如何设置、职责如何划分、人员如何配备，这涉及组织职能的决策。由此可见，决策贯穿企业经营管理的整个过程，决策是企业经营管理的核心，没有正确的决策，企业就不可能有正确的经营行为和管理活动。

在现代社会中，社会活动日益复杂，环境条件变化多端，影响因素千头万绪，组织规模日趋庞大。在这种情况下，一个组织的管理者经常遇到大量问题需要及时决策。任何故步自封、因循守旧、优柔寡断都会坐失良机。瑞士向来号称“钟表王国”，早在1969年就研制成功世界上第一块石英电子手表，但是瑞士的手表厂家对是否大量生产石英手表迟迟不做决策。瑞士人的优柔寡断为日本手表厂家提供了机会，他们经过广泛的市场调查之后，认为石英手表大有销路，于是当机立断，利用自己雄厚的电子技术生产了大批优质石英手表，打进国际市场。结果“石英技术，誉满全球”，仅在 20 世纪 70 年代的后 5 年，日本的石英手表就迫使 175 家瑞士机械手表厂破产。市场经济是竞争经济，优胜劣汰是市场经济的基本规则。每一企业都在努力争夺市场机会，扩大市场销售，提高市场占有率。企业能否在竞争中取胜，关键在于是否善于抓住有利时机，发挥竞争优势，做出准确判断和果断决策。决策及时、正确，往往可以在竞争中出奇制胜，迅速扭转不利地位，变被动为主动；反之，则可能坐失良机，或者一着不慎，满盘皆输。

总之，经营管理决策对每一个企业来说都是至关重要的，我们要从企业发展的战略高度，充分认识经营管理决策的重要意义。

9.2 决策的过程

决策过程是指从问题到方案确定所经历的过程。决策是一项复杂的活动，有其自身的规律性，需要遵循一定的科学程序。在现实工作中，导致决策失败的原因之一就是没有严格按照科学的程序进行决策，因此，明确和掌握科学的决策过程，是管理者提高决策正确率的一个重要方面，决策的过程如图 9.3 所示。

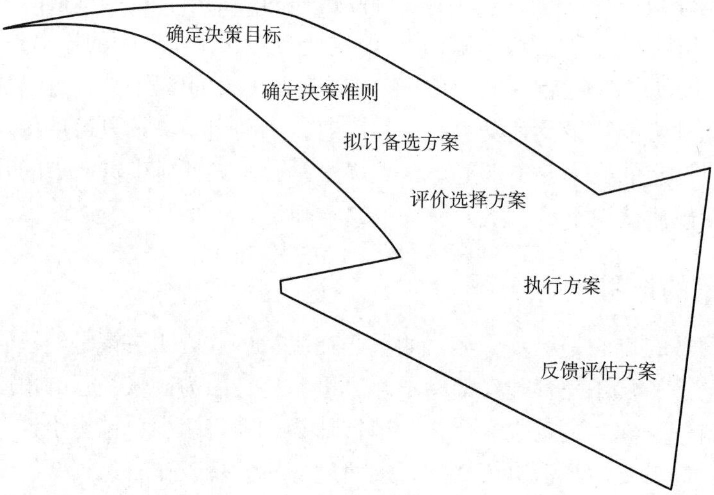

图 9.3　决策的过程

9.2.1　确定决策目标

决策的正确与否首先取决于判断的准确程度，因此，认识和分析问题是决策过程中最为重要也是最为困难的环节。当然在一个组织中总是存在许许多多的问题。例如，在一个企业中，存在着企业如何在市场竞争中发展自己、开发什么样的新产品、开发新产品的资金如何筹措等问题需要解决。在一个具有两个或两个以上层次的组织中，仅仅将问题提出来是不够的，还必须在提出问题的基础上，对众多的问题进行分析，以明确各种问题的性质，弄清楚哪些是涉及组织全局的战略性问题，哪些只是涉及局部的问题，哪些是非程序性问题，哪些是程序性问题，由此确定解决问题的决策层次，避免高层决策者被众多的一般性问题所缠绕而影响对重大问题的决策。现代管理要求管理人员运用现代管理科学的“望远镜和显微镜”及分析问题的系统化技术，揭开纷繁的现象，显示其本质和核心，以使管理决策立足于真正问题之源。例如，管理学上有一个故事：两个卖鞋的业务员到一个落后的小岛上，其中一个业务员向他的公司发电报，说：“当地人都赤脚。没有销售前景。”另一个业务员也向他的公司发电报，内容却是：“居民赤脚，急需鞋子，立即运货。”

问题识别是主观的，决策目标是根据所要解决的问题来确定的，因此，必须把握住所要解决问题的要害。只有明确了决策目标，才能避免决策的失误。决策制定过程始于一个存在的问题，或者更具体一些，存在着现实与期望之间的差异。

9.2.2 确定决策准则

确定了决策目标之后，就是在决策的各制约因素中恰当地考虑它们的优先权，经过调查和研究，掌握系统准确的统计数据和事实，根据对组织目标及各种制约因素的综合平衡，决定各因素的重要程度，其最简单的方法是给最重要的准则高的权重。假设购买轿车的决策标准及重要性如表 9.1 所示。

表 9.1 购买轿车的决策标准及重要性

标　准	重 要 性
外观	30%
价格	20%
省油	20%
品牌	15%
配备（自排、冷气）	5%
维修方便性	5%
操纵性	5%

由表 9.1 可知，在购买轿车决策中，外观是最重要的标准，而维修方便性、操纵性的重要性要小得多。

9.2.3 拟订备选方案

决策目标确定以后，就应拟订达到目标的各种备选方案。拟订备选方案的第一步是分析和研究目标实现的外部因素和内部条件、积极因素和消极因素，以及决策事物未来的运动趋势和发展状况；第二步是在此基础上，将外部环境各不利因素和有利因素、内部业务活动的有利条件和不利条件等，同决策事物未来趋势和发展状况的各种估计进行排列组合，拟订出实现目标的方案；第三步是将这些方案同目标要求进行粗略的分析对比，权衡利弊，从中选择出若干个利多弊少的可行方案，供进一步评估和抉择。假设购买轿车决策的 6 种可行性方案如表 9.2 所示。

表 9.2　购买轿车决策的 6 种可行性方案　　单位：分

方　案	外 观	价　格	油　耗	品　牌	配备（自排、冷气）	维修方便性	易操纵性
A 轿车	10	18	17	8	4	5	4
B 轿车	28	10	14	8	5	4	4
C 轿车	25	12	13	10	5	4	5
D 轿车	15	15	15	7	4	5	5
E 轿车	22	15	14	7	4	4	4
F 轿车	10	18	18	6	4	5	3

9.2.4 评价选择方案

决策者必须批评性地分析每个方案。这些方案经过决策准则及权重的比较后，每个方案的优缺点就变得明显了。接下来就评价每个方案。

选择方案就是对各种备选方案进行总体权衡后，由决策者挑选一个最好的方案。备选方案拟订以后，随之便是对备选方案进行评价，评价标准是看哪一个方案最有利于达到决策目标。

假设购买轿车评价选择方案如表 9.3 所示。

表 9.3　购买轿车决策评价选择方案　　单位：分

方　案	外　观	价　格	油　耗	品　牌	配备（自排、冷气）	维修方便性	易操纵性	总分
A 轿车	10	18	17	8	4	5	4	66
B 轿车	28	10	14	8	5	4	4	73
C 轿车	25	12	13	10	5	4	5	74
D 轿车	15	15	15	7	4	5	5	66
E 轿车	22	15	14	7	4	4	4	70
F 轿车	10	18	18	6	4	5	3	64

由表 9.3 可知，B、C 两方案的分数比较接近，购买轿车决策中应该选择综合评价最高的 C 轿车作为最终的方案，B 方案作为备用方案。

9.2.5 执行方案

在对各方案进行理性分析比较的基础上，决策者最后要从中选择一个满意方案并付诸实施。在决策的时候，要注意不要一味地追求最佳方案。由于环境的不断变化和决策者预测能力的局限性，以及备选方案的数量和质量受到不充分信息的影响，决策者可能期望的结果只能是做出一个相对令人满意的决策。

决策的实施要有广大组织成员的积极参与。为了有效地组织决策实施，决策者应通过各种渠道将决策方案向组织成员通报，争取成员的认同，对成员给予支持和具体的指导，调动成员的积极性。当然最可取的方法是设计出一种决策模式争取所有的成员参与决策，了解决策，以便更好地实施决策。并且在方案实施的过程中还要对新出现的问题进行协调和解决。

在普遍实施前进行“试点”。试点要注意选择在整个系统中具有典型性的地方，不能人为地创造某些特殊条件，否则，纵然试点成功，也很难以实践。在试验实证中，应特别注重“可靠性”分析。经过可靠性验证后，可以进入普遍实施阶段。

9.2.6　反馈评估方案

决策是一种事前的设想，在实际的实施过程中，随着形势的发展，实施决策的条件不可能与设想的条件完全相吻合，通过对决策的追踪、检查和评价，可以发现决策执行的偏差，以便采取措施对决策进行控制，这是决策过程中的最后一个步骤。这个阶段的任务，就是要准确、及时地把方案实施过程中出现的问题、执行情况的信息输送到决策机构，以进行追踪检查。通过评价决策效果，我们就会发现出现问题，要么是执行人员没有按规定完成任务；要么是执行中遇到实际困难，发现方案中有不妥当的地方；要么是已经按方案执行了，但未达到预定目标。况且，在一些不可控因素的作用下，实施条件和环境与决策方案所依据的条件之间可能有较大的出入，这时，需要改变的不是现实，而是决策方案。

所以，在决策实施过程中，决策者应及时了解、掌握决策实施的各种信息，及时发现各种新问题，并对原来的决策进行必要的修订、补充或完善，使之不断地适应变化了的新形势和条件。一项决策实施之后，对其实施的过程和情况进行总结、回顾，既可以明确功过、确定奖惩，还可使自身的决策水平得到进一步的提高。

9.3　决策的方法和艺术

9.3.1　影响决策的因素

组织的决策受到如图 9.4 所示因素的影响。

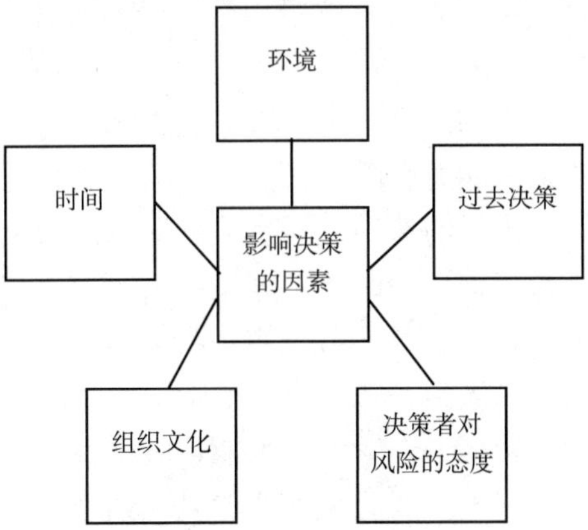

图 9.4　影响决策的因素

1．环境

环境对组织决策的影响是双重的。

（1）环境的特点影响着组织的活动选择。组织决策要面临的环境包括企业经营的微观环境和宏观环境。微观环境是指与企业产、供、销、人、财、物、信息等直接发生关系的客观环境，是决定企业生存和发展的基本环境。例如，位于垄断市场上的企业，通常将经营重点致力于内部生产条件的改善、生产规模的扩大及生产成本的降低，而处在竞争市场上的企业，则需密切注视竞争对手的动向，不断推出新产品，努力改善营销宣传，建立、健全销售网络。

（2）对环境的习惯反应模式也影响着组织的活动选择。环境发展趋势基本上分为两大类：一类是环境威胁，另一类是市场机会。企业的管理者可以利用 SWOT 分析法来加以分析、评价，即使在相同的环境背景下，不同的组织也可能做出不同的反应。而这种调整组织与环境之间关系的模式一旦形成，就会趋向固定，限制人们对行动方案的选择。

2．过去决策

今天是昨天的继续，明天是今天的延伸。因此，当前的决策不可能不受过去决策的影响。在大多数情况下，组织决策不是在一张白纸上进行初始决策，而是对上一决策的完善、调整或改革。组织过去的决策是目前决策过程的起点；过去选择的方案的实施，不仅伴随着人力、物力、财力等资源的消耗，而且随着内部状况的改变，带来了对外部环境的影响。过去的决策对目前决策的制约程度要受到它们与现任决策者的关系的影响。如果过去的决策是由现在的决策者制定的，而决策者通常要对自己的选择及其后果负管理上的责任，因此会不愿对组织活动进行重大调整，而倾向于仍把大部分资源投入过去方案的执行中，以证明自己的一贯正确。相反，如果现在的主要决策者与组织过去的重要决策没有很深的渊源关系，则会易于接受重大改变。同样，过去决策所带来的良好效果必然给未来的决策以有益的借鉴，过去失败的决策必然给未来的决策带来心理的阴影和消极影响。正所谓良性循环和恶性循环，决策不可能不受到过去决策的影响。

3．决策者对风险的态度

未来的不可知性决定了决策的风险，由于决策是人们确定未来活动的方向、内容和目标的行动，而人们对未来的认识能力有限，目前预测的未来状况与未来的实际状况不可能完全相符，因此在决策指导下进行的活动，既有成功的可能，也有失败的危险。根据决策者对风险的态度可以将其分为三种，即风险喜好型、风险中性与风险厌恶型。不同的决策者对风险的态度，决定了其决策的方式。风险喜好型的决策者敢于冒风险，敢于承担责任，因此有可能抓住机会，但也可能遭到一些损失。风险厌恶型决策者不愿冒风险，不敢承担责任，虽然可以避免一些无谓的损失，但也有可能丧失机会。风险中性的决策者对风险采取理性的态度，既不喜好也不回避。因此决策者的风险偏好对决策的选择就会产生直接的影响。

4. 组织文化

组织文化是组织成员共同认可的价值观，在决策层次上，组织文化通过影响人们对改变的态度而发生作用。任何决策的制定，都是对过去在某种程度上的否定；任何决策的实施，都会给组织带来某种程度的变化。一个新决策要求原有的组织文化的配合与协调，而企业组织中原有的文化有它的滞后性，很难马上对新的决策做出反应，所以，一方面，在偏向保守、怀旧、维持的组织中，人们总是根据过去的标准来判断现在的决策，总是担心在变化中会失去什么，从而对将要发生的变化产生怀疑、害怕和抗御的心理与行为；组织文化既可能成为实施组织决策的阻力；另一方面，在具有开拓、创新气氛的组织中，人们总是以发展的眼光来分析决策的合理性，总是希望在可能产生的变化中得到什么，因此渴望变化、欢迎变化、支持变化。积极的革新组织文化也可能成为实施组织决策的动力，显然，欢迎变化的组织文化有利于新决策的实施，而抵御变化的组织文化可能给任何新决策的实施带来灾难性的影响。在前一种情况下，为了有效实施新的决策，必须首先通过大量工作改变组织成员的态度，建立一种有利于变化的组织文化。因此，决策方案的选择不能不考虑到改变现有组织文化而必须付出的时间和费用的代价。

5. 时间

决策受时间的制约。决策一旦超出了时间的限制，情况发生了变化，再好的决策也不可能达到预期目标。寓言《刻舟求剑》就充分地说明了随着时间的改变、条件的改变，决策也必须随之变化的道理。

美国学者威廉 · R. 金和大卫 · I. 克里兰把决策类型划分为时间敏感决策和知识敏感决策，时间敏感决策是指那些必须迅速而尽量准确的决策。战争中军事指挥官的决策多属于此类，这种决策对速度的要求远甚于质量。相反，知识敏感决策，对时间的要求不是非常严格。这类决策的执行效果主要取决于其质量，而非速度。制定这类决策时，要求人们充分利用知识，做出尽可能正确的选择。组织关于活动方向与内容的决策，即前面提到的战略决策，基本属于知识敏感决策。这类决策着重于运用机会，而不是避开威胁，着重于未来，而不是现在。所以，选择方案时，在时间上相对宽裕，并不一定要求必须在某一日期以前完成。但是也可能出现这样的情况，外部环境突然发生了难以预料和控制的重大变化，对组织造成了重大威胁。这时，组织如不迅速做出反应，进行重要改变，则可能引起生存危机。这种时间压力可能限制人们能够考虑的方案数量，也可能使人们得不到足够的评价方案所需的信息，同时，还会诱使人们偏重消极因素，忽视积极因素，仓促决策。

9.3.2 决策的方法

决策的方法多种多样，如图 9.5 所示。

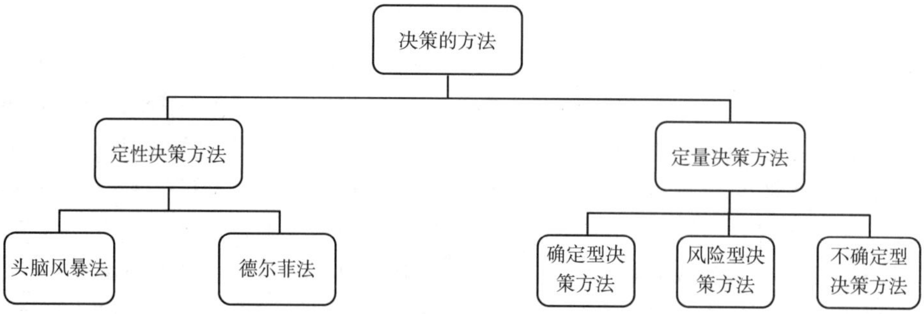

图 9.5　决策的方法

1．定性决策方法

1）头脑风暴法。头脑风暴法又称智力激励法、BS 法，是由美国创造学家奥斯本于 1939 年首次提出，1953 年正式发表的一种激发创造性思维的方法。它是一种通过小型会议的组织形式，让所有参加者在自由愉快、畅所欲言的气氛中，自由交换想法或点子，并以此激发与会者的创意及灵感，使各种设想在相互碰撞中激起脑海的创造性“风暴”。它适合解决那些比较简单、严格确定的问题，如研究产品名称、广告口号、销售方法、产品的多样化等。

头脑风暴法的操作程序如下。

（1）准备阶段。策划与设计的负责人应事先对所议问题进行一定的研究，弄清问题的实质，找到问题的关键，设定解决问题所要达到的目标。同时选定参加会议人员，一般以 5～10 人为宜，不宜太多。然后将会议的时间、地点、所要解决的问题、可供参考的资料和设想、需要达到的目标等事宜一并提前通知与会人员，让大家做好充分的准备。

（2）热身阶段。这个阶段的目的是创造一种自由、宽松、祥和的氛围，使大家得以放松，进入一种无拘无束的状态。主持人宣布开会后，先说明会议的规则，然后随便谈点有趣的话题或问题，让大家的思维处于轻松和活跃的境界。

（3）明确问题阶段。主持人扼要地介绍待解决的问题，介绍时须简洁、明确，不可过分周全，否则，过多的信息会限制人的思维，干扰思维创新的想象力。

（4）重新表述问题阶段。经过一段讨论后，大家对问题已经有了较深程度的理解。这时，为了使大家对问题的表述能够具有新角度、新思维，主持人或书记员要记录大家的发言，并对发言记录进行整理。通过记录的整理和归纳，找出富有创意的见解，以及具有启发性的表述，供下一步畅谈时参考。

（5）畅谈阶段。畅谈是头脑风暴法的创意阶段。为了使大家能够畅所欲言，需要制定的规则是：第一，不要私下交谈，以免分散注意力；第二，不妨碍及评论他人发言，每人只谈自己的想法；第三，发表见解时要简单明了，一次发言只谈一种见解。主持人首先要向大家宣布这些规则，随后引导大家自由发言、自由想象、自由发挥，使彼此相互启发、相互补充，真正做到知无不言、言无不尽、畅所欲言，然后将会议发言记录进行整理。

（6）筛选阶段。会议结束后的一两天内，主持人应向与会者了解会后的新想法和新思路，以此补充会议记录，然后将大家的想法整理成若干方案，再根据 CI 设计的一般标准，如可识别性、创新性、可实施性等标准进行筛选。经过多次反复比较和优中择优，最后确定 1 ~ 3 个最佳方案，这些最佳方案往往是多种创意的优势组合，是大家的集体智慧综合作用的结果。

2）德尔菲法。德尔菲法是在 20 世纪 40 年代由赫尔姆和达尔克首创的。“德尔菲”这一名称起源于古希腊有关太阳神阿波罗的神话。传说中阿波罗具有预见未来的能力，因此，这种预测方法被命名为德尔菲法。1946 年，兰德公司首次用这种方法来进行预测，后来该方法被广泛采用。

德尔菲法依据系统的程序，采用匿名发表意见的方式，即专家之间不得互相讨论，不发生横向联系，只能与调查人员发生关系，通过多轮次调查专家对问卷所提问题的看法，经过反复征询、归纳、修改，最后汇总成专家基本一致的看法，作为预测的结果。这种方法具有广泛的代表性，较为可靠。

德尔菲法的具体实施步骤如下。

（1）组成专家小组。按照课题所需要的知识范围，确定专家。专家人数的多少，可根据预测课题的大小和涉及面的宽窄而定，一般不超过 20 人。

（2）向所有专家提出所要预测的问题及有关要求，并附上有关这个问题的所有背景材料，同时请专家提出还需要什么材料，然后由专家做书面答复。

（3）各个专家根据所收到的材料提出自己的预测意见，说明自己是怎样利用这些材料并提出预测值的。

（4）将各位专家第一次判断意见汇总，列成图表，进行对比，再分发给各位专家，让专家比较自己同他人的不同意见，修改自己的意见和判断。也可以把各位专家的意见加以整理，或者请身份更高的其他专家加以评论，然后把这些意见再分送给各位专家，以便他们参考后修改自己的意见。

（5）将所有专家的修改意见收集起来汇总，再次分发给各位专家，以便做第二次修改。逐轮收集意见并为专家反馈信息是德尔菲法的主要环节。收集意见和信息反馈一般要经过三四轮。在向专家进行反馈的时候，只给出各种意见，但并不说明发表各种意见的专家的具体姓名。这一过程重复进行，直到每位专家不再改变自己的意见为止。

（6）对专家的意见进行综合处理。德尔菲法同常见的召集专家开会、通过集体讨论、得出一致预测意见的专家会议法既有联系又有区别。德尔菲法能发挥专家会议法的优点，即能充分发挥各位专家的作用，集思广益，准确性高；能把各位专家意见的分歧点表达出来，取各家之长，避各家之短。同时，德尔菲法又能避免专家会议法的缺点：权威人士的意见影响他人的意见；有些专家碍于情面，不愿意发表与其他人不同的意见；出于自尊心而不愿意修改自己原来不全面的意见。德尔菲法的主要缺点是过程比较复杂，花费时间较长。

2．定量决策方法

1）确定型决策方法。确定型决策也称标准决策或结构化决策，是指决策过程的结果完全由决策者所采取的行动决定的一类问题，它可采用最优化、动态规划等方法解决。

确定型决策方法主要是寻找出盈亏平衡点，盈亏平衡分析法又叫量本利分析法，通过分析产量、成本和利润的关系，以盈亏平衡点为依据来评价选择方案的决策方法，是确定型决策分析的有力工具。

（1）图解法。图解法是用图形来考察产量、成本和利润的关系的方法。在应用时，通常假设产品价格和单位变动成本都不随产量的变化而变化，所以销售收入曲线、总变动成本曲线和总成本曲线都是直线。

[例 9.1] 某企业生产某产品的总固定成本为 6 万元，单位变动成本为每件 1.8 元，如果产品价格设定为每件 3 元。该方案带来的产量为 10 万件，问该方案是否可取？

解：利用例子中的数据，在坐标图上画出总固定成本曲线、总成本曲线和销售收入曲线，得出量本利分析图，如图 9.6 所示。

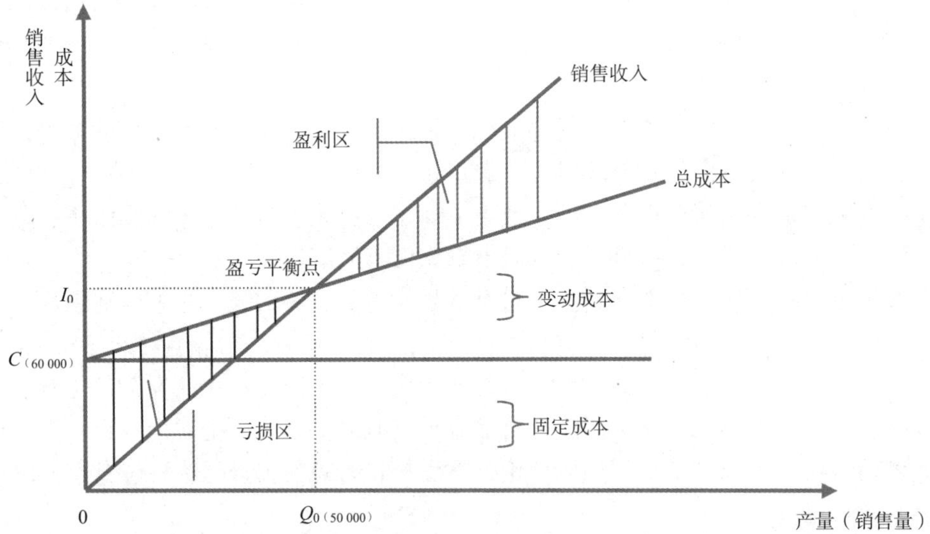

图 9.6　量本利分析

在本例中，做出图形，可见盈亏平衡点的产量为 5 万件，由于该方案产量（10 万件）大于保本产量（5 万件），所以该方案可取。

（2）代数法。代数法是用代数式来表示产量、成本和利润的关系的方法。假设企业产品销售单价为 p，销售量为 x，企业产品销售额为 q，企业的固定成本为 a，单位变动成本为 b，企业总成本为 c，则有

$$q=px$$
$$c=a+bx$$

于是达到盈亏平衡时，则有

$$q=c$$
$$px=a+bx \text{ 或 } x=a/(p-b)$$
$$px=ap/(p-b)=a/(1-b/p)=a/(1-bx/px)$$

于是可以得出如下公式。

① 按产品销售量计算。

盈亏平衡点产量=固定成本/（产品销售单价–单位产品变动成本）

② 按产品销售额计算。

盈亏平衡点产量=固定成本/（1–变动成本/产品销售收入）

[例 9.2] 一企业投资某产品，固定费用 100 万元，单位变动费用 50 元/件，预测市场价格可以达到 80 元/件。试计算盈亏平衡点的销量。

解：盈亏平衡点销量为

$$x=a/(p-b)=1\,000\,000/(80-50)=33\,333.3（件）$$

2）风险型决策方法。风险型决策是指每个备选方案都会遇到几种不同的可能情况，而且已知出现每一种情况的可能性有多大，即发生的概率有多大，因此在依据不同概率所拟订的多个决策方案中，不论选择哪一种方案，都要承担一定的风险。

（1）以期望值为标准的决策方法。以收益和损失矩阵为依据，分别计算各可行方案的期望值，选择其中期望收益值最大（或期望损失值最小）的方案作为最优方案。

（2）以等概率为标准的决策方法。由于各种自然状态出现的概率无法预测，因此假定几种自然状态的概率相等，然后求出各方案的期望损益值，最后选择收益值最大（或期望损失值最小）的方案作为最优决策方案。

（3）以最大可能性为标准的决策方法。此方法是以一次试验中事件出现的可能性大小作为选择方案的标准，不是考虑其经济的结果。

3）不确定型决策方法。在风险型决策方法中，计算期望值的前提是能够判断各种状况出现的概率。如果出现的概率不清楚，就需要用不确定型方法，这主要有三种：冒险法、保守法和折中法。采用何种方法取决于决策者对待风险的态度。

不确定型决策方法是指在决策所面临的自然状态难以确定而且各种自然状态发生的概率也无法预测的条件下所做出的决策。这类决策常遵循以下几种思考原则。

（1）乐观原则，即好中取好，大中取大，指愿承担风险的决策者在方案取舍时以各方案在各种状态下的最大损益值为标准，在各方案的最大损益值中取最大者对应的方案，步骤如下。

① 在各方案的损益中找出最大者。

② 在各方案的最大损益中再找出最大的。

（2）悲观原则，指决策者在方案取舍时以各方案在各种状态下的最小值为标准，在各方案的最小值中取最大者对应的方案。

（3）折中原则为介于上述两个极端之间寻找决策方案，步骤如下。

① 找出各方案在所有状态下的最小值和最大值。

② 决策者根据自己的风险偏好程度给定最大值系数，最小值的系数随之被确定。

③ 用上述数据计算各方案的加权平均值。

④ 选取加权平均值最大的方案。

（4）后悔值原则（大中取小法）。后悔值原则是以后悔值标准选择方案，后悔值是指在某种状态下因选择某方案而未选取该状态下的最佳方案而少得的收益，步骤如下。

① 计算后悔值矩阵，即用各状态下的最大损益值分别减去该状态下所有方案的损益

值，从而得到对应的后悔值。

② 从各方案中选取最大后悔值。

③ 在已选出的最大后悔值中选取最小值对应的方案（让后悔值最小）。

（5）等概率原则，是指当无法确定某种自然状态发生的可能性大小顺序时，可假定每一自然状态具有相等概率，并以此计算各方案期望值进行选择。

9.4 信息支持决策

21 世纪，互联网技术日益成熟，信息社会的到来使信息的全球共享成为可能，信息社会是新的信息技术革命的产物，同时也是知识革命的产物，因此，从某种意义上讲，信息是一种社会生产力。

9.4.1 信息对于决策的重要性

信息是经过加工后的数据，它对接收者有用，它对决策或行为有现实或潜在的价值，企业要在经营中取胜，就应充分利用信息来制定科学的决策，企业的经营活动实际上就是通过有关的信息，从而进行决策的过程。

决策离不开信息，信息是决策的基础。正确、高质量的信息指引着正确的决策方向，决策的科学化、理性化程度和信息质量成正比。决策者占有的信息资源的真实程度和质量越高，决策的科学化程度就越高，其根本原因在于决策者通过物质载体发出的信息所做出的反应。信息是产生决策意识的萌芽阶段，任何决策目标的确立和决策备选方案的提出都是对信息进行总结、归纳的结果。总之，没有信息分析就没有决策。因此，利用信息决策必须坚持利用完整、即时、准确、有效信息的原则。

信息的特征如图 9.7 所示。

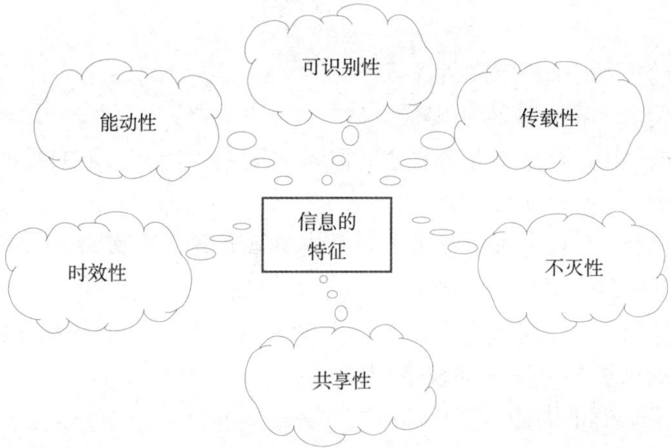

图 9.7 信息的特征

（1）可识别性。信息是可以识别的，对信息的识别又可分为直接识别和间接识别。直接识别是指通过人的感官的识别，如听觉、嗅觉、视觉等；间接识别是指通过各种测试手段的识别，如使用温度计来识别温度、使用试纸来识别酸碱度等。不同的信息源有不同的识别方法。

（2）传载性。信息本身只是一些抽象符号，如果不借助媒介载体，人们对于信息是看不见、摸不着的。一方面，信息的传递必须借助语言、文字、图像、胶片、磁盘、声波、电波、光波等物质形式的承载媒介才能表现出来，才能被人所接受，并按照既定目标进行处理和存储；另一方面，信息借助媒介的传递又是不受时间和空间限制的，这意味着人们能够突破时间和空间的界限，对不同地域、不同时间的信息加以选择，增加利用信息的可能性。

（3）不灭性。不灭性是信息最特殊的一点，即信息并不会因为被使用而消失。信息是可以被广泛使用、多重使用的，这也导致其传播的广泛性。当然信息的载体可能在使用中被磨损而逐渐失效，但信息本身并不因此而消失，它可以被大量复制、长期保存、重复使用。

（4）共享性。信息作为一种资源，不同个体或群体在同一时间或不同时间可以共同享用。这是信息与物质的显著区别。信息交流与实物交流有本质的区别。实物交流，一方有所得，必使另一方有所失。而信息交流不会因一方拥有而使另一方失去拥有的可能，也不会因使用次数的累加而损耗信息的内容。信息可共享的特点，使信息资源能够发挥最大的效用。

（5）时效性。信息是对事物存在方式和运动状态的反映，如果不能反映事物的最新变化状态，它的效用就会降低，即信息一经生成，其反映的内容越新，它的价值越大；时间延长，价值随之减小，一旦信息的内容被人们所了解，价值就消失了。信息使用价值还取决于使用者的需求及其对信息的理解、认识和利用的能力。

（6）能动性。信息的产生、存在和流通依赖物质和能量，没有物质和能量就没有信息。但信息在与物质、能量的关系中并非消极、被动的，它具有巨大的能动作用，可以控制或支配物质和能量的流动，并对改变其价值产生影响。

9.4.2　管理信息系统

管理信息系统（Management Information System，MIS）是一个由人、计算机及其他外围设备等组成的能进行信息的收集、传递、存储、加工、维护和使用的系统。它是一门新兴的科学，其主要任务是最大限度地利用现代计算机及网络通信技术加强企业信息管理，通过对企业拥有的人力、物力、财力、设备、技术等资源的调查了解，建立正确的数据，加工处理并编制成各种信息资料及时提供给管理人员，以便进行正确的决策，不断提高企业的管理水平和经济效益。目前，企业的计算机网络已成为企业进行技术改造及提高企业管理水平的重要手段。众所周知，互联网是目前最大的信息集中地，而互联网就是以资源共享为目的而建立起来的信息平台，它极大地丰富了信息的来源，也极大地提高了信息的传播速度，使人们能够通过多种渠道，以最快的速度收获信息资源。

1．管理信息系统的分类

（1）办公自动化系统。提供有效的方式处理个人和组织的业务数据，进行计算并生成文件。

（2）通信系统。帮助人们协同工作，以多种不同形式交流并共享信息。

（3）交易处理系统。收集和存储交易信息并对交易过程的一些方面进行控制。

（4）管理信息系统和执行信息系统。将事务处理系统的数据转换成信息以监控绩效和管理组织，以可接收的形式向执行者提供信息。

（5）决策支持系统。通过提供信息，模型和分析工具来帮助管理者制定决策。

（6）企业系统。产生并维持一致的数据处理方法及跨多种企业职能的集成数据库。

2．企业信息管理的内容

（1）企业信息化建设，是企业实现信息管理的必要条件。大致任务包括计算机网络基础设施建设（企业内部网、企业外部网的建设与互联网的连接等）、生产制造管理系统的信息化（计算机辅助设计、计算机辅助制造等的运用）、企业内部管理业务的信息化（管理信息系统、决策支持系统、企业资源计划、客户关系管理、供应链管理、知识管理等）、企业信息化资源的开发与利用（企业内外信息资源的利用、企业信息化人才队伍培训、企业信息化标准、规范及规章制度的建立）、企业信息资源建设（包括信息技术资源的开发、信息内容资源的开发等）。

（2）企业信息公开与保护，信息公开有两层含义，即信息公开和信息保护。信息公开包括向上级主管公开信息、向监督部门公开信息、向社会公开信息、向上下游企业公开信息和向消费者公开信息、向投资者公开信息等。企业信息按照一定的使用权限在企业内部部门之间、员工之间和与之合作伙伴之间进行资源共享。企业信息保护的手段很多，如专利保护、商标保护、知识产权保护、合同保护、公平竞争保护等。

（3）企业信息的开发与利用，从信息资源类型出发，企业信息资源有记录型信息资源、实物型信息资源和智力型信息资源之分。智力型信息资源是一类存储在人脑中的信息、知识和经验，这类信息需要人们不断开发加以利用。企业信息开发与利用的内容，包括市场信息、科技信息、生产信息、销售信息、政策信息、金融信息和法律信息等。

§案例

沃尔玛的核心——管理信息系统

沃尔玛总部信息中心共有员工近 3 000 名，其中有 300 ~ 400 名从事项目管理工作，约 800 名从事应用软件开发工作，还有 300 ~ 400 名系统维护人员。员工人数通常根据任务变化进行合理调配，一般 10 ~ 20 人分为一组。例如，组建国际财务组、会计组、跨部门业务 Netmeeting 组、E-mail 组等。

公司所有业务和信息系统管理完全按照高度中央集权方式进行矩阵式的组织管理。信息中心各职能部门负责提供项目资源需求，信息应用分部负责开发软件。例如，沃尔玛公司的客户关系管理系统开发项目由市场部同调查公司拟定 40 ~ 50 项指标，制成调查表交给 IT 部门，通过 E-mail 等散发到各门店来完成客户调查。如果开发新项目时公司信息中心开发小组技术力量不够，通常会采取业务外包的形式，特殊情况下也会请咨询公司帮助改进业务并提出软件开发需求，然后外包给软件公司。

在一套庞大复杂的系统下，沃尔玛的良性经营运转是与需要完全契合的一套内部管理体制和操作流程相配套的。因此从某种意义上说，沃尔玛的成功取决于其拥有一个优秀的 CIO，取决于公司员工能完全按照一套操作简单、控制复杂、成本最低、盈利最大的系统管理模式工作。例如，沃尔玛的销售额比凯玛特高，但是信息部门的用工人数不到 3 000 人，而凯玛特为 5 000 多人；美国某家零售公司，8 位专业人员管理 50 多台 NT 服务器和 8 台 UNIX 服务器，而沃尔玛的 NT 服务器组是 1 520 人管理 6 000～7 000 台 NT 服务器。通过对公司信息系统的开发管理，充分体现出沃尔玛公司整体特别是一个优秀 CIO 严谨的行事流程及管理风格。

1．系统缺货分析

依各店缺货率的高低，系统分析缺货商品的状态与周期性，分析正常品/促销品的缺货原因和促销品的交货是否影响到正常品，分析不同产品缺货的百分比。系统为采购员提供并保存两年的销售历史记录，包括所有商品，并具体到每一个规格、颜色的单品销售数据，以及最近各周的销量、存货。系统可自动计算、分析并存储店铺内所有销售记录及商品品类管理资料，提供单品的当前库存、已订货数量、由配送中心送货的数量、最近各周的销售数量、建议订货数量及销售终端所能提供的信息资料；系统提供相同的数据给供应商与沃尔玛采购员，使生产商能细致地了解哪些规格、哪种颜色的产品好销，然后按需组织生产。

2．及时补货系统

沃尔玛实行的“天天平价”及“最低利润销售”的经营原则，曾经导致与供应商之间的关系非常紧张。1986 年，由于美国国内的成衣制造周期过长（平均生产周期约 125 天），造成生产供应存货成本、市场及零售终端缺货率过高，使沃尔玛在行业内处于不利位置。为了解决这一系列问题，沃尔玛开始研究如何从制造、配销、零售的过程中缩短中间运转周期，以降低存货成本、增加回转率及降低零售店的缺货率。为了减少不必要的中间采购环节，沃尔玛重新整合了采购供应链，直接与生产商建立供应关系。最关键的是，沃尔玛与 IBM 合作开发出自己专用的 EOS 系统，并同时采用了商品条码代替了大量手工劳动。与合作伙伴之间架设起的 EOS 系统调整了当年美国国内制衣产业结构，也使原来商品的产销时程从 125 天减至 30 天。

今天，供应商坐在自己的办公室里，便可对其在沃尔玛店铺内的各类货物库存和销售情况了如指掌。他们可以随时通过网络发送补货单，实现商品销售情况跟踪及无纸化下采购订单等。这不仅方便了供应商对商品市场终端销售的掌控，大大降低了其物流通路的成本，也使沃尔玛商品货架空货率降低。

例如，沃尔玛与宝洁公司之间建立了无缝连接即时补货系统，如图 9.8 所示。无缝连接即时补货系统将正式订单反馈进入 ASI（American Software InC.）的内部订单产生系统，自动进行批次作业，其中包括发票与交货明细通知单等相关文件。方便的系统维护管理功能和系统良好的接口能力，也是沃尔玛整套信息系统管理中很关键的因素。

沃尔玛应用了无缝连接即时补货系统以后，其商品管理方面更加细化，与供应商之间在商品管理跟踪方面的互动关系更及时与紧密。对交易伙伴而言，最重要的是规范彼此的商业行为，实事求是地评估双方的业务表现。因此，无缝连接即时补货系统的应用不仅完全改善了沃尔玛与其合作伙伴之间的关系，最重要的是明显降低了沃尔玛的销售管理成本，使销量提高了 20%左右，保证其“天天平价”“让利客户”宗旨的实现。

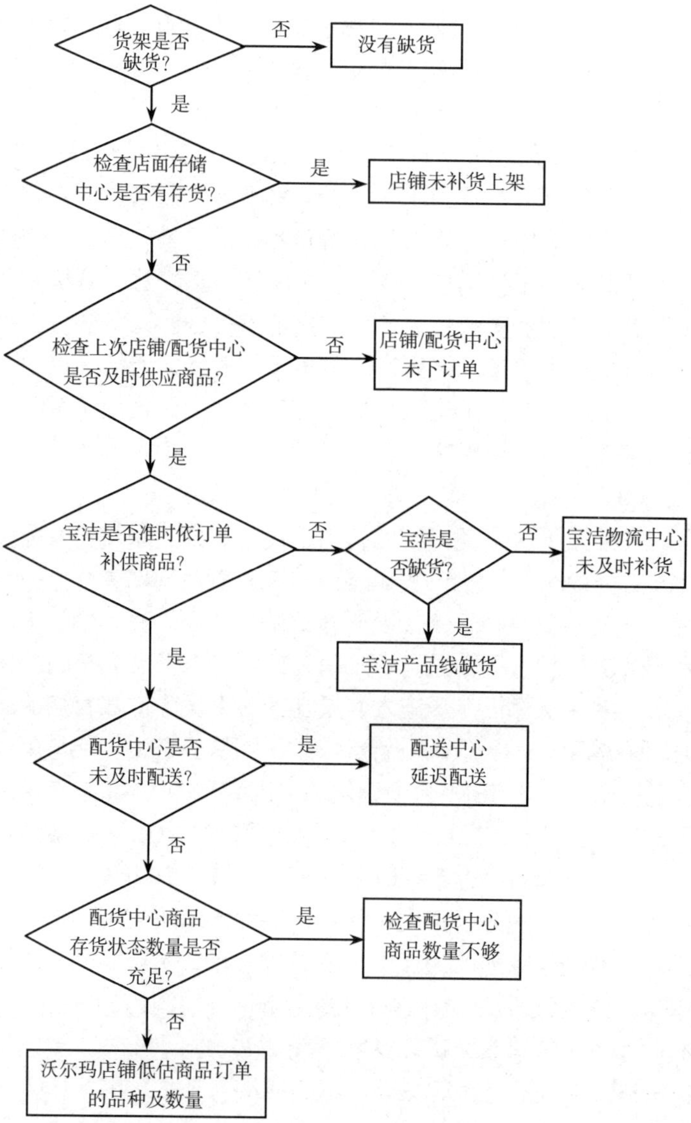

图 9.8　与宝洁建立的及时补货系统

3．POS 与条码应用系统

沃尔玛公司的 POS 与条码系统是相辅相成、缺一不可的，其功能包括商品流通管理、客户管理如员工管理。

（1）商品流通管理。沃尔玛盘点系统主要分抽盘和整店盘点两部分。其中，抽盘分几次进行，由负责人根据需要了解的商品销售情况，通过公司统一的信息系统直接输入指示，营业员通过店铺内的计算机收到指令后，用无线手提终端扫描指定商品的条码，确认商品后对其进行清点。然后，资料通过无线手提终端直接输入公司系统内。系统可以根据相关的分析快速得到商品的存货资料，并产生订货，再利用 EOS 系统向物流中心下订单。

整店盘点是门店按照总部统一的管理操作规定，定期对店铺内的所有商品进行盘点。由负责该区域的营业员通过无线手提终端得到主机上的指令，按指定的路线、顺序清点货品，然后把清点资料传输回主机。盘点期间不影响店铺内的正常运作。

（2）客户管理。以沃尔玛山姆会员店为例，新加入会员必须先到会员服务中心填写入会表格并办理相关手续，服务中心立刻通过条码影像制卡系统为客户照相，并在 8 秒钟之内把条码影像会员卡发到客户手上。卡上有客户的彩色照片、会员编号及其条码、入会时间、类别、单位等资料。会员凭卡进入沃尔玛山姆会员店选购，在结账时必须出示此会员卡，收款员通过扫描卡上的条码确认会员身份，并可把会员的购货信息存储到会员资料库，方便以后使用。采用这种方式的主要优点是成本低、效率高、资料准确，而且会员丢失卡后不用担心会被其他人冒用。

（3）员工管理。在员工管理上，沃尔玛用条码影像制卡系统为每个员工制作员工卡，卡上有员工的彩色照片、员工号、姓名、部门、ID 条码。员工工作时必须佩戴员工卡，并使用员工卡上的条码记录考勤。所有员工的资料信息及作业情况全部进入公司的信息系统，作为员工工作的基础考核数据。利用各种先进信息技术，沃尔玛在人力资源上的管理成本已经降到了很低的水平。

4．卫星控制专用通信系统

在沃尔玛庞大的集团式购销渠道网络中，卫星通信系统花费近 6 亿美元，租赁的一颗人造卫星帮其实现即时通信。目前，沃尔玛将这部分工作全部外包给 AT&T 负责，沃尔玛总公司直接与各管理事业部、远程虚拟办公室、本地卖场店铺、海外各地区卖场店铺、各配货中心、生产及供应商等，通过卫星通信运行统一的补货系统、EDI 系统、库存管理系统、会员管理系统、收银系统等。

沃尔玛总部可在 1 小时内对全球 4 000 多家分店每种商品的库存量、上架量和销售量全部盘点一遍，还可以了解到任意一家门店的资料并进行管理调配。总部各事业管理部每天通过卫星通信网，对全球各个地区的不同分店实行沃尔玛核心经营体制管理。总部不会由于管理面积庞大、业务信息传递不畅而被悬浮在上层，通过卫星通信系统可以达到对公司战略发展过程的灵活掌握和实际直接参与中央集权管理控制的目的。卫星通信系统采用的是沃尔玛未来永续发展的战略性里程碑。

5．库存配送控制

1970 年，沃尔玛公司在其总部所在地建立了第一个配送控制中心，应用交叉入库作业（Cross-docking）和电子数据交换（Electronic Data Interchange，EDI）两项技术进行商品配送管理。目前，公司总部在全球已建立了 62 个配送中心，为全球 4 000 多家分店提供配送服务。

配送中心提供的专业化物流服务，包括客户订单处理、供应商到货入库管理、仓库保管管理、补货管理、发货配送作业等。总部配送控制中心的 IT 系统具备支撑大范围物流整体运作的能力，支持沃尔玛全球不同区域多配送中心、各类配送中心的协同商务处理等。供应商把商品送到配送中心后，沃尔玛的检验部门运用多种技术手段对商品质量进行严格检验，以杜绝假冒伪劣商品进入卖场。

沃尔玛的配送中心从业务上看，主要是通过信息系统与供应商（制造商）直接联系，进行商品的采购与运输，并且负责商品的检验、存储、分拣、再加工或包装、重组及商品到各店铺的配送等一系列工作。因此从功能上看，沃尔玛的配送控制中心实际上是一个设施先进、配套完整，将商品仓储从静态变为动态的转送站。

供货商将货物运到配送中心，配送中心根据每个店面的需求量对货物进行重新打包。沃尔玛的价格标签和统一产品码（Universal Product Code，UPC）早已经在供货商那里贴好，服装类商品都已经挂在衣架上。货物在配送中心的一侧作业完毕后，被运到另一侧准备送到各个店面里，也就是说，货物从“配”区运到了“送”区。配送中心配备几英里长的激光制导的传送带，货物成箱地被送上传送带，运送过程中条码被扫描，这样，这些货物箱就能够在庞大的配送中心自动找到将要装运自己的卡车，而无须在配送中心停留存货。

配送中心共有 5 500 辆运输卡车，全部装备了卫星定位系统，每天 24 小时不停地作业。总部对此一目了然，可以根据实际情况合理安排运量和路程，最大限度地发挥运输潜力，提高工作效率。卡车每年的运输总量达到 77.5 亿箱，总行程 6.5 亿公里，物流成本被压到最低。

6．最好的信息系统也隐藏危险

沃尔玛能够长期立于同业无法模仿的现代化科技管理模式，并保持绝对优势来源于两项具有战略意义的重要步骤：公司自行开发管理信息系统和卫星通信。但是再先进的技术和管理也有问题存在，因此对于沃尔玛来说，它的最大危机和隐患就来自这套成熟、完整的信息系统。

入侵检测系统（IDS）技术是安全界富有争议的一个话题。IDS 是一种集检测、记录、报警、响应在内的动态安全技术，不仅能检测来自外部的入侵行为，也能监督内部用户的未授权活动，是近十多年发展起来的新一代安全防范技术。它在计算机网络或系统中的若干关键点收集信息并对其进行分析，从中发现是否有违反安全策略的行为和被攻击的迹象。

沃尔玛目前采用的安全防护系统是 IDS。面对新的黑客攻击手段、大规模程序化攻击，以及智能程度较高的手工入侵，即使采用最昂贵和最领先的 IDS 产品，也不过是个摆设。因此，未来威胁沃尔玛的最大潜在危机就是其完美、成熟的管理信息系统。因为沃尔玛庞大的电子信息系统巨链一环紧扣一环，这样的管理系统在正常状态下的运行效率极高，其成本相对于原始的管理系统要低，对人员的要求及依赖不高，但是一旦任何一个环节遭遇网络安全侵袭出现故障，将会直接影响整体系统的运行，甚至会造成系统瘫痪。

沃尔玛的核心管理模式其实就是一个完整而成熟的零售连锁行业电子信息系统的模型。随着市场竞争及管理科学的发展，如何更进一步地安全使用电子信息技术将是沃尔玛面临的紧要战略性问题。这也是沃尔玛在未来行业竞争及永续发展中，以绝对控制渠道而控制市场战略的重要保证。

（资料来源：于海燕. 信息与电脑）

思考与练习

一、判断题

1. 管理的重心是经营，经营的重心在决策，这说明决策是经营管理活动的关键。事实上，无论是经营，还是管理，都离不开决策。(　　)

2. 决策的正确与否首先取决于判断的准确程度，因此，认识和分析问题是决策过程中最为重要也是最为困难的环节。(　　)

3. 信息是经过加工后的数据，它对接收者有用，它对决策或行为有一定的价值，但其作用不是很大。(　　)

4. 正确的、高质量的信息指引着正确的决策方向，决策的科学化、理性化程度和信息质量成正比。(　　)

5. 后悔值是指在某种状态下因选择某方案而未选取该状态下的最佳方案而少得的收益，决策时后悔值越大越好。(　　)

二、单项选择题

1. 风险型决策是指可供选择的方案中，存在两种或两种以上的备选方案，每个方案都有几种不同结果可以知道，每种状态所发生（　　）的大小是可以估计的，在这样条件下的决策，就是风险型决策。

A. 概率　　B. 优点　　C. 缺点　　D. 后果

2. 在决策的各制约因素中恰当地考虑它们的（　　），就是经过调查和研究，掌握系统、准确的统计数据和事实，根据对组织目标及各种制约因素的综合平衡，决定各因素的重要程度。

A. 身份　　B. 地位　　C. 优先权　　D. 经济利益

3. 头脑风暴法是由美国创造学家奥斯本于1939年首次提出，1953年正式发表的一种激发创造性思维的方法，它是一种通过小型会议的组织形式，让所有参加者在自由愉快、畅所欲言的气氛中，自由交换想法或点子，并以此激发与会者的（　　）。

A. 工作热情　　B. 创意及灵感　　C. 经济利益　　D. 政治前途

4. 信息本身只是一些抽象符号，如果不借助（　　），人们对于信息是看不见、摸不着的。

A. 科学教育　　B. 相互意识　　C. 人类传递　　D. 媒介载体

5. 信息是对事物存在方式和运动状态的反映，如果不能反映事物的最新变化状态，它的效用就会降低，即信息一经生成，其反映的内容越新，它的价值越大；时间延长，价值随之减小，一旦信息的内容被人们了解，（　　）就消失了。

A. 信息　　B. 思想　　C. 价值　　D. 认识

三、多项选择题

1. 从系统的观点看，决策要素包括（　　）。

A. 决策主体　　B. 决策客体

C. 决策方法　　D. 决策信息

E. 决策结果

2. 组织的决策受下列（　　）因素的影响。

A. 环境　　B. 过去决策

C. 决策者对风险的态度　　D. 组织文化

E. 时间

3. 决策的方法主要分为（　　）。

A. 心理决策方法　　B. 定性决策方法

C. 实践决策方法　　D. 定量决策方法

4. 盈亏平衡分析法又叫量本利分析法，通过分析（　　）的关系，以盈亏平衡点为依据来评价选择方案的决策方法。

A. 人　　B. 产量

C. 成本　　D. 利润

5. 管理信息系统是一个由（　　）等组成的能进行信息的收集、传递、存储、加工、维护和使用的系统。

A. 人　　B. 计算机

C. 其他外围设备　　D. 管理思想

四、简答题

1. 简述决策的定义。

2. 简述程序化决策和非程序化决策。

3. 简述风险型决策方法。

实践与实训

如果你是某企业的产品开发主管，将决策是否开发一个新产品（具体产品类型不限，选自己熟悉的一个产品），请提出决策前需要掌握的信息。

提示：制定新产品开发应考虑的因素如下。

1. 国家计划和上级下达的任务。
2. 企业今后的发展方向。
3. 用户和市场需求。
4. 企业现有经济、技术条件。
5. 国家有关政策和法规。

第10章

协　调

心往一处想，劲往一处使。

学习目标

- 懂得协调的定义和原则；
- 掌握处理冲突的方法；
- 懂得与人沟通的技巧；
- 掌握人际关系协调的方法。

学习导航

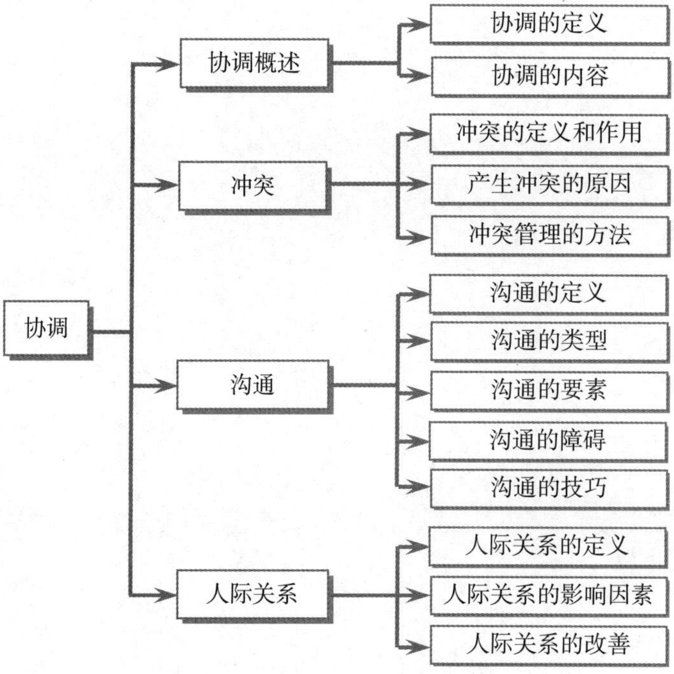

引导案例

剪裤腿的故事

一天下午，一个小男孩得到了一条新裤子，自己很喜欢，但是穿上后发现裤子太长了。于是找到了奶奶，请她给改一下。奶奶说现在的家务事太多，忙不开，让他去找妈妈。于是小男孩找到了妈妈，可妈妈正在打桥牌，没时间。小男孩没办法只好去找姐姐，但姐姐说有约会，时间就要到了。

小男孩很难过，晚上怀着失望的心情睡着了。

奶奶忙完家务事后想起了孙子说的事，于是就把小男孩的裤子剪短了。妈妈打完牌，想起了儿子说裤子长的事情，于是也给剪了一截。姐姐回来后想起了弟弟说的裤子的事，也拿起剪刀剪了一截。

可想而知，小男孩的裤子会变成什么样。

启示：一个团队仅有良好的愿望和热情是不够的，要积极引导并靠明确的规则来分工协作与沟通，这样才能把大家的力量形成合力，协调不好会乱作一团。

10.1 协调概述

个人的力量总是有限的，领导者要履行好自己的职责，必须把员工的积极性调动起来，将其潜能发挥出来，靠集体的力量完成任务。然而，协调能力不是每个人都具备的，需要在实践中不断学习和提高。

10.1.1 协调的定义

1．协调与协调能力

协调就是和谐一致、配合得当，是正确处理企业内外各种关系，为企业正常运转创造良好的条件和环境，以促进企业目标的实现。

协调能力是指管理过程中的协调指挥才能，善于用权且控制有方，协调人力、物力、财力来获得最佳效果。

2．协调的作用

协调的作用如图 10.1 所示。

（1）减少内耗、增加效益。有效协调可以使企业活动的各种相关因素相互补充、相互配合、相互促进，从而减少人力、物力、财力、时间的浪费，达到提高企业整体效率、增加效益的目的。

（2）增强企业的凝聚力。要使企业内部人员团结、齐心协力，需要领导者以极大的精力和高超的技艺加以有效协调。只有协调好心理上、权力上、利益上的各种关系，才能团结统一、相互支持、齐心协力地实现共同的目标。

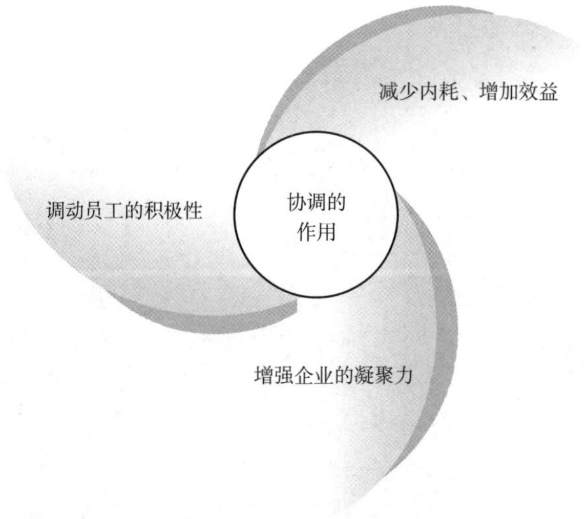

图 10.1　协调的作用

（3）调动员工的积极性。协调的好坏直接关系到企业目标的实现和整个领导活动的效能，协调工作搞好了，企业内部各成员才能团结合作，才能充分发挥每个人的聪明才智，使工作充满生机和活力。

3. 协调的原则

协调的原则如图 10.2 所示。

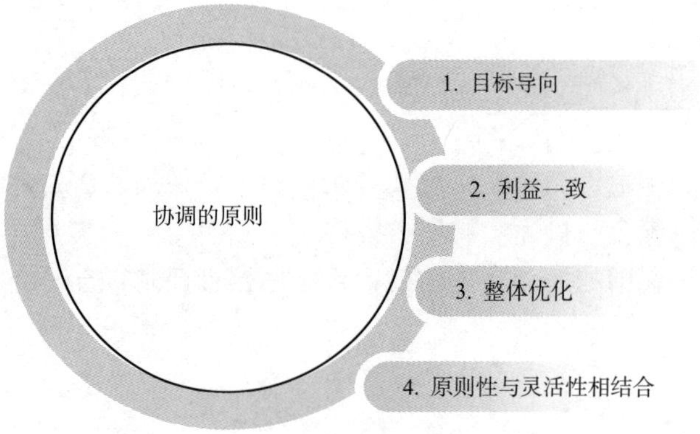

图 10.2　协调的原则

（1）目标导向。企业目标是工作关系协调的方向，任何协调措施都不能脱离既定的目标。只有围绕统一目标，把各方面力量组织起来，协调才能成为现实。否则就会分散力量，企业目标难以实现。

（2）利益一致。利益是工作关系协调的基础。共同的利益能使企业成员结合起来，按照企业的需要而积极行动。协调、平衡好利益关系是协调工作的重要基础。领导者公平、合理地分配，这是减少矛盾和解决矛盾的重要条件。

（3）整体优化。通过协调可使整个企业的运行达到整体优化状态。管理者对各种影响因素进行科学分析，进而通过个体优化的组合，形成整体优势，取得理想的整体效益。

（4）原则性与灵活性相结合。协调工作应有原则性，这是一切活动的准则。灵活性是指在不违背原则的前提下，为了实现企业目标而做出的一些让步、牺牲、妥协、折中与变通等。

案例

马云：管理团队这四个原则要重视

在马云艰难创业的历程中，多次化险为夷，巧渡难关，正是得益于他高超的协调艺术。根据现代管理的要求，团队内部的协调有四大原则，作为领导者只有把握了这四大原则，才能成为合格的团队领袖。

第一原则：团队思维

团队像一个人的大脑，它的整体思维是统一的，在做一项决策时，不存在多数战胜少数或少数超越多数的情况。团队思维是最完美的境界，虽然不易实现，但我们仍然可以看到，一些著名的世界级企业，它们在具体的沟通和决策中，总在尽可能尊重每一个人的意见，以达成团队思维的统一。

第二原则：团队语言

在一个团队中，对于人与人沟通的语言和方式，有着极为特殊的要求，你在工作或部门环境中，沟通时要避免情绪化和个人中心主义，使用大家都理解及熟悉的语言。马云的个人魅力所在，正是他与员工真诚直率的沟通。

第三原则：团队文化

团队文化是指团队成员在相互合作的过程中，为实现各自的人生价值，并为完成团队共同目标而形成的一种潜意识文化。正如马云在不同场合说过的：“整个文化形成这样的时候，人就很难被挖走了。这就像在一个空气很新鲜的土地上生存的人，你突然把他放在一个污浊的空气里面，工资再高，他过两天还跑回来。”

第四原则：团队协调

团队协调就是能够正确处理团队内外各种关系，为团队正常运转创造良好的条件和环境，促进团队目标的实现。

马云很欣赏唐僧的团队，唐僧的团队之所以成功，是因为唐僧具有很强的团队协调能力，他懂得制定目标，懂得因人而用，懂得适当的鼓励和惩罚。

（资料来源：百度百科 网址：http://www.360doc.com/showweb/0/0/933663837.aspx）

10.1.2 协调的内容

协调的内容如图 10.3 所示。

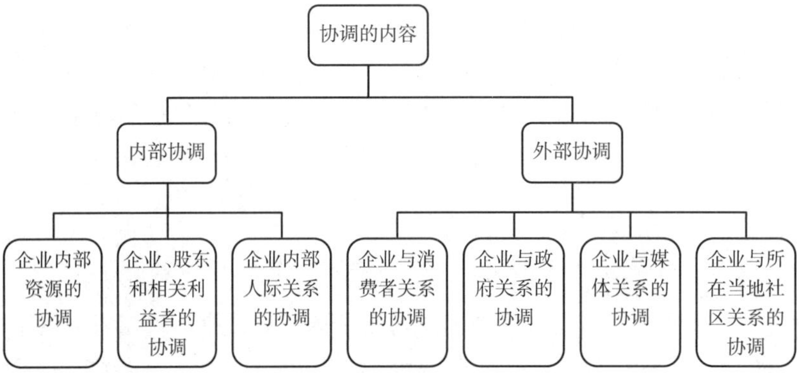

图 10.3　协调的内容

1．内部协调

1）企业内部资源的协调。内部协调不畅通在许多企业尤其是大企业中是非常普遍的现象。当某个部门需要其他部门支援时，大多数人都觉得自己原来的工作已经很忙，因此态度被动，更不用说积极帮助他人达到目标了。为了避免和改善这种状况，企业可以建立以下几个机制。

（1）平衡部门与整体目标。每个人为自己部门的目标努力，这是很自然的事情。但是除部门之外，企业应该再设计一个整体目标，让部门不仅要达成自己的目标，如果能够帮助别人达成目标，也能给自己的部门带来利益。

例如，如果有两个业务团队，业绩目标都是 1 000 万元，当团队达到自己的目标时，可以得到一定的奖励。但如果两个团队都达到目标，获得的奖励更多。相反，如果一个团队达到 1 000 万元，另一个团队达不到目标的 80%，这样两个团队都没有奖金。这种做法会鼓励团队之间彼此协调、合作。

业务人员可能比较容易设定目标，行政人员则较难。因此，当企业达成目标的时候，行政人员的年终奖励也应该提高。虽然行政部门没有直接参与销售，无法获得销售奖金，但他们对其他部门提供了支援，对企业整体业绩有非直接的贡献，因此也应该获得年终奖励。

要让支援部门真正以企业目标为目标，可以将薪酬的可变数设大一点。比如除 12 个月薪水之外，当企业盈利达到某个目标时，薪资可以有比较大的提高。另外，如果有公平、客观的内部调查，可以给服务品质第一名、第二名的员工更多的奖励。

（2）明确职责定位。所谓明确职责，是指明确员工最主要的义务，保证企业的正常运转，实现企业的职能作用，所谓“在其位谋其政”。比如在一个企业，该企业负责人、中层领导人员、一般工作人员分别处在不同职位，各自履行相应的职责。员工的职位是由一个企业的职能及其分工决定的，直接表现为其所担任的职务。职责来自职务，职务和职责相互依存，融为一体，有什么样的职务就有什么样的职责。当需要一名员工履行某种职责时，就需要赋予其相应的职务；不需要其履行该职责时，自然就要免除其职务。从管理层面上看，员工的职务都是通过任免环节实现的，由此可见，职务任免制度对于确定员工职责具有重要作用。另外，员工只有通过职务任免程序获得一定的职务、明确相应的职责，才能正确行使职权、有效地履行义务。

（3）各生产要素之间的协调。生产系统是由人、机、料、法、环等诸要素组成的，只有这几个方面协调配合好了，生产才能顺利进行。

①“人”是整个生产系统的主体，是起决定因素的要素，也是诸要素中最活跃的一个要素。特别是人的思想或者说人的意识在生产经营中起决定作用，思想认识的正确与否、高与低决定着人的行为正确与否，例如，技术人员分析出人的多种不同的不安全心理会成为事故发生的诱因，引起事故的发生。

②“机”即机械设备。设备在生产活动中运转好坏、安全与否取决于两点：一是机械设备本身技术性能和安全程度；二是操作人员的技术水平。设备的性能可以通过技术改造和更新换代加以改善，还可以通过定期检查、保养加以维护，人员的操作技术可以通过培训来提高。

③“料”即原材料、毛坯、半成品、成品等生产加工的必需品。在生产过程中，原材料的采购、运输、装卸、搬运、生产前的检测及生产过程中原材料和产品的摆放等每个环节都是生产能否顺利进行的关键。

④“法”指的是管理方法和制度。大家都知道“没有规矩不能成方圆”，企业也有自己的管理制度，如安全生产责任制度、生产考核奖惩办法、工伤事故管理办法、危险作业审批办法、绩效考核体系等。

⑤“环”即生产经营环境。它包括生产现场的环境卫生、现场定置管理及现场安全通道、安全生产环境等。定置管理是公司现场管理的核心，它要求做到“有物必有区，有区必挂牌，按区存放，按图定置，图物相符”，并开展“5S”活动，即整理、整顿、清扫、清洁和素养等。

2）企业、股东和相关利益者的协调。股东主导下的利益相关者财富最大化是企业与股东关系协调的关键点，它的内涵是处于均衡状态的出资者权益与其他利益相关者权益的共同发展，从而使企业在经济目标和社会目标上保持平衡，这是企业财务管理目标的理性选择，也是适应国情的财务管理目标。这样的定位既充分体现了所有者的权益，又有利于保障债权人、经营者和员工等的利益。

企业所有者投入企业的资本是长期的，不能随意抽走，所有者履行的义务最多，承担的风险最大，享有的权利和报酬也应最多。实现所有者权益价值最大化可以充分保障所有者的权益，是对所有者权利与义务对等的一种认同。企业经营者的利益与所有者权益是息息相关的，经营者若要得到丰厚的报酬和长期的聘用，就必须致力于实现所有者权益价值最大化，以博得企业所有者的信任与支持。

企业员工的利益同样与所有者权益关联着，如果企业经营不善，所有者权益价值最大化无法实现，员工的收入、福利就会受到影响，如果实现所有者权益价值最大化，必然会使员工的收入、福利得到改善。

用产权理论分析股东主导下的利益相关者财富最大化目标，企业权益资本是所有者的长期投资，短期、暂时的权益资本增值最大并不是所有者所期望的。实现所有者权益价值最大化，要求权益资本增值长期最大化，需要考虑未来不同时间取得的等额投资收益因时间先后而导致的不同现值，体现预期投资的时间价值，并在考虑资金时间价值的基础上，注重企业长远利益的增加。实现所有者权益价值最大化，不仅要考虑眼前的获利能力，还要着眼于未来潜在的获利能力，既要规避风险，又要获取收益，实现风险与收益的均衡，从而取得竞争优势，满足企业不断生存发展的需要。企业财务管理目标的必然选择是股东主导下的利益相关者财富最大化。这个目标的关键还在于股东与其他利益相关者权益均衡点的度量。从以上的逻辑分析可以看出，出资者对其权益的让渡是以其总体效用的增加为目的的，如果分权导致其总体效用下降，出资者必然采取策略应对直至关闭企业，使所有利益相关者的权益都将受损。因而，股东与其他利益相关者的权益均衡点由股东的边际效用决定，其边际效用为正值，呈下降趋势，并以零为极限。从这个侧面也同样说明了企业财务管理目标的选择，应是股东主导下的利益相关者权益最大。

§ 案例

腾讯在东南亚终成电商一哥，这一点很多人做不到！

电商的下一站，也有可能就在东南亚。《谷歌淡马锡2019东南亚数字经济报告》预测：在今年6个月的时间内，东南亚的电商成交额将是2019年的3倍！——每年东南亚的电商成交额都将持续保持50%的高速增长，这是中国市场也做不到的。

所以，作为国内电商领域最重要的两个电商阵营，阿里巴巴和腾讯将战火蔓延到东南亚就一点也不奇怪了。当然，阿里巴巴和腾讯在东南亚的电商运营，有点类似于美国的代理人战争，就是双方各自扶持当地的电商企业，以代理人的身份参战。

阿里巴巴在东南亚的电商代理人是Lazada，中文名叫来赞达。但是从去年开始，一个叫“Shopee”（中文名“虾皮”）的电商平台异军突起，并于今年第二季度在多个东南亚国家将Lazada赶下第一的宝座！而“虾皮”的金主不是别人，正是腾讯！

那么，虾皮是怎么在这么短的时间内做到东南亚电商一哥的？有人说，这和腾讯的投资风格有关。事实上也是这样，腾讯投资的时候有一个特点：经营权归你，赚到的钱归我，具体业务不介入，这也给了虾皮本土高层相对充分的自由度。

所以，作为一家2015年才创立的公司，没有了大股东的束缚后，虾皮在营销上一点都不保守。比如，在菲律宾，虾皮请到了国宝级的世界拳王曼尼·帕奎奥做代言人，有意思的是，阿里巴巴创始人马云曾在去年“双11”和曼尼·帕奎奥一起练过拳；在马来西亚，虾皮的代言人也是国家级的歌手茜蒂·诺哈丽莎，这就相当于美国有一家公司同时请到了拳王泰森和歌后惠特妮·休斯顿做代言人，公司的业务想不火都难！

（资料来源：新浪微博 电商报）

3）企业内部人际关系的协调。在企业内部需要和三类人员产生联系，或者说天天都要和这三类人员打交道，即上司、同事和下级。

（1）与上司相处。首先要了解上司的人品、爱好、工作能力和工作方式，上司是喜欢授权，还是喜欢集权，最后还要了解他的价值观。和上司交往的原则如下。

① 适度原则，同上司之间的距离既不能太远也不能太近，关系要适度。

② 交流原则，或者叫作汇报原则。作为下属，要让上司知道你的工作情况，告诉他你的工作进行到什么阶段，现在面临什么样的问题等。这种交流和汇报是必不可少的。

③ 服从原则。每个组织都拥有自己的团队，作为团队的一员，服从是必不可少的。个人利益要服从组织利益。

④ 尊重原则。每个人所处的位置不一样，承担的压力也不一样。要理解你的上司，多站在他的角度思考问题，要相互尊重。

⑤ 坚持原则。当你所做的一切与企业的目标没有偏差时，你可以坚持自己的原则、信念和理想。

⑥ 处理好同上司的私人关系。作为下属，在上司需要你帮助的时候，要真诚地帮助他，但一定要处理好同上司的私人关系，不能过近，也不能过远。

（2）与同事相处。天天都要与同事打交道，在交往中需要注重下面几点。

① 有原则。在求同事办事的时候，首先要尊重对方，要有诚意。

② 有的放矢。选择那些急需别人帮助的工作，才请别人帮助完成，不要把自己的工作完全推给别人去做。应该坚持自己能做的事情自己做的原则。

③ 乐于助人、礼尚往来。你得到他人的帮助，也要主动帮助他人。

④ 指出他人的不足。指出他人的不足是需要技巧的，心直口快的人往往不受欢迎。

⑤ 多参加集体活动。你终究是在一个团队中，要多参加集体活动，与同事的关系保持融洽。

⑥ 避免非正式组织的存在。“非正式组织”这个概念是由梅奥在霍桑实验中提出来的，非正式组织的目标往往同组织的目标有偏差，所以一个团队里有小组织的存在，比较不利于组织目标的实现，这是组织中需要避免的。

（3）与下级相处。在这里介绍比尔·盖茨曾经说过的一句话：“一个主管，不管他拥有多少知识，假如他不能带动人完成使命，他是毫无价值的。与下级相处的技巧包括授权、激励及绩效考核等方面。”

总之，改善人际关系有三样法宝：勇气、聪明和平常心。要有勇气改变身边可以改变的事情。要分辨出工作中哪些是可以改变的，哪些是不能改变的。对那些现实条件下不能改变的事情，要用平常心去对待。

2. 外部协调

1）企业与消费者关系的协调。处理好企业与消费者的关系，关系到企业经营的根本宗旨、经营目的和经营方针三个方面。企业经营的根本宗旨就是要实现企业的经济目的，一方面，企业的发展要与消费者的需求相一致。各类企业在自身的经营活动中，都要从物质生产和精神生产的不同环节、不同领域和不同方面，向社会和消费者提供有效产品和有效劳务，为满足消费者的需要服务，在服务中求得发展。这既是企业经营根本宗旨的一条基本要求，也是企业生存的一项基本原则。另一方面，企业的局部利益要和消费者的总体利益相协调。所谓消费者的总体利益，包括国家利益和广大消费者的利益在内。企业的经营活动如果损害了消费者的利益，也就是不能与消费者的利益协调。

2）企业与政府关系的协调。政府是依法对整个社会实行统一领导和管理的社会组织，任何其他社会组织都必须服从政府的统一管理和领导。

（1）服从政府的统一管理和领导。为了维护整个国家利益，甚至全球利益，企业必须自觉服从政府的管理。即使法律、法令、政策、条例等使企业受到经济损失，如果没有周转的余地，企业也必须履行。如政府提倡反腐倡廉，要求工商企业在经济活动中应该教育干部和员工，不能违背廉洁奉公的原则，如果某些政府官员利用手中的权力进行权钱交易的腐败活动，企业的相关人员要坚决抵制，还可向主管部门检举，配合政府的工作。

（2）遵纪守法。企业是法人，对政府来说是一个团体公民。它的所有活动和行为必须在法规所允许的范围内进行，也就是说，对政府公众的公共关系活动必须合法。

对政府的公共关系不是请客、送礼、拉关系，而是建立在公正、公平和公开基础上的。企业要守法才能在政府面前建立一个良好的政治形象，得到政府的认可，企业的权力和利益才能得到政府、公众的保护，并且也会赢得更多消费者的信任。反之，如果一个企业无视国家的政策和法律，为了企业利益从事违法活动，如偷税漏税、生产仿冒伪劣产品、违章作业，那企业就会受到法律的惩罚，此时，何谈对政府的公关，更何谈实现企业的目标，何谈实现企业利益最大化呢？

3）企业与媒体关系的协调。互联网普及了，新闻传播速度加快了，企业的信誉无处可藏，要想在这种环境下不断壮大和发展，就要求时时刻刻提醒自己是一个公众形象，并且积极维护自己的信誉，否则，企业的每个有损于信誉的举动，都将成为“自我毁灭”的“毒药”。

（1）和媒体交朋友。与媒体的良好沟通常常会带来较好的新闻报道。例如，要知道什么样的信息是媒体所需要的，才能适时地提供给它们，从而为企业做宣传。

（2）吸引媒体报道。正面的新闻报道可以提高企业的声誉，与关键受众建立起信任感。在新闻有可能激发媒体的兴趣（如宣布意义重大的好消息、开办新工厂、提供大量的工作机会）时，企业就应当举办新闻发布会，邀请有关人士、媒体参加，随后接受采访。当然，举办新闻发布会是非常耗时的，而事件本身也充满压力，应确保要发布的新闻合理性和合法性，如果采用新闻宣传稿的形式也同样有效，就使用宣传稿这种形式，这样既可以节省时间，又能免除麻烦。

4）企业与所在当地社区的关系协调。社区关系就是一个社会组织的区域关系、地方关系、邻里关系，它是指与某个社会组织主体地域上互邻、利益上相关的一种公众关系。对企业而言，其做大做强就是从成功运作自己的社区开始的。

（1）社区是企业的重要劳动力来源。社区是企业赖以生产发展的基本环境，是企业的根基。发展良好的社区关系是为了争取社区公众对企业的了解、理解和支持，为企业创造一个稳固的生存环境；同时体现企业对社区的责任和义务，通过社区关系扩大企业的区域性影响。所以，从当地社区中吸收的那部分员工，既关注并代表着当地社区的利益，又体现为企业内部公众。企业积极参与社区建设，有利于调动这一部分员工的积极性，激发其献身企业的工作热情。

（2）社区公众是较为固定的经常性消费者，或者说“回头客”，从某种意义上讲是企业依靠的“衣食父母”，参与社区建设与其处好关系，有利于在社区树立形象、获得效益，并通过社区向更广阔的外部辐射，产生更大的正面影响，获取更大的效益。

（3）社区为企业提供部分服务，如交通、能源、邮政、治安保卫、孩子上学、婴幼儿入托等。如果一个企业连左邻右舍的关系都处理不好，就很难在社会上获得良好的名声。因此，企业要提高自身在社区中的地位，就要主动承担必要的社会责任和义务，参与社区建设，与社会处好关系。

10.2　冲突

为了使群体有效地完成组织目标和满足个人需要，必须建立群体成员和群体之间的和谐关系，即彼此间应互相支持，行动应协调一致。但是现实的情况是，个人间存在着各种差异，群体间有不同的任务和规范，对同一个问题就会有不同的理解和处理，于是就会产生不一致，或者不能相容。也就是说，冲突在组织或群体内是客观存在的。

10.2.1　冲突的定义和作用

1．冲突的定义

冲突是个人或群体内部、个人与个人之间、个人与群体之间、群体与群体之间互不相容的目标、认识或感情，并引起对立或不一致的相互作用的状态。该定义强调了三个方面。

1）冲突是普遍的现象，它可能发生于人与人之间、人与群体之间、群体内部的人与人之间、群体与群体之间等。

2）冲突的类型。

（1）目标性冲突，即冲突双方具有不同的目标导向时发生冲突。

（2）认识性冲突，即不同群体或个人在对待某些问题上由于认识、看法、观念之间的差异而引发的冲突。

（3）感情性冲突，即人们之间存在情绪与情感上的差异所引发的冲突。

3）冲突是双方意见的对立或不一致，以及有一定程度的相互作用，它有各种各样的表现形式，如暴力、破坏、无理取闹、争吵等。

2．冲突的积极作用

（1）解决冲突的过程有可能激发组织中的积极变革。人们为了消除冲突，就要寻求改变现有方式和方法的途径。寻求解决冲突的途径，不仅可以导致革新和变革，而且可能使得变革更容易为下属所接受，甚至为员工所期望。

（2）在决策的过程中有意地激发冲突，可提高决策的有效性。在群体决策过程中，由于从众压力或由于某权威控制局面，或者凝聚力强的群体为了取得内部一致，而不愿考虑更多的备选方案，就可能因方案未能列举充分而造成决策失误，如果以提出反对意见或提出多种不同看法的方式来激发冲突，就可能提出更多的创意，提高决策的正确性和有效性。

（3）冲突可能形成的一种竞争气氛，促使员工振奋精神、更加努力。引起一个或多个目标发生冲突的竞争，也有一定的好处，如果员工觉得在工作绩效方面存在一种竞争气氛，就可能振奋精神，以求得在竞争中名列前茅。

3．冲突的消极作用

（1）冲突可能分散资源。冲突可能分散人们为实现目标而做出的努力，组织的资源不是主要用来实现既定目标的，而是消耗在解决冲突上，时间和金钱就是常被分散到消除冲突上去的两种重要资源。

（2）冲突有损员工的心理健康。有一些研究表明，置身于对立的意见中，会造成“敌意”、紧张和焦虑。随着时间的推移，冲突的存在可能使相互支持、相互信任的关系难以建立和维持。

（3）要求内部竞争而引发的冲突，可能对群体效率产生不良影响。内部竞争可能引发冲突，如当两个销售公司为了扩大销售额以赢得总公司的奖励时，就可能因追求局部利益，在争夺资金、人员等方面产生冲突，如果处理不当，就可能对总公司整体效果产生影响，如果企业鼓励员工多做努力制定一定的产量目标，员工就可能重视产品数量而牺牲产品质量。

10.2.2 产生冲突的原因

有五方面的原因容易造成企业的冲突，如图 10.4 所示。

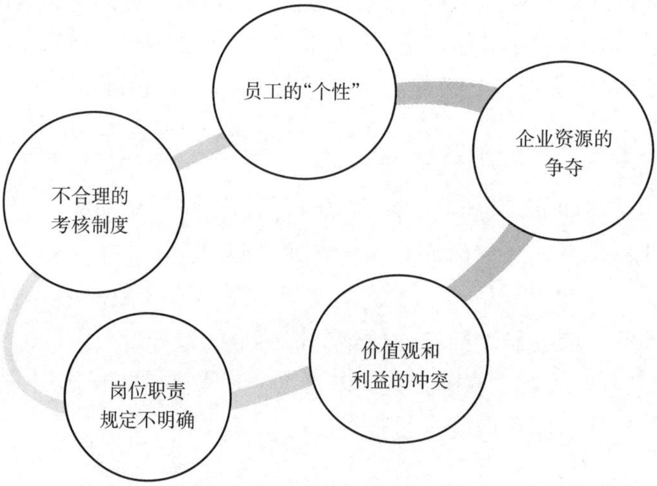

图 10.4 产生冲突的原因

1．员工的“个性”

一部分员工存在着潜在的侵略意识，并想寻找机会表现出来，如出风头、损人利己等，从而引发与其他部门员工的矛盾，最后扩展成部门间的冲突。如果对造成冲突的员工进行分析，每家企业基本上都存在着这样的员工，要对他们进行有针对性的管理。

例如，有些企业因为缺乏人才培养机制和人才储备，造成一小部分员工因为技术过硬而骄傲自大，这种员工不大可能将自己的技术教给别人，而且很可能为了保住自己的权威地位而采取各种手段引起冲突。这种员工在很多企业都存在，如果企业存在这种状况，要加大人才培养力度，建立有效的人才培养梯队，否则会引起很大的人员流动，甚至发生各种斗争。

2. 企业资源的争夺

企业的资源总是有限的，如资金、费用、人员等的分配，经常引发各部门间的冲突，为了本部门的利益，每位部门主管都会义无反顾地加入争夺中。这是每个企业都存在的冲突，经营者经常需要介入进行协调。

3. 价值观和利益的冲突

从本部门利益最大化出发，势必引发和其他部门的冲突。这种冲突在任何企业里面都会存在，其罪魁祸首就是以成本会计方式作为考核方式，而不是以有效产出会计来作为衡量指标。我们认为，企业现行的成本会计方式只能作为企业的财务会计，因为目前世界通用的会计方式及国家的政策会计方式就是成本会计方式，但是作为企业的经营者，必须用有效产出会计的思维方式来管理企业。

例如，企业产生以下冲突很正常的。

销售部希望有丰富的产品品种和较多的库存，以便随时满足客户的需要；而生产部希望少品种、大批量地生产，以提高生产效率。这里面的销售部的多品种与生产部的少品种、大批量之间肯定会造成冲突。

质检部为了保证产品质量而要求加强质量检查和过程控制，原因是成本会计考核他们的是产品的成品率、客户投诉率，为了达到目的，质检部会不遗余力地进行控制；而生产部为了赶产量或者为了赶交货期，总是希望能够降低质量要求，原因是成本会计考核他们的是产量、交货期，为了达到这个目标，生产部也会不遗余力地赶产量，这样，因为双方背后的假设不同，加上成本会计考核方式的不同，质检部和生产部产生冲突实在太正常了。

4. 岗位职责规定不明确

由于对待不断出现的新问题、新任务该由哪个部门负责，存在着不同的看法而出现冲突，这是企业内部非常普遍的现象。因为职责规定不明确，导致部门间对待不同工作相互推诿或者竞相插手的现象，从而引发冲突。见责任让，见利益上，这是人之常情，而职责规定就是为了防止这种情况出现对工作造成不良影响。但是有很多的企业连最基本的岗位职责流程都不规范甚至没有，没有明确的职责体系，也没有明确的责任范围，造成一旦出现什么事情，各部门或者每个人都推卸责任，一旦有好处，大家都争先恐后，这就造成了企业执行力低的情况。

5. 不合理的考核制度

企业为了片面追求绩效，盲目地制定了许多考核制度，各部门为了完成指标、避免处罚，对于成绩相互争夺，对于错误相互隐瞒、推诿，不但加剧了各部门之间的矛盾，错误的问题还容易被隐瞒、拖延以至于得不到最终解决。企业的绩效考核就是悬在企业经理人头上的一把“双刃剑”，用得好可以产生很好的效果，但是用不好就会产生很多负面的影响。

企业如不能把长期发展和短期绩效有效地进行平衡，如果不能够从有效产出的观念及整体观来设计考核方式，各种问题的出现就会很正常。各部门自然会专注于完成本部门的目标指标，至于对企业和其他部门会造成什么影响，则不在优先考虑的范围之内，如此当然会引发冲突。

10.2.3 冲突管理的方法

无论什么地方出现改革的需要，冲突都在所难免，因为总是有人愿意创新，有人想维持现状。有改革就有冲突。冲突管理成功的关键是不出现输方，长远的解决办法是建立共同遵守的游戏规则。

1. 激发、提升冲突的方法

将有益的冲突激发到一定的水平是有利于组织的。管理者激发冲突可以采用的策略主要如下。

（1）改变组织文化。管理者应向下属传递这样的信息，冲突有其合法地位，并以自己的行动加以支持。应该对那些敢于向现状挑战、倡议新观念、提出不同看法和进行独创思考的个体给予大力奖励，如晋升、加薪或采用其他强化手段。

（2）引进外人或重用吹毛求疵者。改变组织或单位停滞迟钝状态所普遍使用的方法是，通过从外界招聘或内部调动的方式引进背景、价值观、态度或管理风格与当前群体成员不相同的个体。

（3）重新构建组织。结构变化是冲突源之一，使决策集中化、重新组合工作群体、提高规范化和增加组织单位之间的相互依赖关系都是结构机制的变化，这样做打破了现状并提高了冲突水平。

2. 缓解冲突的方法

识别冲突、调解争执是领导者最重要的能力之一。

（1）建立直接的交流。总体来说，冲突必须由直接与冲突有关的双方亲自去解决。然而，在发生冲突的初期，双方直接沟通的可能性已被打断，这时，恢复直接对话的首要条件，即将对立的双方拉到同一张谈判桌上，则成为第一要点。

（2）监督对话。冲突的双方最初根本不可能真正地沟通。没有外力的帮助，他们在原有的片面观察问题的基础上极可能在很短的时间内再度彼此误解，重新争吵。所以在解决冲突的第一个阶段有必要由一个中立的第三方密切监视冲突双方的双向行为。

（3）袒露感情。若双方不能坦白地说出主观的感受，如失望、受冤屈和伤害的感觉，则没有希望解决冲突。只有袒露感情，才能减缓积蓄已久的压力，使冲突恢复到本来的根源上，即具体的需求和利益上去。

（4）正视过去。仅仅说出感觉还不够，双方都必须让对方明白，引起自己失意、失望和愤怒的具体情景、情况或事情，以及具体原因。做到这一点，对方才能明白自己在冲突中所占的分量，不论是有意的还是无意的，并且学会去承认这个事实。反过来，这也成为他不再将对方视为冲突中的唯一“责任者”的基本前提。

（5）取得双方可承受的解决办法。障碍清除以后，即应共同制定一个长远的解决办法，关键是不允许出现“输方”。双方在这时最好的举措是，跳出自己的阴影去协商解决办法，照顾双方的利益。但是解决办法是一回事，通过伙伴式的协商去达成协议又是一回事。习惯于合作才是化解冲突的关键步骤，解决冲突的质量一定要由实施来检验。坦率地交谈往往让双方如释重负，却容易导致盲目乐观，以为现在一切正常。日常工作中总会出现差错，即便在双方都抱有良好愿望的情形下仍然会出现故障，于是双方又开始挖空心思地去考察对方是否在认真对待、坦率地合作。只有严格地遵守制定好的规则才有助于克服新的危机，不至于重新陷入争吵之中。新的协作系统需要呵护，不过随着时间的推移，双方将逐渐学会与对方打交道，相互关系会正常起来，谁也不会再想着过去的冲突。直到这时，冲突才算真正地消除了。

10.3　沟通

沟通需要相互之间的尊重，不是一方来完成的，这也是任何交流和人际关系的准则。用心去倾听彼此的观点，从更多的角度去思考，沟通是在保存自己的尊严和个性的前提条件下思想的交流。

10.3.1　沟通的定义

沟通是人与人之间思想与感情的传递和反馈的过程，以求思想达成一致和感情的通畅。我们可以从以下几个方面理解沟通。

（1）沟通首先是信息的传递。沟通包含着意义的传递，如果信息没有传递到既定的对象，那么可以说沟通没有发生。在现实中，如果下达任务的管理者没有下属或是作家没有读者都不能构成沟通。

（2）要使沟通成功，意义不仅需要被传递，还需要被接受对象理解。在沟通中，沟通的信息是一种无形的东西。所以在沟通过程中，传递于沟通者之间的只是一些符号，不是信息本身。

（3）有效的沟通不是沟通双方达成一致意见，而是准确地理解信息的含义，沟通是双向互动的。

10.3.2　沟通的类型

沟通的类型比较多且复杂，而且几乎每一种类型的沟通都与我们的日常生活有着密切的联系。我们简单介绍以下几种。

1．口头语言沟通和身体语言沟通

口头语言沟通指以说话的方式进行的沟通。而借助于非语词符号，如姿势、动作、表情、接触及非语词的声音和空间距离等实现的沟通叫作身体语言沟通。

在人类的一切经验当中，共同性最大的就是语词。因此，语言沟通是最准确、最有效的沟通方式，也是运用最广泛的一种沟通。一个人如果缺乏语言能力，如不会说话，无法

识字或出国不懂外语，那么与人沟通的过程就变得十分困难，有些沟通则根本无法实现。语言沟通的方式还可以通过非语词的声音，如重音、声调的变化、哭、笑、停顿来实现。心理学家称非语词的声音信号为副语言。最新的心理学研究成果揭示，副语言在沟通过程中起着十分重要的作用。一句话的含义常常不是决定于其字面的意义，而是决定于它的弦外之音。语言表达方式的变化，尤其是语调的变化，可以使字面相同的一句话具有完全不同的含义。比如一句简单的口头语，“真棒”，当音调较低，语气肯定时，“真棒”表示由衷的赞赏。而当音调升高，语气抑扬，说成“真棒 ǎi”时，则完全变成了刻薄的讥讽和幸灾乐祸。

身体语言沟通的实现有两种方式。第一种方式是通过动态无声性的目光、表情动作、手势语言和身体运动等实现沟通；第二种方式是通过静态无声性的身体姿势、空间距离及衣着打扮等实现沟通。这两种非语言沟通统称身体语言沟通。这是当代社会心理学新兴的研究领域，近年来积累了大量对我们现实生活中的人际沟通具有指导意义的科学研究成果。

身体语言沟通可以交流大量关于感觉、情绪和态度的信息。这些有关内部状态的信息以声音质量、眼神交流、面部表情、手势、身体运动和接触的方式表现出来。因此，非语词表达常常被称为“情绪语言”。

2．书面沟通

书面沟通指借助书面文字材料实现的信息交流。通知、广告、文件、报纸、杂志等都属于书面沟通形式。书面沟通由于有机会修正内容和便于保留，因而沟通不易失误，准确性和持久性也较高。同时，由于阅读接收信息的速度远比听讲快，因而单位时间内的沟通效率也较高。但是由于书面沟通缺乏信息提供者背景信息的支持，因而其信息对人的影响力较低。当然，有一种情况是特殊的，即权威的文件所激发的重视程度远比口头传达强。但这里涉及的完全是另一种机制。一方面，权威文件引起的效果是重视，并不意味着它就一定有高影响力。另一方面，口头传达文件时，传达者已不是真正的信息源，他们实际上只起传达媒介的作用。在他们的传达过程中，通常没有自身人格和情感因素的参与，这种传达过程与口语沟通有着实质的区别。

3．正式沟通与非正式沟通

正式沟通指在正式社交情境中发生的沟通，而非正式沟通指在非正式社会情境中发生的信息交流。我们每个人在日常生活中都离不开这两种沟通。在正式沟通过程中，如参加会议、发表讲话等，我们对于语词性的、非语词性的信息都会高度注意。语言上用词会更准确，并会注意语法的规范化。对于衣着、姿势和目光接触等也会十分注意。人们希望通过这些表现来为自己塑造一个好的形象，以便给别人留下良好印象。在正式沟通过程中，往往存在典型的“面具”效应，即人们试图掩盖自己的不足，行为举止上也会变得更符合社会期望。

在非正式沟通过程中，如小群体闲谈、家庭居家生活等，人们会更为放松，行为举止也更接近其本来面目。沟通者对于语词和非语词信息的使用都比正式沟通随便。每个人都会有体会，在自己家里或亲密好友家里同在上司家做客的感觉有着明显的区别，不仅心理紧张度不同，整个沟通过程也具有不同的性质。

4．单独沟通和群体沟通

单独沟通是同相关人员两两之间进行的沟通，单独沟通由于没有第三者参与，容易敞开心扉，畅所欲言，单独沟通既可以是正式的沟通，也可以是非正式的情况下进行的，单独沟通更能体现沟通形式的灵活性，但单独沟通耗时、耗力。

群体沟通指的是组织中多个相互作用、相互依赖的个体，为了达到基于其各自目的的群体特定目标而组成的集合体，并在此集合体中进行交流的过程，如会议等。

10.3.3　沟通的要素

简单地说，沟通就是传递信息的过程。在这个过程中存在着发送者和接收者，即发出信息一方和接收信息一方，同时也有渠道、干扰等要素。

1．发送者和接收者

个体沟通显然需要两个或两个以上的人，由于个体沟通往往包含人们相互间一系列的交流，所以把一个人标记为发送者，而把另一个人标记为接收者是相对的，这些角色来回转换取决于人们在沟通过程中所处的位置。

发送者和接收者的特点，大大影响沟通过程。例如，发送者在沟通过程中总会带有如改变接收者的观点、感知、行为或改变与接收者的关系等目的。如果接收者对这些目的持对抗态度，发生曲解与误会的概率就很高。沟通目的与双方态度及价值观方面的差异牵连越少，准确沟通的可能性就越大。

2．传送器与接收器

传送器与接收器指能用于信息传递及接收的工具。在个体沟通中，这通常集中在人的感觉——视觉、听觉、触觉、嗅觉和味觉，传送可以通过言语性或非言语性交流进行。传送器一旦工作，则沟通过程就移到发送者之外，而且不再受他的控制。信息一经传播，就不可能收回。

3．信息、渠道与干扰

个体沟通中传送的信息可能不同于发送者原来采用的形式，而代之以编码符号。发送者希望这些信息的含义跟初始含义尽可能接近。为了理解初始含义和信息的区别，你可以想起你当时打算把自己内心中关于爱情、愤怒或恐怖的想法或感情传达给别人时的情景。你是否发现把自己真实的“内心意思”表达出来非常困难，甚至根本不可能吗？初始含义与传送信息之间的差别越大，个体沟通就越差。要使沟通能够进行，发送者和接收者必须在同一水平上分享信息。词语或非言语符号本身并没有意义，它们的含义是由发送者和接收者创造的。

渠道是信息从发送者传递到接收者所借助的手段。例如，谈话可以在面试时由空气传达，也可以由电话线传达。

干扰则是渠道中对要传送的信息的障碍。当一个人试图与另一个人交谈时，收音机大声播放音乐就是干扰的一个例子。干扰可以通过重复信息或增加信息强度（如音量）来克服。

4．意义、编码和解码

人们的感觉是他们接收输入信息并将它们从符号形式（如语言）转化为有意义形式的接收器。意义是存在于人们头脑中的意见、想法、形象、感情或事实。将接收到的信息翻译成所解释的含义就是解码。通过一种共同语言，人们就可以对许多信息进行解码，使所传送的含义与所接收到的含义非常接近。任何曾试图与操不同语言的人进行沟通的人，可能已经体会到了共同语言在解码过程中的重要性了。

个体沟通的准确性是在发送者的“意义”与接收者的“意义”完全一致的理想状态下评价的。当所发送的事实性信息不具有威胁性时，就基本接近理想状态。例如，制作糕点配方的沟通一般都会比上下级绩效评估会议的个体沟通要容易些，也更准确些。

编码是发送者把意义翻译成可以传送的信息。词汇和知识在发送者对想法、形象、感情和意念进行编码的能力中扮演重要角色。专业人员与外行沟通很困难，因为他们惯于把“意义”编码成一种只有同一领域的专业人员才能理解的形式。现在要求以任何人都能看懂的形式书写合同的消费者压力正是对利己编码做出的反应。大部分直接影响消费者的合同是根据编码和解码只发生在律师之间的假设拟定的，消费者希望改变这种情况。

5．反馈

在个体沟通模式中，反馈就是接收者对发送者信息的反应。反馈使信息交流成为一个过程，而不仅仅是一个事件。通过反馈，个体沟通成为一种动态的双向过程。

个体沟通失败可以发生在基本交流过程的任何一点，一般沟通包含的过程如图 10.5 所示。

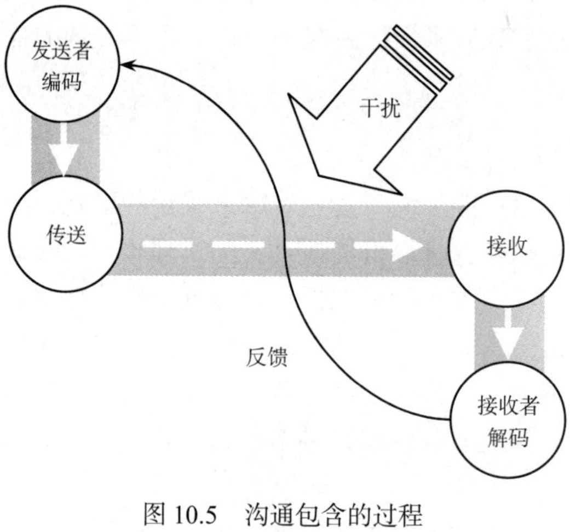

图 10.5　沟通包含的过程

10.3.4　沟通的障碍

1．个人原因

个人原因又有以下几种情况。

（1）人们对人对事的态度、观点和信念不同造成沟通的障碍。知觉选择的偏差是指人们有选择地接受，例如，人们在接收信息时，符合自己利益需要又与自己切身利益有关的内容很容易接受，而对自己不利或可能损害自己利益的则不容易接受。

（2）个人的个性特征差异引起沟通的障碍。在组织内部的信息沟通中，个人的性格、气质、态度、情绪、兴趣等差别，都可能引起信息沟通的障碍。

（3）语言表达、交流和理解造成沟通的障碍。同样的词汇对不同的人来说含义是不一样的。在一个组织中，员工常常具有不同的背景，有着不同的说话方式和风格，对同样的事物有着不一样的理解，这些都造成了沟通的障碍。

2．人际原因

人际原因主要包括沟通双方的相互信任程度和相似程度。

沟通是发送者与接收者之间“给”与“受”的过程。信息传递不是单方面的，而是双方的事情，因此，沟通双方的诚意和相互信任至关重要。在组织沟通中，当面对来源不同的同一信息时，员工最可能相信他们认为的最值得信任的那个来源的信息。上下级之间的猜疑只会增加抵触情绪，减少坦率交谈的机会，也就不可能进行有效的沟通。沟通的准确性与沟通双方间的相似性也有着直接的关系。沟通双方的特征，包括性别、年龄、智力、种族、社会地位、兴趣、价值观、能力等相似性越大，沟通的效果也会越好。

3．结构原因

信息传递者在组织中的地位、信息传递链、团体规模等结构因素也都影响了有效的沟通。许多研究表明，地位的高低对沟通的方向和频率有很大的影响。例如，人们一般愿意与地位较高的人沟通。地位悬殊越大，信息趋向于从地位高的流向地位低的。信息传递层次越多，它到达目的地的时间也越长，信息失真率则越大，越不利于沟通。另外，组织机构庞大、层次太多，也影响信息沟通的及时性和真实性。

10.3.5　沟通的技巧

1．自信的态度

一般经营事业相当成功的人士，他们不随波逐流或唯唯诺诺，有自己的想法与作风，但很少对别人吼叫、谩骂，甚至连争辩都极为罕见。他们对自己了解得相当清楚，并且肯定自己，他们的共同点是自信，日子过得很开心，有自信的人常常是最会沟通的人。

2．体谅对方的行为

这其中包含“体谅对方”与“表达自我”两方面。所谓体谅，是指设身处地为别人着想，并且体会对方的感受与需要。在经营“人”的事业过程中，当我们想对他人表示体谅与关心时，唯有我们自己设身处地为对方着想。由于我们的了解与尊重，对方也相对体谅你的立场与好意，因而做出积极而合适的回应。

3. 提示对方

产生矛盾与误会的原因，如果出自对方的健忘，我们的提示正可使对方信守承诺；反之，若是对方有意食言，提示就代表我们并未忘记事情，并且希望对方信守诺言。

4. 直接告诉对方

一位知名的谈判专家分享他成功的谈判经验时说道："我在各个国际商谈场合中，时常会以'我觉得'（说出自己的感受）、'我希望'（说出自己的要求或期望）为开端，结果常会令人极为满意。"其实，这种行为就是直言不讳地告诉对方我们的要求与感受，若能有效地直接告诉你所想要表达的对象，将会有效地帮助我们建立良好的人际网络。但要切记"三不谈"，即时间不恰当不谈、气氛不恰当不谈、对象不恰当不谈。

5. 询问与倾听

询问与倾听的行为，是用来控制自己的，让自己不要为了维护权力而侵犯他人。尤其是在对方行为退缩、默不作声或欲言又止的时候，可用询问行为引出对方真正的想法，了解对方的立场及对方的需求、愿望、意见与感受，并且运用积极倾听的方式，来诱导对方发表意见，进而对自己产生好感。一位优秀的沟通好手，绝对善于询问及积极倾听他人的意见与感受。

一个人的成功，20%靠专业知识，40%靠人际关系，另 40%则需要观察力的帮助，因此为了提升我们个人的竞争力、获得成功，就必须不断地运用有效的沟通方式和技巧，随时有效地与"人"接触、沟通，只有这样，才有可能使你事业成功。

案例

摩托罗拉中国公司的沟通方式

在摩托罗拉中国公司，每一个高级管理层都被要求与普通操作工形成介于同事与兄弟姐妹之间的关系——在人格上千方百计地保持平等。对人保持不变的尊重是公司的个性。最能体现其个性的是它的"Open Door"。所有管理者办公室的门都是绝对敞开的，任何员工在任何时候都可以直接推门进来，与任何级别的上司平等交流。每个季度第一个月的 1 日，中层干部都要同自己的手下和自己的主管进行一次关于职业发展的对话，回答"你在过去三个月里受到尊重了吗"之类的 6 个问题。这种对话是一对一和随时随地的。摩托罗拉的管理者们为每位下层的被管理者预备出了以下几种"Open Door"式表达意见和发泄的途径：

（1）我建议。书面形式提出对公司各方面的意见和建议，全面参与公司管理。

（2）畅所欲言。这是一种保密的双向沟通渠道，如果员工要对真实的问题进行评论和投诉，应诉人必须在 3 天内对隐去姓名的投诉信给予答复，整理完毕后由第三者按投诉人要求的方式反馈给本人，全过程必须在 9 天内完成。

（3）总经理座谈会。每周四召开座谈会，大部分问题可以当场答复，7 天内对有关问题的处理结果予以反馈。

（4）每日简报。方便快捷地了解公司和部门的重要事情和通知。

（5）员工大会。由经理直接传达公司的重要信息，有问必答。

（6）教育日。每年重温公司文化、历史、理念和有关规定。

（7）墙报。

（8）热线电话。当你遇到问题时可以向这个电话反映，昼夜均有人值守。

（9）员工委员会。员工委员会是员工与管理层直接沟通的另一个桥梁，委员会主席由员工关系部经理兼任。

（10）589 信箱。当员工的意见尝试以上渠道后仍无法得到充分、及时和公正解决时，可以直接写信给天津市 589 信箱，此信箱钥匙由中国区人力资源总监亲自掌握。

从以上可以看出，摩托罗拉中国公司的上级和下级沟通的方式各种各样，采取这些方式取得了惊人的效果。为此，他们总结出：抱怨是一件积压已久的事，如果每星期、每天都有与老板对话的机会，任何潜在的不满和抱怨还没有来得及充分积蓄就都被扼杀在摇篮里了。

（资料来源：左小德：《如何进行有效沟通》，《企业管理》2002 年第 2 期。第 45 ~ 47 页）

10.4　人际关系

人不是孤立存在的，在与社会的连接中，必然要建立各种各样的关系，包括同亲属、朋友、同学、师生、雇主、同事及领导与被领导关系等。在这些关系交往过程中，人们借助思想、情感及行为来进行与他人的互动和交流。

10.4.1　人际关系的定义

人际关系是指社会人群中因交往而构成的相互依存和相互联系的社会关系，又称为社交，属于社会学的范畴。中文常指除亲属关系以外的人与人交往关系的总称，也被称为“人际交往”。人际关系（交往）的实质是一种特定的社会现象，一般具备以下几方面要素。

1．交往的主动性

人们在交流沟通的过程中，不是一方领导另一方，而是双方都是活动的主体。在日常生活中，我们常可碰到这样的情况，如你上街购物，虽然你可主动地选择某品牌的商品，但营业员也可主动向你介绍相关品牌的商品信息，供你选择。这就是说在人际交往过程中，每一方都是积极活动着的主体，所不同的是所处地位有主次而已。即使处于次要地位的一方，也不是被动地接收信息，机械地做出反应，而是根据自己的要求、兴趣去理解和分析对方的信息并做出反馈，调整自己的言行，达到信息交流的目的。如在就医过程中，就医生与病人之间的关系来说，在诊治方面医生虽然是主动地下诊断开处方，但病人也并非被动的，他也可向医生反映自己的病情，以及用何药甚至何剂量适合自己，医生根据病人的反馈来调节自己的诊治。

2．交往的互益性

单个个体的各种活动，虽然可能与外界有密切的关系，但不能称为人际交往。人际交往必须是在两个以上的个体之间进行的相互作用的活动。一方发出信息会引起另一方在心理和行为上的反应，这种反应反过来成为新的信息作用于前者。如一位护士对一位慢性病人讲："这个病您比我有经验，所以还得多听听您的意见。"病人听后会自然地做出积极的反应。所以，人们在影响他人的同时，也接受着他人的影响。

3．交往的条件性

在人际交往中，首要的条件是双方所使用的符号必须相同或相通，这是交往发生的必备条件。可以是语言符号，也可以是非语言符号，如符号不同易闹出许多笑话。例如，一个外国人与本国人交往时，必须使用同一种或彼此都能理解的语言或其他符号，否则易产生歪曲、误解。

10.4.2 人际关系的影响因素

（1）交流水平。人与人之间的关系密切，彼此的交流是必不可少的前提。

（2）互酬水平。心理学家指出：人与人之间的行为具有"互酬性"，即你对我怎么样，我也对你怎么样。这里的"酬"不仅包括物质方面，也包括情绪、情感等心理方面的内容。人与人相处中，彼此的互酬水平越高，关系越稳定密切。有些同学之所以与别的同学处理不好关系，互酬性低恐怕也是一个重要的原因。表现为对同学的需求、困难漠不关心，使人感到你很冷漠。

（3）评价水平。通俗地讲，就是你对别人怎么看，以及要求别人怎么看你，评价水平的高低，主要不取决于你讲别人好话的多少，而在于评价是否真诚和符合实际。

（4）包容水平。人与人之间的生理、心理差异是客观存在的，对这种差异能否包容也是人际是否协调的表现，包容水平越高，与他人相处的适应性也就越大，人际关系相当好，反之亦然。

10.4.3 人际关系的改善

（1）保留意见。过分争执无益自己且又有失涵养。通常，应不急于表明自己的态度或发表意见，让人们捉摸不定。谨慎的沉默就是精明的回避。

（2）认识自己。促进自己最突出的天赋，并培养其他方面。只要了解自己的优势，并把握住它，则所有的人都会成功。夸张有损真实，并容易使人对你的看法产生怀疑。精明者克制自己，表现出小心谨慎的态度，说话简明扼要，绝不夸张或抬高自己。过高地估计自己是说谎的一种形式，它能损坏你的声誉，对你的人际关系产生十分不好的影响，有损你的风雅和才智。把自己的长处常挂在嘴边，常在别人面前炫耀自己的优点，这无形中贬低了别人而抬高了自己，其结果是使别人更看轻你。

（3）宽容别人。“人无完人”，任何人总是有缺点的，也总会做错事，这些都是正常和不可避免的，对他人的缺点和错误能持一种宽容的态度，不要计较，别人会很感激并愿意与你交流。争执会使你丧失友谊。自己做的事没成功时，要勇于承认自己的不足，并努力将事情做圆满。适度地检讨自己，并不会使人看轻你，相反，总强调客观原因，处处推卸责任，只会使别人轻视你。

（4）适应环境。适者生存，不要花太多精力在杂事上，要维护好同事间的关系。不要每天炫耀自己，否则别人将会对你感到乏味。必须使人们总是感到某些新奇。每天展示一点的人会使人保持期望，不会埋没你的天资。学习别人的长处，弥补自己的不足。在同朋友的交流中，要用谦虚、友好的态度对待每一个人。把朋友当成教师，将有用的学识和幽默的言语融合在一起，你所说的话定会受到赞扬，你听到的定是学问。

相关知识

协调工作就是把目标统一起来

某理工学院的无线电系团委计划在寒假期间为群众义务修理电器。但是有些人对这个计划很不热心。因为一些报考职业资格证书的同学要在寒假里复习功课，这个系团总支设置的集体目标与一些同学的个人目标发生了冲突。其结果可能是，或者系团总支撤销了原计划，取消这次活动；或者按原计划执行，但有的人不参加活动，少数人宁愿被批评也不愿来参加活动，因为这确实要占用他们不少时间。

看来，虽然确定目标是协调的基础，但还得看这个目标是否为每个个体所接受。组织目标是否适宜及组织目标与个人目标的冲突是管理者经常遇到的问题。任何一个集体单位，由于每一个人的需要、期待、能力、理想不同，他所形成的个人目标就不一定与集体目标相一致。协调的基础就是要处理好个人目标和集体目标的关系，两者统一了，协调工作就做好了。

（资料来源：高国政. 卡耐基经商之道）

思考与练习

一、判断题

1. 协调就是和谐一致、配合得当，是正确处理组织内外各种关系，为组织正常运转创造良好的条件和环境，促进组织目标的实现。（　　）

2. 股东主导下的利益相关者财富最大化，是企业与股东关系协调的关键点，它的内涵是处于均衡状态的消费者利益与其他利益相关者权益的共同发展，从而使企业或企业财务管理在经济目标和社会目标上保持平衡。（　　）

3. 一个主管，不管他拥有多少知识，假如他不能带动人完成使命，他是毫无价值的。与下级相处的技巧包括授权、激励及绩效考核等方面。（　　）

4. 寻求解决冲突的途径，不仅可以导致革新和变革，而且可能使得变革更容易为下属所接受，甚至为员工所期望。（　　）

5. 将接收到的信息，翻译成所解释的含义就是沟通。(　　)

二、单项选择题

1. 明确职责，是指明确员工最主要的（　　），保证组织的正常运转，实现组织的职能作用，所谓“在其位谋其政”。

A. 权利　　B. 优点　　C. 义务　　D. 缺点

2. （　　）是依法对整个社会实行统一领导和管理的社会组织，任何其他社会组织都必须服从它的统一管理和领导。

A. 政府　　B. 领导　　C. 公民　　D. 法院

3. 身体语言沟通可以交流大量关于感觉、情绪和态度的信息。这些有关内部状态的信息以声音质量、眼神交流、面部表情、手势、身体运动和接触的方式表现出来。因此，非语词表达常常被称为（　　）。

A. 思想语言　　B. 情绪语言　　C. 经济语言　　D. 感觉语言

4. 产生矛盾与误会的原因，如果出自对方的健忘，我们的（　　）正可使对方信守承诺；反之，如果对方有意食言，则代表我们并未忘记事情，并且希望对方信守诺言。

A. 教育　　B. 意识　　C. 传递　　D. 提示

5. 人际关系是指社会人群中因交往而构成的相互依存和相互联系的（　　），又称为社交，属于社会学的范畴。

A. 思想关系　　B. 经济关系　　C. 社会关系　　D. 亲戚关系

三、多项选择题

1. 协调的原则是（　　）。

A. 目标导向　　B. 利益一致

C. 整体优化　　D. 原则性与灵活性相结合

2. 生产系统是由（　　）等诸要素组成的，只有这几个方面协调配合好了，生产才能顺利进行。

A. 人　　B. 机　　C. 料　　D. 法

E. 环

3. 冲突有三种类型，即（　　）。

A. 目标性冲突　　B. 认识性冲突

C. 实践性冲突　　D. 感情性冲突

4. 冲突可能分散人们为实现目标而做出的努力，组织的资源不是主要用来实现既定目标的，而是消耗在解决冲突上，（　　）就是常被分散到消除冲突上去的两种重要资源。

A. 原材料　　B. 设备　　C. 时间　　D. 金钱

5. 沟通障碍的原因有（　　）。

A. 个人原因　　B. 人际原因　　C. 结构原因　　D. 思想原因

四、简答题

1. 简述协调的作用。
2. 简述企业与所在当地社区的关系。
3. 简述沟通的定义。

实践与实训

王总一上班，就听见销售部李经理在为昨天客户投诉交货不及时的事情抱怨，李经理认为是生产部没有按期生产，才导致客户不满，现在却怪罪于他。而生产部张经理也抱怨，认为是原材料没有及时到位才引起生产的延误，也是满肚子苦水。采购部马经理则说是因为公司的原材料采购款没有到位，供应商不肯发货……

你认为该企业问题可能出在哪些方面？应该如何处理各部门之间的矛盾？

提示：

1. 认识矛盾的根源。
2. 对事不对人，不扩大矛盾。
3. 明确工作责任，定出合理的绩效标准。

第11章

管理原理应用

差错发生在细节，成功取决于系统。

学习目标

- 懂得企业的概念和分类；
- 掌握各职能管理的应用。

学习导航

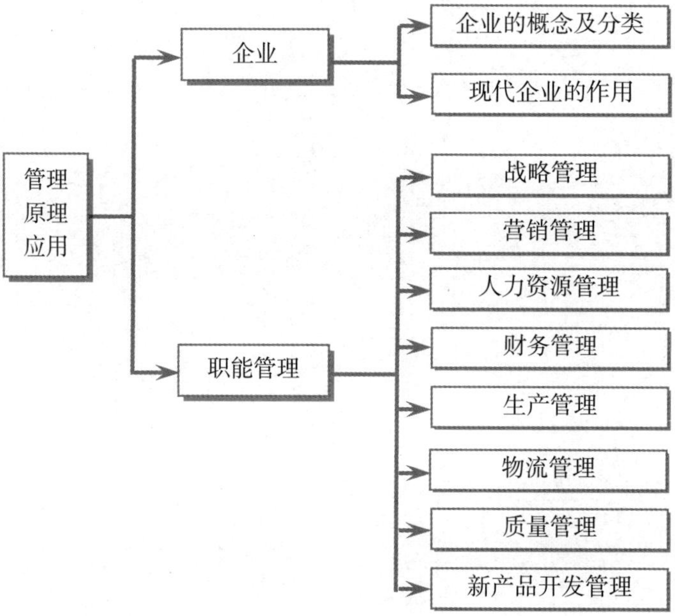

引导案例

王总经理的一天

王明是广东天天食品公司的总经理，他相信那句老话“早起的鸟儿有虫吃”。这一天是星期二，清晨，他比往常早 1 小时就起来了。洗漱、穿衣、吃早餐、快速地浏览晨报，当王明驱车上路时，他看了一眼手表，6:28 了。从家里开车到上班地点只需 15 分钟。

王明今天早上的心情特别好，最近的财务报表显示，公司销售收入和利润达到有史以来的一个高点。

王明决定今天要把手头的工作清理一下，像往常一样，他总是尽量做到当日事当日毕。除下午 3:30 有一个会议以外，全天的其他时间都是空着的，因此他可以解决许多重要的问题。他打算审阅最近的审计报告并签署他的意见，并仔细检查一下公司全面质量管理计划的进展情况。他还打算开始计划下一年度预算——离公司董事会审议日期还有不到两个星期了，他一直抽不出时间来做这件事。王明还有许多重要的事项记在他的“待办”日程表上：他要与公司厂长讨论几个员工的投诉；写一份 10 分钟的演讲稿，准备应邀在星期五的商会会议上致辞。

王明到达公司时是 6:45，他还没走到自己的办公室，就被会计科李科长拦住了。王明的第一个反应是：她这么早在这里干什么？李科长告诉他设备部的统计员昨天晚上 10:00 才把工资表做出来，她今天早上 6:00 就来了，想尽快汇总完成公司的工资表总表。李科长告诉王明，实在没办法按时上报这个月的工资总表了。王明做了个记录，打算与设备部部长交换一下意见。

走进办公室，王明注意到他的计算机邮件系统在闪烁。在检查完电子邮件后，王明发现只有一项需要立即处理——他的助手已经草拟出下一年度公司全部管理者和专业人员的假期时间表，它必须经王明审阅和批准。处理这件事只需 10 分钟，但实际上占用了王明 20 分钟的时间。

现在首先要办的事是下一年度预算。王明在他的计算机工作表上，开始计算公司需要什么设备及每项的成本是多少。这项工作刚进行了 1/3，便接到公司厂长打来的电话。电话中说在夜班期间，五台主要的输送机有一台坏了，维修工修好它花费了 3 000 元，这些钱没有列入支出预算，而要更换这个系统大约要花费 32 000 元。王明知道，本年度的设备预算已经用完，于是，他在 10:00 安排了一个会议，和公司厂长、财务部主任一起研究这个问题。

王明又回到他的工作表上，这时物流部主任突然闯入他的办公室，他在货车调度计划方面遇到了困难，经过 20 分钟的讨论，两个人找到了解决办法。王明把这件事记下来，要找公司的物流部长谈一次，好好向他询问一下公司的货运问题，什么时候公司的运输合同到期重新招标。

看来打断王明今天日程的事情还没有完，他又接到公司总部负责法律事务的职员打来的电话，他们需要数据来为公司的一桩官司应诉——公司以前的一位员工向法院提起劳动诉讼。王明把电话转接给人力资源部。王明的秘书又送来一大沓文件要他签署。突然，王明发现 10:00 到了，公司厂长和财务部主任已经在他办公室外面等候。三个人一起审查了输送机的问题并草拟了几个选择方案，准备在下午举行的会议上讨论。

现在是 11:05，秘书提醒他与工商局领导约定午餐的时间已经快到了，王明赶紧开车前往约定地点，好在不过迟到了 10 分钟。

下午 2:00，王明返回他的办公室，生产部主任已经在那里等着他。两个人仔细检查了公司布置的调整方案，以及通道面积是否符合消防安全要求，时间持续得比较长，因为中间被三个电话打断。

现在是 3:35，王明和生产部主任穿过大厅来到会议室，例行会议通常只需要 1 小时，不过，讨论员工劳动诉讼和输送系统问题的时间拖得很长。这次会议持续了两个多小时，当王明回到他的办公室时，他觉得该回家了。因为晚上还有一个公益活动仪式等着他去参加。

开车回家的时间对王明来说仿佛用了 1 小时而不是 15 分钟，他已经筋疲力尽了。11 小时以前，他还期盼着一个富有成效的工作日，现在这一天过去了，王明不明白："我完成了哪件事？"当然，他知道他干完了一些事。但是本来有更多的事是他想要完成的。是不是今天有点特殊？王明承认不是的，每天开始时他都有着良好的打算，而回家时都不免感到有些沮丧。他整日就像置身于琐事的洪流中，中间还被不断地打断。他是不是没有做好每天的计划？他说不准。他有意使每天的日程不要排得过紧，以使他能够与人们交流，使得人们需要他时他能抽出时间来。但是他不明白是不是所有管理者的工作都经常被打断和忙于救火，他能有时间用于计划和防止意外事件发生吗？

启示：企业内部经过分工，人员各司其职，并通过计划、组织、领导、控制、激励、决策、协调等多种管理手段的应用，实现企业的目标，而不是领导者一个人就能完成所有的工作。打个比喻：企业就像一个健康的人，在脑的指挥下，手、脚等配合起来，协调工作。

（资料来源：罗宾斯. 管理学. 中国人民大学出版社，有改动）

11.1 企业

企业是社会发展的产物，因社会分工的发展而成长壮大，是市场经济活动的主要参与者，是市场的主体。各种企业共同构成市场经济的微观基础。懂得企业的一般知识对我们有实际的作用。

11.1.1 企业的概念及分类

1. 企业的概念

企业是指依法设立的、以营利为目的、从事商品的生产经营和服务活动的独立核算经济组织，广义上包括营利性和非营利性两类。在商品经济范畴中，作为组织单元的多种模式之一，企业按照一定的组织规律，一般以营利为目的，以实现投资人、客户、员工、社会大众的利益最大化为使命，通过提供产品或服务换取收入。

现代企业的四个特征如图 11.1 所示。

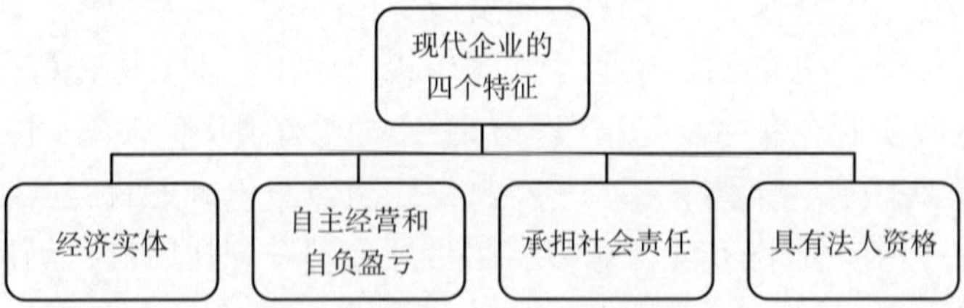

图 11.1　现代企业的四个特征

（1）企业是经济实体。企业不同于政府部门、事业单位，它必须追求经济效益，获取盈利。盈利是企业创造附加值的重要组成部分，也是社会对企业所生产的产品和服务能否满足社会需要的认可和报酬。

（2）企业必须自主经营和自负盈亏。企业能够根据市场的需要，独立自主地使用和支配其所拥有的人力、物力和财力，并能够对其经济结果独立地享有相应的权利并承担相应的责任。企业经营必须自负盈亏，用自负盈亏来制约自主经营。

（3）企业必须承担社会责任。企业要满足社会的需要，不仅要满足消费者的需要，而且要满足出资者、银行、员工、供货者、交易对象、政府、地区及一切与之相关的社会团体的需要。同时，企业要为社会提供就业机会，防止环境污染，维护生态平衡，节约资源等。

（4）企业必须具有法人资格。企业是依法成立、具有民事权利能力和民事行为能力、独立享有民事权利并承担民事义务的组织，它必须拥有自己独立自配和管理的财产，有专门的组织名称、固定的经营场所和一定的组织机构和组织章程等。

2．企业的分类

1）按经济类型对企业的分类。在我国可以按照经济类型对企业进行分类。这是我国对企业进行法定分类的基本做法。根据宪法和有关法律规定，我国目前有国有经济、集体所有制经济、私营经济、联营经济、股份制经济、涉外经济（包括外商投资、中外合资及港、澳、台投资经济）等经济类型，相应地，我国企业立法的模式也按经济类型来安排，从而形成了按经济类型来确定企业法定种类的特殊情况。

（1）国有企业。这是指企业的全部财产属于国家，由国家出资兴办的企业。国有企业的范围包括中央和地方各级国家机关、事业单位和社会团体使用国有资产投资所举办的企业，也包括实行企业化经营、国家不再核拨经费或核发部分经费的事业单位及从事生产经营性活动的社会团体，还包括上述企业、事业单位、社会团体使用国有资产投资所举办的企业。

（2）集体所有制企业。这是指一定范围内的劳动群众出资举办的企业。它包括城乡劳动者使用集体资本投资兴办的企业，以及部分个人通过集资自愿放弃所有权并依法经工商行政管理机关认定为集体所有制的企业。

（3）私营企业。这是指企业的资产属于私人所有，有法定数额以上的员工的营利性经济组织，在我国这类企业由公民个人出资兴办并由其所有和支配，而且其生产经营方式以雇佣劳动为基础，员工数量在八人以上。这类企业原以经营第三产业为主，现已涉足第一、第二产业，向科技型、生产型、外向型方向发展。

（4）股份制企业。企业的财产由两个或两个以上的出资者共同出资，并以股份形式构成的企业。我国的股份制企业主要是指股份有限公司和有限责任公司（包括国有独资公司）两种组织形式。某些国有、集体、私营等经济组织虽以股份制形式经营，但未按公司法有关规定改制规范的，未以股份有限公司或有限责任公司登记注册的，仍按原所有制经济性质划归其经济类型。

（5）联营企业。这是指企业之间或者企业、事业单位之间联营，组成新的经济实体；具备法人条件的联营企业，独立承担民事责任；不具备法人条件的，由联营各方按照出资比例或者协议的约定，以各自所有的或者经营管理的财产承担民事责任的企业。如果按照法律规定或者协议的约定负连带责任的，则要承担连带责任。

（6）外商投资企业。这类企业包括中外合营者在我国境内经过我国政府批准成立的，中外合营者共同投资、共同经营、共享利润、共担风险的中外合资经营企业；也包括由外国企业、其他经济组织按照平等互利的原则，按我国法律以合作协议约定双方权利和义务，经我国有关机关批准而设立的中外合作经营企业；还包括依照我国法律在我国境内设立的，全部资本由外国企业、其他经济组织或个人单独投资、独立经营、自负盈亏的外资企业。

（7）港、澳、台投资企业。这是指港、澳、台投资者依照我国有关涉外经济法律、法规的规定，以合资、合作或独资形式在大陆举办的企业。在法律适用上均以我国涉外经济法律、法规为依据，在经济类型上它不同于涉外投资的经济类型。

（8）股份合作企业。这是指一种以资本联合和劳动联合相结合作为其成立、运作基础的经济组织，它把资本与劳动力这两个生产力的基本要素有效地结合起来，具有股份制企业与合作制企业优点的新兴的企业组织形式。

案例

这些国企，你万万想不到

电器类

（1）格力电器：虽然董明珠活跃得像一个民营企业家，但是格力电器的控股股东实际为珠海市国资委。

（2）海尔集团：张瑞敏是中国知名的企业家，青岛海尔的掌门人，但他不是海尔的老板。青岛海尔的实际控制人是海尔集团公司，海尔的股权关系比较复杂，创业时是集体企业，发展时是国企的待遇（青岛市国资委履行出资人职责实施监管的 27 家市直企业名单中，海尔集团公司赫然在列），后来又与德国有过合资，总之海尔不是民企。

电器之中还有很多也是国企，如四川的长虹、广东惠州的 TCL 集团股份有限公司及青岛的海信集团（旗下拥有海信电器、科龙电信及容声冰箱）等均是国有控股的企业。

房地产公司

（1）万科地产：万科主要因为王石而出名，万科最早是深圳国资委的下属企业，目前最大的股东是深圳市地铁集团有限公司。

（2）华远地产：华远地产则是因为任志强而出名的，也是因为他太过活跃，完全不像正常国企老总那么低调，所以大家才会误认为是民企。

此外，地产公司中的中海地产、中航地产、华润置地、保利地产、绿地集团等均为国有企业。

汽车类

（1）奇瑞轿车：一说到奇瑞，很多人会联想到比亚迪，目前国内两大自主汽车品牌，比亚迪确实是民企，但是奇瑞轿车是由芜湖市政府和安徽省政府共同持股控股的，所以奇瑞是正宗的国企。

（2）华晨汽车：华晨汽车比较有名的就是宝马，不过华晨宝马是合资的。华晨汽车由辽宁省政府控股 80%以上。现在，华晨轿车旗下我国轿车品牌有中华、金杯、华颂。

此外，北京汽车、江淮汽车、金龙客车等也均为国有汽车公司。至于一汽、上汽及东风汽车等大家熟知的企业，也是国企。

另外，华润集团也是正宗的央企，其旗下品牌众多，如华润雪花啤酒、华润置地、华润水泥、999 感冒灵、东阿阿胶、毓婷、怡宝矿泉水、华润万家、苏果超市、乐购等。

（资料来源：搜狐网 https://www.sohu.com/a/328213190_198937，有改写）

2）公司类型。

（1）以法律规定为标准。国际上通行的做法是，把公司分为有限责任公司、无限公司、两合公司和股份有限公司。我国《公司法》并没有把无限公司和两合公司放进去。我国《公司法》规定，公司的基本类型为有限责任公司和股份有限公司，如图 11.2 所示。

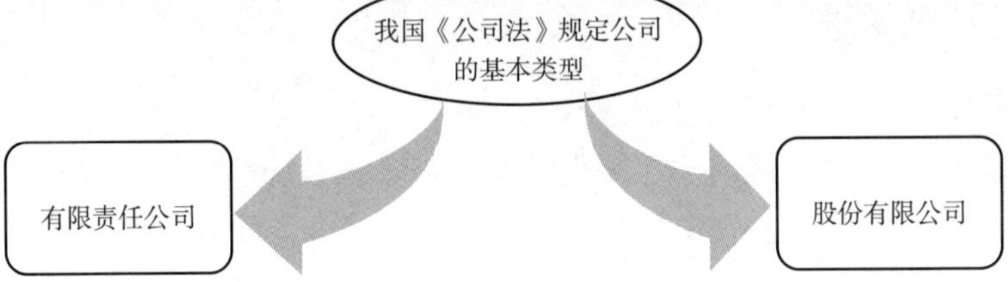

图 11.2　我国《公司法》规定公司的基本类型

（2）以控制管理关系为标准。根据控制管理关系，公司可以分为母公司和子公司。所谓母公司，是指因持有一定出资比例而控制其他公司的公司。子公司是指一定比例的股份被其他公司持有，从而受制于其他公司的公司。子公司和母公司两者都是独立法人。

（3）以公司的信用基础为标准。以公司的信用基础为标准，公司可以分为人合公司、资合公司及两合公司。人合公司是指以股东个人的财力、能力和信誉作为信用基础的公司。资合公司是指以资本的结合作为信用基础的公司。两合公司是指同时以公司资本和股东个人信用作为公司信用基础的公司。

11.1.2 现代企业的作用

1．企业是市场经济活动的主要参加者

市场经济活动的顺利进行离不开企业的生产和销售活动，离开了企业的生产和销售活动，市场就成了无源之水、无本之木。因此，企业的生产和经营活动直接关系着整个市场经济的发展。

2．企业是社会生产和流通的直接承担者

社会经济活动的主要过程即生产和流通，都是由企业承担和完成的。离开了企业，社会经济活动就会中断或停止。企业的生产状况和经济效益可直接影响国家的经济实力的增长、人民物质生活水平的提高。

3．企业是社会经济技术进步的主要力量

企业在经济活动中通过生产和经营活动，在竞争中不仅创造和实现社会财富，而且是先进技术和先进生产工具的积极采用者和制造者，这在客观上推动了整个社会经济技术的进步。

通过企业在社会经济活动中的作用不难看出，企业就好比国民经济的细胞。我国的国民经济体系是由数以百万计的不同形式的企业组成的，千千万万个企业的生产和经营活动不仅决定着市场经济的发展状况，而且决定着我国社会经济活动的生机和活力。所以，企业是最重要的市场主体，在社会经济生活中发挥着巨大作用。

11.2 职能管理

11.2.1 战略管理

1．战略管理的定义

战略管理是指一个企业或组织在一定时期的全局的、长远的发展方向、目标、任务和政策，涉及企业的投资方向、资源调配、组织文化等多个方面。战略管理的定义包括以下三个方面。

（1）战略管理是企业态势的分析与制定、评价与选择、实施与控制，三者形成一个完整的、相互联系的管理过程。

（2）战略管理是把企业战略作为一个不可分割的整体来加以管理的，其目的是提高企业整体优化水平。企业战略管理各个部分有机整合以产生集成效应是战略管理的主要目的。因此，企业资源配置、各职能部门策略都要从全局出发。

（3）战略管理关心的是企业长期稳定和高速发展，是一个不断循环往复、不断完善、不断创新的过程，是螺旋式上升的过程。一次战略管理完成之后，并不是战略管理过程的结束，而是新一轮战略管理过程的开始。每经过一次循环，就应当使企业战略管理水平提高一步。

总之，战略管理是一个过程，是企业战略的分析与制定、评价与选择、实施与控制的完整过程，这三个环节既相互联系又相互区别，忽视其中任何一个都不能获得有效的战略管理。

2. 战略管理的内容

战略管理由企业使命和目标、经营范围、资源配置、竞争优势、增长向量、协同作用构成。

1）企业使命和目标。企业的存在是为了在各种不同的环境条件下实现某种特定的社会目标，或者满足某种特殊的社会需要。每个企业从其建立开始，就应该承担相应的责任并履行相应的使命。企业使命是管理者确定的较长时期的生产经营总方针、总目标、总特征和总的指导思想。它反映了企业管理者的价值观和企业力图为自己树立的形象，揭示了本企业与同行业其他企业在目标上的差异，界定了企业的主要产品和服务范围，以及企业试图满足的顾客基本要求。

企业目标是企业战略构成的基本内容，是企业活动在一定时期内所要得到的结果，也就是企业希望实现的产出与绩效，并以此衡量企业的生产经营活动。

2）经营范围。经营范围是指企业从事生产经营活动的领域，可以是单一领域，也可以是多个领域。按照时间的不同，企业的经营范围可分为两种：一种是现时经营范围，即企业现时生产经营活动所包括的领域；另一种是未来经营范围，即根据企业内外发展变化在战略中所确定的生产经营活动所包括的未来领域。企业应该根据自己所处的行业、自己的产品和市场来确定自己的经营范围，只有产品与市场相结合，才能真正形成企业的经营业务。

3）资源配置。资源配置是指企业过去和目前对资源和技能进行配置、整合的方式。资源配置的优劣会极大地影响企业战略的实施，影响企业实现战略目标。企业只有注重对异质战略资源的积累，形成不可模仿的特殊能力，才能更好地开展生产经营活动。如果企业的资源匮乏或缺乏有效的配置，企业对外部机会的反应能力会大大地削弱，企业的经营范围也会受到限制。

4）竞争优势。竞争优势是指企业在竞争中优于对手的、关系全局成败的优越地位和强大实力，它具有战胜对手的作用。竞争优势既可以来自企业在产品和市场上的地位，也可以来自企业对特殊资源的正确运用。例如，领先于时代的技术水平、享誉全球的产品品牌、独特的生产工艺及产品配方等。

从战略角度看，企业竞争优势主要由以下要素构成。

（1）企业具有的得天独厚的客观条件，包括对企业经营活动有利的自然条件和政策条件。

（2）实力雄厚的物质基础。一个企业若有雄厚的物质基础，就会使竞争对手无法与之抗衡。

（3）高超非凡的生产经营能力，包括技术开发能力、经营管理能力和公共关系能力等。它集中表现为企业开拓市场、占领市场并赢得市场的能力。

（4）出奇制胜的竞争行动，包括通过深入谋划、巧妙设计产生的策略高明、手段强劲、实际恰当，使竞争对手始料不及、无法招架的各种竞争行动。

5）增长向量。增长向量说明企业经营运行的方向，主要表明企业从原有产品与市场组合向未来产品与市场组合移动的方向，也称成长方向，如表11.1所示。

表11.1 企业增长向量

市场	产品		
	原有	相关	全新
原有	市场渗透	产品发展	产品革新
相关	市场开拓	多角化	产品发明
全新	市场转移	市场创造	创新发展

企业根据所处的环境与自身实力，可以选取表中的九个发展方向。其中，既有在一个行业发展的方向，也有跨行业甚至多个行业发展的方向，越偏向右下方，难度和风险越大，其发展速度也越快。

6）协同作用。协同作用是指两个或两个以上事物如果能有机地结合、协调，共同发挥作用，会使效果大于各个事物分别作用的效果之和。协同作用指明了一种联合作用的效果。协同作用常常被描述为1+1＞2的效果。如果协同作用使用不当，也会产生1+1＜2的结果，即产生负的协同作用。协同作用具体落实到企业战略，就是指企业进行资源配置、确定经营范围和创建企业优势决策时，要达到资源匹配、协调、互利、互补效果，是企业总体资源的收益大于各部分资源收益之和，是企业全局效益大于企业各局部效益之和。一般来讲，协同作用有以下四种。

（1）投资协同作用，是指企业通过企业内部各单位联合利用企业的设备、共同的原材料储备、共同的研究开发能力，以及分享企业专用工具和专有技术等所产生的增效作用。

（2）生产协同作用，是指充分利用已有的人员、设备使企业内部尽最大可能共享信息，并让共享的信息渗透到企业的业务流程中，从而使企业成本降低。

（3）销售协同作用，是指企业通过使用共同的销售渠道、销售机构和推销手段等所产生的增效作用。

（4）管理协同作用，是指企业通过充分发挥管理系统的作用，共享管理经验与管理技能而产生的增效作用。

企业战略构成的要素更深一层的意义还在于企业应考虑如何寻求获利能力。企业使命和目标指明了企业发展的方向；经营范围确定了企业获利能力的范围；增长向量指出了企业经营领域扩展的方向；竞争优势指出了企业获取机会的特征；利用协同作用来挖掘企业总体获利能力的潜力。它们之间相辅相成，共同构成了企业战略的内核。

11.2.2 营销管理

1．营销管理的定义

营销管理是指在变化的市场环境中，旨在满足消费需要、实现企业目标的商务活动过程，包括市场调研、选择目标市场、产品开发和定价、渠道选择、产品促销、储存、运输和销售及提供服务等一系列与市场有关的企业业务经营活动。市场营销过程的实质是商品交换过程。市场营销概念模型如图 11.3 所示。

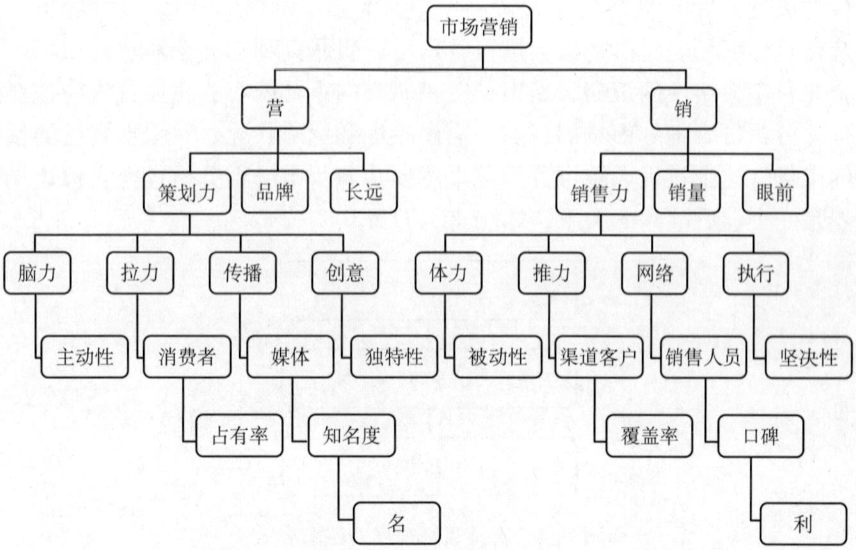

图 11.3　市场营销概念模型

从这个定义中，可以这样理解市场营销：

（1）营销活动的主体是企业。企业是交换的主动者和积极的一方，千方百计地促成交换。企业要千方百计地把产品销售出去，不是消费者千方百计地来购买。

（2）消费者和用户是企业营销的对象。营销活动的核心，即“谋划”“筹划”的核心问题，是识别、确定和满足消费者的需要。这是市场营销最主要、最精微的含义，也是企业经营的目标。因此，企业把消费者称为上帝。

（3）市场营销是一个商务活动过程，包括市场调研、选择目标市场、产品开发和定价、渠道选择和建立、产品促销、储存和运输及提供服务等一系列有计划的活动。不仅仅是一手交钱、一手交货的行为，因为一系列营销活动完成后，具体的交割手续是自然而然的事。

2．营销管理的内容

1）分析和选择目标市场。企业营销活动是在一定的市场环境中以消费者的购买行为为基础进行的。一名合格的助理营销师应具备出色的市场分析能力，能运用一定的市场调研工具和方法，对营销环境及购买行为进行分析，从而为营销决策提供科学的依据。

（1）分析市场机会。分析市场机会包括市场调研和市场购买行为分析。

① 市场调研。市场调研的实际作用是为营销决策提供依据。管理者决策依据的信息来源有内部报告系统（提供企业内部的结果性信息，如营业额、订单等）、营销情报系统（收集环境变化的信息以做出及时反应）和市场调研系统（收集以上系统无能为力的特定领域的信息）。市场调研的信息来源主要可分为二手资料和一手资料。

② 市场购买行为分析。在竞争激烈的买方市场，有利可图的营销机会并不多。企业必

须对市场结构、消费者、竞争者行为进行调查研究，识别、评价和选择市场机会。市场购买行为是指研究个人或组织究竟怎样选择、购买、使用和处置商品、服务、创意或经验，以满足他们的需要和愿望。市场购买行为分析包括对消费者市场、产业市场、中间商及政府的购买行为进行分析。

（2）选择目标市场。对市场机会进行评估后，要研究和选择企业目标市场。目标市场的选择是企业营销战略性的策略，是市场营销研究的重要内容。企业首先应该对进入的市场进行细分，分析每个细分市场的特点、需求趋势和竞争状况，并根据自己的优势，选择自己的目标市场。这个过程大致可分为三个主要步骤：市场细分→选择目标市场→市场定位。这三者是一个前后顺序的关系，如图 11.4 所示。

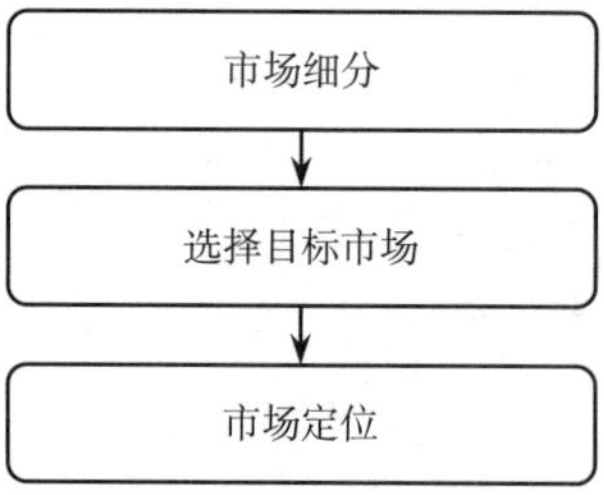

图 11.4　选择目标市场的三个步骤

① 市场细分。所谓市场细分，是指企业通过辩明具有不同需求的消费者群，将整体市场划分为若干个不同类别的子市场。例如，按性别，可以把消费者分为男性消费者市场与女性消费者市场；按收入水平，可以把消费者分为低收入消费者市场、中等收入消费者市场、高收入消费者市场等。这个过程就是市场细分，所分出来的市场就是细分市场。很显然，不同细分市场的消费需求是不同的。经过市场细分，在同类产品市场上，某一细分市场的顾客需求具有较大的共同性，而不同的细分市场之间的需求具有较多的差异性。

消费者市场与生产者市场（组织市场）由于各自影响需求的因素不同，市场细分的标准也不一样。从消费者市场来看，影响因素归纳起来主要有地理因素、人文因素、心理因素、行为因素。以这些因素为依据的细分市场，就形成了地理细分、人文细分、心理细分、行为细分四种市场细分的基本形式。

② 选择目标市场。目标市场指的是被企业选定并准备进入的细分市场。市场细分的最终目的是选择和确定目标市场。目标市场选择是目标市场营销的第二个步骤。企业的一切市场营销活动都是围绕目标市场进行的。企业需要评价各种细分市场，根据企业的资源与能力来选择目标市场，并确定目标市场策略。

③ 市场定位。市场定位是指企业根据市场需求与竞争状况，并根据自制条件，确定本企业和本企业所提供的产品在目标市场上的地位。市场定位是塑造一种产品在细分市场中的形象，这种形象塑造是否成功取决于消费者的认可与接受程度。产品的特色和个性，有的可以从产品属性上表现出来，如形状、成分、构造、性能等；有的可以从消费心理上反映出来，如豪华、朴素、时髦、典型等。从理论上讲，凡是构成产品特色和个性的因素，都可以作为定位的因素。

案例

宝洁的产品细分和定位

宝洁（P&G）创始于 1837 年，是全球的日用消费品公司巨头之一。公司总部位于美国俄亥俄州辛辛那提。宝洁在日用化学品市场上知名度相当高，其产品包括洗发、护发、护肤用品、化妆品、婴儿护理产品、妇女卫生用品、医药、织物、家居护理及个人清洁用品等。

宝洁之所以能创造辉煌的业绩，就在于其对品牌的精准细分和定位。

宝洁公司对品牌的命名非常讲究，他们深谙一个贴切而绝妙的品牌命名，能大大地减小产品被消费者认知的阻力，能激发顾客美好的联想，增进顾客对产品的亲和力和信赖感，并可大大节省产品推广的费用。

宝洁在营销过程中会打造一系列的概念。在洗发、护发类产品中，这一营销理念被应用到了极致，每个品牌都赋予了一定的知识，打造成一个概念，从而给每个品牌赋予个性。例如，“海飞丝”的个性在于去头屑；“潘婷”的个性在于对头发的营养保健；而“飘柔”的个性是使头发光滑柔顺。在广告宣传上，知识、概念的运用也表现得淋漓尽致。看看海飞丝的广告：海飞丝洗发水，海蓝色的包装，首先让人联想到蔚蓝色的大海，带来清新凉爽的视觉效果，“头屑去无踪，秀发更出众”的广告语，更进一步在消费者心目中树立起“海飞丝”去头屑的信念；“含丰富的维他命原 B5，能由发根渗透至发梢，补充养分，使头发健康、亮泽”突出了“潘婷”的营养型的个性；“含丝质润发，洗发护发一次完成，令头发飘逸柔顺”的广告语配以少女甩动如丝般头发的画面深化了消费者对“飘柔”飘逸柔顺效果的印象。通过准确的市场细分与定位，宝洁有效地阻止了竞争对手的进入，并使品牌具有了鲜明的个性，增强了品牌的核心价值。

（资料来源：百度百科，有改写）

2）市场营销策略。市场营销策略是企业以顾客需要为出发点，根据经验获得顾客需求量及购买力的信息、商业界的期望值，有计划地组织各项经营活动，通过相互协调一致的产品策略、价格策略、渠道策略和促销策略，为顾客提供满意的商品和服务而实现企业目标的过程。市场营销策略分类如图 11.5 所示。

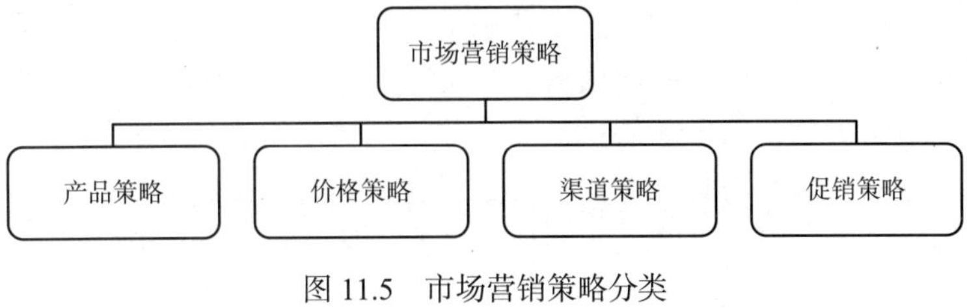

图 11.5　市场营销策略分类

（1）产品策略。典型的产品生命周期的四个阶段呈现出不同的市场特征，企业的营销策略也就以各阶段的特征为基点来制定和实施。产品生命周期各阶段的特征及营销策略如表 11.2 所示。

表 11.2　产品生命周期各阶段的特征及营销策略

阶段		引进期	成长期	成熟期	衰退期
特征	销售额	低	快速增长	缓慢增长	衰退
	利润	易变动	顶峰	下降	低或无
	现金流量	负数	适度	高	低
	顾客	创新使用者	大多数人	大多数人	落后者
	竞争者	稀少	渐多	最多	渐少
策略	策略重心	扩张市场	渗透市场	保持市场占有率	提高生产率
	营销支出	高	高（但百分比下降）	下降	低
	营销重点	产品知晓	品牌偏好	品牌忠诚度	选择性
	营销目的	提高产品知名度及产品试用	追求最大市场占有率	追求最大利润及保持市场占有率	减少支出及增加利润回收
	分销方式	选择性的分销	密集式	更加密集式	排除不合适、效率差的渠道
	价格	成本加成法策略	渗透性价格策略	竞争性价格策略	削价策略
	产品	基本型为主	改进品，增加产品种类及服务保证	差异化，多样化的产品及品牌	剔除弱势产品项目
	广告	争取早期使用者，建立产品知名度	大量营销	建立品牌差异及利益	维持品牌忠诚度
	销售追踪	大量促销及产品试用	利用消费者需求增加	鼓励改变采用公司品牌	将支出降至最低

① 引进期的营销策略。引进期的特征是产品销量少，促销费用高，制造成本高，销售利润很低甚至为负值。根据这一阶段的特征，企业应努力做到：投入市场的产品要有针对性；进入市场的时机要合适；设法把销售力量直接投向最有可能的购买者，使市场尽快接受该产品，以缩短引进期，更快地进入成长期。

在产品的引进期，一般可以由产品、分销、价格、促销四个基本要素组合成各种不同的市场营销策略。仅将价格高低与促销费用高低结合起来考虑，就有下面四种策略。

- 快速撇脂策略。以高价格、高促销费用推出新产品。实行高价策略可在每单位销售额中获取最大利润，尽快收回投资；高促销费用能够快速建立知名度，占领市场。实施这一策略须具备以下条件：产品有较大的需求潜力；目标顾客求新心理强，急于购买新产品；企业面临潜在竞争者的威胁，需要及早树立品牌形象。一般而言，在产品引入阶段，只要新产品比替代的产品有明显的优势，市场对其价格就不会那么计较。
- 缓慢撇脂策略。以高价格、低促销费用推出新产品，目的是以尽可能低的费用开支求得更多的利润。实施这一策略的条件是：市场规模较小；产品已有一定的知名度；

目标顾客愿意支付高价；潜在竞争的威胁不大。

- 快速渗透策略。以低价格、高促销费用推出新产品，目的在于先发制人，以最快的速度打入市场，取得尽可能大的市场占有率。然后随着销量和产量的扩大，使单位成本降低，取得规模效益。实施这一策略的条件是：该产品市场容量相当大；潜在消费者对产品不了解，且对价格十分敏感；潜在竞争较为激烈；产品的单位制造成本可随生产规模和销售量的扩大迅速降低。
- 缓慢渗透策略。以低价格、低促销费用推出新产品。低价可扩大销售，低促销费用可降低营销成本，增加利润。这种策略的适用条件是：市场容量很大；市场上该产品的知名度较高；市场对价格十分敏感；存在某些潜在的竞争者，但威胁不大。

② 成长期的营销策略。新产品经过市场引进期以后，消费者对该产品已经熟悉，消费习惯已形成，销售量迅速增长，这时新产品就进入了成长期。进入成长期以后，老顾客重复购买，并且带来了新的顾客，销售量激增，企业利润迅速增加，在这一阶段利润达到高峰。随着销售量的增加，企业生产规模也逐步扩大，产品成本逐步降低，新的竞争者会投入竞争。随着竞争的加剧，新的产品特性开始出现，产品市场开始细分，分销渠道增加。企业为维持市场的继续成长，需要保持或增加促销费用，但由于销量增加，平均促销费用有所下降。针对成长期的特点，企业为维持其市场增长率，延长获取最大利润的时间，可以采取下面几种策略。

- 改善产品品质。如增加新的功能，改变产品款式，发展新的型号，开发新的用途等。对产品进行改进，可以提高产品的竞争能力，满足顾客更广泛的需求，吸引更多的顾客。
- 寻找新的细分市场。通过市场细分，找到新的尚未满足的细分市场，根据其需要组织生产，迅速进入这一新的市场。
- 改变广告宣传的重点。把广告宣传的重心从介绍产品转到建立产品形象上来，树立产品名牌，维系老顾客，吸引新顾客。
- 适时降价。在适当的时机，可以采取降价策略，以激发那些对价格比较敏感的消费者产生购买动机和采取购买行动。

③ 成熟期的营销策略。进入成熟期以后，产品的销售量增长缓慢，逐步达到最高峰，然后缓慢下降；产品的销售利润也从成长期的最高点开始下降；市场竞争非常激烈，各种品牌、各种款式的同类产品不断出现。

对成熟期的产品，宜采取主动出击的策略，使成熟期延长，或者使产品寿命周期出现再循环。为此，可以采取以下三种策略：

- 市场调整。这种策略不是要调整产品本身，而是发现产品的新用途、寻求新的用户或改变推销方式等，以使产品销售量得以扩大。
- 产品调整。这种策略是通过产品自身的调整来满足顾客的不同需要，吸引有不同需求的顾客。整体产品概念的任何一层次的调整都可视为产品再推出。
- 市场营销组合调整，即通过对产品、定价、渠道、促销四个市场营销组合因素加以综合调整，刺激销售量的回升。常用的方法包括降价、提高促销水平、扩展分销渠道和提高服务质量等。

④ 衰退期的营销策略。衰退期的主要特点是：产品销售量急剧下降；企业从这种产品中获得的利润很低甚至为零；大量的竞争者退出市场；消费者的消费习惯已发生改变等。面对处于衰退期的产品，企业需要进行认真的研究分析，决定采取什么策略，在什么时间退出市场。通常有以下几种策略可供选择：

- 继续策略。继续沿用过去的策略，仍按照原来的细分市场，使用相同的分销渠道、定价及促销方式，直到这种产品完全退出市场为止。
- 集中策略。把企业能力和资源集中在最有利的细分市场和分销渠道上，从中获取利润。这样有利于缩短产品退出市场的时间，同时又能为企业创造更多的利润。
- 收缩策略。抛弃无希望的顾客群体，大幅度降低促销水平，尽量减少促销费用，以增加目前的利润。这样可能导致产品在市场上的衰退加速，但也能从忠实于这种产品的顾客中得到利润。
- 放弃策略。对于衰退比较迅速的产品，应该当机立断，放弃经营。可以采取完全放弃的形式，如把产品完全转移出去或立即停止生产；也可采取逐步放弃的方式，使其所占用的资源逐步转向其他的产品。

（2）价格策略。价格策略是指企业通过对顾客需求的估量和成本分析，选择一种能吸引顾客、实现市场营销组合的策略。价格是市场营销组合中最复杂的一个因素，它的变动会对其他市场营销策略的配合产生很大的影响，企业产品价格的确定要以需求为导向，以成本费用为基础，以竞争价格为参照。

（3）渠道策略。渠道策略是指企业为了使其产品进入目标市场所进行的路径。它关系到企业在什么地点、什么时间、由什么组织向消费者提供商品和劳务。企业应选择经济、合理的营销渠道，把商品送到目标市场。渠道策略包括渠道的长短、宽窄决策，中间商的选择及营销渠道的分析和评价等内容。渠道策略是整个营销系统的重要组成部分，它对降低企业成本和提高企业竞争力具有重要意义。

（4）促销策略。促销策略是市场营销组合的基本策略之一。促销策略是指企业如何通过人员推销、广告、公共关系和营业推广等各种促销方式，向消费者或用户传递产品信息，引起他们的注意和兴趣，激发他们的购买欲望和购买行为。一个好的促销策略往往能起到多方面作用，如提供信息情况，及时引导采购；激发购买欲望，扩大产品需求；突出产品特点，建立产品形象；维持市场份额，巩固市场地位等。

案例

小米的营销策略

雷军在创立小米之初，就确定了一个目标：做互联网手机。什么是互联网手机？就是用“硬件免费”思路，把硬件当成软件来卖，以近乎成本的价格出售产品。这无疑给当时的中国手机市场投下了一枚重磅炸弹。

（1）小米的产品策略——爆品战略。所谓的爆品战略，就是极致地去做一款单品，靠这款单品一击决杀。在其他手机厂商实施机海战术时，小米靠一款产品便击穿了市场。所谓的“爆品”，其实就是对产品核心功能的极致追求，直击竞争对手的痛点，“为发烧而生”。

小米做产品的撒手锏就是：性能高一倍，价格砍一半，提高性价比。为了降低售价，小米砍掉了一切渠道环节，通过线上交易，直接面对用户。

（2）小米的价格策略——成本定价。主打性价比，全面覆盖和抢占了中低端手机市场。大部分的中国消费者对价格是相当敏感的，所以以成本定价的小米手机一经问世，便备受消费者青睐，迅速地攻城略地，出货量在短短几年内就迅速地攀升到数千万级别。此时的小米在成为中国手机届“价格屠夫”的同时，也因其“饥饿营销”的产品销售模式备受吐槽。

小米产品的定价如此之低，那么小米靠什么赚钱？支撑小米手机低价的来源就是利润结构的改变。引用互联网行业非常有流行的一句话，那就是“羊毛出在猪身上”。小米的“猪”在哪？答案就是：增值服务、软件和粉丝经济。

（3）小米的渠道策略—— 一切基于互联网。近十几年来，中国电子商务迅速发展，使得小米可以利用互联网平台建立线上线下的运营模式，从而大大节约了成本。

（4）小米的推广策略——口碑+粉丝。推广的实质就是获取流量，而小米的流量入口正是粉丝，他们是小米流量的动力源。小米始终“以用户为中心”，雷军曾在写给员工的一封内部信中这样说：面对恶劣的市场环境，我们永远保持初心：第一，永远坚持做高品质、高性价比的产品；第二，相信用户，依赖用户，永远和用户做朋友！只要坚持这两条，小米的梦想就能实现。

小米将这个模式演绎得淋漓尽致，被米粉誉为“小米之魂”的 MIUI，就是这一模式的成果。为了优化自己的 MIUI 系统，小米在初创时期就招募了 100 个铁粉，即时地试用最新款的系统，随时提出修改意见。

最好的营销其实就是来自顾客的口碑，有人讨论才有人买。小米用口碑赢得用户，用口碑碾压对手。以口口相传的力量塑造品牌力，让每一个消费者都成为自己的传播平台。

（资料来源：百度百科 https://www.jianshu.com/p/ccd4ae68257a，有改写）

11.2.3　人力资源管理

1. 人力资源管理的定义

人力资源管理是指对人力资源进行有效开发、合理配置、充分利用和科学管理的制度、法令、程序和方法的总和。它贯穿人力资源的整个运动过程，包括人力资源的预测与规划，工作分析与设计，人力资源的维护与成本核算，人员的甄选录用、合理配置和使用，还包括对人员的培训、组织发展和职业生涯规划、调动人的工作积极性、提高人的科学文化素质和思想道德觉悟。

2．人力资源管理的内容

人力资源管理已经突破了传统的模式，把人上升到资源的角度进行配置和管理。如何实现对人力资源的有效管理和配置，构建一个有效的人力资源管理平台和体系成为企业人力资源管理工作的重点。作为这个有效体系的构成部分，人力资源管理各大模块体系的完善和工作的展开显得尤为重要。

（1）人力资源规划。航行出海的船只都需要确立一个航标以定位目的地，同时需要一个有效的导航系统以确保它航行在正确的路线上。人力资源管理也一样，需要确定人力资源管理工作目标定位和实现途径。人力资源规划的目的在于结合企业发展战略，通过对企业资源状况及人力资源管理现状的分析，找到未来人力资源工作的重点和方向，并制订具体的工作方案和计划，以保证企业目标的顺利实现。人力资源规划的重点在于对企业人力资源管理现状信息进行收集、分析和统计，依据这些数据和结果，结合企业战略，制订未来人力资源工作的方案。正如航行出海的船只的航标的导航仪，人力资源规划在人力资源管理工作中起到定位目标和把握路线的作用。

（2）招聘与配置。人员任用讲求的是人岗匹配，适岗适人。找到合适的人却放到了不合适的岗位与没有找到合适的人一样会令招聘工作失去意义。招聘合适的人才并把人才配置到合适的地方才算完成了一次有效的招聘。招聘和配置有各自的侧重点，招聘工作是由需求分析—预算制定—招聘方案的制订—招聘实施—后续评估等一系列步骤构成的，其中关键在于做好需求分析，首先明确企业到底需要什么人，需要多少人，对这些人有什么要求，以及通过什么渠道去寻找这些人，目标和计划明确之后，招聘工作会变得更加有的放矢。人员配置工作事实上应该在招聘需求分析之时予以考虑，这样根据岗位“量身定做”一个标准，再根据这个标准招聘企业所需人才，配置工作将会简化为一个程序性的环节。招聘与配置不能被视为各自独立的过程，而是相互影响、相互依赖的两个环节，只有招聘合适的人员并进行有效的配置才能保证招聘意义的实现。

（3）培训与开发。对新进公司的员工来说，要尽快适应并胜任工作，除了自己努力学习，还需要公司提供帮助。对在岗的员工来说，为了适应市场形势的变化带来的公司战略的调整，需要不断调整和提高自己的技能。基于这两个方面，组织有效培训以最大限度地开发员工的潜能变得非常必要。就内容而言，培训工作有企业文化培训、规章制度培训、岗位技能培训及管理技能开发培训。培训工作必须做到具有针对性，要考虑不同受训者群体的具体需求。对新进员工来说，培训工作能够帮助他们适应并胜任工作；对在岗员工来说，培训能够帮助他们掌握岗位所需要的新技能，并帮助他们最大限度地开发自己的潜能；而对公司来说，培训工作会让企业工作顺利开展，业绩不断提高。培训与开发工作的重要性显而易见。

（4）薪酬与福利。薪酬与福利的作用有两点：一是对员工过去业绩的肯定；二是借助有效的薪资福利体系促进员工不断提高业绩。一个有效的薪资福利体系必须具有公平性，保证外部公平、内部公平和岗位公平。外部公平会使得企业薪酬福利在市场上具有竞争力，内部公平需要体现薪酬的纵向区别，岗位公平则需要体现同岗位员工胜任能力的差距。对过去业绩公平地肯定会让员工获得成就感，对未来薪资福利的承诺会激发员工不断提升业绩的热情。薪酬福利必须做到物质形式与非物质形式有机地结合，这样才能满足员工的不同需求，发挥员工的最大潜能。

（5）绩效管理。绩效考核的目的在于借助一个有效的体系，通过对业绩的考核，肯定过去的业绩并期待未来绩效的不断提高。传统的绩效工作只停留在绩效考核的层面，而现代绩效管理更多地关注未来业绩的提高。关注点的转移使得现代绩效工作重点也开始转移。体系的有效性成为人力资源管理工作者关注的焦点。一个有效的绩效管理体系包括科学的考核指标、合理的考核标准，以及与考核结果相对应的薪资福利支付和奖惩措施。纯粹的业绩考核使得绩效管理局限在对过去工作的关注，更多地关注绩效的后续作用才能把绩效管理工作的视角转移到未来绩效的不断提高。

（6）员工关系。员工关系的处理在于以国家相关法规政策及公司规章制度为依据，在发生劳动关系之初，明确劳动者和用人单位的权利和义务，在合同期限之内，按照合同约定处理劳动者与用人单位之间权利和义务关系。对于劳动者来说，需要借助劳动合同来确保自己的利益得到实现，同时对企业尽到应尽的义务。对于用人单位来说，劳动合同法规更多地在于规范其用工行为，维护劳动者的基本利益。但是另一方面也保障了用人单位的利益，包括对劳动者供职期限的约定，依据适用条款解雇不能胜任岗位工作的劳动者，以及合法规避劳动法规政策，为企业节约人力资本支出等。总之，员工关系管理的目的在于明确双方的权利和义务，为企业业务开展提供一个稳定和谐的环境，并通过公司战略目标的达成最终实现企业和员工的共赢。

人力资源管理各大模块的工作各有侧重点，但是各大模块是不可分割的，就像生物链一样，任何一个环节的缺失都会影响整个系统的失衡。人力资源管理工作是一个有机的整体，各个环节的工作都必须到位，同时要根据不同的情况，不断地调整工作的重点，才能保证人力资源管理保持良性运作，并支持企业战略目标的最终实现。

11.2.4 财务管理

1. 财务管理的定义

财务管理是在整体目标下，关于资产的购置（投资）、资本的融通（筹资）和经营中的现金流量（营运资金），以及利润分配的管理。财务管理是企业管理的一个组成部分，是根据财经法规制度，按照财务管理的原则，组织企业财务活动，处理财务关系的一项经济管理工作。简单地说，财务管理是组织企业财务活动，处理财务关系的一项经济管理工作。

财务管理的目标是：股东主导下的利益相关者财富最大化，它的内涵是处于均衡状态的出资者权益与其他利益相关者权益的共同发展，从而达到企业或企业财务管理在经济目标和社会目标上保持平衡。这是企业财务管理目标的理性选择，也是适应国情的财务管理目标。这样的定位既充分体现了所有者的权益，又有利于保障债权人、经营者和员工等的利益。

企业所有者投入企业的资本是长期的、不能随意抽走的，所有者履行的义务最多，承担的风险最大，理应享有最多的权利和报酬。实现所有者权益价值最大化，可以充分保障所有者的权益，是对所有者权利与义务对等的一种认同。企业经营者的利益与所有者权益是息息相关的，经营者若要得到丰厚的报酬和长期的聘用，就必须致力于实现所有者权益价值最大化，以博得企业所有者的信任与支持。

企业员工的利益同样与所有者权益关联着，如果企业经营不善，所有者权益价值最大化无法实现，员工的收入福利就会受到影响，如果实现所有者权益价值最大化，必然会使员工的收入福利首先得到改善。

从产权理论分析股东主导下的利益相关者财富最大化目标。企业权益资本是所有者的长期投资，短期的暂时的权益资本增值最大并不是所有者所期望的。实现所有者权益价值最大化，要求权益资本增值长期最大化，需要考虑未来不同时间取得的等额投资收益因时间先后而导致的不同现值，体现预期投资的时间价值，并在考虑资金时间价值的基础上，注重企业长远利益的增加。实现所有者权益价值最大化，不仅要考虑眼前的获利能力，而且要着眼于未来潜在的获利能力，既要规避风险，又要获取收益，实现风险与收益的均衡，从而取得竞争优势，满足企业不断生存发展的需要。企业财务管理目标的必然选择是股东主导下的利益相关者财富最大化。这个目标的关键还在于股东与其他利益相关者权益均衡点的度量。从以上的逻辑分析可以看出，出资者对其权益的让渡是以其总体效用的增加为目的的，如果分权导致了其总体效用下降，出资者必然采取策略应对直至关闭企业，所有利益相关者的权益都将受损。因而股东与其他利益相关者的权益均衡点由股东的边际效用决定，其边际效用为正值，呈下降趋势，并以零为极限。从这个侧面同样说明了企业财务管理目标的选择，应是股东主导下的利益相关者权益最大化。

2. 财务管理的内容

财务管理的内容包括筹资管理、投资管理、营运资金管理、利润分配管理、具体单证管理，如图 11.6 所示。

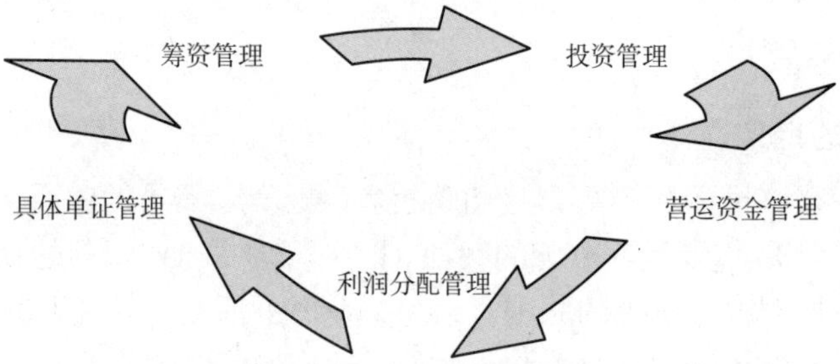

图 11.6 财务管理的内容

（1）筹资管理。筹资是指企业根据其生产经营、对外投资和调整资本结构的需要，通过筹资渠道和资本市场，运用筹资方式，经济有效地筹集企业所需的资本的财务行为。

企业筹资方式主要有两种（见图 11.7）：一种是股权资本筹资，即在股票市场上发行股票；另一种是负债筹资，即在债券市场上发行债券，包括企业之间的借贷。负债筹资要支付固定的、与公司经营业绩无直接关系的借款利息。

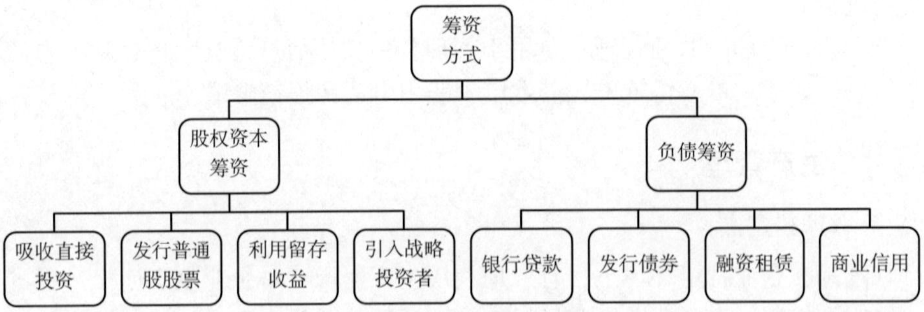

图 11.7　筹资方式

案例

特斯拉 23.5 亿美元股票和债券发行融资

特斯拉（Tesla）是一家美国电动车及能源公司，产销电动车、太阳能板及储能设备。特斯拉首席执行官埃隆·马斯克表示，特斯拉努力为每一个普通消费者提供其消费能力范围内的纯电动车辆，特斯拉的愿景是“加速全球向可持续能源的转变”。

2019 年 5 月 4 日，据《华尔街日报》报道，特斯拉已经完成了 23.5 亿美元的股票和债券发行，这给该公司带来了急需的资金。特斯拉正继续寻求成为全球第一家大规模生产电动汽车的制造商。

为满足投资者的强劲需求，特斯拉得以将可转换债券发行规模扩大 2.5 亿美元至 16 亿美元。该公司还以每股 243 美元的价格出售了近 310 万股普通股，从中筹集了约 7.5 亿美元资金，比最初预计的高出约 1 亿美元，还不包括与此次出售相关的费用。

特斯拉此次融资之前，该公司正在经历一段艰难的时期。该公司一直在努力扩大其面向大众市场的 Model 3 轿车的生产规模，同时向欧洲和中国的客户交付汽车遭遇物流问题。

（资料来源：百度百科）

（2）投资管理。传统的财务部只是核算公司账目，管理公司款项，统计纳税的职能，但现代的财务部还有把握公司投资方向和参与企业长期发展的决策，即进行投资管理，要强调将公司的资金合理利用或者直接投资取得收益。财务人员除懂得财务知识外，还要了解证券投资、金融投资及各种经济税法，这样才会成为一个有竞争力的投资人员。

（3）营运资金管理。营运资金管理是对企业流动资产及流动负债的管理。一个企业要维持正常的运转就必须拥有适量的营运资金，因此，营运资金管理是企业财务管理的重要组成部分。

（4）利润分配管理。利润分配是将企业实现的净利润，按照国家财务制度规定的分配形式和分配顺序，在国家、企业和投资者之间进行的分配。利润分配的过程与结果，是关系到所有者的合法权益能否得到保护，企业能否长期、稳定发展的重要问题，为此，企业必须加强利润分配的管理和核算。利润分配的顺序根据《中华人民共和国公司法》等有关法规的规定进行。

（5）具体单证管理。财务管理主要用于管理各种款项信息，其中包含款项申请、报销及收付款信息，如回款单、付款单、借款单、费用申请和报销申请等。

11.2.5 生产管理

1．生产管理的定义

生产管理是在企业特定环境下，有效地利用生产资源，对企业生产运作过程进行有效的计划、组织和控制，实现企业经营目标的管理活动的总称。它是一切组织投入—转换—产出的活动，是创造财富的过程。传统生产管理的关注点是一个生产系统内部的计划和控制，一般称为狭义的生产管理学；广义的生产管理是针对生产系统所进行的全部活动的管理，包括狭义生产运作管理的内容，还包括质量管理、物流管理、成本控制等内容。

2．生产管理的内容

1）生产计划。生产计划是关于企业生产运作系统总体方面的计划，是企业在计划期应达到的产品品种、质量、产量和产值等生产任务的计划和对产品生产进度的安排。生产计划的任务，一方面是对满足客户要求的三要素“交期、品质、成本”的计划；另一方面是为了企业获得适当利益，而对生产的三要素“材料、人员、机器设备”的准备、分配及使用的计划。

制定生产计划指标是生产计划的重要内容。为了有效和全面地指导企业生产计划期的生产活动，生产计划应建立包括产品品种、产品质量、产品产量和产品产值四类指标为主要内容的生产指标体系。它们各有不同的经济内容，从不同的侧面反映企业计划期内生产活动的要求。

（1）品种指标。产品品种指标是企业在计划期内规定生产的产品名称、型号、规格、种类和数量等。它不仅反映企业对社会需求的满足能力，还反映企业的专业化水平和管理水平。

（2）质量指标。产品质量指标包括两大类：一类是反映产品本身内在质量的指标，主要是产品平均技术性能、产品质量等；另一类是反映产品生产过程中工作质量的指标，如质量损失率、废品率、成品返修率等。对产品质量的统一规定形成了质量技术标准，包括国际标准、国家标准、部颁标准、企业标准、企业内部标准等。

（3）产量指标。产品产量指标是指企业在一定时期内生产的、符合产品质量要求的实物数量和工业性劳务的数量。以实物量计算的产品产量，反映企业生产的发展水平，是制定和检查产量完成情况，分析各种产品质检比例关系和进行产品平衡分配，计算实物量生产指数的依据。

（4）产值指标。产品产值指标是用货币表示的产量指标，能综合反映企业生产经营活动成果，以便进行不同行业间比较。根据具体内容与作用不同，产品指标分为商品产值、总产值和净产值三种形式。

上述各项生产计划指标的关系十分密切。既定的产品品种、质量和产量指标，是计算各项产值指标的基础，而各项产值指标又是企业生产成果的综合反映。企业在编制生产计划时，应先落实产品的品种、质量与产量指标，然后据以计算产值指标。

2）生产过程组织。生产过程组织是指为提高生产效率，缩短生产周期，以最佳的方式将各种生产要素结合起来，对生产的各个阶段、环节、工序进行合理的安排，使其形成一个能够相互衔接、密切配合的设计与组织工作的协调系统。具体来说，它就是对生产过程中的劳动者、劳动工具、劳动对象及生产过程的各个环节、阶段、工序的合理安排，使之在空间上衔接，时间上紧密配合，形成一个协调的产品生产系统。它的基本任务是保证产品制造的流程最短、用时最短、耗费最少，并按照计划规定的产品品种、质量、数量、期限等生产出市场需要的产品。

生产过程组织包括生产过程的空间组织和生产过程的时间组织，如图 11.8 所示。

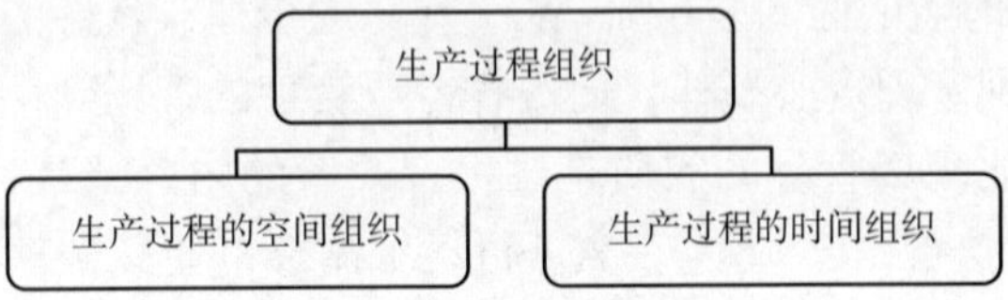

图 11.8　生产过程组织

（1）生产过程的空间组织。生产过程的空间组织是指在一定的空间内，合理地设置企业内部各基本生产单位（车间、工段、班组），使生产活动能高效地顺利进行。这里主要从生产车间的设备布置角度加以说明，设施布置的类型在很大程度上取决于企业的生产运作组织方式，常见类型有工艺对象专业化、产品对象专业化、混合式布置（上述两类布置的混合）和固定布置等。

（2）生产过程的时间组织。生产过程的时间组织是研究产品生产过程各环节在时间上的衔接和结合的方式。对产品生产过程的各个环节，在时间上应当进行合理的安排和组织，保证各个环节在时间上协调一致，实现连续性和有节奏的生产，以提高劳动生产率，缩短生产周期，减少资金占用。生产过程时间上的衔接程序，主要表现在劳动对象在生产过程中的移动方式。一批零件在工序间常见的移动方式主要有顺序移动、平行移动和平行顺序移动三种。

3）生产进度控制。略。

4）生产现场管理。生产现场管理是指用科学的管理制度、标准和方法对生产现场各生产要素，包括人（工人和管理人员）、机（设备、工具、工位器具）、料（原材料）、法（加工、检测方法）、环（环境）、信（信息）等进行合理有效的计划、组织、协调、控制和检测，使其处于良好的结合状态，达到优质、高效、低耗、均衡、安全、文明生产的目的。

（1）生产现场管理的基本内容。生产现场管理是生产第一线的综合性管理，是企业管理水平的直观反映，其基本内容主要包括：

① 现场实行“定置管理”，使人流、物流、信息流畅通有序，现场环境整洁，文明生产。

② 加强工艺管理，优化工艺路线和工艺布局，提高工艺水平，严格按工艺要求组织生产，使生产处于受控状态，保证产品质量。

③ 以生产现场组织体系的合理化、高效化为目的，不断优化生产劳动组织，提高劳动效率。

④ 健全各项规章制度、技术标准、管理标准、工作标准、劳动及消耗定额、统计台账等。

⑤ 建立和完善管理保障体系，有效控制投入产出，提高现场管理的运行效能。

⑥ 搞好班组建设和民主管理，充分调动员工的积极性和创造性。

（2）生产现场管理的基本要求。生产现场具有基层性、动态性、协调性和群众性的特点，因而生产现场管理是一个复杂的系统工程。其基本要求是：环境整洁，纪律严明，设备完好，物流畅通有序，信息准确及时，生产均衡有效。

开展现场管理工作，常见做法可分为三个阶段：

① 治理整顿。着重解决生产现场脏、乱、差，逐步建立良好的生产环境和生产秩序。

② 专业到位。做到管理重心下移，促进各专业管理的现场到位。

③ 优化提高。优化现场管理的实质是改善，改善的内容就是目标与现状的差距。按 PDCA（P—计划，D—执行，C—检查，A—行动）循环，使其合理有效地运行。

11.2.6 物流管理

1．物流管理的定义

《中华人民共和国国家标准物流术语》对物流的定义是：物品从供应地向接收地的实体流动过程。从这个定义中，可以这样理解物流：

（1）物流是为实现商务价值，使实体从生产者手中转移到消费者手中的过程。

（2）物流不只是物品的机械性流动，它是一个综合性过程，这个过程包括有计划地控制物品流动和信息传递的过程，同时是创造价值的过程。

（3）物流是产品流、商流、信息流的相互融合和统一。

2．物流管理的内容

物流管理分为过程管理、控制要素管理、具体职能管理，如图 11.9 所示。

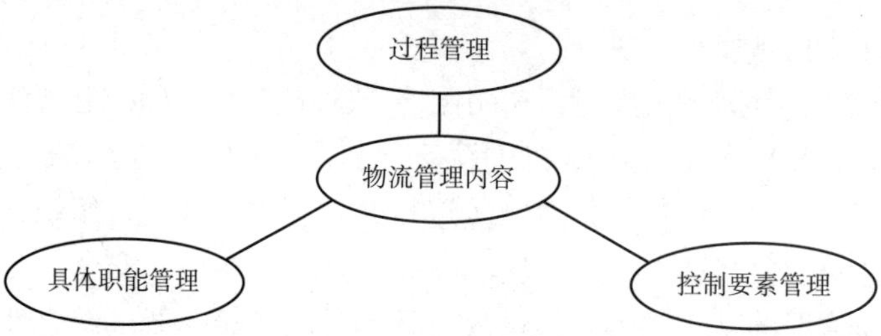

图 11.9　物流管理的内容

物流管理的工作要点是控制物流成本和满足客户的需求。

1）控制物流成本。物流成本是指产品的空间移动或时间占有中所耗费的各种活劳动和物化劳动的货币表现。具体来说，它是产品在实物运动过程中，如包装、搬运装卸、运输、储存、流通加工等各个活动中所支出的人力、物力和财力的总和。由于物流成本没有列入企业的财务会计制度，若不进行特别计算，不容易把握。

（1）物流成本的隐蔽性，也被称作物流冰山现象。我们知道，冰山露出茫茫海面的只不过是它庞大身躯的一小部分，更大部分隐藏在海面之下，而物流成本也具有相似的特征。在企业中，绝大多数的物流活动发生的费用，是混杂在其他费用之中的，传统会计所计算的外付运费和外付储存费不过是冰山一角，而企业内部占压倒多数的物流成本则混入其他的费用之中。如果不把这些费用计算清楚，很难看到物流费用的全貌，航行在市场之流上的企业巨轮如果看不到海面下物流成本的庞大身躯，那么最终会遭到与“泰坦尼克号”同样的厄运。一旦物流所发挥的巨大作用被企业开发出来，它给企业所带来的丰厚利润也是有目共睹的。物流冰山现象如图 11.10 所示。

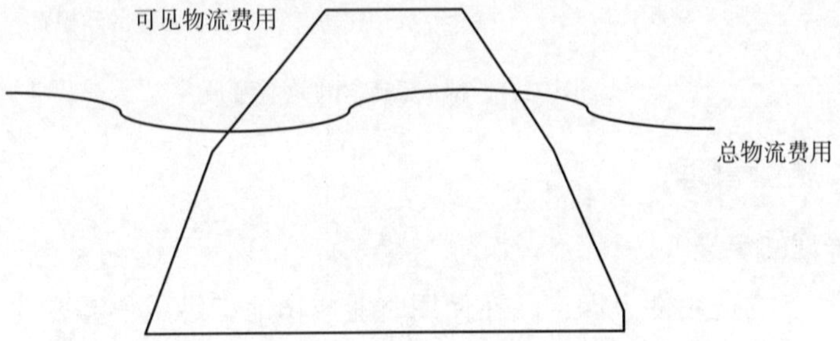

图 11.10　物流冰山现象

（2）物流成本的效益背反。在实际工作中，我们常常会遇到这样的情况：在产品运输过程中，假定其他成本因素不变，如果选择快捷的航空运输，货物一旦生产出来，即可运走，这样，仓储费用就降低了；如果选择大批量的火车运输，则产品生产出来，还需要储存到一定的量才能发运，则仓储费用增加了。这就是运输与库存背反。

效益背反指的是物流的若干功能要素之间存在着损益的矛盾，即某一个功能要素的优化和利益发生的同时，必然会存在另一个或另几个功能要素的利益损失，反之也如此，这是一种此消彼长、此盈彼亏的现象。虽然在许多领域中这种现象都存在着，但物流领域中，这个问题似乎尤其严重。效益背反可用图来表示，如图 11.11 所示。

物流管理是要降低物流总成本。例如，运输成本与库存成本的权衡；采购批量与存货成本的权衡；减少承运人的数量与分散货运风险的权衡；实行集中存货管理与货运成本和脱销成本的权衡；增值服务成本与客户服务水平的权衡；物流自营与物流外包及保持企业对物流运作控制权的权衡；信息共享与保持企业核心竞争力的权衡等。在客户服务水平确定以后，物流企业的管理运作就会围绕如何降低客户的物流总成本这个中心来展开。

2）满足客户的需求。客户物流需求是专业物流企业发展的基础，专业物流企业靠为客户企业提供物流服务而生存。由于当前 95%以上的企业需要的物流服务都集中在仓储和运输，而这种传统而简单的服务几乎是所有物流企业都能提供的。因此，物流企业的无差异性使这种提供服务的竞争变得空前激烈。现在，物流企业拼抢客户已达到了白热化的程度：

上至总经理，下至市场推广人员，都为争取客户煞费苦心。所以，弄清客户的真正需要，满足其需要，为客户提供高附加值的“魅力”服务，是物流企业赢得客户的“灵丹妙药”。

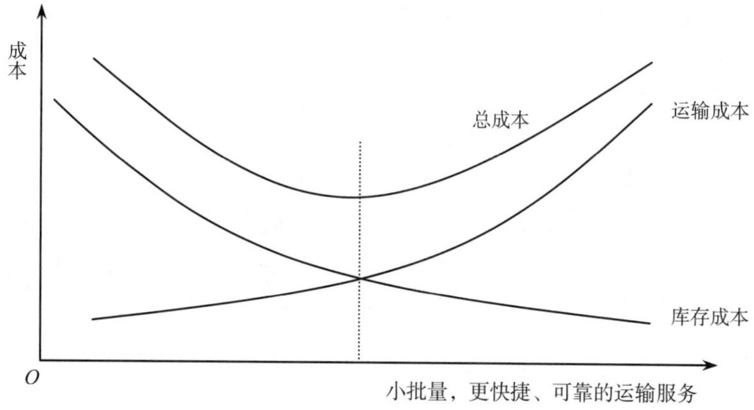

图 11.11　物流成本的效益背反

11.2.7　质量管理

1．质量管理的定义

质量就是产品的适用性，即产品在使用时能成功地满足用户需要的程度。质量一词并不具有绝对意义上的“最好”的一般含义。它是指“最适合一定顾客的要求”，这些要求是，产品的实际用途和产品的售价。

质量管理是指确定质量方针、目标和职责，并通过质量体系中的质量策划、质量控制、质量保证和质量改进来使其实现所有管理职能的全部活动。社会存在有形产品和无形产品，相应的质量分类如图 11.12 所示。

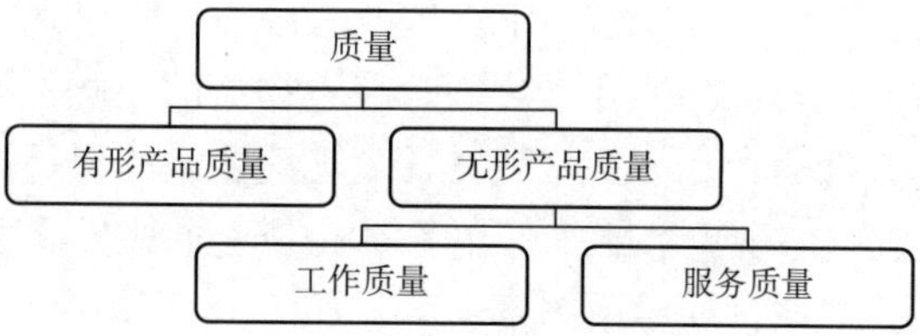

图 11.12　质量的分类

1）有形产品质量。根据多年的管理实践总结，一般有形产品质量的特征主要有五个方面。

（1）性能，是指产品满足使用目的所具备的技术特性，如钟表的走时准确、电视机的图像清晰度等。

（2）寿命，是指产品在规定的使用条件下完成规定功能的工作总时间，如轮胎行驶磨损的里程数、电冰箱的使用年数等。

（3）可靠性，是指产品在规定的时间内，在规定的条件下，完成规定功能的能力，如电视机平均无故障工作时间、机床的精度稳定期限等。

（4）安全性，是指产品在制造、储存和使用过程中保证人身与环境免遭危害的程度，如各种家用电器在故障状态下不自燃起火。

（5）经济性，是指产品从设计、制造到整个产品使用寿命周期的成本大小，具体表现为用户购买产品的售价和使用成本，如电冰箱的耗电量、维护保养费用等。

2）无形产品质量。无形产品质量一般包括工作质量和服务质量。

（1）工作质量。工作质量是指能够稳定地生产合格产品的能力，通常以工作能力表示。工作质量一般是由操作者（Man）、机器设备（Machine）、原材料（Material）、工艺方法（Method）、测量（Measurement）、环境（Environment）六大因素（5M1E）决定的。如果这六大因素配合适当则能保证产品质量的稳定，反之则出现不合格产品。

① 操作者：操作者的文化程度、技术水平、劳动态度、质量意识和身体状况等。

② 机器设备：设备及工艺装备的技术性能、工作精度、使用效率和维修状况等。

③ 原材料：原材料及辅助材料的性能、规格、成分和形状等。

④ 工艺方法：工艺规程、操作规程和工作方法等。

⑤ 测量：测量器具和测量方法等。

⑥ 环境：工作地的温度、湿度、照明、噪声和清洁卫生等。

围绕 5M1E 企业形成了多项管理职能。例如，关于“人”的管理或工作，构成包括招聘、培训、激励等在内的人力资源管理；“料”的管理或工作，构成包括采购、仓储、检验等在内的多项职能。

（2）服务质量。顾客的需求可分为精神需求和物质需求两部分，评价服务质量时，从被服务者的物质需求和精神需求来看，可以归纳为以下六个方面的质量特性。

① 功能性。功能性是企业提供的服务所具备的作用和效能的特性，是服务质量特性中最基本的一个。

② 经济性。经济性是指被服务者为得到一定的服务所需要的费用是否合理。这里所说的费用是指在接受服务的全过程中所需的费用，即服务周期费用。经济性是相对于所得到的服务质量而言的，即经济性是与功能性、安全性、及时性、舒适性等密切相关的。

③ 安全性。安全性是指企业保证服务过程中顾客、用户的生命不受危害，健康和精神不受到伤害，货物不受到损失。安全性也包括物质和精神两方面，改善安全性重点在于物质方面。

④ 时间性。时间性是为了说明服务工作在时间上能否满足被服务者的需求，时间性包含及时、准时和省时三个方面。

⑤ 舒适性。在满足了功能性、经济性、安全性和时间性等方面需求的情况下，被服务者期望服务过程舒适。

⑥ 文明性。文明性属于服务过程中为满足精神需求的质量特性。被服务者期望得到一个自由、亲切、受尊重、友好、自然和谅解的气氛，有一个和谐的人际关系。在这样的条件下来满足被服务者的物质需求，这就是文明性。

2．质量管理的内容

（1）质量管理的方法。质量管理的方法是对质量过程进行跟踪的手段，并且要以数据为客观依据，以顾客需求为核心。常用的质量管理方法包括统计分析表、帕累托图、鱼骨图、直方图、散点图、控制图、数据分层法。

（2）全面质量管理。全面质量管理（Total Quality Management，TQM）是指在各方面的推动下，企业中所有部门、所有组织、所有人员都以产品质量为核心，把专业技术、管理技术、数理统计技术集合在一起，建立起一套科学、严密、高效的质量保证体系，控制生产过程中影响质量的因素，以优质的工作最经济的办法提供满足用户需要的产品的全部活动。首先，质量的含义是全面的，不仅包括产品服务质量，而且包括工作质量，用工作质量保证产品或服务质量；其次，TQM 是全过程的质量管理，不仅要管理生产制造过程，而且要管理采购、设计直至储存、销售、售后服务的全过程；最后，TQM 的参与者是全体员工甚至全社会。

（3）ISO 9000 族标准管理。国际标准化组织（International Organization for Standardization，ISO），是一个全球性的非政府组织，是国际标准化领域中一个十分重要的组织。许多人会注意到，ISO 与国际标准化组织全称的缩写并不相同，为什么不是“国际标准化组织 IOS”呢？其实，ISO 并不是其全称首字母的缩写，而是一个词，它来源于希腊语，意为“相等”，现在有一系列用它当作前缀的词，如 isometric（意为“尺寸相等”）、isonomy（意为“法律平等”）。从“相等”到“标准”，内涵上的联系使 ISO 成为组织的名称。

ISO 是一个国际标准化组织，其成员由来自世界上 100 多个国家的国家标准化团体组成，代表中国参加 ISO 的国家机构是国家质量监督检验检疫总局。ISO 与国际电工委员会（IEC）有密切的联系，中国参加 IEC 的国家机构也是国家质量监督检验检疫总局。ISO 和 IEC 作为一个整体担负着制定全球协商一致的国际标准的任务。ISO 和 IEC 都是非政府机构，它们制定的标准实质上是自愿的，这就意味着这些标准必须是优秀的标准，它们会给工业和服务业带来收益，所以它们自觉使用这些标准。ISO 和 IEC 不是联合国机构，但它们与联合国的许多专门机构保持技术联络关系。ISO 和 IEC 有约 1 000 个专业技术委员会和分委员会，各会员国以国家为单位参加这些技术委员会和分委员会的活动。ISO 和 IEC 还有约 3 000 个工作组，ISO、IEC 每年制定和修订 1 000 个国际标准。

（4）质量认证。实行产品质量认证是保证产品质量，提高产品信誉，保护用户和消费者的利益，促进国际贸易和发展国际质量认证合作的有效手段。质量认证也叫合格评定，是国际上通行的管理产品质量的有效方法，是由可以充分信任的第三方依据产品标准和相应技术要求，确认并通过颁发认证证书和认证标志来证明某一产品符合相应标准和相应技术要求的活动，证实某一产品或服务符合特定标准或其他技术规范的活动。

11.2.8 新产品开发管理

1．新产品的定义

对新产品的定义可以从企业、市场和技术三个角度进行。对企业而言，第一次生产销售的产品都叫新产品；对市场来讲则不然，只有第一次出现的产品才叫新产品；从技术方面看，在产品的原理、结构、功能和形式上发生了改变的产品叫新产品。营销学的新产品包括前面三者的成分，但更注重消费者的感受与认同，它是从产品整体性概念的角度来定义的。凡是产品整体性概念中任何一部分的创新、改进，能给消费者带来某种新的感受、满足和利益的相对新的或绝对新的产品，都叫新产品。

2. 新产品开发管理的内容

1）新产品开发程序。不同行业的生产条件与产品项目不同，管理程序也有所差异。开发新产品通常要经历产品构思、筛选、产品初步设计、可行性研究、试制、试销、正式上市和投产等阶段。

2）产品组合策略。新产品的开发不仅仅是有新的物品出来，将各种相关产品进行组合，同样能达到创新的目的，实现营销目标，充分有效地满足目标市场的需求。

（1）产品组合、产品线及产品项目。产品组合是指企业提供给市场的全部产品线和产品项目的组合或结构，即企业的业务经营范围。产品线是指产品组合中的某一产品大类，是一组密切相关的产品。例如，以类似的方式发挥功能、销售给相同的顾客群、通过同样的销售渠道出售、属于同样的价格范畴等。产品项目是指产品线中不同品牌和细类的特定产品。例如，某自选采购中心经营家电、百货、鞋帽、文教用品等，这就是产品组合；而其中“家电”或“鞋帽”等大类就是产品线；每一大类里包括的具体品种、品牌为产品项目。

（2）产品组合的宽度、长度、深度和关联度。产品组合包括四个衡量变量，即宽度、长度、深度和关联度。产品项目是衡量产品组合各种变量的一个基本单位，指产品线内的不同品种及同一品种的不同品牌，如同一品种有三个品牌即三个产品项目。产品组合的宽度是指产品组合中所拥有的产品线数目。产品组合的长度是指产品组合中产品项目的总数，以产品项目总数除以产品线数目即可得到产品线的平均长度。产品组合的深度是指产品项目中每一品牌所含不同花色、规格、质量的产品数目的多少。例如，美国宝洁公司的众多产品线中，有一条牙膏产品线，生产格利、克雷丝、登奎尔三种品牌的牙膏，所以该产品线有三个产品项目。其中，克雷丝牙膏有三种规格和两种配方，则克雷丝牙膏的深度就是六。实际上，一般公司的产品组合总长度要长得多，深度也要深得多。例如，童帽作为一个品种，可以有几个、几十个品牌，其中一个品牌不同花色、规格、质量的产品可以有几十个甚至几百个，因此有的公司经营的产品如按花色、规格、质量统计可达几万种甚至几十万种。产品组合的关联度是指各条产品线在最终用途、生产条件、分销渠道或其他方面相互关联的程度。例如，某家用电器公司拥有电视机、收录机等多条产品线，但每条产品线都与电有关，这一产品组合具有较强的相关性。相反，实行多元化特别是非相关多元化经营的企业，其产品组合的相关性则可能较小或无相关性。以上几个相关概念如图 11.13 所示。

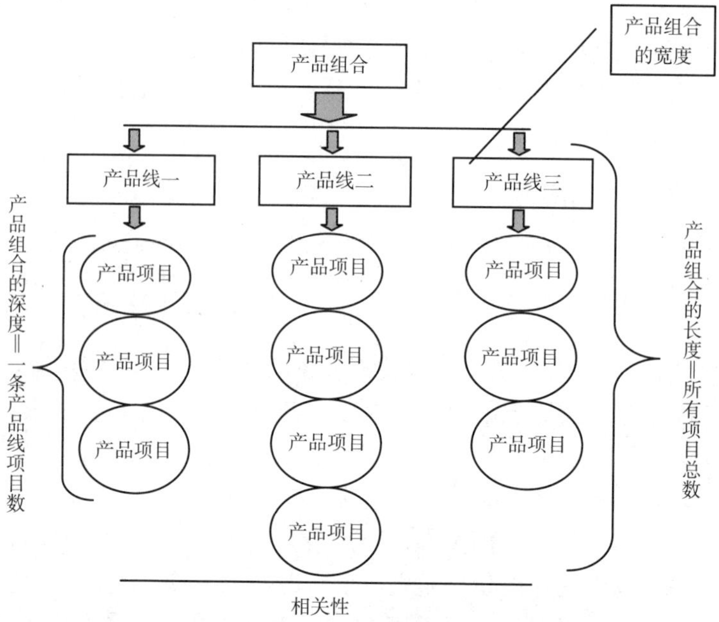

图 11.13　产品组合的相关概念

根据产品组合的四种尺度，企业可以采取四种方法发展业务：

① 加大产品组合的宽度，扩展企业的经营领域，实行多样化经营，分散企业投资风险。

② 增加产品组合的长度，使产品线丰满充裕，成为更全面的产品线公司。

③ 加强产品组合的深度，占领同类产品的更多细分市场，满足更广泛的市场需求，增强企业竞争力。

④ 加强产品组合的一致性，使企业在某特定市场领域内加强竞争和赢得良好的声誉。

产品组合决策就是企业根据市场需求、竞争形势和企业自身能力对产品组合的宽度、长度、深度和相关性方面做出决策。

案例

五粮液收缩产品线清

2016 年 7 月宜宾五粮液系列酒品牌营销有限公司下发《宜宾五粮液系列酒品牌营销有限公司总经销品牌经销商准入、经营与清退标准》，对旗下经销品牌进行整顿。

该通知主要涉及“五粮字头”和“非五粮字头”的经销品牌，并对年度销售额做了明确规定。通知指出，总经销品牌的年销售额不得低于 5 000 万元（五粮字头）和 1 500 万元（非五粮字头），严重不达标者，公司有权收回品牌经销权或不再续签合同。此外，对在品牌及副标名称上包含特殊字符的新开发产品的酒体价格提出最低价格限制，这些字符包括酿、豪华、窖、珍、贵、陈、尊、藏。

白酒营销专家肖竹青指出，五粮液的子品牌过多、产品线过长一直被业内诟病。此次提高开发品牌的门槛，意在梳理产品、收缩品牌战线，通过瘦身优化品牌形象，短期内可能对业绩产生影响，但从长期看，利好企业品牌价值的提升。

事实上，五粮液产品线过长的问题，多家白酒企业也经历过。其危害主要在于商业市场和消费者很难区分相似产品，稀释和透支主品牌的无形资产。尤其是现在白酒行业正处于深度调整期，白酒企业竞争激烈，五粮液在此时提高开发品牌门槛，有利于减轻企业负担，减少不良竞争。

（资料来源：中国经济网 http://finance.china.com.cn/stock/ssgs/20160708/3802890.shtml）

3）新产品的开发评价。新产品的开发评价，不是新产品开发过程的一个步骤，而是贯穿整个新产品的开发过程中，从新产品设想的评价、产品使用测试到试销都是对新产品的评价。

新产品开发评价的目的如下。

（1）剔除亏损大和肯定亏损的产品。新产品评价的一个关键目的是指出那些将给企业带来财务危机的新产品，使企业在新产品开发中避开造成巨额亏损的风险。

（2）寻求潜在的盈利大的产品。新产品评价除筛选出亏损产品之外，还必须寻求有潜力的产品。如果企业丧失了产品盈利的机会，那么它的代价是竞争对手会占领这一市场。

（3）提高整个产品创新工作的效率。新产品评价不仅是为了剔除亏损产品和寻找盈利产品，还为一系列的新产品决策提供信息。例如，审批一项制造产品的决策时，应首先评价项目的价值；做产品广告决策时，必须以市场敏感性评价为基础等。

（4）为后续工作提供指导。一些概念评价技术，如偏好研究、市场细分、感觉性差异，不仅能进行评价，而且能对未来活动方向、市场目标及市场定位提供良好的建议。

（5）维持新产品活动的平衡。企业的新产品活动可能不是唯一的，往往有多个新产品构思的评价同时进行。这样，各个产品的接受、否决、先后顺序应放在一起统筹安排。新产品的开发是共同使用企业的资源，需要综合平衡。

4）对产品进行价值分析。国标《价值工程基本术语和一般工作程序》GB/T 8223—1987中对价值工程的定义是："价值工程是通过各相关领域的协作，对所研究对象的功能结构与费用进行系统的研究，以提高对象价值的思想和方法。"价值工程的主要思想是通过对选定研究对象的功能及费用的分析，实现产品功能和成本的最优化，提高对象的价值。

价值工程的"价值"与政治经济学的"价值"含义不同，它是指作为某种产品（或作业）的功能与成本的比值，反映的是产品或事物的有效程度。这种对比关系可以表示为一个数学公式：

$$V=F/C$$

式中，V 为价值；F 为研究对象的功能；C 为研究对象的成本，即寿命周期总成本。

围绕着价值、功能、成本之间的关系，可以得出提高价值的五种途径：

（1）消费者总是希望在付出一定的费用后能够获得较多的功能。因此，可以在产品成本不变的条件下，通过提高产品的功能，达到提高产品价值的目的，即 $F\uparrow C\rightarrow$。

（2）消费者总是希望产品在具有相同功能时价格越低越好。因此，可以在保持产品功能不变的前提下，通过降低成本达到提高价值的目的，即 $F\rightarrow C\downarrow$。

（3）提高产品价值的第三条途径是使产品功能有较大幅度的提高，产品成本有较少提高。这种产品即使售价有所提高，消费者也愿意购买，产品竞争力也有所增强，即 $F\uparrow\uparrow C\uparrow$。

（4）在产品功能略有下降、产品成本大幅度降低的情况下，也可以达到提高产品价值的目的。在某些情况下，为了适应购买力较低的对象，或者一些注重价格竞争而且不需要高档的产品，适当生产价廉的低档品，也能取得较好的经济效益，即 $F\downarrow C\downarrow\downarrow$。

（5）“物美价廉”是消费者与生产者共同利益的最佳结合点，既能获得高功能又能使生命周期成本降低，是提高价值最为理想的途径，即 $F\uparrow C\downarrow$。

思考与练习

一、判断题

1. 企业战略管理是指企业态势的分析与制定、评价与选择、实施与控制，使企业能够达到其预定目标的动态管理过程。(　　)

2. 人力资源管理是指对人力资源进行有效开发、合理配置、充分利用和科学管理的制度、法令、程序和方法的总和。(　　)

3. 制定生产计划指标是生产计划的重要内容，为了有效和全面地指导企业生产计划期的生产活动，生产计划应建立包括机器配备、产品使用性能、成本控制和人事配备的四类指标为主要内容的生产指标体系。(　　)

4. 物流是物品从供应地向接收地的实体流动过程。(　　)

5. 社会存在有形产品和无形产品，有形产品讲质量，无形产品不讲质量。(　　)

二、单项选择题

1. 资源配置是指企业过去和目前对资源和技能进行配置、整合的方式，资源配置的优劣会极大地影响企业战略的实施，影响企业实现（　　）。

A. 人员管理　　B. 利润指标　　C. 战略目标　　D. 产量指标

2. 人力资源管理已经突破了传统的模式，把人上升到(　　)的角度进行配置和管理。如何实现对人力资源的有效管理和配置，构建一个有效的人力资源管理平台和体系成为企业人力资源管理工作的重点。

A. 经济价值　　B. 社会价值　　C. 劳动力　　D. 资源

3. 财务管理的目标是（　　）。

A. 企业利润最大化

B. 股东主导下的利益相关者财富最大化

C. 员工持股

D. 公司上市

4. 生产是一切组织的（　　）活动，是创造财富的过程。

A. 投入—转换—产出　　B. 必须有的基本

C. 纯消耗成本的　　D. 非学习

5. 物流成本是产品在实物运动过程中，如包装、搬运装卸、运输、储存、流通加工等各个活动中所支出的人力、物力和财力的总和。由于物流成本没有列入企业的财务会计制度，若不进行特别计算，不容易把握，所以物流成本的隐蔽性也被称为（　　）现象。

A. 物流隐蔽　　B. 物流消耗
C. 物流冰山　　D. 物流大象

三、多项选择题

1. 我国《公司法》规定公司的基本类型为（　　）。

A. 有限责任公司　　B. 独资公司
C. 两合公司　　D. 股份有限公司

2. 市场营销是一个商务活动过程，包括（　　）一系列有计划的活动。

A. 市场调研　　B. 选择目标市场
C. 产品开发和定价　　D. 渠道选择和建立
E. 产品促销　　F. 储存和运输及提供服务

3. 产品的生命周期为（　　）。

A. 引进期　　B. 成长期　　C. 成熟期　　D. 衰退期

4. 人力资源管理的内容包括（　　）。

A. 人力资源规划　　B. 招聘与配置
C. 培训与开发　　D. 薪酬与福利
E. 绩效管理　　F. 员工关系

5. 筹资是指企业根据其生产经营、对外投资和调整资本结构的需要，通过（　　），运用筹资方式，经济有效地筹集企业所需的资本的财务行为。

A. 筹资渠道　　B. 资本市场
C. 个人借款　　D. 股东集体投入

四、简答题

1. 简述企业的概念。
2. 简述生产计划的主要指标。
3. 简述新产品的定义。

参考文献

[1] 刘磊. 现代企业管理（第 3 版）[M]. 北京：北京大学出版社，2019.
[2] 季辉. 管理学基础（第 3 版）[M]. 北京：人民邮电出版社，2019.
[3] 菲利普·科特勒，凯文·莱恩·凯勒. 营销管理[M]. 北京：中国人民大学出版社，2012.
[4] 阿姆斯特朗，科特勒. 市场营销学[M]. 北京：机械工业出版社，2013.
[5] 戴维. 战略管理：概念与案例[M]. 北京：中国人民大学出版社，2012.
[6] 方振邦，鲍春雷. 管理学原理[M]. 北京：中国人民大学出版社，2013.
[7] 孙萍，张平. 公共组织行为学[M]. 北京：中国人民大学出版社，2011.
[8] 徐国华，张德，赵平. 管理学[M]. 北京：清华大学出版社，1998.
[9] 秦虹. 管理学原理与应用[M]. 北京：北京大学出版社，2010.
[10] 田玉兰，王豪杰. 管理学基础[M]. 北京：北京交通大学出版社，2006.
[11] 季辉，冯开红. 管理学原理[M]. 北京：北京大学出版社，2007.
[12] 王绪君. 管理学基础（第 2 版）[M]. 北京：中央广播电视大学出版社，2008.
[13] 朱国云. 公共组织理论[M]. 南京：南京大学出版社，2003.
[14] 吴培良. 工业企业组织设计[M]. 北京：中国人民大学出版社，1993.
[15] 任浩. 公共组织行为学[M]. 上海：同济大学出版社，2006.
[16] 高树军. 管理心理学[M]. 北京：科学出版社，2005.
[17] 罗珉. 组织管理学[M]. 成都：西南财经大学出版社，2003.
[18] 许激. 效率管理——现代管理理论的统一[M]. 北京：经济管理出版社，2004.
[19] 卡特. 沟通[M]. 许东升，卢彬彬，译. 北京：中国时代经济出版社，2005.
[20] 吴荣华. 企业领导班子结构研究[J]. 企业文明，2005（7）.

华信SPOC官方公众号

欢迎广大院校师生 **免费** 注册应用

www. hxspoc. cn

华信SPOC在线学习平台

专注教学

数百门精品课
数万种教学资源

教学课件
师生实时同步

多种在线工具
轻松翻转课堂

电脑端和手机端（微信）使用

测试、讨论、
投票、弹幕……
互动手段多样

一键引用，快捷开课
自主上传，个性建课

教学数据全记录
专业分析，便捷导出

登录 www. hxspoc. cn 检索 华信SPOC 使用教程 获取更多

华信SPOC宣传片

教学服务QQ群： 1042940196
教学服务电话：010-88254578/010-88254481
教学服务邮箱：hxspoc@phei. com. cn

電子工業出版社 PUBLISHING HOUSE OF ELECTRONICS INDUSTRY　华信教育研究所